알 스웨이가르트의
파이썬 프로젝트

The Big Book of Small Python Projects:

81 Easy Practice Programs

Copyright © 2021 by Al Sweigart.

Title of English-language original: The Big Book of Small Python Projects: 81 Easy Practice Programs,
ISBN 9781718501249, published by No Starch Press Inc. 245 8th Street, San Francisco,
California United States 94103.
The Korean-language 1st edition copyright © 2022 by J-Pub Co., Ltd. under license
by No Starch Press Inc. All rights reserved.

이 책의 한국어판 저작권은 에이전시 원을 통해 저작권자와의 독점 계약으로 (주)제이펍에 있습니다.
저작권법에 의해 한국 내에서 보호를 받는 저작물이므로 무단전재와 무단복제를 금합니다.

알 스웨이가트의 파이썬 프로젝트

1쇄 발행 2022년 2월 24일

지은이 알 스웨이가트
옮긴이 황반석
펴낸이 장성두
펴낸곳 주식회사 제이펍

출판신고 2009년 11월 10일 제406-2009-000087호
주소 경기도 파주시 회동길 159 3층 / **전화** 070-8201-9010 / **팩스** 02-6280-0405
홈페이지 www.jpub.kr / **원고투고** submit@jpub.kr / **독자문의** help@jpub.kr / **교재문의** textbook@jpub.kr

편집부 김정준, 이민숙, 최병찬, 이주원, 송영화
소통기획부 이상복, 송찬수, 배인혜 / **소통지원부** 민지환, 김수연 / **총무부** 김유미

진행 및 교정·교열 이주원 / **내지디자인** 이민숙 / **내지편집** 북아이
용지 에스에이치페이퍼 / **인쇄** 한승문화사 / **제본** 일진제책사

ISBN 979-11-91600-66-7 (93000)
값 28,000원

※ 이 책은 저작권법에 따라 보호를 받는 저작물이므로 무단 전재와 무단 복제를 금지하며,
　이 책 내용의 전부 또는 일부를 이용하려면 반드시 저작권자와 제이펍의 서면동의를 받아야 합니다.
※ 잘못된 책은 구입하신 서점에서 바꾸어 드립니다.

제이펍은 독자 여러분의 아이디어와 원고 투고를 기다리고 있습니다. 책으로 펴내고자 하는 아이디어나 원고가 있는
분께서는 책의 간단한 개요와 차례, 구성과 저(역)자 약력 등을 메일(submit@jpub.kr)로 보내 주세요.

알 스웨이가트의
파이썬 프로젝트

81개의 실습 예제로 시작하는 파이썬 프로그래밍 입문

알 스웨이가트 지음 / 황반석 옮김

차 례

옮긴이 머리말

"당신은 페이스북, 트위터, 인스타그램과 같은 SNS 애플리케이션을 만들 수 있나요? 혹은 메신저 또는 쇼핑몰 애플리케이션을 만들 수 있나요?"

이런 질문에 대해 자신 있게 '그렇다'고 답하지 못하는 개발자(또는 프로그래밍을 공부하는 분)는 어떤 이유 때문일까요? 여러 이유가 있겠지만, 적어도 프로그래밍 언어(문법)를 몰라서는 아닐 것입니다. 자신만의 멋진 프로그램을 만들고 싶어서 프로그래밍 언어와 문법 공부를 열심히 해서 끝냈는데, 본격적으로 무언가를 만들려 하면 막연해집니다. 아마 지금 막 프로그래밍에 입문하신 분이라면, 그리고 서툴렀던 초년 시절을 떠올리는 경험자라면, 어떤 느낌인지 이해하실 것입니다. 막연한 느낌이 드는 것은 열심히 공부한 프로그래밍 언어를 어떻게 사용해야 하는지 아직 모르기 때문입니다. 그래서 삽질을 자처하는 심정으로 여러 가지 개인 프로젝트를 만들어 보는 사람도 있고, 기술 세미나와 모임에 참가하는 사람도 있습니다. 그렇게 각자 자신만의 방법으로 프로그래밍 경험을 늘려갑니다. 하지만 안타깝게도 우리에겐 물리적인 한계가 있습니다. 몸은 하나뿐이고, 하루는 24시간이라는 시간제한이 있기 때문에 모든 것을 다 경험할 수 없습니다. 기술 블로그, 튜토리얼, 유튜브를 통해 접하는 방법도 있지만, 내가 원하는 것을 항상 찾을 수 있다는 보장도 없고, 더욱 난감한 것은 내가 정말 무엇을 원하는지 잘 모를 때도 있다는 것이죠.

다시 돌아가서, 어떤 프로그램을 만들 수 있고 없고의 핵심은 '그 프로그램을 실행하는 내부 로직 또는 메커니즘을 알고 구현할 수 있는가?'입니다. 예를 들어, 수능에 출제된 수학 문제를 맞힐 수 없다는 것은 그 문제를 풀기 위한 수학 공식들을 어떻게 적용할지 모른다는 의미일 수 있습니다. 숫자를 읽지 못해서, 덧셈 뺄셈을 못 해서, 혹은 수학 공식을 외우지 못해서라기보다, 알고 있는 것들을 어떻게 적용해야 하는지 모르기 때문일 것입니다. 저는 프로그래밍도 마찬가지라고 생각합니다. 결국 다양한 문제를 접하고 그 해법에 대해 많은 경험을 쌓다 보면 비로소 문제(프로그램)가 보이는 것입니다.

이 책은 작지만 강력한 언어인 파이썬을 가지고 해결할 총 81개의 프로그래밍 문제와 코드를 담고 있습니다. 개인적으로 특히 맘에 드는 점은 프로그램 로직에 집중한다는 점이었습니다. 프로그램 실행 화면과 결과는 print문을 사용하여 콘솔 창에 표시하며, 사용자 인터페이스는 키보드를 사용합니다. 화면을 예쁘게(?) 꾸며야 할 때는 유니코드를 사용하여 모양을 만듭니다. 매우 클래식하다고(혹은 예스럽다고) 느껴질지 모르지만, 코드와 로직에 집중할 수 있어서 좋았습니다. 가끔 이런 종류의 책들은 시작과 다르게 '예쁜 UI 꾸미기'로 빠지곤 하거든요. 물론, 예쁜 UI가 중요하지 않다는 것은 절대 아닙니다. 그러나 프로그래밍과 로직을 설명한다는 책이 UI 꾸미기로 빠지면 책의 처음 의도가 변질된다고 생각합니다.

저자도 책에 설명했지만, 이 책은 몇 가지 원칙을 지키며 쓴 책입니다. 그 원칙 중에 언급하고 싶은 부분은 '심플함'입니다. 이 말에는 모두가 알다시피 '간결하다', '단순하다'는 뜻입니다. 소스 코드는 초보자도 쉽게 이해할 수 있으며, 경험이 있는 개발자라면 눈으로 코드를 따라가도 이해할 수 있을 것입니다. 코드가 직관적이라는 의미는 쉽게 이해할 수 있다는 의미이지만, 반대로 얘기하면 세련된 코드가 아니며, 고성능의 알고리즘이 적용되지도 않았고, 최적화도 되어 있지 않다는 뜻이기도 합니다. 다시 말해서, 이 책의 코드보다 더 좋은(?) 코드 또는 구조가 존재할 수 있다는 의미입니다(물론, 코드의 우열을 가릴 수 있는지 모르겠지만 말이죠). 경험이 조금 있는 독자라면 말 그대로 며칠 만에 다 읽고 '뭐, 쉽네~'라고 할지 모르겠지만, 역자로서는 직접 더 좋은 코드를 꼭 만들어 보기를 권합니다. '코드 리팩토링code refactoring'이란 거창한 용어까지는 아니더라도, '나라면 이 코드를 이렇게 고치겠어!' 정도의 마음으로 해본다면 본인에게 큰 도움이 될 것이라 믿습니다. 실제로 제 경험상, 회사에 입사하면 기존의 프로젝트 코드를 받아서 읽고 추가/변경/개선 작업을 하게 되는 경우가 훨씬 많았습니다.

저에게 번역 작업은 언제나 즐겁습니다만, 이번 책은 더욱더 그러했습니다. 번역하다 말고 문제 풀이에 몰두하기를 몇 번이고 반복했죠. 그만큼 재미있었고 개발자로서 풀어내고 싶은 승부욕(?) 같은 게 올라오는 문제들이었습니다. 번역 작업은 개인적으로 너무 즐거운 시간이지만, 아빠랑 놀 생각에 주말만 기다리던 단비에겐 참으로 미안한 기간입니다. 이제 저는 밀린 숙제를 하러 가봐야겠네요.

옮긴이 **황반석**

베타리더 후기

 김진영(야놀자)

정성스러운 서문을 따라 준비를 마치면, 파이썬이라는 언어의 기본 컨셉 및 가벼운 문법 정도만 알고 있어도 본 책을 학습하는 데 크게 어려움은 없을 것입니다. 책의 전개는 프로젝트 하나하나를 소개하면서 진행되는데, 전체적으로 그 내용이 길지 않고 짧게 진행됩니다. 아울러 프로젝트를 통해 파이썬의 모듈과 기능을 자연스럽게 학습할 수 있는데, 스도쿠 같은 미니 게임을 즐기듯 부담 없이 재미있고 즐겁게 읽을 수 있는 책이었습니다. 문법을 중심으로 한 학습의 전개가 아닌, 실제로 만들 수 있는 프로젝트를 단위로 해서 책 내용이 진행되는 부분이 특히 재미있습니다. 프로젝트를 통해 어떤 모듈과 기능을 학습할 수 있는지 정리해서 말해 주는 점과 서문이 무척 정성스러웠다는 점이 인상 깊습니다. 코드에 주석이 무척 상세한 점도 좋았고요.

 사지원(뉴빌리티)

파이썬의 기본 문법을 익혔다면 다음은 어떤 것을 해야 할지 다소 막막한 상황이 있을 수 있는데, 프로그래밍 실력 향상은 최대한 많은 코드를 직접 작성하며 문제를 풀어보는 것이 중요합니다. 이 책은 파이썬으로 해결할 수 있는 다양한 문제를 소개합니다. 기본적인 프로그래밍 실력을 키우고 싶다면 이 책에서 소개하는 문제를 풀어보는 걸 추천합니다. 재미있는 문제들이 많아 흥미롭습니다.

 안선환

막 파이썬 문법을 끝낸 분에게 추천하고 싶습니다. 개념은 알았지만 활용하는 방법을 모를 때 이 책을 만난다면 많은 도움이 될 것이라고 생각합니다. 간단한 예제들을 통해서 파이썬의 여러 개념을 활용하는 법을 재미있게 익히도록 되어 있습니다. 다만, 순서가 수준별로 되어 있지 않아 초보자분들은 책장을 빠르게 넘기며 짧은 코드부터 연습하시기를 추천합니다. 예제들도 오류 없이 모두 잘 실행되었습니다.

 양성모(현대오토에버)

이 책에서는 각 단원별로 200줄 내외의 완성된 파이썬 프로그램을 작성합니다. 간단한 프로그램도 있고, 많이 고민해 보아야 하는 프로그램도 있습니다. 컴퓨터 프로그래밍을 처음 접하는 분만 아니라 파이썬 언어를 새로 익히는 개발자 분들에게도 언어의 사상을 이해하는 데 많은 도움이 될 것 같습니다. 저자의 말처럼 초보자를 위한 책이라고 하기에는 그렇게 친절한 책은 아닌 것 같습니다. 하지만 어느 정도 언어를 익히고 개인 프로젝트를 진행해 보고 싶어하거나, 프로그래밍 책의 예제 이상의 것을 만들어보고자 하는 입문자들에게는 매우 큰 도움이 될 것 같습니다.

 이요셉(지나가던 IT인)

요즘에는 많이 희미해진 감이 있지만, 사실 프로그래밍에서 필요로 하는 기본 능력은 논리력과 사고력입니다. 이 책은 파이썬을 통해 이러한 능력을 기르기 위한 책입니다. 코딩을 즐기는 저자가 신나게 만든 다양한 분야의 81개 연습 문제는 파이썬 문법에 어느 정도 익숙한 사람이라면 누구든지 동아리나 학교, 직장에서 친구와 함께 토론해가며 공부하기에 최적입니다. 이 책의 저자가 정말 코딩을 사랑한다는 느낌을 많이 받았네요. 전체적인 번역 질도 좋습니다.

 정태일(지나가던 IT인)

다양한 주제의 파이썬 프로그램을 따라 만들어보면서 기본 파이썬 문법을 익힌 초보자가 원하는 기능과 프로그램을 개발하는 방법을 배울 수 있도록 돕습니다. 차근차근 코드를 따라 작성해 보고 실행한 뒤, 프로그램 살펴보기에서 제시되는 문제들을 고민하고 변경해서 결과를 확인하다 보면 더욱 기초가 탄탄해지는 느낌을 받게 되실 겁니다. 특히, 파이썬 책들 다수가 업무 자동화 프로그램이나 기본 문법 위주의 코드 스니펫 정도의 코드를 많이 다루는데, 이 책은 동작하는 다양한 주제의 프로그램을 가지고 파이썬을 익힐 수 있어서 유용했습니다.

제이펍은 책에 대한 애정과 기술에 대한 열정이 뜨거운 베타리더의 도움으로
출간되는 모든 IT 전문서에 사전 검증을 시행하고 있습니다

저자 및 기술 검수자 소개

저자에 대하여

알 스웨이가트(Al Sweigart)는 소프트웨어 개발자이자 작가이며, 파이썬 소프트웨어 재단의 펠로우 Fellow다. 이전에는 캘리포니아주 오클랜드에 있는 비디오 게임 박물관인 'The Museum of Art and Digital Entertainment'에서 교육 책임자로 있었다. 그는 《뚝딱뚝딱 파이썬 자동화Automate the Boring Stuff with Python》(인사이트 2021)과 《나만의 Python Game 만들기Invent Your Own Computer Games with Python》 (정보문화사, 2014)을 포함하여 여러 프로그래밍 책을 썼다. 그의 책은 그의 웹사이트인 https:// inventwithpython.com에서 크리에이티브 커먼즈 라이선스Creative Commons License, CCL에 따라 무료로 제 공된다. 그의 고양이Zophie는 김으로 만든 과자를 좋아한다.

기술 검수자에 대하여

사라 쿠친스키Sarah Kuchinsky는 기업 트레이너이자 컨설턴트다. 그녀는 건강 시스템 모델링, 게임 개발, 그리고 업무 자동화를 포함한 여러 애플리케이션에 파이썬을 사용하고 있다. 'North Bay Python' 콘퍼런스의 공동 창업자이자 PyCon US의 튜토리얼 위원장이며, PyLadies Silicon Valley의 수석 주최자다. 그녀는 경영과학공학Management Science & Engineering 학위와 수학 학위를 가 지고 있다.

들어가며

그저 print('Hello, world!')와 같은 튜토리얼을 따라 할 때는 프로그래밍이 무척 쉬웠다. 아마 여러분은 초보자를 위해 잘 구성된 책이나 온라인 과정을 따라 연습을 했을 것이며, 전문 용어에 대해 웬만큼 이해했을 경우는 고개를 끄덕였을 것이다. 하지만 안락한 둥지를 떠나 혼자만의 힘으로 프로그램을 만들고자 했을 때는 어려움을 느꼈을 것이다. 나만의 파이썬 프로그램을 만들려면 어떻게 시작해야 좋을지 모른 채 비어 있는 에디터 화면만 멍하니 쳐다보는 자신을 발견하지는 않았는가?

튜토리얼을 따라 하는 것은 개념을 배우기에 좋지만, 그것이 프로그램 만드는 방법을 배우는 것과 반드시 일치하지는 않는다는 게 문제다. 이에 대한 일반적인 조언은 오픈 소스 소프트웨어의 소스 코드를 분석해 보거나 자신만의 프로젝트를 해보라는 것이겠지만, 대부분의 오픈 소스 프로젝트는 신규 사용자가 쉽게 접근할 수 있을 만큼 문서화가 잘 되어 있지는 않다. 그렇다면 자신만의 프로젝트를 진행하는 것에 관심이 가겠지만, 아무런 안내나 그 어떤 소프트웨어 구조조차 없는 상태로 홀로 남겨지게 된다.

이 책은 80개가 넘는 게임, 시뮬레이션, 그리고 디지털 아트 프로그램들과 함께, 프로그래밍 개념이 어떻게 적용되는지에 대한 실습 예제를 제공한다. 그것들은 단순한 코드 스니펫code snippet[1]이 아니다. 실행 가능한 전체 소스를 제공하는 파이썬 프로그램이다. 코드를 복사하여 동작 방식에 익숙해지고 여러분 마음대로 변경하여 실습한 후에 실제로 여러분의 프로그램에 그것들을 재현해 볼 수 있을 것이다. 그러다 보면 프로그램에 대한 개념을 제대로 이해하기 시작하고, 더 중요한 것은 프로그램을 어떻게 만들어야 하는지도 알 수 있게 된다는 점이다.

---

1 옮긴이 프로그램 개발 시 재사용 가능한 작은 단위의 프로그래밍 코드

이 책에 실린 프로그램에 대한 설계 원칙

프로그래밍은 수십억 달러 규모의 기술 회사를 만들고 놀라운 기술적 발전을 이끄는 강력한 방법임이 입증되었다. 자신이 만든 소프트웨어로 높은 목표를 달성하고 싶겠지만, 스스로가 할 수 있는 것보다 훨씬 큰 규모의 소프트웨어를 만들다 보면 미완성된 프로그램과 좌절감만 남게 될 수 있다. 그렇다고 해서 재미있고 창의적인 프로그램을 만들기 위해 여러분이 반드시 컴퓨터 천재가 되어야 할 필요는 없다.

이 책의 파이썬 프로그램은 프로그래밍을 처음 하는 개발자가 소스 코드를 이해할 수 있도록 몇 가지 설계 원칙을 따르고 있다.

- **코드 제한** — 이 책 대부분의 프로그램 코드는 256줄 이하로 제한한다. 이것은 독자가 코드를 조금 더 쉽게 이해할 수 있도록 제한한 것이다. 256은 저자가 임의로 고른 것이기도 하지만, 256은 2^8이며 자고로 2의 거듭제곱은 프로그래머에게 매우 친숙한 수이기도 하다.

- **텍스트 기반** — 텍스트는 그래픽보다 간단하다. 소스 코드와 프로그래밍 결과가 모두 텍스트일 경우, 예를 들어 print('Thanks for playing!')이라는 코드와 Thanks for playing!이라는 결과를 본다면 원인과 결과를 쉽게 따라갈 수 있을 것이다.

- **설치가 필요 없음** — 각 프로그램은 tictactoe.py처럼 파일 확장자가 .py인 단일 파이썬 소스 파일에 포함되어 있다. 따라서 어떠한 설치 프로그램도 실행할 필요가 없으며, 이들 프로그램을 온라인에 포스팅하여 다른 사람들에게 공유하기에도 좋을 것이다.

- **다수의 프로그램** — 이 책은 보드게임, 카드 게임, 디지털 아트워크, 시뮬레이션, 숫자 퍼즐, 미로 찾기, 유머 프로그램 등 81개의 프로그램을 담고 있다. 가짓수가 많은 만큼 이 중에 여러분이 좋아할 만한 것도 발견할 수 있을 것이다.

- **심플함** — 이 책의 프로그램들은 초보자도 쉽게 이해할 수 있도록 작성되었다. 저자는 이 책의 프로그램 코드를 작성할 때 정교하고 세련된 코드로 작성할 것인지, 고성능 알고리즘을 사용하여 작성할 것인지, 아니면 단순하고 간단한 코드로 작성할지가 고민될 때마다 항상 마지막을 선택했다.

텍스트 기반 프로그램이 구식으로 보일 수 있겠지만, 이러한 스타일의 프로그래밍은 이미지 다운로드하기와 추가적인 라이브러리 설치하기, 그리고 프로젝트 폴더 관리하기 등의 부가적인 작업 때문에 산만해지는 것을 미연에 방지해 줄 뿐만 아니라 코드에만 집중할 수 있도록 해준다.

누구를 위한 책인가?

이 책은 두 그룹을 대상으로 집필되었다. 첫 번째 그룹은 파이썬과 프로그래밍의 기초를 이미 배웠지만 혼자서 프로그램을 어떻게 작성해야 하는지 여전히 모르는 사람이다. 어쩌면 프로그래밍이 자신과는 맞지 않다고도 생각할 것이다. 이에 해당하는 분은 튜토리얼의 연습 문제는 풀 수 있지만, 완전한 전체 프로그램의 모습은 머릿속에 그려지지 않을 것이다. 처음에는 이 책의 프로그램을 복사해서 사용하다가 나중에 재작성해 본다면, 배웠던 프로그래밍 개념을 다양한 실제 프로그램에 어떻게 조합할지를 깨달을 수 있다.

두 번째 그룹은 프로그래밍은 처음이지만 약간의 모험심과 흥미를 느낀 사람이다. 책을 읽자마자 곧바로 뛰어들어 게임과 시뮬레이터, 그리고 숫자 계산 프로그램 등을 곧바로 만들어 보기를 원할 것이다. 이에 해당하는 분은 코드를 복사하거나 과정 안내에 따라 배우는 것에도 문제가 없다. 혹은 이미 다른 프로그래밍 언어로 프로그램을 만드는 방법을 알고 있지만, 파이썬이 처음일 뿐인 사람일 수도 있다. 이 책이 파이썬 입문 과정에 대한 완벽한 비전을 제시할 수는 없겠지만, 파이썬의 기초에 대한 간략한 소개와 프로그램이 실행될 때 내부에서 진행되는 코드를 디버거를 사용하여 검사하는 방법을 담고 있다.

마지막으로 경험이 많은 프로그래머도 이 책의 프로그램들을 재미있게 즐길 수 있겠지만, 이 책은 초보자를 위해 작성되었음을 알기 바란다.

이 책에 대하여

이 책의 대부분은 주요 프로그램에 할애하고 있지만, 일반 프로그래밍이나 파이썬 정보와 연관된 추가적인 내용도 담고 있다. 다음은 이 책에 포함된 내용이다.

- **프로젝트** — 81개의 프로젝트를 여기에 모두 나열하기에는 너무 많지만, 간략하게 요약하자면 각 프로젝트는 프로젝트 이름과 설명, 프로그램의 실행 결과 샘플, 그리고 소스 코드를 포함한 하나의 장chapter이다. 또한, 프로그램을 여러분에게 맞게 커스터마이징할 수 있도록 몇 가지 제안 사항도 담았다.
- **부록 A: 태그 인덱스** — 프로젝트 태그로 분류한 프로젝트 목록이다.
- **부록 B: 문자 맵** — 하트, 선, 화살표, 그리고 블록과 같이 프로그램에서 출력할 수 있는 기호에 대한 문자 코드 목록이다.

이 책의 프로그램을 통해 학습하는 방법

이 책은 파이썬 및 프로그래밍 개념을 전통적인 튜토리얼 방식으로 가르치지 않는다. 이 책은 체험 학습learn-by-doing 방식을 통해 책의 프로그램을 독자가 직접 입력하고, 가지고 놀다가 디버거로 실행하여 내부 작업을 살펴보도록 했다.

또한 이 책의 핵심은 프로그래밍 구문에 대해 자세하게 설명하는 것이 아니라 카드 게임, 애니메이션, 수학 퍼즐 등의 실제로 동작하는 확실한 프로그램 예제들을 보여 주는 것이다. 따라서 저자는 다음 순서대로 이 책을 활용하기를 권한다.

1. 프로그램 코드를 다운로드하고 실행하여 프로그램이 어떤 작업을 하는지 직접 확인한다.

2. 이 책에 있는 프로그램 코드를 빈 파일에 직접 타이핑하여 입력한다. 복사하여 붙여넣기는 하지 말자!

3. 프로그램을 다시 실행해 보고, 문제가 발생했다면 코드로 다시 돌아와서 오타 또는 버그를 수정하자.

4. 디버거로 프로그램을 실행하면 코드 한 줄 한 줄을 한 번에 하나씩 실행하여 그 코드가 무슨 작업을 하는지 이해할 수 있다.

5. ⑴로 표시된 주석은 여러분이 수정할 수 있는 코드다. 그 부분을 찾아 수정하여 다시 실행했을 때 어떠한 영향을 미치는지 확인한다.

6. 마지막으로, 프로그램을 처음부터 다시 만들어 보자. 책의 코드와 완전히 똑같을 필요는 없다. 여러분만의 변경을 더해도 된다.

이 책의 코드를 타이핑할 때 # 기호 다음부터 그 줄 끝에 있는 텍스트인 주석까지 입력할 필요는 없다. 주석은 프로그래머를 위한 메모이기 때문에 파이썬은 이를 무시한다. 하지만 여러분의 파이썬 코드가 이 책의 프로그램의 코드와 동일한 줄(위치)에 있도록 작성한다면, 여러분의 코드와 책의 코드를 쉽게 비교할 수 있을 것이다. 만약에 여러분의 코드 어디에 오타가 있는지 찾기 어렵다면, 온라인 비교 툴(https://inventwithpython.com/bigbookpython/diff/)로 이 책의 코드와 여러분의 코드를 비교해 볼 것을 추천한다.

각 프로그램에는 **보드게임, 시뮬레이션, 예술, 2인용** 등 프로그램을 설명하기 위한 태그들이 주어진다. 각 태그 및 태그와 관련된 프로젝트에 대한 설명은 부록 A에서 찾을 수 있으며, 프로젝트는 알파벳순으로 나열되어 있다.

파이썬 다운로드하고 설치하기

파이썬은 프로그래밍 언어의 이름이자 파이썬 코드를 실행하는 인터프리터 소프트웨어의 이름이기도 하다. 파이썬 소프트웨어는 무료로 다운로드하여 사용할 수 있다. 여러분이 이미 파이썬을 설치했는지는 커맨드 라인 윈도우에서 체크할 수 있다. 윈도우에서는 명령 프롬프트Command Prompt 프로그램을 열고 **py --version**이라고 입력한다. 만약에 다음과 같이 나온다면 파이썬이 설치되어 있는 것이다.

```
C:\Users\Al>py --version
Python 3.10.0
```

macOS와 리눅스에서는 터미널Terminal 프로그램을 열고 **python3 --version**이라고 입력한다. 만약에 다음과 같이 나온다면 파이썬이 설치되어 있는 것이다.

```
$ python3 --version
Python 3.10.0
```

이 책은 파이썬 버전 3을 사용한다. 파이썬 2와 3 사이에는 서로 호환되지 않는 것들이 있어서, 이 책의 프로그램은 적어도 2009년에 출시된 파이썬 버전 3.1.1 이상에서 실행해야 한다. 만약에 파이썬을 찾을 수 없다거나 파이썬 2 버전을 사용한다는 에러 메시지를 보게 된다면, https://python.org/에서 여러분의 운영체제에 맞는 최신 파이썬 설치 프로그램을 다운로드할 수 있다. 아울러 혹시 파이썬 설치에 문제가 있다면 https://installpython3.com/에서 자세한 안내를 받을 수 있다.

Mu 에디터 다운로드하고 설치하기

파이썬 소프트웨어로 여러분의 프로그램을 실행하게 된다면 텍스트 에디터나 통합 개발 환경Integrated Development Environment, 이하 IDE 애플리케이션에 여러분의 파이썬 코드를 입력하게 될 것이다. 만약 여러분이 초보자라면 IDE로 Mu 에디터를 사용할 것을 추천한다. Mu 에디터는 단순하며, 고급 기능이 많지 않아서 주의가 산만해지지 않도록 할 것이다.

브라우저에서 https://codewith.mu/를 열자. 여러분의 운영체제가 윈도우와 macOS라면 그에 맞는 설치 프로그램을 다운로드하고 더블 클릭하여 실행한다. 만약에 여러분이 macOS를 사용하고 있다면 설치 프로그램을 실행하면 설치를 계속해서 진행하기 위해 Mu 아이콘을 응용 프로그램

Applications 폴더 아이콘으로 드래그해야 하는 창이 열릴 것이다. 만일 여러분이 우분투Ubuntu를 사용하고 있다면 Mu를 파이썬 패키지로 설치해야 할 것이다. 이때 새로운 터미널 창을 열고 pip3 install mu-editor 명령어를 통해 실행하여 설치하고 mu-editor로 실행한다. 자세한 방법은 다운로드Download 페이지의 Python Package 섹션에 있는 **Instructions** 버튼을 클릭하자.

Mu 에디터 실행하기

Mu를 설치했다면 다음과 같이 실행해 보자.

- 윈도우 7 또는 이후 버전을 사용하고 있다면, 화면의 좌측 하단에 있는 **시작**Start 아이콘을 클릭하고 검색 상자에 mu를 입력하여 나타난 **Mu**를 선택한다.
- macOS라면, 파인더Finder 창을 열고 **응용 프로그램**Applications을 클릭하고 이어서 **mu-editor**를 클릭한다.
- 우분투라면, Ctrl+Alt+T를 눌러 터미널Terminal 창을 열고 python3 -m mu를 입력한다.

Mu를 처음 실행하면 BBC micro:bit, CircuitPython, Pygame Zero, 그리고 Python 3 등의 옵션을 표시하는 모드 선택Select Mode 창이 나타난다. 여기서 Python 3를 선택하자. 에디터 윈도우의 상단에 있는 **Mode** 버튼을 클릭하면 언제든지 변경할 수 있다.

Mu의 메인 윈도우에 코드를 입력한 다음, 상단에 있는 버튼으로 여러분의 파일을 저장하거나, 열거나, 실행할 수 있다.

IDLE과 다른 에디터 실행하기

파이썬 코드를 작성하기 위해 여러분이 사용할 수 있는 에디터는 매우 많다. 통합 개발 및 학습 환경Integrated Development and Learning Environment, 이하 IDLE 소프트웨어는 파이썬과 함께 설치되며, 어떠한 이유로 Mu를 설치하지 못하거나 작동이 안될 경우에 보조 에디터 역할을 할 수 있다. 이번에는 IDLE을 시작해 보자.

- 윈도우 7 또는 이후 버전을 사용하고 있다면, 화면의 좌측 하단에 있는 **시작**Start 아이콘을 클릭하고 검색 상자에 idle을 입력하여 나타난 **IDLE (Python GUI)**를 선택한다.
- macOS라면, 파인더Finder 창을 열고 **응용 프로그램** ▸ **Python 3.10** ▸ **IDLE**을 클릭한다.
- 우분투라면, **Applications** ▸ **Accessories** ▸ **Terminal**을 선택하고 idle3를 입력한다. 또는

화면 상단에 있는 **Applications**를 클릭하고 **Programming**을 선택한 다음 **IDLE 3**를 클릭할 수도 있다.

- 라즈베리 파이_{Raspberry Pi}라면, 좌측 상단에 있는 라즈베리 파이_{Raspberry Pi} 메뉴를 클릭하고 이어서 **Programming**을 클릭한 다음 마지막으로 **Python 3 (IDLE)**를 클릭한다. 또는 **Programming** 메뉴 아래에 있는 **Thonny Python IDE**를 선택할 수도 있다.

다음은 파이썬 코드를 입력하고 실행하는 데 사용할 수 있는 무료 에디터다.

- Thonny, 초보자를 위한 파이썬 IDE(https://thonny.org/)
- PyCharm Community Edition, 전문 개발자들이 사용하는 파이썬 IDE(https://www.jetbrains.com/pycharm/)

파이썬 모듈 설치하기

이 책에 있는 대부분의 프로그램은 파이썬을 설치할 때 자동으로 설치되는 파이썬 표준 라이브러리만 필요하다. 하지만 일부 프로그램은 pyperclip, bext, playsound 그리고 pyttsx3와 같은 서드-파티 모듈이 필요하다. 이들 모두는 bigbookpython 모듈을 설치하면 한 번에 설치할 수 있다.

Mu 에디터의 경우, 1.1.0-alpha 버전(또는 그 이상)을 설치해야 한다. 현재 https://codewith.mu/en/download의 다운로드 페이지에서 추천하는 버전은 1.1.0-beta-7이다. 설치를 했다면 Mu 에디터 화면의 우측 하단에 있는 톱니바퀴 아이콘을 클릭하여 Mu Administration 창을 연다. **Third Party Packages** 탭을 선택하고, 텍스트 필드에 bigbookpython을 입력한 뒤 **OK**를 클릭한다. 그러면 이 책의 프로그램들이 사용하는 모든 서드-파티 모듈을 설치하게 될 것이다.

비주얼 스튜디오 코드_{Visual Studio Code} 또는 IDLE 에디터에서는 에디터를 열고 셸_{interactive shell}에 다음의 파이썬 코드를 실행하자.

```
>>> import os, sys
>>> os.system(sys.executable + ' -m pip install --user bigbookpython')
0
```

모든 것이 문제없이 진행되었다면 두 번째 명령어 다음에 숫자 0이 나타날 것이다. 그렇지 않고 에러 메시지나 다른 숫자가 나타난다면 다음과 같이 --user 옵션 없이 해보자.

```
>>> import os, sys
>>> os.system(sys.executable + ' -m pip install bigbookpython')
0
```

어떠한 에디터를 사용하든, import paperclip 또는 import bext를 실행하면 설치가 잘 되었는지 확인할 수 있다. 만약에 이들 import 구문에 대한 에러 메시지가 없다면 이들 모듈은 올바르게 설치된 것이며, 이들 모듈을 사용하는 이 책의 프로젝트들을 실행할 수 있게 된 것이다.

이 책의 코드 복사하기

프로그래밍은 프로그래밍을 통해 향상되는 기술이다. 그저 이 책의 코드를 눈으로만 읽거나 복사 붙이기만 해서는 안 된다. 시간을 내서 에디터에 코드를 직접 입력하자. 편집기에서 새로운 파일을 열고 코드를 입력하자. 이 책의 코드 줄(번호)에 주의하여 실수로 줄을 건너 뛰지 않도록 하자. 입력한 코드에 오류가 발생하면, **온라인 비교 툴**(https://inventwithpython.com/bigbookpython/diff/)**을 사용하여 입력한 코드와 책의 코드 사이에 어떠한 차이가 있는지를 확인하자.** 프로그램에 대해 더 자세히 이해하고자 한다면 디버거를 사용하여 실행해 보자.

소스 코드를 입력하고 몇 번 실행한 후, 테스트를 위해 코드를 변경해 보자. (!) 표시가 있는 주석에는 독자가 변경해 볼 만한 제안이 포함되어 있으며, 각 프로젝트마다 더 큰 규모의 수정에 대해 제시하고 있다.

다음으로, 이 책의 소스 코드를 보지 않고 처음부터 프로그램을 다시 만들어 보자. 책의 소스와 똑같을 필요는 없다. 자신만의 버전을 만들어 볼 수도 있다.

이 책의 프로그램을 따라 하다 보면, 자신만의 프로그램을 만들고 싶을 것이다. 대부분의 현대 비디오 게임이나 소프트웨어 애플리케이션은 매우 복잡하기 때문에 프로그래머와 아티스트, 그리고 디자이너로 구성된 팀이 필요하다. 하지만 수많은 보드게임과 카드 게임, 그리고 종이와 연필로 하는 게임들은 프로그램으로 다시 만들 수 있을 만큼 단순하다. 이들 중 다수는 '추상 전략 게임abstract strategy games' 범주에 속한다. 이에 해당하는 게임들의 목록을 https://en.wikipedia.org/wiki/List_of_abstract_strategy_games에서 확인할 수 있다.

터미널에서 프로그램 실행하기

이 책의 프로그래밍 프로젝트는 출력을 위해 컬러풀한 텍스트를 가지고 있는 bext 모듈을 사용한다. 하지만 이러한 색상들은 Mu나 IDLE 또는 다른 에디터에서 실행하면 나타나지 않는다. 이러한 프로그램은 **커맨드 라인**command line이라 불리는 **터미널**Terminal 화면에서 실행해야 한다. 윈도우라면 시작Start 메뉴에서 명령 프롬프트 프로그램을 실행하자. macOS라면, 스포트라이트Spotlight에서 터미널을 실행하자. 우분투 리눅스라면, 우분투 대시Ubuntu Dash에서 터미널을 실행하거나 Ctrl-Alt-T를 누르자.

터미널 창이 나타나면 **cd**change directory 명령으로 현재 디렉터리를 **.py** 파일이 있는 폴더로 변경해야 한다(**디렉터리**Directory는 폴더의 또 다른 이름이다). 예를 들어, 윈도우를 사용하고 있고 **C:\Users\Al** 폴더에 파이썬 프로그램이 저장되어 있다면 다음과 같이 입력해야 한다.

```
C:\>cd C:\Users\Al

C:\Users\Al>
```

그런 다음, 파이썬 프로그램을 실행하기 위하여 윈도우에서는 python *yourProgram.py*를, macOS나 리눅스에서는 python3 *yourProgram.py*를 입력하자. 여기서 *yourProgram.py*는 여러분의 파이썬 프로그램의 이름으로 교체한다.

```
C:\Users\Al>python guess.py
Guess the Number, by Al Sweigart al@inventwithpython.com

I am thinking of a number between 1 and 100.
You have 10 guesses left. Take a guess.
--중략--
```

프로그램을 종료하기 위해서 터미널 윈도우 자체를 닫기보다는 Ctrl-C를 눌러 종료할 수 있다.

핸드폰 또는 태블릿에서 프로그램 실행하기

핸드폰이나 태블릿 키보드를 쳐서 코드를 작성하는 것은 지루할 수 있기 때문에 키보드가 있는 랩톱 또는 데스크톱 컴퓨터를 사용하는 게 (프로그래밍에) 이상적이다. 안드로이드 또는 iOS용 파이썬 인터프리터는 없지만, 웹 브라우저에서 사용할 수 있는 온라인 파이썬 인터랙티브 셸을 제공하는 웹사이트가 있다. 만약에 여러분이 강의실 컴퓨터에 새로운 소프트웨어를 설치할 수 있는 계정 권한이 없는 강사라면, 랩톱과 데스크톱에서도 사용할 수 있다.

https://repl.it/languages/Python3/와 https://www.pythonanywhere.com/에는 여러분의 웹 브라우저에서 무료로 사용할 수 있는 파이썬 인터프리터가 있다. 이 책에 있는 대부분의 프로젝트들은 이들 웹사이트에서 동작할 것이다. 하지만 bext, pyperclip, pyttsx3, 그리고 playsound와 같은 서드-파티 모듈을 사용하는 프로그램은 동작하지 않을 것이다. 또한, open() 함수를 사용하여 파일을 읽거나 써야 하는 프로그램도 동작하지 않을 것이다. 프로그램의 코드 중에 이러한 용어들이 있다면 온라인 파이썬 인터프리터에서 동작하지 않을 것이다.

도움을 받는 방법

개인 교사를 고용한다거나 프로그래밍에 대해 물어볼 프로그래머인 친구가 없다면, 문제에 대한 답을 스스로 찾아야 할 것이다. 다행히도 여러분이 궁금해하는 것 대부분은 이미 다른 사람들이 가졌던 질문이기도 하다. 스스로 답을 찾는 것은 프로그래머가 배워야 할 중요한 덕목 중 하나다.

인터넷에서 프로그래밍 문제에 대한 답을 지속적으로 찾고 있는 자신을 발견한다고 해도 낙심하지 말자. 프로그래밍 기초부터 배우는 게 아니라 인터넷을 통해 확인하는 것이 마치 '꼼수'처럼 느껴질 수 있겠지만, 배움에 있어서 그런 것은 존재하지 않는다. 심지어 프로 개발자들도 매일 인터넷을 검색한다. 여러분은 이번 절에서 인터넷에서 질문을 잘하는 방법과 답변을 검색하는 방법을 배우게 될 것이다.

프로그램에서 유효하지 않은 명령을 수행하려고 하면, 트레이스백_{traceback}이라 불리는 에러 메시지가 표시된다. 트레이스백은 어떤 종류의 에러가 발생했는지와 에러가 발생한 코드 위치를 알려 준다. 다음은 한 사람당 몇 개의 피자 조각을 가져야 하는지를 계산하는 중에 발생한 에러의 예다.

```
Traceback (most recent call last):
  File "pizza.py", line 5, in <module>
    print('Each person gets', (slices / people), ' slices of pizza.')
ZeroDivisionError: division by zero
```

이 트레이스백을 보고 people 변수가 0으로 설정되어 있기 때문에 slices/people 구문에서 0으로 나누는 문제가 있다는 것을 발견하지 못할 수 있다. 에러 메시지는 종종 너무 짧아서 완전한 문장이 아니곤 한다. 이러한 오류는 프로그래머들이 일반적으로 접하는 오류이기 때문에 전체적인 설명보다는 상기하려는 의도다. 만약에 이러한 오류를 처음 접하는 것이라면, 해당 부분을 복사해서 인터넷으로 검색하면 에러의 자세한 의미와 원인을 찾게 될 것이다.

인터넷 검색을 해도 문제에 대한 해결책을 찾을 수 없다면, 온라인 포럼에 질문을 올리거나 여러분이 알고 있는 파이썬 전문가에게 메일로 문의하는 방법이 있다. 그럴 때는 구체적이고 잘 표현된 질문을 하는 것이 가장 효과적이다. 질문 시 전체 소스 코드와 함께 에러 메시지를 구체적으로 밝히고, 여러분이 시도했던 방법은 무엇인지, 그리고 여러분이 사용하는 운영체제와 파이썬 버전은 어떤 것이었는지 밝히도록 하자. 이렇게 하면 문제에 대한 해결 방법을 얻게 될 뿐만 아니라 동일한 문제를 겪는 다른 프로그래머도 여러분의 질문 덕에 도움을 받을 것이다.

코드 입력

프로그래머가 되기 위해서 빠른 타이핑 능력을 가질 필요는 없지만, 코드를 빨리 입력한다는 자체는 도움이 된다. 빠른 타이핑은 프로그래밍에서의 번거로운 일을 줄여준다. 여러분이 이 책의 프로그램을 가지고 작업할 때도 코드를 보면서 얼른 타이핑하고 싶어질 것이다.

https://typingclub.com/ 또는 https://www.typing.com/ 등의 무료 웹사이트에서 타이핑 방법을 배울 수 있다. 잘 만들어진 타이핑 프로그램은 키보드 모양과 가상의 손 모양을 컴퓨터 화면에 표시해 주기 때문에 입력할 키를 찾기 위해 키보드를 내려다보는 습관을 고칠 수 있다. 다른 모든 기술과 마찬가지로 타이핑은 연습의 문제이며, 코드를 작성하는 것은 수많은 타이핑 기회를 줄 것이다.

키보드의 단축키는 마우스 커서를 메뉴로 옮겨서 특정 작업을 선택하고, 수행하는 데 걸리는 시간을 단축시켜 줄 것이다. 단축키는 보통 'Ctrl-C'처럼 표현된다. 이것은 키보드의 Ctrl 키를 누른 상태에서 C 키를 누른다는 의미다. Ctrl 키를 한번 누른 다음에 C 키를 누르라는 게 아니다.

마우스를 사용하여 애플리케이션의 상단(윈도우 그리고 리눅스)이나 화면 상단(macOS)에 있는 메뉴 바를 열면, 저장할 때 사용하는 Ctrl-S와 복사할 때 사용하는 Ctrl-C 등의 일반적인 단축키를 찾을 수 있다.[2] 시간을 투자해 이러한 키보드 단축키를 배워 두면 도움이 될 것이다.

예를 들어, 윈도우와 리눅스에서는 Alt-Tab, 그리고 macOS에서는 command-tab을 누르면 다른 애플리케이션 화면으로 전환시켜 준다. Alt 또는 command 키를 누른 상태에서 Tab을 계속 누르면 전환하고자 하는 특정 화면을 선택할 수 있다.

---

2 [옮긴이] macOS에서는 command-S/command-C와 같이 command 키를 사용한다.

복사하기와 붙여넣기

클립보드clipboard는 붙여넣을 데이터를 임시로 저장할 수 있도록 해주는 운영체제의 기능이다. 여기서 데이터는 텍스트, 이미지, 파일, 또는 다른 종류의 정보가 될 수 있지만, 이번 절에서는 텍스트 데이터를 가지고 설명할 것이다. 텍스트를 복사하면 현재 선택된 텍스트의 복사본이 클립보드에 배치된다. 텍스트를 붙여넣으면 커서의 현재 위치에 직접 입력한 것처럼 클립보드에 있는 텍스트가 입력된다. 복사하여 붙여넣으면 그 텍스트 분량이 한 줄이든, 수백 페이지든 컴퓨터에 이미 있는 텍스트를 다시 입력할 필요가 없다.

텍스트를 복사하여 붙여넣으려면 복사할 텍스트를 먼저 선택(즉, 하이라이트)한다. 이 작업은 마우스의 기본 버튼(마우스를 오른손잡이용으로 설정한 경우는 왼쪽 버튼)을 누른 상태로 드래그하여 원하는 텍스트를 선택한다. 하지만 키보드를 이용하여 Shift 키를 누른 상태에서 커서 키를 움직이면 더 빠르고 정확하게 해낼 수 있다. 많은 애플리케이션에서는 단어를 더블 클릭하면 전체 단어가 즉시 선택된다. 또한 세 번 클릭하면 전체 줄 또는 전체 단락이 즉시 선택된다.

다음 단계는 윈도우에서는 Ctrl-C를, 그리고 macOS에서는 command-C를 눌러 선택한 텍스트를 클립보드에 복사한다. 클립보드는 하나의 텍스트만 저장할 수 있으므로 복사하면 이전에 있던 것은 사라진다.

마지막으로, 텍스트를 붙이고 싶은 위치로 커서를 옮기고 윈도우에서는 Ctrl-V를, macOS에서는 command-V를 눌러 붙여넣는다. 새로운 텍스트가 클립보드에 저장되기 전까지 원하는 만큼 붙여넣을 수 있다.

텍스트 찾기와 대체하기

구글의 검색 인류학자인 댄 러셀Dan Russell은 2011년 《Atlantic》의 기사(https://www.theatlantic.com/technology/archive/2011/08/crazy-90-percent-of-people-dont-know-how-to-use-ctrl-f/243840/)에서, 사람들의 컴퓨터 사용 습관을 연구했을 때 90퍼센트는 애플리케이션에서 단어를 찾고자 할 때 Ctrl-F(윈도우와 리눅스에서) 또는 command-F(macOS에서)를 눌러서 찾을 수 있었다는 것을 몰랐다고 했다. 이 기능은 코드 에디터에서뿐만 아니라 워드 프로세서, 웹 브라우저, 스프레드시트 애플리케이션을 포함하여 텍스트를 표시하는 거의 모든 종류의 프로그램에서 매우 유용한 기능이다. Ctrl-F를 누르면 프로그램 내에서 찾고자 하는 단어를 입력할 수 있는 찾기Find 창이 나타난다. 보통 F3 키는 그 다음에 위치한 단어를 찾기 위해 연속해서 검색해 준다. 이 기능은 어떤 단어를 찾기 위해 문서를 직접 스크롤하는 것에 비해 엄청난 시간을 절약해 준다.

에디터는 찾아서 고치는 기능도 가지고 있으며, 하나의 텍스트를 찾아 다른 텍스트로 바꿔 준다. 이 기능은 변수나 함수의 이름을 바꾸고 싶을 때 유용하다. 하지만 찾아서 고치는 기능은 주의해서 사용해야 한다. 왜냐하면 의도치 않게 찾고자 하는 기준과 일치하는 텍스트가 바뀔 수 있기 때문이다.

디버거

디버거는 한 번에 한 줄씩 실행하여 프로그램 변수의 현재 상태를 검사할 수 있게 하는 도구로, 버그를 추적하는 데 유용하다. 이번 절에서는 Mu 에디터의 디버거 기능에 대해 설명한다. 다른 디버거의 사용자 인터페이스가 이와 다르더라도 동일한 기능을 가지고 있으니 걱정하지 말자.

디버거로 프로그램을 실행하려면 IDE의 Run 메뉴 대신에 Debug 메뉴를 사용한다. 디버거는 프로그램의 첫 줄에서 일시 중지된 상태로 시작한다. 모든 디버거는 Continue, Step In, Step Over, Step Out, Stop 버튼을 가지고 있다.

Continue 버튼을 클릭하면 다음의 브레이크포인트에 도달할 때까지, 만약에 다음 브레이크 포인트가 없다면 프로그램 코드 끝까지 실행된다(브레이크포인트에 대해서는 이번 절 후반부에 설명한다). 디버깅을 끝내고 프로그램을 계속해서 실행하고자 한다면 Continue 버튼을 클릭한다.

Step In 버튼을 클릭하면 디버거는 다음 줄의 코드를 실행하고 다시 일시 중지된 상태가 된다. 만약에 다음 줄의 코드가 함수 호출이라면, 디버거는 그 함수로 '들어가서' 해당 함수의 첫 번째 줄로 이동한다.

Step Over 버튼을 클릭하면 Step In 버튼처럼 다음 줄의 코드를 실행한다. 하지만 다음 줄의 코드가 함수 호출이라면, 그 함수의 코드를 '건너뛸' 것이다. 그 함수의 코드는 최고의 속도로 실행되며, 디버거는 그 함수 호출이 반환되는 즉시 일시 중지된다. Step Over 버튼을 사용하는 것이 Step In 버튼을 사용하는 것보다 더 일반적이다.

Step Out 버튼을 클릭하면 디버거는 현재의 함수에서 빠져나오기 위해 최고의 속도로 코드를 실행한다. 만약에 Step In 버튼으로 함수 호출로 들어갔는데 다시 돌아가기 위해 함수의 코드를 그냥 실행하고자 한다면, Step Out 버튼을 클릭하여 현재의 함수 호출을 빠져나가면 된다.

디버깅을 완전히 멈추고 프로그램의 나머지 부분도 더 이상 실행하고 싶지 않다면, Stop 버튼을 클릭하자. Stop 버튼은 프로그램을 즉시 종료한다.

특정 프로그램 코드에 **브레이크포인트**breakpoint를 설정하고 그 브레이크포인트에 도착할 때까지 프로그램이 일반적인 속도로 실행되도록 할 수 있다. 그 지점에서 디버거가 일시 중지되므로 변수를 살펴볼 수 있으며, 각 줄의 코드를 단계적으로 실행할 수 있게 한다. 대부분의 IDE는 코드 창의 왼쪽에 있는 행 번호를 더블 클릭하면 브레이크포인트를 설정할 수 있다.

프로그램의 변수에 현재 저장된 값은 모든 디버거의 디버깅 창 안 어딘가에 표시된다. 프로그램을 디버깅하는 일반적인 방법들 중 하나는 **프린트 디버깅**print debugging으로, 변수의 값이 표시되도록 print() 호출을 추가하고 프로그램을 실행하는 것이다. 하지만 프로그램을 실행해 보면, 다른 변수의 값을 확인하기 위해 또 다른 print() 호출을 추가해야 한다는 것을 깨닫게 된다. 이것은 계속해서 프로그램을 다시 실행해야 한다는 의미이며, 이렇게 실행한다는 것은 또 다른 print() 호출을 추가하는 주기(사이클)가 돌아오게 될 것이라는 의미다. 또한, 추가했던 print() 호출 중 일부를 잊어버리기도 하므로 print() 호출을 삭제하는 시간도 필요하다. 프린트 디버깅은 단순한 버그를 잡는 데는 수월하겠지만, 실제 디버거를 사용하는 것이 장기적으로 볼 때 시간을 절약하는 방법이다.

요약

프로그래밍은 재미있고 창의적인 기술이다. 여러분이 파이썬 구문의 기초를 마스터했든, 아니면 실제 파이썬 프로그램을 만들고 싶어하는 것이든, 이 책의 프로젝트들은 몇 페이지의 코드만 해봐도 여러분에게 새로운 아이디어가 나도록 촉진제 역할을 할 것이다.

이 책의 프로그램을 가장 잘 활용하는 방법은 단순히 코드를 읽거나 복사 붙여넣기를 하는 게 아니다. 시간을 내서 이 책의 코드를 여러분의 에디터에 직접 입력하여 코드 작성의 머슬 메모리muscle memory[3]를 발달시키자. 또한, 코드를 단순히 눈으로만 훑어보지 말고 한 줄씩 천천히 검토하자. 이해가 되지 않는 코드는 인터넷 검색 엔진을 이용하여 찾아보거나 인터랙티브 셸에서 테스트를 해보자.

마지막으로, 프로그램을 처음부터 다시 만들어 보고 여러분만의 기능을 추가해 보자. 이러한 연습은 실제로 동작하는 프로그램을 만들기 위해 적용될 프로그래밍의 개념을 더욱 단단하게 만들어 줄 것이다. 그리고 무엇보다도 즐기는 마음을 잊지 말자!

---

3 옮긴이 직접 코드를 입력하면서 몸이 코드를 기억하도록 하는 방식

#1

베이글

단서를 바탕으로 세 자리 숫자를 알아내자

상수(constant)를 사용하는 연습을 한다

연역적 논리 게임인 베이글은 단서를 바탕으로 세 자리 숫자를 유추하는 게임이다. 이 게임은 여러분의 추측에 대한 응답으로 다음의 힌트 중 하나를 제공한다. 만약에 여러분이 추측한 숫자가 숫자는 맞지만 위치가 틀린 경우에는 'Pico', 숫자도 맞고 자리도 맞으면 'Fermi', 맞는 숫자가 없으면 'Bagels'라는 힌트를 제공한다. 숫자를 찾기 위한 기회는 10번이 주어진다.

프로그램 실행

bagels.py를 실행하면 다음과 같다.

```
By Al Sweigart al@inventwithpython.com

I am thinking of a 3-digit number with no repeated digits.
Try to guess what it is. Here are some clues:
When I say:      That means:
    Pico         One digit is correct but in the wrong position.
    Fermi        One digit is correct and in the right position.
    Bagels       No digit is correct.

For example, if the secret number was 248 and your guess was 843, the
clues would be Fermi Pico.
I have thought up a number.
 You have 10 guesses to get it.
Guess #1:
> 123
Bagels
Guess #2:
> 456
Pico Pico
Guess #3:
> 645
Fermi Fermi
--중략--
Guess #6:
> 648
You got it!
Do you want to play again? (yes or no)
> no
Thanks for playing!
```

동작 원리

이번 프로그램은 정숫값이 아니라 숫자가 포함된 문자열 값을 사용한다는 점을 기억하자. 예를 들어, '426'과 426은 서로 다른 값이다. 우리는 수학적 연산이 아니라 비밀번호와의 문자열 비교를 해야 하기 때문에 문자열을 사용해야 한다. 그러므로 '0'이 첫 자리에 올 수 있음을 기억하자. 문자열 '026'과 '26'은 다르지만, 정수 026은 26과 같다.

```
1 """"Bagels, by Al Sweigart al@inventwithpython.com
2 A deductive logic game where you must guess a number based on clues.
3 This code is available at https://nostarch.com/big-book-small-python-programming
```

```
 4  A version of this game is featured in the book, "Invent Your Own
 5  Computer Games with Python" https://nostarch.com/inventwithpython
 6  Tags: short, game, puzzle"""
 7
 8  import random
 9
10  NUM_DIGITS = 3   # (!) 이 값을 1 또는 10으로 설정해 보자.
11  MAX_GUESSES = 10   # (!) 이 값을 1 또는 100으로 설정해 보자.
12
13
14  def main():
15      print('''Bagels, a deductive logic game.
16  By Al Sweigart al@inventwithpython.com
17
18  I am thinking of a {}-digit number with no repeated digits.
19  Try to guess what it is. Here are some clues:
20  When I say:     That means:
21    Pico          One digit is correct but in the wrong position.
22    Fermi         One digit is correct and in the right position.
23    Bagels        No digit is correct.
24
25  For example, if the secret number was 248 and your guess was 843, the
26  clues would be Fermi Pico.'''.format(NUM_DIGITS))
27
28      while True:   # 메인 게임 루프
29          # 이것은 사용자가 예측해야 할 비밀번호를 저장한다:
30          secretNum = getSecretNum()
31          print('I have thought up a number.')
32          print(' You have {} guesses to get it.'.format(MAX_GUESSES))
33
34          numGuesses = 1
35          while numGuesses <= MAX_GUESSES:
36              guess = ''
37              # 유효한 예측값을 입력할 때까지 루프를 계속 돈다:
38              while len(guess) != NUM_DIGITS or not guess.isdecimal():
39                  print('Guess #{}: '.format(numGuesses))
40                  guess = input('> ')
41
42              clues = getClues(guess, secretNum)
43              print(clues)
44              numGuesses += 1
45
46              if guess == secretNum:
47                  break   # 숫자를 맞췄으니 이 루프에서 빠져나간다.
48              if numGuesses > MAX_GUESSES:
49                  print('You ran out of guesses.')
50                  print('The answer was {}.'.format(secretNum))
51
52          # 다시 게임을 하고 싶은지 묻는다.
53          print('Do you want to play again? (yes or no)')
54          if not input('> ').lower().startswith('y'):
55              break
```

```
56          print('Thanks for playing!')
57
58
59  def getSecretNum():
60      """NUM_DIGITS개의 임의 숫자로 구성된 문자열을 반환한다."""
61      numbers = list('0123456789')  # 0부터 9까지의 숫자 리스트를 생성한다.
62      random.shuffle(numbers)  # 무작위 순서가 되도록 섞는다.
63
64      # 비밀번호를 뽑기 위해 리스트의 처음부터 NUM_DIGITS자리까지의 수를 얻는다:
65      secretNum = ''
66      for i in range(NUM_DIGITS):
67          secretNum += str(numbers[i])
68      return secretNum
69
70
71  def getClues(guess, secretNum):
72      """비밀번호에 대한 단서인 pico, fermi,
73      bagels로 구성된 문자열을 반환한다."""
74      if guess == secretNum:
75          return 'You got it!'
76
77      clues = []
78
79      for i in range(len(guess)):
80          if guess[i] == secretNum[i]:
81              # 맞는 숫자이며 위치(자리)도 맞다.
82              clues.append('Fermi')
83          elif guess[i] in secretNum:
84              # 숫자는 맞지만 잘못된 위치(자리)에 있다.
85              clues.append('Pico')
86      if len(clues) == 0:
87          return 'Bagels'  # 일치하는 숫자가 전혀 없다.
88      else:
89          # 힌트를 알파벳순으로 정렬하여
90          # 힌트의 순서가 또 다른 힌트가 되지 않도록 한다.
91          clues.sort()
92          # 문자열 힌트 리스트를 가지고 단일 문자열을 만든다.
93          return ' '.join(clues)
94
95
96  # 이 프로그램이 다른 프로그램에 임포트(import)된 게 아니라면 게임이 실행된다:
97  if __name__ == '__main__':
98      main()
```

소스 코드를 입력하고 여러 번 실행한 후, 실험을 위해 몇 가지를 변경해 보자. (!) 마크가 있는 주석은 여러분이 할 수 있는 간단한 변경에 대해 제안한 것이다. 다음 내용에 대해 스스로 방법을 찾아보자.

- NUM_DIGITS를 수정하여 비밀번호의 자릿수를 바꾸자.
- MAX_GUESSES를 수정하여 플레이어의 예측 횟수를 바꾸자.
- 비밀번호에 숫자뿐만 아니라 문자도 있는 버전을 만들어 보자.

프로그램 살펴보기

다음 질문에 대한 답을 찾아보자. 코드를 약간 수정하여 테스트하고, 변경 사항이 어떠한 영향을 미쳤는지 확인해 보자.

1. NUM_DIGITS 상수를 변경하면 어떻게 되는가?
2. MAX_GUESSES 상수를 변경하면 어떻게 되는가?
3. NUM_DIGITS에 10보다 큰 수를 설정하면 어떻게 되는가?
4. 30행에 있는 secretNum = getSecretNum()를 secretNum = '123'으로 바꾸면 어떻게 되는가?
5. 34행에 있는 numGuesses = 1을 삭제하거나 주석 처리하면 어떻게 되는가?
6. 62행에 있는 random.shuffle(numbers)를 삭제하거나 주석 처리하면 어떻게 되는가?
7. 74행에 있는 if guess == secretNum:과 75행에 있는 return 'You got it!'을 삭제하거나 주석 처리하면 어떻게 되는가?
8. 44행에 있는 numGuesses += 1을 주석 처리하면 어떻게 되는가?

#2

생일 역설

여러 규모의 그룹에서 두 사람의 생일이 동일할 확률을 측정

파이썬의 datetime 모듈을 사용한다

소규모 집단에서 두 사람의 생일이 서로 같을 확률이 놀라울 만큼 높은 것을 생일 문제Birthday Problem 또는 생일 역설Birthday Paradox이라고 한다. 70명이 있는 그룹에서 생일이 같은 두 사람이 나올 확률은 99.9퍼센트다. 심지어 23명만 있어도 50퍼센트가 된다. 이번 장의 프로그램은 다양한 규모의 그룹에 대해 어느 정도의 확률이 되는지 알아보는 확률 실험을 실시한다. 여러 번의 무작위 시도를 통하여 나타난 결과를 이해하는 방식으로, 이러한 유형의 실험을 몬테카를로 실험Monte Carlo experiment이라고 부른다.

생일 역설에 대한 자세한 내용은 위키백과(https://ko.wikipedia.org/wiki/생일_문제)를 참고하자.

프로그램 실행

birthdayparadox.py를 실행하면 다음과 같은 결과가 나올 것이다.

```
Birthday Paradox, by Al Sweigart al@inventwithpython.com
--중략--
How many birthdays shall I generate? (Max 100)
> 23

Here are 23 birthdays:
Dec 20, Jan 24, Sep 26, Feb 6, Nov 21, Jan 22, Jan 31, Sep 16, Apr 11, Nov 6, Dec 16, Mar
22, Dec 18, Jun 29, Sep 21, Jun 22, Oct 3, Nov 17, May 9, Oct 27, Mar 5, Feb 27, Oct 31

In this simulation, there are no matching birthdays.

Generating 23 random birthdays 100,000 times...
Press Enter to begin...
Let's run another 100,000 simulations.
0 simulations run...
10000 simulations run...
--중략--
90000 simulations run...
100,000 simulations run.
Out of 100,000 simulations of 23 people, there was a
matching birthday in that group 50808 times. This means
that 23 people have a 50.81 % chance of
having a matching birthday in their group.
That's probably more than you would think!
```

동작 원리

100,000번의 시뮬레이션을 실행하는 데 시간이 걸릴 수 있으니, 95행과 96행의 코드가 10,000번의 시뮬레이션이 끝날 때마다 알려 준다. 이 피드백을 통하여 프로그램이 멈춰버린 게 아니라는 것을 알 수 있다. 95행에 10_000 그리고 93행, 103행에 100_000이라고 정수에 밑줄이 들어가 있다. 이 밑줄은 특별한 의미가 없지만, 파이썬은 프로그래머가 정숫값을 더 쉽게 읽을 수 있도록 이를 허용한다. 다시 말해, 100000보단 100_000이 '십만one hundred thousand'이라 읽기가 더 수월하다.

```
1 """Birthday Paradox Simulation, by Al Sweigart al@inventwithpython.com
2 Explore the surprising probabilities of the "Birthday Paradox".
3 More info at https://en.wikipedia.org/wiki/Birthday_problem
4 This code is available at https://nostarch.com/big-book-small-python-programming
5 Tags: short, math, simulation"""
```

```
 6
 7 import datetime, random
 8
 9
10 def getBirthdays(numberOfBirthdays):
11     """생일에 대한 임의의 날짜 객체들의 리스트를 반환한다."""
12     birthdays = []
13     for i in range(numberOfBirthdays):
14         # 여기서 연도는 중요하지 않기 때문에
15         # 모든 생일을 같은 연도로 한다.
16         startOfYear = datetime.date(2001, 1, 1)
17
18         # 그 연도에서 임의의 날짜를 얻는다:
19         randomNumberOfDays = datetime.timedelta(random.randint(0, 364))
20         birthday = startOfYear + randomNumberOfDays
21         birthdays.append(birthday)
22     return birthdays
23
24
25 def getMatch(birthdays):
26     """생일 리스트에서 중복되는 생일 날짜인
27     객체를 반환한다."""
28     if len(birthdays) == len(set(birthdays)):
29         return None  # 모든 생일이 서로 다르다면 None을 반환한다.
30
31     # 모든 생일을 각각 다른 생일과 비교한다:
32     for a, birthdayA in enumerate(birthdays):
33         for b, birthdayB in enumerate(birthdays[a + 1 :]):
34             if birthdayA == birthdayB:
35                 return birthdayA  # 일치하는 생일을 반환한다.
36
37
38 # 인트로 출력:
39 print('''Birthday Paradox, by Al Sweigart al@inventwithpython.com
40
41 The birthday paradox shows us that in a group of N people, the odds
42 that two of them have matching birthdays is surprisingly large.
43 This program does a Monte Carlo simulation (that is, repeated random
44 simulations) to explore this concept.
45
46 (It's not actually a paradox, it's just a surprising result.)
47 ''')
48
49 # 월 이름이 순서대로 있는 튜플을 만든다:
50 MONTHS = ('Jan', 'Feb', 'Mar', 'Apr', 'May', 'Jun',
51          'Jul', 'Aug', 'Sep', 'Oct', 'Nov', 'Dec')
52
53 while True:  # 사용자가 유효한 값을 입력할 때까지 계속 묻는다.
54     print('How many birthdays shall I generate? (Max 100)')
55     response = input('> ')
56     if response.isdecimal() and (0 < int(response) <= 100):
57         numBDays = int(response)
```

```
58              break    # 사용자가 유효한 값을 입력
59  print()
60
61  # 생일을 생성하고 출력하기:
62  print('Here are', numBDays, 'birthdays:')
63  birthdays = getBirthdays(numBDays)
64  for i, birthday in enumerate(birthdays):
65      if i != 0:
66          # 첫 번째 생일 이후부터 각 생일마다 콤마를 표시한다.
67          print(', ', end='')
68      monthName = MONTHS[birthday.month - 1]
69      dateText = '{} {}'.format(monthName, birthday.day)
70      print(dateText, end='')
71  print()
72  print()
73
74  # 두 생일이 서로 일치하는지 판단한다.
75  match = getMatch(birthdays)
76
77  # 결과 출력하기:
78  print('In this simulation, ', end='')
79  if match != None:
80      monthName = MONTHS[match.month - 1]
81      dateText = '{} {}'.format(monthName, match.day)
82      print('multiple people have a birthday on', dateText)
83  else:
84      print('there are no matching birthdays.')
85  print()
86
87  # 100,000번의 시뮬레이션 실행하기:
88  print('Generating', numBDays, 'random birthdays 100,000 times...')
89  input('Press Enter to begin...')
90
91  print('Let\'s run another 100,000 simulations.')
92  simMatch = 0    # 생일이 일치하는 시뮬레이션 수
93  for i in range(100_000):
94      # 10,000번의 시뮬레이션마다 진행 상황 출력하기:
95      if i % 10_000 == 0:
96          print(i, 'simulations run...')
97      birthdays = getBirthdays(numBDays)
98      if getMatch(birthdays) != None:
99          simMatch = simMatch + 1
100 print('100,000 simulations run.')
101
102 # 시뮬레이션 결과 출력하기:
103 probability = round(simMatch / 100_000 * 100, 2)
104 print('Out of 100,000 simulations of', numBDays, 'people, there was a')
105 print('matching birthday in that group', simMatch, 'times. This means')
106 print('that', numBDays, 'people have a', probability, '% chance of')
107 print('having a matching birthday in their group.')
108 print('That\'s probably more than you would think!')
```

프로그램 살펴보기

다음 질문에 대한 답을 찾아보자. 코드를 약간 수정하여 테스트하고, 변경 사항이 어떠한 영향을 미쳤는지 확인해 보자.

1. 이 프로그램에서 생일은 어떻게 표현되는가?(힌트 16행)

2. 프로그램이 생성하는 최대 생일 수 100개라는 제한을 없애려면 어떻게 해야 하는가?

3. 57행의 numBDays = int(response)를 삭제하거나 주석 처리하면 어떤 에러 메시지가 표시되는가?

4. 월 이름을 'Jan'이 아니라 'January'라는 전체 이름으로 표시하려면 어떻게 해야 하는가?

5. 'X simulations run...'이라는 메시지가 시뮬레이션 10,000번마다 나오는 게 아니라 1,000번마다 표시되도록 하려면 어떻게 해야 하는가?

#3

비트맵 메시지

2D 비트맵 이미지로 구성된 화면에 메시지를 표시

여러 줄로 된 문자열을 가지고 작업한다

이번 프로그램은 사용자의 메시지를 출력하는 방법을 결정하기 위해, 각 픽셀마다 두 가지 색상 중 하나만 있는 2D 이미지인 **비트맵**bitmap처럼 여러 줄의 문자열을 사용한다. 이번 프로그램의 비트맵에서 공백 문자는 빈 공간을 나타내며, 다른 모든 문자는 사용자의 메시지에 있는 문자로 한다. 이번 장에서 보여 주는 비트맵은 세계 지도와 비슷한 모양이지만, 여러분이 좋아하는 다른 이미지로 바꿀 수도 있다. 공백 또는 메시지 문자로 표시하는 이 방법이 단순할 수 있지만, 초보자가 이해하는 데는 더 도움이 될 것이다. 어떤 결과가 나오는지 확인하기 위해 다양한 메시지를 가지고 테스트하자.

프로그램 실행

bitmapmessage.py를 실행하면 다음과 같은 결과가 나올 것이다.

```
Bitmap Message, by Al Sweigart al@inventwithpython.com
Enter the message to display with the bitmap.
> Hello!

Hello!Hello!Hello!Hello!Hello!Hello!Hello!Hello!Hello!Hello!Hello!He
   lo!Hello!Hello   l !He lo e       llo!Hello!Hello!Hello!Hello!He
  llo!Hello!Hello Hello He lo H  l !Hello!Hello!Hello!Hello Hello H
 el    lo!Hello!Hello!He       lo!Hello!Hello!Hello!Hel
      o!Hello!Hello          lo e lo!H ll !Hello!Hello!H l
      !Hello!He            llo!Hel   Hello!Hello!Hell ! e
      Hello!He            ello!Hello!Hello!Hello!Hell  H
 l     H llo! ell         ello!Hello!Hell !Hello el o
        lo!H  l           ello!Hello!Hell   ell !He  o
        !Hello            llo!Hello!Hel    el  He  o
        !Hello!H          lo!Hello!Hell   l  !H llo
         ello!Hel          Hello!He      H llo Hell
         ello!Hell        ello!H  l      Hell !H l o!
         ello!Hell        ello!H l o         o!H l   H
          lo!Hel          ello! el          o!Hel   H
          lo!He           llo! e           llo!Hell
          llo!H           llo!             llo!Hello
          llo!            ll               lo!Hell   e
          llo                                l   e
          ll    l                 H
Hello!Hello!Hello!Hello!Hello!Hello!Hello!Hello!Hello!Hello!Hello!He
```

동작 원리

세계 지도 패턴의 각 문자를 일일이 타이핑하는 대신, https://inventwithpython.com/bitmapworld.txt에 있는 전체 텍스트를 복사/붙이기를 하는 방법도 있다. 링크의 상단과 하단에 있는 68개의 마침표는 눈금자 역할을 하여 올바르게 정렬하는 데 도움이 된다. 패턴에 오타가 입력되어도 프로그램은 여전히 동작할 것이다.

43행의 bitmap.splitlines() 메서드는 여러 줄로 구성된 bitmap 문자열의 각 행으로 이뤄진 문자열 리스트를 반환한다. 여러 줄의 문자열을 사용하면 여러분이 원하는 모양으로 비트맵을 더 쉽게 편집할 수 있다. 이번 장의 프로그램은 패턴에 있는 공백이 아닌 문자를 채우기 때문에 별표, 마침표 또는 기타 다른 문자를 패턴에 넣어도 동일한 동작을 수행한다.

51행의 message[i % len(message)] 코드는 message의 텍스트를 반복하여 사용한다. i는 0부터 증가하여 len(message)보다 큰 숫자가 되면, i % len(message) 표현식에 따라 다시 0이 된다. 이런 식으로 i가 증가하므로 message의 각 문자가 반복된다.

```
1   """Bitmap Message, by Al Sweigart al@inventwithpython.com
2   Displays a text message according to the provided bitmap image.
3   This code is available at https://nostarch.com/big-book-small-python-programming
4   Tags: tiny, beginner, artistic"""
5
6   import sys
7
8   # (!) 여러분이 좋아하는 이미지 모양으로 여러 줄의 문자열을 변경해 보자:
9
10  # 문자열의 상단과 하단에 마침표 68개가 있다:
11  # https://inventwithpython.com/bitmapworld.txt의 문자열을
12  # 복사하여 붙여넣기해도 된다.
13  bitmap = """
14  ....................................................................
15    **************   *  *** **  *      *****************************
16   ******************** ** ** *  * ******************************** *
17  **       *****************      ****************************
18           **************        **  * **** ** ************** *
19           ********         *******   ***************** * *
20            ********        ***************************  *
21    *       * **** ***      **************** ******  ** *
22             ****  *        ***************  *** *** *
23             ******         *************   **   ** *
24             ********        *************   *  ** ***
25             ********        *********         * *** ****
26             *********       ******  *       **** ** * **
27             *********       ****** * *        *** *  *
28             ******         ***** **          *****   *
29             *****          **** *            ********
30             *****          ****             *********
31             ****           **              *******  *
32             ***                                 *  *
33             **     *                    *
34  ....................................................................."""
35
36  print('Bitmap Message, by Al Sweigart al@inventwithpython.com')
37  print('Enter the message to display with the bitmap.')
38  message = input('> ')
39  if message == '':
40      sys.exit()
41
42  # 루프를 돌며 bitmap의 각 행을 반복한다:
43  for line in bitmap.splitlines():
44      # 루프를 돌며 행의 각 문자를 반복한다:
45      for i, bit in enumerate(line):
46          if bit == ' ':
```

```
47              # bitmap의 해당 위치가 공백이므로 빈 공백을 출력한다:
48              print(' ', end='')
49          else:
50              # message의 문자를 출력한다:
51              print(message[i % len(message)], end='')
52      print()  # 줄을 바꾼다.
```

소스 코드를 입력하고 몇 번 실행한 후, 테스트를 위해 코드를 변경해 보자. bitmap의 문자열을 변경하여 완전히 새로운 패턴을 만들 수 있다.

프로그램 살펴보기

다음 질문에 대한 답을 찾아보자. 코드를 약간 수정하여 테스트하고, 변경 사항이 어떠한 영향을 미쳤는지 확인해 보자.

1. 사용자가 메시지로 빈 문자열을 입력하면 어떻게 될까?

2. bitmap 변수의 문자열에 공백이 아닌 문자들이 있어야 하는 게 중요한가?

3. 45행에 있는 i 변수는 무엇을 나타내는 것인가?

4. 만약에 52행에 있는 print()를 삭제하거나 주석 처리하면 어떤 버그가 생기나?

#4

- - - - - - - - - - - - - - - - - -

블랙잭

AI 딜러를 상대로 플레이하는 고전적인 카드 게임

유니코드 문자와 코드 값에 대해 배운다

21이라고도 알려진 블랙잭Blackjack은 플레이어가 숫자 21을 넘지 않되, 가능한 이에 근접하도록 만드는 카드 게임이다. 이번 프로그램은 **아스키 아트**ASCII art라고 불리는 텍스트 문자로 그린 이미지를 사용한다. 미국 정보 교환 표준 부호American Standard Code for Information Interchange, ASCII는 유니코드Unicode가 나오기 전에 컴퓨터가 사용하던 숫자 코드에 대한 텍스트 문자의 매핑이다. 이번 프로그램에 있는 카드는 아스키 아트의 예제다.

```
 ___   ___
|10 | |A  |
| ♠ | | ♠ |
|_10| |__A|
```

이 카드 게임의 규칙과 역사는 위키백과(https://ko.wikipedia.org/wiki/블랙잭)를 참고하자.

프로그램 실행

blackjack.py를 실행하면 다음과 같은 결과가 나올 것이다.

```
Blackjack, by Al Sweigart al@inventwithpython.com

    Rules:
      Try to get as close to 21 without going over.
      Kings, Queens, and Jacks are worth 10 points.
      Aces are worth 1 or 11 points.
      Cards 2 through 10 are worth their face value.
      (H)it to take another card.
      (S)tand to stop taking cards.
      On your first play, you can (D)ouble down to increase your bet
      but must hit exactly one more time before standing.
      In case of a tie, the bet is returned to the player.
      The dealer stops hitting at 17.
Money: 5000
How much do you bet? (1-5000, or QUIT)
> 1000
Bet: 1000

DEALER: ???

 ___   ___
|## | |Q  |
|###| | ♥ |
|_##| |__Q|

PLAYER: 10

 ___   ___
|5  | |5  |
| ♠ | | ♥ |
|__5| |__5|


(H)it, (S)tand, (D)ouble down> d
How much do you bet? (1-1000, or QUIT)
> 1000
Bet increased to 2000.
Bet: 2000
You drew a Q of ♣.

DEALER: 18

 ___   ___
|8  | |Q  |
| ♣ | | ♥ |
|__8| |__Q|

PLAYER: 20

 ___   ___
```

```
|5  | |5  | |Q  |
| ♠ | | ♥ | | ♣ |
|__5| |__5| |__Q|

You won $2000!
--중략--
```

동작 원리

카드 패 모양들은 키보드에 있지 않기 때문에 chr() 함수를 호출하여 그 모양을 만든다. chr()
에 전달되는 정수는 유니코드 표준에 따라 문자를 식별하는 유일한 숫자로 **유니코드 값**code point이
라고 부른다. 유니코드는 자주 오해를 받는다. 하지만 네드 배첼더Ned Batchelder는 2012 PyCon US
talk 행사의 발표 세션 중 하나인 "유용한 유니코드, 이게 아니었다면 프로그래밍의 고통을 멈출
방법이 과연 있었을까?Pragmatic Unicode, or How Do I Stop the Pain?"에서 유니코드에 대해 훌륭하게 소개했
다(https://youtu.be/sgHbC6udIqc/ 참고). 부록 B는 파이썬 프로그램에서 사용할 수 있는 유니코드 문
자에 대한 전체 목록이다.

```
 1 """Blackjack, by Al Sweigart al@inventwithpython.com
 2 The classic card game also known as 21. (This version doesn't have
 3 splitting or insurance.)
 4 More info at: https://en.wikipedia.org/wiki/Blackjack
 5 This code is available at https://nostarch.com/big-book-small-python-programming
 6 Tags: large, game, card game"""
 7
 8 import random, sys
 9
10 # 상수 설정:
11 HEARTS   = chr(9829) # 문자 9829는 '♥'.
12 DIAMONDS = chr(9830) # 문자 9830은 '♦'.
13 SPADES   = chr(9824) # 문자 9824는 '♠'.
14 CLUBS    = chr(9827) # 문자 9827은 '♣'.
15 # (chr 코드에 대한 목록은 https://inventwithpython.com/charactermap을 참조하자)
16 BACKSIDE = 'backside'
17
18
19 def main():
20     print('''Blackjack, by Al Sweigart al@inventwithpython.com
21
22     Rules:
23       Try to get as close to 21 without going over.
24       Kings, Queens, and Jacks are worth 10 points.
25       Aces are worth 1 or 11 points.
26       Cards 2 through 10 are worth their face value.
27       (H)it to take another card.
```

```
28    (S)tand to stop taking cards.
29    On your first play, you can (D)ouble down to increase your bet
30    but must hit exactly one more time before standing.
31    In case of a tie, the bet is returned to the player.
32    The dealer stops hitting at 17.''')
33
34   money = 5000
35   while True:  # 메인 게임 루프.
36       # 플레이어가 돈을 다 썼는지 검사:
37       if money <= 0:
38           print("You're broke!")
39           print("Good thing you weren't playing with real money.")
40           print('Thanks for playing!')
41           sys.exit()
42
43       # 이번 판에 얼마를 베팅할 것인지 입력하게 한다:
44       print('Money:', money)
45       bet = getBet(money)
46
47       # 딜러와 플레이어에게 두 장의 카드를 준다:
48       deck = getDeck()
49       dealerHand = [deck.pop(), deck.pop()]
50       playerHand = [deck.pop(), deck.pop()]
51
52       # 플레이어의 동작을 처리한다:
53       print('Bet:', bet)
54       while True:   # 플레이어가 stand 또는 bust될 때까지 루프를 계속 돈다.
55           displayHands(playerHand, dealerHand, False)
56           print()
57
58           # 플레이어가 bust되었는지 검사:
59           if getHandValue(playerHand) > 21:
60               break
61
62           # 플레이어의 동작(H, S, 또는 D)을 받는다:
63           move = getMove(playerHand, money - bet)
64
65           # 플레이어의 동작을 처리한다:
66           if move == 'D':
67               # 플레이어가 double down을 한다. 이러면 베팅을 올릴 수 있다:
68               additionalBet = getBet(min(bet, (money - bet)))
69               bet += additionalBet
70               print('Bet increased to {}.'.format(bet))
71               print('Bet:', bet)
72
73           if move in ('H', 'D'):
74               # Hit 또는 double down이면 다른 카드를 하나 받는다.
75               newCard = deck.pop()
76               rank, suit = newCard
77               print('You drew a {} of {}.'.format(rank, suit))
78               playerHand.append(newCard)
79
```

```
 80              if getHandValue(playerHand) > 21:
 81                  # 플레이어가 bust됨:
 82                  continue
 83
 84          if move in ('S', 'D'):
 85              # Stand 또는 double down이면 플레이어 턴이 끝난다.
 86              break
 87
 88      # 딜러의 동작을 처리한다:
 89      if getHandValue(playerHand) <= 21:
 90          while getHandValue(dealerHand) < 17:
 91              # 딜러가 hit함:
 92              print('Dealer hits...')
 93              dealerHand.append(deck.pop())
 94              displayHands(playerHand, dealerHand, False)
 95
 96              if getHandValue(dealerHand) > 21:
 97                  break   # 딜러가 bust됨.
 98              input('Press Enter to continue...')
 99              print('\n\n')
100
101      # 들고 있던 패를 공개함:
102      displayHands(playerHand, dealerHand, True)
103
104      playerValue = getHandValue(playerHand)
105      dealerValue = getHandValue(dealerHand)
106      # 플레이어가 이겼는지, 졌는지, 아니면 비겼는지 처리함:
107      if dealerValue > 21:
108          print('Dealer busts! You win ${}!'.format(bet))
109          money += bet
110      elif (playerValue > 21) or (playerValue < dealerValue):
111          print('You lost!')
112          money -= bet
113      elif playerValue > dealerValue:
114          print('You won ${}!'.format(bet))
115          money += bet
116      elif playerValue == dealerValue:
117          print('It\'s a tie, the bet is returned to you.')
118
119      input('Press Enter to continue...')
120      print('\n\n')
121
122
123 def getBet(maxBet):
124     """플레이어에게 이번 판에 얼마를 걸지 묻는다."""
125     while True:  # 유효한 값을 입력할 때까지 계속 질문한다.
126         print('How much do you bet? (1-{}, or QUIT)'.format(maxBet))
127         bet = input('> ').upper().strip()
128         if bet == 'QUIT':
129             print('Thanks for playing!')
130             sys.exit()
131
```

```
132        if not bet.isdecimal():
133            continue  # 플레이어가 숫자를 입력하지 않았다면 다시 물어본다.
134
135        bet = int(bet)
136        if 1 <= bet <= maxBet:
137            return bet  # 플레이어가 유효한 베팅을 입력
138
139
140 def getDeck():
141    """52개의 모든 카드에 대한 (rank, suit) 튜플 리스트를 반환한다."""
142    deck = []
143    for suit in (HEARTS, DIAMONDS, SPADES, CLUBS):
144        for rank in range(2, 11):
145            deck.append((str(rank), suit))  # 숫자로 된 카드를 추가한다.
146        for rank in ('J', 'Q', 'K', 'A'):
147            deck.append((rank, suit))  # 문자로 된 카드를 추가한다.
148    random.shuffle(deck)
149    return deck
150
151
152 def displayHands(playerHand, dealerHand, showDealerHand):
153    """플레이어와 딜러의 카드를 보여준다.
154    만약에 showDealerHand가 False이면, 딜러의 첫 번째 카드를 가린다."""
155    print()
156    if showDealerHand:
157        print('DEALER:', getHandValue(dealerHand))
158        displayCards(dealerHand)
159    else:
160        print('DEALER: ???')
161        # 딜러의 첫 번째 카드를 가린다:
162        displayCards([BACKSIDE] + dealerHand[1:])
163
164    # 플레이어의 모든 카드를 표시한다:
165    print('PLAYER:', getHandValue(playerHand))
166    displayCards(playerHand)
167
168
169 def getHandValue(cards):
170    """카드의 값을 반환한다. 얼굴이 있는 카드들은 모두 10이며,
171    에이스는 11 또는 1이다(이 함수는 최적의 에이스 값을 선택한다)."""
172    value = 0
173    numberOfAces = 0
174
175    # 에이스가 아닌 나머지 카드들에 값을 추가한다:
176    for card in cards:
177        rank = card[0]  # card는 (rank, suit)의 튜플이다.
178        if rank == 'A':
179            numberOfAces += 1
180        elif rank in ('K', 'Q', 'J'):  # 문자 카드는 10을 더한다.
181            value += 10
182        else:
183            value += int(rank)  # 숫자 카드는 그 숫자만큼의 값을 더한다.
```

```
184
185         # 에이스에 대한 값을 더한다:
186         value += numberOfAces   # 에이스 하나당 1을 더한다.
187         for i in range(numberOfAces):
188             # 만약에 추가로 10을 더해도 bust가 되지 않는다면 그렇게 한다:
189             if value + 10 <= 21:
190                 value += 10
191
192         return value
193
194
195     def displayCards(cards):
196         """카드 리스트에 있는 모든 카드를 표시한다."""
197         rows = ['', '', '', '', '']   # 각 행에 표시될 텍스트 변수
198
199         for i, card in enumerate(cards):
200             rows[0] += ' ___  '   # 카드의 상단 라인 출력
201             if card == BACKSIDE:
202                 # 카드의 뒷면 출력:
203                 rows[1] += '|## | '
204                 rows[2] += '|###| '
205                 rows[3] += '|_##| '
206             else:
207                 # 카드의 앞면 출력:
208                 rank, suit = card   # card는 튜플 데이터 구조
209                 rows[1] += '|{} | '.format(rank.ljust(2))
210                 rows[2] += '| {} | '.format(suit)
211                 rows[3] += '|_{}| '.format(rank.rjust(2, '_'))
212
213         # 화면에 각 행을 출력:
214         for row in rows:
215             print(row)
216
217
218     def getMove(playerHand, money):
219         """플레이어 차례에서 플레이어 선택을 묻는다.
220         히트인 'H', 스탠드인 'S', 더블 다운인 'D'를 반환한다."""
221         while True:   # 플레이어가 올바른 입력을 할 때까지 계속 반복한다.
222             # 플레이어가 선택할 수 있는 게 무엇인지 결정한다:
223             moves = ['(H)it', '(S)tand']
224
225             # 플레이어가 최초에 받은 카드 두 장이 서로 같다면,
226             # double down할 수 있음을 알려 준다.
227             if len(playerHand) == 2 and money > 0:
228                 moves.append('(D)ouble down')
229
230             # 플레이어의 선택을 받는다:
231             movePrompt = ', '.join(moves) + '> '
232             move = input(movePrompt).upper()
233             if move in ('H', 'S'):
234                 return move   # 플레이어는 유효한 선택을 입력했다.
235             if move == 'D' and '(D)ouble down' in moves:
```

```
236                 return move   # 플레이어는 유효한 선택을 입력했다.
237
238
239 # 이 프로그램이 다른 프로그램에 임포트(import)된 게 아니라면 게임이 실행된다:
240 if __name__ == '__main__':
241     main()
```

소스 코드를 입력하고 몇 번 실행한 후, 테스트를 위해 코드를 변경해 보자. 블랙잭은 여러분이 구현해 볼만한 몇 가지 커스텀 규칙이 있다. 예를 들어, 처음에 받은 두 장의 카드가 서로 같은 값이라면, 플레이어는 두 카드를 나눠서 따로 베팅할 수 있다. 또한, 처음 받은 카드가 '블랙잭'[스페이드 에이스와 검정색 모양(클로버 또는 스페이드)의 잭]이면 베팅액의 10배를 받는다. 블랙잭에 대한 자세한 내용은 위키백과(https://ko.wikipedia.org/wiki/블랙잭)를 참고하자.

프로그램 살펴보기

다음 질문에 대한 답을 찾아보자. 코드를 약간 수정하여 테스트하고, 변경 사항이 어떠한 영향을 미쳤는지 확인해 보자.

1. 플레이어가 다른 금액을 가지고 게임을 시작하게 하려면 어떻게 해야 하는가?

2. 플레이어가 자신이 가진 것보다 더 많은 금액을 베팅하는 것을 프로그램은 어떻게 방지하는가?

3. 프로그램이 단일 카드를 어떻게 표현하는가?

4. 프로그램이 가지고 있는 카드들을 어떻게 표현하는가?

5. 197행에서 생성한 rows 리스트의 각 문자열은 무엇을 나타내는가?

6. 148행에 있는 random.shuffle(deck)을 삭제하거나 주석 처리하면 어떻게 되나?

7. 112행에 있는 money -= bet을 money += bet으로 수정하면 어떻게 되나?

8. displayHands() 함수에 있는 showDealerHand가 True면 어떻게 되는가? 그리고 False면 어떻게 되는가?

#5

돌아다니는 DVD 로고

수십 년 전, 화면상에서
다채로운 색으로 돌아다니던 DVD 로고를 시뮬레이션

좌표와 다양한 색상의 텍스트를 가지고 작업한다

만약에 여러분이 어느 정도 나이가 있다면, DVD 플레이어라고 불리는 오래된 기계 장치를 기억할 것이다. DVD를 재생하지 않을 때는 화면의 가장자리에서 튀어나온 DVD 로고가 대각선 방향으로 움직였다. 이번 프로그램은 DVD 로고가 화면 가장자리에 다다르면 방향을 바꾸어 움직이는 다양한 색의 DVD 로고를 시뮬레이션한다. 또한, 로고가 화면 가장자리에 몇 번 부딪혔는지 추적할 것이다. 이번 프로그램은 로고가 모서리와 완벽하게 일치하는 마법 같은 순간에 볼 수 있는 흥미로운 시각적 애니메이션을 만든다.

이번 프로그램은 bext 모듈을 사용하기 때문에 통합 개발 환경Integrated Development Environment, IDE이나 에디터에서 실행할 수 없다. 따라서, 올바르게 실행되도록 하려면 명령 프롬프트Command Prompt 또는 터미널Terminal에서 실행해야 한다. bext 모듈에 대한 자세한 내용은 https://pypi.org/project/bext/를 참고하자.

프로그램 실행

bouncingdvd.py를 실행하면 그림 5-1과 같은 결과가 나올 것이다.

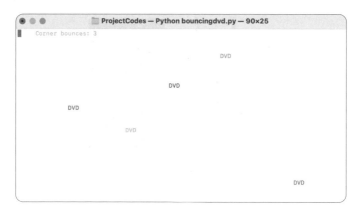

그림 5-1 대각선 방향으로 움직이는 DVD 로고

동작 원리

아마 학교 수업 시간에 배운 데카르트 좌표계Cartesian coordinates[1]를 기억할 것이다. 프로그래밍에서 x 좌표는 객체의 수평 위치를 나타내고 y 좌표는 수직 위치를 나타낸다. 이는 수학과 동일하다. 하지만 수학과 다른 점은 원점(0, 0)이 화면의 좌측 상단이라는 것과, 화면 상단에서 하단으로 내려갈수록 y 좌표가 증가한다는 점이다. 수학처럼 x 좌표는 오른쪽으로 이동할수록 증가한다. 그림 5-2는 화면에서의 좌표계를 보여 준다.

그림 5-2 원점(0, 0)은 화면의 좌측 상단이며, x 축과 y 축은 각각 오른쪽과 아래로 갈수록 증가한다.

---

1 (옮긴이) 우리는 보통 직교 좌표계라고 배운다.

bext 모듈의 goto() 함수는 bext.goto(0, 0)를 호출하여 텍스트 커서를 터미널 창의 좌측 상단에 위치하게 만드는 것과 동일한 작업을 한다. 'color', 'direction', 'x', 그리고 'y'의 키로 파이썬의 딕셔너리를 사용하여 각 DVD 로고가 튕기는 것을 표현한다. 'x'와 'y'의 값은 로고의 위치를 나타낸다. 이들 값이 bext.goto()에 전달되므로, 증가된 값이라면 로고를 우측 그리고 하단으로 이동시킬 것이며, 감소된 값이라면 로고를 좌측 그리고 상단으로 이동시킬 것이다.

```
1 """Bouncing DVD Logo, by Al Sweigart al@inventwithpython.com
2 A bouncing DVD logo animation. You have to be "of a certain age" to
3 appreciate this. Press Ctrl-C to stop.
4
5 NOTE: Do not resize the terminal window while this program is running.
6 This code is available at https://nostarch.com/big-book-small-python-programming
7 Tags: short, artistic, bext"""
8
9 import sys, random, time
10
11 try:
12     import bext
13 except ImportError:
14     print('This program requires the bext module, which you')
15     print('can install by following the instructions at')
16     print('https://pypi.org/project/Bext/')
17     sys.exit()
18
19 # 상수 설정:
20 WIDTH, HEIGHT = bext.size()
21 # 줄바꿈을 자동으로 추가하지 않으면 윈도우의 마지막 열에 출력할 수 없으므로,
22 # 넓이를 1 줄인다:
23 WIDTH -= 1
24
25 NUMBER_OF_LOGOS = 5  # (!) 이것을 1 또는 100으로 변경해 보자.
26 PAUSE_AMOUNT = 0.2  # (!) 이것을 1.0 또는 0.0으로 변경해 보자.
27 # (!) 이 리스트가 더 적은 색상을 가지도록 변경해 보자:
28 COLORS = ['red', 'green', 'yellow', 'blue', 'magenta', 'cyan', 'white']
29
30 UP_RIGHT    = 'ur'
31 UP_LEFT     = 'ul'
32 DOWN_RIGHT = 'dr'
33 DOWN_LEFT  = 'dl'
34 DIRECTIONS = (UP_RIGHT, UP_LEFT, DOWN_RIGHT, DOWN_LEFT)
35
36 # logo 딕셔너리에 대한 키 이름:
37 COLOR = 'color'
38 X = 'x'
39 Y = 'y'
40 DIR = 'direction'
41
42
43 def main():
```

```
44    bext.clear()
45
46    # 몇 개의 로고 생성하기
47    logos = []
48    for i in range(NUMBER_OF_LOGOS):
49        logos.append({COLOR: random.choice(COLORS),
50                      X: random.randint(1, WIDTH - 4),
51                      Y: random.randint(1, HEIGHT - 4),
52                      DIR: random.choice(DIRECTIONS)})
53        if logos[-1][X] % 2 == 1:
54            # X가 짝수여야 코너에 닿을 수 있기 때문에 짝수가 되도록 한다.
55            logos[-1][X] -= 1
56
57    cornerBounces = 0   # 로고가 코너에 닿은 횟수
58    while True:  # 메인 프로그램 루프
59        for logo in logos:  # logos 리스트에 있는 각 logo에 대한 처리
60            # logo의 현재 위치 지우기:
61            bext.goto(logo[X], logo[Y])
62            print('   ', end='')  # (!) 이 코드를 주석 처리해 보자.
63
64            originalDirection = logo[DIR]
65
66            # logo가 코너에 닿았는지 확인:
67            if logo[X] == 0 and logo[Y] == 0:
68                logo[DIR] = DOWN_RIGHT
69                cornerBounces += 1
70            elif logo[X] == 0 and logo[Y] == HEIGHT - 1:
71                logo[DIR] = UP_RIGHT
72                cornerBounces += 1
73            elif logo[X] == WIDTH - 3 and logo[Y] == 0:
74                logo[DIR] = DOWN_LEFT
75                cornerBounces += 1
76            elif logo[X] == WIDTH - 3 and logo[Y] == HEIGHT - 1:
77                logo[DIR] = UP_LEFT
78                cornerBounces += 1
79
80            # logo가 왼쪽 끝에 닿았는지 확인:
81            elif logo[X] == 0 and logo[DIR] == UP_LEFT:
82                logo[DIR] = UP_RIGHT
83            elif logo[X] == 0 and logo[DIR] == DOWN_LEFT:
84                logo[DIR] = DOWN_RIGHT
85
86            # logo가 오른쪽 끝에 닿았는지 확인:
87            # (WIDTH - 3해야 한다. 왜냐하면 'DVD'는 3개의 문자로 되어 있기 때문이다.)
88            elif logo[X] == WIDTH - 3 and logo[DIR] == UP_RIGHT:
89                logo[DIR] = UP_LEFT
90            elif logo[X] == WIDTH - 3 and logo[DIR] == DOWN_RIGHT:
91                logo[DIR] = DOWN_LEFT
92
93            # logo가 상단 끝에 닿았는지 확인:
94            elif logo[Y] == 0 and logo[DIR] == UP_LEFT:
95                logo[DIR] = DOWN_LEFT
96            elif logo[Y] == 0 and logo[DIR] == UP_RIGHT:
```

```
 97              logo[DIR] = DOWN_RIGHT
 98
 99          # logo가 하단 끝에 닿았는지 확인:
100          elif logo[Y] == HEIGHT - 1 and logo[DIR] == DOWN_LEFT:
101              logo[DIR] = UP_LEFT
102          elif logo[Y] == HEIGHT - 1 and logo[DIR] == DOWN_RIGHT:
103              logo[DIR] = UP_RIGHT
104
105          if logo[DIR] != originalDirection:
106              # 로고가 튕겨 나올 때 색상을 바꾼다:
107              logo[COLOR] = random.choice(COLORS)
108
109          # 로고를 이동시킴
110          # (터미널의 문자가 두 배 크기 때문에 X를 2씩 이동한다.)
111          if logo[DIR] == UP_RIGHT:
112              logo[X] += 2
113              logo[Y] -= 1
114          elif logo[DIR] == UP_LEFT:
115              logo[X] -= 2
116              logo[Y] -= 1
117          elif logo[DIR] == DOWN_RIGHT:
118              logo[X] += 2
119              logo[Y] += 1
120          elif logo[DIR] == DOWN_LEFT:
121              logo[X] -= 2
122              logo[Y] += 1
123
124      # 코너에 닿은 횟수를 표시:
125      bext.goto(5, 0)
126      bext.fg('white')
127      print('Corner bounces:', cornerBounces, end='')
128
129      for logo in logos:
130          # 새로운 위치에 로고를 그린다:
131          bext.goto(logo[X], logo[Y])
132          bext.fg(logo[COLOR])
133          print('DVD', end='')
134
135      bext.goto(0, 0)
136
137      sys.stdout.flush()  # (bext를 사용하는 프로그램에 필요한 부분)
138      time.sleep(PAUSE_AMOUNT)
139
140
141 # 프로그램이 임포트된 게 아니라 실행한 것이라면 게임이 실행된다:
142 if __name__ == '__main__':
143     try:
144         main()
145     except KeyboardInterrupt:
146         print()
147         print('Bouncing DVD Logo, by Al Sweigart')
148         sys.exit()  # Ctrl-C를 누르면 게임이 종료된다.
```

소스 코드를 입력하고 여러 번 실행한 후, 실험을 위해 몇 가지를 변경해 보자. (!) 마크가 있는 주석은 여러분이 할 수 있는 간단한 변경에 대해 제안한 것이다. 다음 내용에 대해 스스로 방법을 찾아보자.

- 화면에 나타나는 로고의 수를 늘리기 위해 NUMBER_OF_LOGOS를 변경하자.
- 로고의 속도를 높이거나 낮추기 위해 PAUSE_AMOUNT를 변경하자.

프로그램 살펴보기

다음 질문에 대한 답을 찾아보자. 코드를 약간 수정하여 테스트하고, 변경 사항이 어떠한 영향을 미쳤는지 확인해 보자.

1. **20행**에 있는 WIDTH, HEIGHT = bext.size()를 WIDTH, HEIGHT = 10, 5로 수정하면 어떻게 되는가?

2. **52행**에 있는 DIR: random.choice(DIRECTIONS)를 DIR: DOWN_RIGHT로 수정하면 어떻게 되는가?

3. 'Corner bounces:'라는 텍스트가 나타나지 않게 하려면 어떻게 해야 하는가?

4. **57행**에 있는 cornerBounces = 0을 주석 처리하거나 삭제하면 무슨 에러 메시지가 나오는가?

#6

카이사르 암호

수천 년 전에 사용하던 간단한 암호화 스킴

텍스트에 대한 수식을 적용하기 위해 문자와 숫자 간 변환을 실시한다

카이사르 암호는 율리우스 카이사르Julius Caesar가 사용하던 고대 암호화 알고리즘이다. 이것은 알파벳의 특정 자릿수만큼 이동하여 문자를 암호화한다. 이렇게 이동하는 정도(길이)를 우리는 **키**key라고 부른다. 예를 들어 키가 3이면 **A**는 **D**, **B**는 **E**, **C**는 **F**가 되는 식이다. 메시지를 해독하려면 암호화된 문자를 반대 방향으로 이동해야 한다. 이번 프로그램은 사용자가 카이사르 암호 알고리즘에 따라 메시지를 암호화하고 해독할 수 있게 한다.

현재의 시각으로 보면 카이사르 암호가 그리 정교하진 않지만, 초보자에게는 매우 적합하다. 프로젝트 7번의 프로그램인 '카이사르 해커'는 원래의 키를 모르더라도 메시지를 해독하기 위해 가능한 모든 키 26개를 무작위 대입 공격brute-force한다. 또한 메시지를 13번 키로 암호화하면, 카이사르 암호는 프로젝트 61번의 'ROT13 암호'와 동일하게 된다.

카이사르 암호에 대해 자세히 알고 싶다면 위키백과(https://ko.wikipedia.org/wiki/카이사르_암호)를 참고하자. 일반적인 암호화와 코드 해독에 대해 알고 싶다면 저자의 다른 저서인 《**암호 해킹으로 배우는 파이썬의 기초**Cracking Codes with Python》(에이콘출판사, 2019, 원서 영문 페이지: https://nostarch.com/crackingcodes/)을 읽어보자.

프로그램 실행

caesarcipher.py를 실행하면 다음과 같다.

```
Caesar Cipher, by Al Sweigart al@inventwithpython.com
The Caesar cipher encrypts letters by shifting them over by a
key number. For example, a key of 2 means the letter A is
encrypted into C, the letter B encrypted into D, and so on.

Do you want to (e)ncrypt or (d)ecrypt?
> e
Please enter the key (0 to 25) to use.
> 4
Enter the message to encrypt.
> Meet me by the rose bushes tonight.
QIIX QI FC XLI VSWI FYWLIW XSRMKLX.
Full encrypted text copied to clipboard.

Caesar Cipher, by Al Sweigart al@inventwithpython.com
The Caesar cipher encrypts letters by shifting them over by a
key number. For example, a key of 2 means the letter A is
encrypted into C, the letter B encrypted into D, and so on.

Do you want to (e)ncrypt or (d)ecrypt?
> d
Please enter the key (0 to 25) to use.
> 4
Enter the message to decrypt.
> QIIX QI FC XLI VSWI FYWLIW XSRMKLX.
MEET ME BY THE ROSE BUSHES TONIGHT.
Full decrypted text copied to clipboard.
```

동작 원리

대부분의 암호화 프로그램처럼 카이사르 암호는 문자를 숫자로 변환하고 해당 숫자에 몇 가지 수학 연산을 한 다음, 그 숫자를 다시 문자로 변환하는 방식으로 동작한다. 암호화에서 텍스트 문자를 **기호**symbol라고 부른다. 기호는 문자, 숫자, 문장 부호 등이 될 수 있으며, 각 기호에는 고유한 정숫값이 할당된다. 카이사르 암호 프로그램에서는 알파벳 문자가 기호이며, SYMBOLS 문자열 ('ABCDEFGHIJKLMNOPQRSTUVWXYZ')의 각 위치가 기호의 고유한 값이 된다.

```python
1 """Caesar Cipher, by Al Sweigart al@inventwithpython.com
2 The Caesar cipher is a shift cipher that uses addition and subtraction
3 to encrypt and decrypt letters.
4 More info at: https://en.wikipedia.org/wiki/Caesar_cipher
5 View this code at https://nostarch.com/big-book-small-python-projects
6 Tags: short, beginner, cryptography, math"""
7
8 try:
9     import pyperclip  # pyperclip은 텍스트를 클립보드로 복사한다.
10 except ImportError:
11     pass  # 만약에 pyperclip이 설치되어 있지 않다면, 아무런 동작도 하지 않는다. 별일 아니다.
12
13 # 암호화/복호화할 수 있는 모든 기호:
14 # (!) 숫자와 문장 부호도 암호화할 수 있도록
15 # 여기에 추가해 보자.
16 SYMBOLS = 'ABCDEFGHIJKLMNOPQRSTUVWXYZ'
17
18 print('Caesar Cipher, by Al Sweigart al@inventwithpython.com')
19 print('The Caesar cipher encrypts letters by shifting them over by a')
20 print('key number. For example, a key of 2 means the letter A is')
21 print('encrypted into C, the letter B encrypted into D, and so on.')
22 print()
23
24 # 암호화 또는 복호화할 문자를 사용자가 입력하게 하자:
25 while True:  # e 또는 d를 입력할 때까지 계속 반복한다.
26     print('Do you want to (e)ncrypt or (d)ecrypt?')
27     response = input('> ').lower()
28     if response.startswith('e'):
29         mode = 'encrypt'
30         break
31     elif response.startswith('d'):
32         mode = 'decrypt'
33         break
34     print('Please enter the letter e or d.')
35
36 # 사용할 키를 사용자가 입력하게 하자:
37 while True:  # 유효한 키를 입력할 때까지 계속 반복한다.
38     maxKey = len(SYMBOLS) - 1
39     print('Please enter the key (0 to {}) to use.'.format(maxKey))
40     response = input('> ').upper()
41     if not response.isdecimal():
42         continue
43
44     if 0 <= int(response) < len(SYMBOLS):
45         key = int(response)
46         break
47
48 # 암호화/복호화하려는 메시지를 사용자가 입력하게 하자:
```

```
49 print('Enter the message to {}.'.format(mode))
50 message = input('> ')
51
52 # 카이사르 암호는 대문자에서만 동작한다:
53 message = message.upper()
54
55 # 암호화/복호화된 형태의 메시지를 저장한다:
56 translated = ''
57
58 # 메시지의 각 기호를 암호화/복호화한다:
59 for symbol in message:
60     if symbol in SYMBOLS:
61         # 이 기호에 대한 암호화된(또는 복호화된) 숫자를 얻는다.
62         num = SYMBOLS.find(symbol)  # 기호의 숫자를 얻는다.
63         if mode == 'encrypt':
64             num = num + key
65         elif mode == 'decrypt':
66             num = num - key
67
68         # num이 SYMBOLS의 길이보다 크지 아니면 0보다 작은지에 따라
69         # 랩-어라운드(wrap-around) 처리한다:
70         if num >= len(SYMBOLS):
71             num = num - len(SYMBOLS)
72         elif num < 0:
73             num = num + len(SYMBOLS)
74
75         # 암호화/복호화된 숫자의 기호를 translated에 추가한다:
76         translated = translated + SYMBOLS[num]
77     else:
78         # 암호화/복호화없이 그 기호를 그냥 추가한다:
79         translated = translated + symbol
80
81 # 암호화/복호화된 문자열을 화면에 표시한다:
82 print(translated)
83
84 try:
85     pyperclip.copy(translated)
86     print('Full {}ed text copied to clipboard.'.format(mode))
87 except:
88     pass  # pyperclip이 설치되어 있지 않다면 아무 작업도 하지 않는다.
```

소스 코드를 입력하고 여러 번 실행한 후, 실험을 위해 몇 가지를 변경해 보자. (!) 마크가 있는 주석은 여러분이 할 수 있는 간단한 변경에 대해 제안한 것이다. SYMBOLS 문자열에 문자들을 추가하여 암호화할 수 있는 기호를 확장할 수 있다.

프로그램 살펴보기

다음 질문에 대한 답을 찾아보자. 코드를 약간 수정하여 테스트하고, 변경 사항이 어떠한 영향을 미쳤는지 확인해 보자.

1. 16행에 있는 SYMBOLS = 'ABCDEFGHIJKLMNOPQRSTUVWXYZ'를 SYMBOLS = 'ABC'로 바꾸면 어떻게 되는가?

2. 키를 숫자 0으로 하여 메시지를 암호화하면 어떻게 되는가?

3. 56행에 있는 translated = ''를 삭제하거나 주석 처리하면 어떤 에러 메시지가 나오는가?

4. 45행에 있는 key = int(response)를 삭제하거나 주석 처리하면 어떤 에러 메시지가 나오는가?

5. 76행에 있는 translated = translated + SYMBOLS[num]을 translated = translated + symbol로 바꾸면 어떻게 되는가?

#7

카이사르 해커

암호 키 없이 카이사르 암호 메시지를 해독하는 프로그램

무작위 대입 암호 분석 알고리즘을 구현한다

이번 프로그램은 키를 알지 못해도 프로젝트 6번의 카이사르 암호로 암호화된 메시지를 해킹한다. 카이사르 암호에 사용할 수 있는 키는 모두 26개뿐이므로, 컴퓨터가 암호 해독을 위해 가능한 모든 시도를 쉽게 해낼 수 있으며 그 결과를 사용자에게 표시할 수 있다. 암호화에서는 이 기술을 **무작위 대입 공격**brute-force attack이라고 한다. 여러분이 암호화와 코드 해독에 대해 자세히 배우고 싶다면, 저자의 다른 책인 《**암호 해킹으로 배우는 파이썬의 기초**Cracking Codes with Python》(원서 영문 페이지: https://nostarch.com/crackingcodes/)을 추천한다.

프로그램 실행

caesarhacker.py를 실행하면 다음과 같다.

```
Caesar Cipher Hacker, by Al Sweigart al@inventwithpython.com
Enter the encrypted Caesar cipher message to hack.
> QIIX QI FC XLI VSWI FYWLIW XSRMKLX
Key #0: QIIX QI FC XLI VSWI FYWLIW XSRMKLX.
Key #1: PHHW PH EB WKH URVH EXVKHV WRQLJKW.
Key #2: OGGV OG DA VJG TQUG DWUJGU VQPKIJV.
Key #3: NFFU NF CZ UIF SPTF CVTIFT UPOJHIU.
Key #4: MEET ME BY THE ROSE BUSHES TONIGHT.
Key #5: LDDS LD AX SGD QNRD ATRGDR SNMHFGS.
Key #6: KCCR KC ZW RFC PMQC ZSQFCQ RMLGEFR.
--중략--
```

동작 원리

이 프로그램의 20~36행은 카이사르 암호 프로그램의 55~78행과 거의 동일하다. 이 해킹 프로그램은 for 루프에서 하는 작업을 제외하면 동일한 암호 해독 코드를 구현하는 것이다.

안타깝게도 해킹 프로그램은 정확한 키를 찾았는지를 식별할 만큼 정교하진 않다. 그래서 결과를 읽고 어떤 것이 원래의 영어(또는 암호화된 원문)를 만들었는지는 사람이 식별한다. 저자의 다른 책인 《암호 해킹으로 배우는 파이썬의 기초》의 11장에는 영어 메시지를 감지하는 파이썬 코드를 어떻게 작성하는지 자세히 설명한다.

```
1 """Caesar Cipher Hacker, by Al Sweigart al@inventwithpython.com
2 This programs hacks messages encrypted with the Caesar cipher by doing
3 a brute force attack against every possible key.
4 More info at:
5 https://en.wikipedia.org/wiki/Caesar_cipher#Breaking_the_cipher
6 This code is available at https://nostarch.com/big-book-small-python-programming
7 Tags: tiny, beginner, cryptography, math"""
8
9 print('Caesar Cipher Hacker, by Al Sweigart al@inventwithpython.com')
10
11 # 해킹할 메시지를 사용자가 입력하게 하자:
12 print('Enter the encrypted Caesar cipher message to hack.')
13 message = input('> ')
14
15 # 암호화/복호화할 수 있는 가능한 모든 기호:
16 # (이것은 메시지를 암호화할 때 사용했던 SYMBOLS와 일치해야 한다.)
17 SYMBOLS = 'ABCDEFGHIJKLMNOPQRSTUVWXYZ'
```

```
18
19   for key in range(len(SYMBOLS)):   # 모든 키에 대해 루프를 돈다.
20       translated = ''
21
22       # 메시지의 각 기호를 복호화한다:
23       for symbol in message:
24           if symbol in SYMBOLS:
25               num = SYMBOLS.find(symbol)   # 기호의 숫잣값을 구한다.
26               num = num - key   # 숫자만큼 복호화한다.
27
28               # 만약에 숫자가 0보다 작으면 랩-어라운드(wrap-around) 처리한다:
29               if num < 0:
30                   num = num + len(SYMBOLS)
31
32               # 복호화된 숫자의 기호를 translated에 더한다:
33               translated = translated + SYMBOLS[num]
34           else:
35               # 복호화없이 그 기호를 그냥 더한다:
36               translated = translated + symbol
37
38       # 테스트된 키와 함께 복호화된 텍스트를 표시한다:
39       print('Key #{}: {}'.format(key, translated))
```

소스 코드를 입력하고 여러 번 실행한 후, 실험을 위해 몇 가지를 변경해 보자. SYMBOLS 변수에 저장된 문자열은 암호화된 텍스트를 만들었던 카이사르 암호 프로그램에 있는 SYMBOLS 변수와 일치해야 한다.

프로그램 살펴보기

다음 질문에 대한 답을 찾아보자. 코드를 약간 수정하여 테스트하고, 변경 사항이 어떠한 영향을 미쳤는지 확인해 보자.

1. 20행에 있는 translated = ''를 삭제하거나 주석 처리하면 어떤 에러 메시지가 나오는가?

2. 33행에 있는 translated = translated + SYMBOLS[num]을 translated = translated + symbol로 변경하면 어떻게 되는가?

3. 만약에 암호화되지 않은 메시지를 카이사르 해커 프로그램에 입력하면 어떻게 되는가?

#8

캘린더 메이커

연도와 달이 입력되면 캘린더를 생성

파이썬의 datetime 모듈과 timedelta 데이터 타입을 사용한다

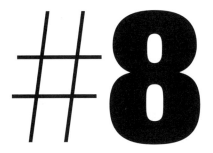

이번 프로그램은 여러분이 입력한 연도와 월의 달력을 인쇄할 수 있는 텍스트 파일로 생성한다. 날짜와 달력은 프로그래밍에서 까다로운 주제다. 왜냐하면 한 달의 일 수, 윤년, 그리고 특정 날짜가 속하는 요일을 결정하는 규칙이 너무 많기 때문이다. 다행히, 파이썬의 **datetime** 모듈은 이러한 세부 사항을 처리해 준다. 이번 프로그램은 원하는 연도와 월에 해당하는 달력을 여러 줄의 문자열로 생성하는 것에 중점을 둔다.

프로그램 실행

calendarmaker.py를 실행하면 다음과 같다.

```
Calendar Maker, by Al Sweigart al@inventwithpython.com
Enter the year for the calendar:
> 2014
Enter the month for the calendar, 1-12:
> 12
                          December 2014
...Sunday.....Monday....Tuesday...Wednesday...Thursday....Friday....Saturday..
+----------+----------+----------+----------+----------+----------+----------+
|30        |1         |2         |3         |4         |5         |6         |
|          |          |          |          |          |          |          |
|          |          |          |          |          |          |          |
|          |          |          |          |          |          |          |
+----------+----------+----------+----------+----------+----------+----------+
|7         |8         |9         |10        |11        |12        |13        |
|          |          |          |          |          |          |          |
|          |          |          |          |          |          |          |
|          |          |          |          |          |          |          |
+----------+----------+----------+----------+----------+----------+----------+
|14        |15        |16        |17        |18        |19        |20        |
|          |          |          |          |          |          |          |
|          |          |          |          |          |          |          |
|          |          |          |          |          |          |          |
+----------+----------+----------+----------+----------+----------+----------+
|21        |22        |23        |24        |25        |26        |27        |
|          |          |          |          |          |          |          |
|          |          |          |          |          |          |          |
|          |          |          |          |          |          |          |
+----------+----------+----------+----------+----------+----------+----------+
|28        |29        |30        |31        |1         |2         |3         |
|          |          |          |          |          |          |          |
|          |          |          |          |          |          |          |
|          |          |          |          |          |          |          |
+----------+----------+----------+----------+----------+----------+----------+
Saved to calendar_2014_12.txt
```

동작 원리

getCalendarFor() 함수는 주어진 연도와 달에 대한 달력을 거대한 여러 줄의 문자열을 반환한다. 이 함수에서 calText 변수에는 라인, 공백, 그리고 날짜가 추가된 문자열이 저장된다. currentDate 변수는 날짜를 추적하기 위해 datetime.date() 객체를 보유한다. 이 객체는 datetime.timedelta() 객체를 더하거나 빼서 다음 또는 이전 날짜로 설정할 수 있다. 파이썬의 날짜와 시간 모듈에 대해 자세히 알고 싶다면, **《뚝딱뚝딱 파이썬 자동화**Automate the Boring Stuff with Python》 도서의 17장(https://automatetheboringstuff.com/2e/chapter17/) 내용을 참고하자.

```python
1  """Calendar Maker, by Al Sweigart al@inventwithpython.com
2  Create monthly calendars, saved to a text file and fit for printing.
3  This code is available at https://nostarch.com/big-book-small-python-programming
4  Tags: short"""
5
6  import datetime
7
8  # 상수 설정:
9  DAYS = ('Sunday', 'Monday', 'Tuesday', 'Wednesday', 'Thursday',
10         'Friday', 'Saturday')
11 MONTHS = ('January', 'February', 'March', 'April', 'May', 'June', 'July',
12          'August', 'September', 'October', 'November', 'December')
13
14 print('Calendar Maker, by Al Sweigart al@inventwithpython.com')
15
16 while True:  # 사용자가 연도를 입력하도록 루프를 돈다.
17     print('Enter the year for the calendar:')
18     response = input('> ')
19
20     if response.isdecimal() and int(response) > 0:
21         year = int(response)
22         break
23
24     print('Please enter a numeric year, like 2023.')
25     continue
26
27 while True:  # 사용자가 달을 입력하도록 루프를 돈다.
28     print('Enter the month for the calendar, 1-12:')
29     response = input('> ')
30
31     if not response.isdecimal():
32         print('Please enter a numeric month, like 3 for March.')
33         continue
34
35     month = int(response)
36     if 1 <= month <= 12:
37         break
38
39     print('Please enter a number from 1 to 12.')
40
41
42 def getCalendarFor(year, month):
43     calText = ''   # calText는 생성할 달력에 대한 문자열을 담게 될 것이다.
44
45     # 달력 상단에 연도와 달을 표시한다:
46     calText += (' ' * 34) + MONTHS[month - 1] + ' ' + str(year) + '\n'
47
48     # 달력에 요일을 추가한다:
```

```
49      # (!) 요일을 약자(SUN, MON, TUE 등)로 바꿔 보자:
50      calText += '...Sunday.....Monday....Tuesday...Wednesday...Thursday....Friday....S
    aturday..\n'
51
52      # 주를 구분하는 수평선 문자열:
53      weekSeparator = ('+----------' * 7) + '+\n'
54
55      # 일을 구분하는 | 사이의 공백은 10칸이다:
56      blankRow = ('|          ' * 7) + '|\n'
57
58      # 해당 월의 첫 날을 구한다.
59      # (datetime 모듈은 여기서 달력에 필요한 모든 복잡한 일을 처리해 준다.)
60      currentDate = datetime.date(year, month, 1)
61
62      # 일요일인 날짜가 될 때까지 currentDate를 하루씩 이전 날짜로 옮긴다.
63      # (weekday()는 일요일에 대한 값으로 0이 아닌 6을 반환한다.)
64      while currentDate.weekday() != 6:
65          currentDate -= datetime.timedelta(days=1)
66
67  while True:   # 그 달의 각 주를 반복한다.
68      calText += weekSeparator
69
70      # dayNumberRow는 날짜 레이블을 가지고 있는 행이다:
71      dayNumberRow = ''
72      for i in range(7):
73          dayNumberLabel = str(currentDate.day).rjust(2)
74          dayNumberRow += '|' + dayNumberLabel + (' ' * 8)
75          currentDate += datetime.timedelta(days=1) # 다음 날로 이동.
76      dayNumberRow += '|\n'   # 토요일 다음에 수직선을 추가한다.
77
78      # 날짜 행과 세 줄의 빈 행을 추가한다.
79      calText += dayNumberRow
80      for i in range(3):  # (!) 5 또는 10으로 변경해 보자.
81          calText += blankRow
82
83      # 그 달에 대한 작업이 끝났는지 확인한다:
84      if currentDate.month != month:
85          break
86
87  # 달력 맨 하단에 수평선을 추가한다.
88  calText += weekSeparator
89  return calText
90
91
92  calText = getCalendarFor(year, month)
93  print(calText)  # 달력을 표시한다.
94
95  # 달력을 텍스트 파일로 저장한다:
96  calendarFilename = 'calendar_{}_{}.txt'.format(year, month)
97  with open(calendarFilename, 'w') as fileObj:
98      fileObj.write(calText)
99
100 print('Saved to ' + calendarFilename)
```

코드를 입력하고 몇 번 실행한 후, 책에 있는 소스 코드를 보지 말고 처음부터 이 프로그램을 다시 만들어 보자. 완전히 똑같을 필요는 없다. 여러분만의 버전을 만들자! 그 과정에서 다음의 요구사항을 해결하는 방법도 시도해 보자.

- 휴일에 대한 명칭(텍스트)을 표시하자.
- 반복되는 이벤트에 대한 명칭(텍스트)을 표시하자.
- 선없이 날짜만 있는 '미니' 캘린더를 출력하자.

프로그램 살펴보기

다음 질문에 대한 답을 찾아보자. 코드를 약간 수정하여 테스트하고, 변경 사항이 어떠한 영향을 미쳤는지 확인해 보자.

1. 어떻게 하면 달 이름을 짧게 줄여서 달력에 표시할 수 있는가? 예를 들어 'January' 대신에 'Jan'으로 표시되게 하자.
2. 21행에 있는 year = int(response)를 삭제하거나 주석 처리하면 어떤 에러 메시지가 표시되는가?
3. 캘린더 상단에 요일이 표시되지 않게 하려면 어떻게 해야 하는가?
4. 프로그램이 캘린더를 파일로 저장하지 않게 하려면 어떻게 해야 하는가?
5. 93행에 있는 print(calText)를 삭제하거나 주석 처리하면 어떻게 되는가?

#9

상자 속 당근

두 명이 하는 단순하면서도 어리숙한 블러핑 게임

아스키 아트를 만든다

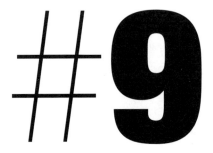

이번에는 두 사람의 플레이어가 하는 단순하면서도 어리숙한 블러핑 게임이다. 각 플레이어는 자신의 상자를 갖는다. 그중 한 상자에는 당근이 들어 있으며, 플레이어는 그 당근을 가져야 한다. 첫 번째 플레이어가 상자를 보고 두 번째 플레이어에게 당근이 있는지 없는지를 알려 준다. 두 번째 플레이어는 상자를 바꿀지 말지를 결정한다.

이번 프로그램에 아스키 값으로 그린 그림을 타이핑하는 데 시간이 걸리겠지만(소스 코드에서 복사하여 붙여넣기하면 작업이 빨라질 수는 있음), 반복문이 최소화되어 있고 정의된 함수 없이 간단하기 때문에 초보자에게 적합하다.

프로그램 실행

carrotinabox.py를 실행하면 다음과 같다.

```
Carrot in a Box, by Al Sweigart al@inventwithpython.com
--중략--
Human player 1, enter your name: jPub
Human player 2, enter your name: Peter
HERE ARE TWO BOXES:
     _____     _____
    /         /|   /         /|
   +---------+ |  +---------+ |
   |   RED   | |  |  GOLD   | |
   |   BOX   | /  |   BOX   | /
   +---------+/   +---------+/

      jPub          Peter

jPub, you have a RED box in front of you.
Peter, you have a GOLD box in front of you.
--중략--
When Peter has closed their eyes, press Enter...

jPub here is the inside of your box:


      _____
     |         |
     |         |
     |_____|
    /         /|   _____
   +---------+ |  /         /|
   |   RED   | | +---------+ |
   |   BOX   | / |  GOLD   | |
   +---------+/  |   BOX   | /
(no carrot!)     +---------+/
      jPub          Peter
Press Enter to continue...
--중략--
```

동작 원리

이번 프로그램은 두 번째 플레이어가 눈을 감아야 하기 때문에 두 번째 플레이어는 첫 번째 플레이어의 상자 속을 볼 수 없다. 첫 번째 플레이어만 화면을 본 후, 두 번째 플레이어가 눈을 떠서 화면을 볼 수 있게 되므로 화면을 깨끗하게 만드는 방법이 필요하다. 83행 에 있는 print('\n' * 100) 코드가 그 작업을 실시한다. 이 코드는 개행 문자 100개를 출력하므로, 이전에 출력된 내용이 위로 올라가 화면에서 사라지게 된다. 이렇게 하면 두 번째 플레이어가 첫 번째 플레이어에게만 보여 줄 내용을 우연히 보게 되는 것을 방지한다. 물론 두 번째 플레이어가 내용을 보기 위해 스크롤할 수 있겠지만, 바로 옆에 앉아 있는 첫 번째 플레이어에게 들키게 될 것이다.

114, 130, 142행에 있는 수직선 간의 공백(| {} | | | {} | |)이 잘못된 것처럼 보일 수 있겠지만, 중괄호에 'RED '(끝에 공백이 있음) 또는 'GOLD'라는 문자열이 들어갈 것이다. 이 4개의 문자로 인해 수직선이 다른 아스키 아트_{ASCII art} 이미지와 정렬될 것이다.

```python
1  """Carrot in a Box, by Al Sweigart al@inventwithpython.com
2  A silly bluffing game between two human players. Based on the game
3  from the show, 8 Out of 10 Cats.
4  This code is available at https://nostarch.com/big-book-small-python-programming
5  Tags: large, beginner, game, two-player"""
6
7  import random
8
9  print('''Carrot in a Box, by Al Sweigart al@inventwithpython.com
10
11 This is a bluffing game for two human players. Each player has a box.
12 One box has a carrot in it. To win, you must have the box with the
13 carrot in it.
14
15 This is a very simple and silly game.
16
17 The first player looks into their box (the second player must close
18 their eyes during this.) The first player then says "There is a carrot
19 in my box" or "There is not a carrot in my box". The second player then
20 gets to decide if they want to swap boxes or not.
21 ''')
22 input('Press Enter to begin...')
23
24 p1Name = input('Human player 1, enter your name: ')
25 p2Name = input('Human player 2, enter your name: ')
26 playerNames = p1Name[:11].center(11) + '     ' + p2Name[:11].center(11)
27
28 print('''HERE ARE TWO BOXES:
29   _____     _____
30  /          /|  /          /|
31 +---------+ |  +---------+ |
32 |   RED   | |  |  GOLD   | |
33 |   BOX   | /  |   BOX   | /
34 +---------+/   +---------+/''')
35
36 print()
37 print(playerNames)
38 print()
39 print(p1Name + ', you have a RED box in front of you.')
40 print(p2Name + ', you have a GOLD box in front of you.')
```

```
41 print()
42 print(p1Name + ', you will get to look into your box.')
43 print(p2Name.upper() + ', close your eyes and don\'t look!!!')
44 input('When ' + p2Name + ' has closed their eyes, press Enter...')
45 print()
46
47 print(p1Name + ' here is the inside of your box:')
48
49 if random.randint(1, 2) == 1:
50     carrotInFirstBox = True
51 else:
52     carrotInFirstBox = False
53
54 if carrotInFirstBox:
55     print('''
56    ___VV____
57   |  VV    |
58   |  VV    |
59   |___||___|   _____
60  /    ||   /|  /        /|
61 +---------+ | +---------+ |
62 |  RED    | | |  GOLD   | |
63 |  BOX    | / |  BOX    | /
64 +---------+/  +---------+/
65  (carrot!)''')
66     print(playerNames)
67 else:
68     print('''
69    _____
70   |         |
71   |         |
72   |_____|   _____
73  /         /|  /        /|
74 +---------+ | +---------+ |
75 |  RED    | | |  GOLD   | |
76 |  BOX    | / |  BOX    | /
77 +---------+/  +---------+/
78 (no carrot!)''')
79     print(playerNames)
80
81 input('Press Enter to continue...')
82
83 print('\n' * 100)  # 몇 번 개행하여 화면을 깨끗하게 한다.
84 print(p1Name + ', tell ' + p2Name + ' to open their eyes.')
85 input('Press Enter to continue...')
86
87 print()
88 print(p1Name + ', say one of the following sentences to ' + p2Name + '.')
89 print('  1) There is a carrot in my box.')
90 print('  2) There is not a carrot in my box.')
91 print()
92 input('Then press Enter to continue...')
```

```python
 93
 94 print()
 95 print(p2Name + ', do you want to swap boxes with ' + p1Name + '? YES/NO')
 96 while True:
 97     response = input('> ').upper()
 98     if not (response.startswith('Y') or response.startswith('N')):
 99         print(p2Name + ', please enter "YES" or "NO".')
100     else:
101         break
102
103 firstBox = 'RED '   # 'D' 다음에 공백이 있음에 주의하자.
104 secondBox = 'GOLD'
105
106 if response.startswith('Y'):
107     carrotInFirstBox = not carrotInFirstBox
108     firstBox, secondBox = secondBox, firstBox
109
110 print('''HERE ARE THE TWO BOXES:
111   _____      _____
112  /         /|    /         /|
113 +---------+ |   +---------+ |
114 |   {}    | |   |   {}    | |
115 |  BOX    | /   |  BOX    | /
116 +---------+/    +---------+/'''.format(firstBox, secondBox))
117 print(playerNames)
118
119 input('Press Enter to reveal the winner...')
120 print()
121
122 if carrotInFirstBox:
123     print('''
124   ___VV_____      _____
125  |  VV    |      |         |
126  |  VV    |      |         |
127  |___||___|      |_____|
128  /   ||   /|    /         /|
129 +---------+ |   +---------+ |
130 |   {}    | |   |   {}    | |
131 |  BOX    | /   |  BOX    | /
132 +---------+/    +---------+/'''.format(firstBox, secondBox))
133
134 else:
135     print('''
136   _____      ___VV_____
137  |         |     |  VV    |
138  |         |     |  VV    |
139  |_____|     |___||___|
140  /         /|    /   ||   /|
141 +---------+ |   +---------+ |
142 |   {}    | |   |   {}    | |
143 |  BOX    | /   |  BOX    | /
144 +---------+/    +---------+/'''.format(firstBox, secondBox))
```

```
145
146 print(playerNames)
147
148 # 'carrotInFirstBox' 변수에 따라 판단
149 if carrotInFirstBox:
150     print(p1Name + ' is the winner!')
151 else:
152     print(p2Name + ' is the winner!')
153
154 print('Thanks for playing!')
```

소스 코드를 입력하고 여러 번 실행한 후, 실험을 위해 몇 가지를 변경해 보자. 그리고 다음 내용에 대해 스스로 방법을 찾아보자.

- 상자와 당근에 대한 아스키 아트를 더 화려하게 변경하자.
- "would you like to play again?"를 추가하고, 플레이어가 점수를 유지하면서 다시 게임을 할 수 있도록 만들자.
- 두 번째 플레이어가 속여야 하는 세 번째 플레이어를 추가하자.

프로그램 살펴보기

다음 질문에 대한 답을 찾아보자. 코드를 약간 수정하여 테스트하고, 변경 사항이 어떠한 영향을 미쳤는지 확인해 보자.

1. 26행에는 p1Name[:11]과 p2Name[:11]이 있다. 이름을 11자 이상으로 입력하고 이에 대해 프로그램이 어떻게 표시하는지 보면 무엇을 알 수 있는가?

2. 103행에 있는 firstBox = 'RED ' 끝에 있는 공백을 없애면 어떻게 되는가?

3. 83행에 있는 print('\n' * 100)을 삭제하거나 주석 처리하면 어떻게 되는가?

4. 100행에 있는 else:와 101행에 있는 break를 삭제하거나 주석 처리하면 어떻게 되는가?

#10

쵸우한

봉건 시대 일본에서 하던 주사위 도박 게임

랜덤 수와 딕셔너리 데이터 구조를 사용하는 연습을 한다

쵸우한Cho-han은 봉건 시대 일본의 도박장에서 하던 주사위 게임이다. 2개의 주사위를 컵에 넣고 섞은 다음, 두 주사위의 합이 짝수cho인지 홀수han인지를 맞추는 게임이다. 도박장은 이긴 사람에게 일정 수준의 수수료를 받는다. 이번 프로그램은 합이 짝수인지 홀수인지를 결정하기 위해 간단한 난수 생성과 기초적인 수학을 사용하므로 초보자에게 적합하다. 쵸우한에 대한 자세한 내용은 https://en.wikipedia.org/wiki/Cho-han에서 확인하자.

프로그램 실행

chohan.py를 실행하면 다음과 같다.

```
Cho-Han, by Al Sweigart al@inventwithpython.com

In this traditional Japanese dice game, two dice are rolled in a bamboo
cup by the dealer sitting on the floor. The player must guess if the
dice total to an even (cho) or odd (han) number.

You have 5000 mon. How much do you bet? (or QUIT)
> 400
The dealer swirls the cup and you hear the rattle of dice.
The dealer slams the cup on the floor, still covering the
dice and asks for your bet.

    CHO (even) or HAN (odd)?
> cho
The dealer lifts the cup to reveal:
    ROKU - SHI
     6 - 4
You won! You take 400 mon.
The house collects a 40 mon fee.
--중략--
```

동작 원리

random.randint(1, 6) 호출은 1에서 6 사이의 임의 정수를 반환하므로, 육면 주사위를 굴리는 것을 표현하는 데 이상적이다. 그런데 1에서 6까지의 숫자에 대한 일본어도 표현해야 한다. if문과 그 뒤에 따라오는 5개의 elif문으로 만드는 대신, 1에서 6까지의 숫자에 대한 일본어 문자열을 매핑하는 JAPANESE_NUMBERS라는 이름의 딕셔너리를 만든다. 57행에 있는 코드 JAPANESE_NUMBERS[dice1]과 JAPANESE_NUMBERS[dice2]는 단 한 줄의 코드로 주사위의 결과를 일본식 세는 법으로 표현하는 방법이다.

```
1 """Cho-Han, by Al Sweigart al@inventwithpython.com
2 The traditional Japanese dice game of even-odd.
3 View this code athttps://nostarch.com/big-book-small-python-projects
4 Tags: short, beginner, game"""
5
6 import random, sys
7
8 JAPANESE_NUMBERS = {1: 'ICHI', 2: 'NI', 3: 'SAN',
9                     4: 'SHI', 5: 'GO', 6: 'ROKU'}
```

```
10
11  print('''Cho-Han, by Al Sweigart al@inventwithpython.com
12
13  In this traditional Japanese dice game, two dice are rolled in a bamboo
14  cup by the dealer sitting on the floor. The player must guess if the
15  dice total to an even (cho) or odd (han) number.
16  ''')
17
18  purse = 5000
19  while True:  # 메인 게임 루프
20      # 베팅하는 부분:
21      print('You have', purse, 'mon. How much do you bet? (or QUIT)')
22      while True:
23          pot = input('> ')
24          if pot.upper() == 'QUIT':
25              print('Thanks for playing!')
26              sys.exit()
27          elif not pot.isdecimal():
28              print('Please enter a number.')
29          elif int(pot) > purse:
30              print('You do not have enough to make that bet.')
31          else:
32              # 유효한 베팅인 경우
33              pot = int(pot)  # 정수로 변환한다.
34              break  # 베팅값이 유효하다면 이 루프를 빠져나간다.
35
36      # 주사위 굴리기
37      dice1 = random.randint(1, 6)
38      dice2 = random.randint(1, 6)
39
40      print('The dealer swirls the cup and you hear the rattle of dice.')
41      print('The dealer slams the cup on the floor, still covering the')
42      print('dice and asks for your bet.')
43      print()
44      print('    CHO (even) or HAN (odd)?')
45
46      # 플레이어가 cho 또는 han을 선택하게 한다:
47      while True:
48          bet = input('> ').upper()
49          if bet != 'CHO' and bet != 'HAN':
50              print('Please enter either "CHO" or "HAN".')
51              continue
52          else:
53              break
54
55      # 주사위 결과를 보여 준다:
56      print('The dealer lifts the cup to reveal:')
57      print('  ', JAPANESE_NUMBERS[dice1], '-', JAPANESE_NUMBERS[dice2])
58      print('    ', dice1, '-', dice2)
59
60      # 플레이어가 이겼는지 판단한다:
61      rollIsEven = (dice1 + dice2) % 2 == 0
```

```
62    if rollIsEven:
63        correctBet = 'CHO'
64    else:
65        correctBet = 'HAN'
66
67    playerWon = bet == correctBet
68
69    # 베팅 결과를 표시한다:
70    if playerWon:
71        print('You won! You take', pot, 'mon.')
72        purse = purse + pot    # 플레이어의 지갑에 베팅액을 더한다.
73        print('The house collects a', pot // 10, 'mon fee.')
74        purse = purse - (pot // 10)    # 수수료는 10퍼센트다.
75    else:
76        purse = purse - pot    # 플레이어의 지갑에서 베팅액을 뺀다.
77        print('You lost!')
78
79    # 플레이어의 돈이 부족한지 확인한다:
80    if purse == 0:
81        print('You have run out of money!')
82        print('Thanks for playing!')
83        sys.exit()
```

소스 코드를 입력하고 여러 번 실행한 후, 실험을 위해 몇 가지를 변경해 보자. 그리고 다음 내용에 대해 스스로 방법을 찾아보자.

- 위키백과에 설명된 것처럼 이 게임의 여러 변형 중 하나인 여러 플레이어가 각자 베팅하는 형태를 구현해 보자. 컴퓨터가 제어하는 플레이어(각자 자신의 지갑을 가진 플레이어)를 추가하고 대결해 보자.
- 주사위를 굴리는 특정 순서에는 주사위의 눈이 7 또는 2까지 있는 주사위를 추가하자.
- 플레이어가 특정 숫자에 베팅을 하고 그 숫자가 나오면 보너스를 받도록 하자.

프로그램 살펴보기

다음 질문에 대한 답을 찾아보자. 코드를 약간 수정하여 테스트하고, 변경 사항이 어떠한 영향을 미쳤는지 확인해 보자.

1. 플레이어가 처음 시작할 때 다른 금액을 가지고 시작하게 하려면 어떻게 해야 하는가?
2. 플레이어가 자신이 가진 것보다 더 많은 금액을 베팅하려는 것을 프로그램이 어떻게 막을 수 있는가?
3. 프로그램은 두 주사위의 합이 짝수인지 홀수인지를 어떻게 알 수 있는가?

4. **37행** 에 있는 random.randint(1, 6)를 random.randint(1, 1)로 바꾸면 어떻게 되는가?

5. **73행** (**74행** 이 아님)에 있는 pot // 10을 0으로 변경해도 수수료는 여전히 10퍼센트일까?

6. **80, 81, 82, 83행** 에 있는 코드를 모두 삭제하거나 주석 처리하면 어떻게 될까?

#11

낚시성 기사 제목 생성기

재미있는 기사 제목 생성기

문자열을 조작하고 텍스트를 생성하는 연습을 한다

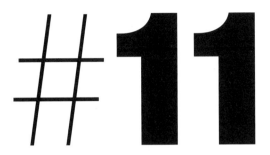

우리의 웹사이트는 방문자로 하여금 광고를 보게끔 속여야만 한다! 하지만 창의적이고 독창적인 콘텐츠를 만드는 것은 너무나도 어렵다. 다행히 '낚시성 기사 제목 생성기'를 사용하면 수백만 개의 엉뚱한 가짜 뉴스 헤드라인을 만들 수 있다. 품질은 모두 낮지만, 독자들은 그리 신경 쓰지 않을 것 같다. 이 프로그램은 매드 립스Mad Libs[2] 스타일의 템플릿으로, 필요한 만큼의 헤드라인을 생성한다.

이번 프로그램에는 헤드라인 템플릿에 대한 텍스트가 많지만, 코드 자체는 직관적이므로 초보자에게 적합하다.

---

2 옮긴이 매드 립스에 대한 상세 내용은 https://en.wikipedia.org/wiki/Mad_Libs를 참조하자.

프로그램 실행

clickbait.py를 실행하면 다음과 같다.

```
Clickbait Headline Generator
By Al Sweigart al@inventwithpython.com

Our website needs to trick people into looking at ads!
Enter the number of clickbait headlines to generate:
> 1000
Without This Shovel, Cats Could Kill You RIGHT NOW
Are Millenials Killing the Serial Killer Industry?
7 Reasons Why Robots Are More Interesting Than You Think (Number 4 Will Surprise You!)
--중략--
Are Millenials Killing the Robot Industry?
Big Companies Hate Them! See How This Texas Parent Invented a Cheaper Cat
Are Millenials Killing the Shovel Industry?
```

동작 원리

이번 프로그램에는 다양한 종류의 낚시성 기사 제목을 생성하는 함수가 여러 개 있다. 그것들은 STATES, NOUNS, PLACES, WHEN, 그리고 다른 리스트에서 임의의 단어를 가져온다. 그런 다음, 이들 단어를 format() 문자열 메서드를 사용하여 템플릿 문자열에 삽입하고 반환한다. 컴퓨터가 빈칸을 채운다는 것을 제외하면, 이것은 컴퓨터가 몇 초 만에 수천 개의 낚시성 기사 제목을 생성할 수 있는 '매드 립스Mad Libs' 활동 책과 비슷하다.

```python
1 """Clickbait Headline Generator, by Al Sweigart al@inventwithpython.com
2 A clickbait headline generator for your soulless content farm website.
3 This code is available at https://nostarch.com/big-book-small-python-programming
4 Tags: large, beginner, humor, word"""
5
6 import random
7
8 # 상수 설정하기:
9 OBJECT_PRONOUNS = ['Her', 'Him', 'Them']
10 POSSESIVE_PRONOUNS = ['Her', 'His', 'Their']
11 PERSONAL_PRONOUNS = ['She', 'He', 'They']
12 STATES = ['California', 'Texas', 'Florida', 'New York', 'Pennsylvania',
13          'Illinois', 'Ohio', 'Georgia', 'North Carolina', 'Michigan']
14 NOUNS = ['Athlete', 'Clown', 'Shovel', 'Paleo Diet', 'Doctor', 'Parent',
15         'Cat', 'Dog', 'Chicken', 'Robot', 'Video Game', 'Avocado',
16         'Plastic Straw','Serial Killer', 'Telephone Psychic']
17 PLACES = ['House', 'Attic', 'Bank Deposit Box', 'School', 'Basement',
18          'Workplace', 'Donut Shop', 'Apocalypse Bunker']
```

```
19 WHEN = ['Soon', 'This Year', 'Later Today', 'RIGHT NOW', 'Next Week']
20
21
22 def main():
23     print('Clickbait Headline Generator')
24     print('By Al Sweigart al@inventwithpython.com')
25     print()
26
27     print('Our website needs to trick people into looking at ads!')
28     while True:
29         print('Enter the number of clickbait headlines to generate:')
30         response = input('> ')
31         if not response.isdecimal():
32             print('Please enter a number.')
33         else:
34             numberOfHeadlines = int(response)
35             break    # 유효한 숫자가 입력되면 이 루프에서 빠져나간다.
36
37     for i in range(numberOfHeadlines):
38         clickbaitType = random.randint(1, 8)
39
40         if clickbaitType == 1:
41             headline = generateAreMillenialsKillingHeadline()
42         elif clickbaitType == 2:
43             headline = generateWhatYouDontKnowHeadline()
44         elif clickbaitType == 3:
45             headline = generateBigCompaniesHateHerHeadline()
46         elif clickbaitType == 4:
47             headline = generateYouWontBelieveHeadline()
48         elif clickbaitType == 5:
49             headline = generateDontWantYouToKnowHeadline()
50         elif clickbaitType == 6:
51             headline = generateGiftIdeaHeadline()
52         elif clickbaitType == 7:
53             headline = generateReasonsWhyHeadline()
54         elif clickbaitType == 8:
55             headline = generateJobAutomatedHeadline()
56
57         print(headline)
58     print()
59
60     website = random.choice(['wobsite', 'blag', 'Facebuuk', 'Googles',
61                             'Facesbook', 'Tweedie', 'Pastagram'])
62     when = random.choice(WHEN).lower()
63     print('Post these to our', website, when, 'or you\'re fired!')
64
65
66 # 이들 함수는 다양한 종류의 기사 제목을 반환한다:
67 def generateAreMillenialsKillingHeadline():
68     noun = random.choice(NOUNS)
69     return 'Are Millenials Killing the {} Industry?'.format(noun)
70
```

```
71
72  def generateWhatYouDontKnowHeadline():
73      noun = random.choice(NOUNS)
74      pluralNoun = random.choice(NOUNS) + 's'
75      when = random.choice(WHEN)
76      return 'Without This {}, {} Could Kill You {}'.format(noun, pluralNoun, when)
77
78
79  def generateBigCompaniesHateHerHeadline():
80      pronoun = random.choice(OBJECT_PRONOUNS)
81      state = random.choice(STATES)
82      noun1 = random.choice(NOUNS)
83      noun2 = random.choice(NOUNS)
84      return 'Big Companies Hate {}! See How This {} {} Invented a Cheaper {}'.
        format(pronoun, state, noun1, noun2)
85
86
87  def generateYouWontBelieveHeadline():
88      state = random.choice(STATES)
89      noun = random.choice(NOUNS)
90      pronoun = random.choice(POSSESIVE_PRONOUNS)
91      place = random.choice(PLACES)
92      return 'You Won\'t Believe What This {} {} Found in {} {}'.format(state, noun,
        pronoun, place)
93
94
95  def generateDontWantYouToKnowHeadline():
96      pluralNoun1 = random.choice(NOUNS) + 's'
97      pluralNoun2 = random.choice(NOUNS) + 's'
98      return 'What {} Don\'t Want You To Know About {}'.format(pluralNoun1,
        pluralNoun2)
99
100
101 def generateGiftIdeaHeadline():
102     number = random.randint(7, 15)
103     noun = random.choice(NOUNS)
104     state = random.choice(STATES)
105     return '{} Gift Ideas to Give Your {} From {}'.format(number, noun, state)
106
107
108 def generateReasonsWhyHeadline():
109     number1 = random.randint(3, 19)
110     pluralNoun = random.choice(NOUNS) + 's'
111     # number2는 number1보다 클 수 없다:
112     number2 = random.randint(1, number1)
113     return '{} Reasons Why {} Are More Interesting Than You Think (Number {} Will
        Surprise You!)'.format(number1, pluralNoun, number2)
114
115
116 def generateJobAutomatedHeadline():
117     state = random.choice(STATES)
118     noun = random.choice(NOUNS)
```

```
119
120     i = random.randint(0, 2)
121     pronoun1 = POSSESIVE_PRONOUNS[i]
122     pronoun2 = PERSONAL_PRONOUNS[i]
123     if pronoun1 == 'Their':
124         return 'This {} {} Didn\'t Think Robots Would Take {} Job. {} Were
            Wrong.'.format(state, noun, pronoun1, pronoun2)
125     else:
126         return 'This {} {} Didn\'t Think Robots Would Take {} Job. {} Was
            Wrong.'.format(state, noun, pronoun1, pronoun2)
127
128
129 # 이 프로그램이 다른 프로그램에 임포트(import)된 게 아니라면 게임이 실행된다:
130 if __name__ == '__main__':
131     main()
```

소스 코드를 입력하고 여러 번 실행한 후, 실험을 위해 몇 가지를 변경해 보자. 그리고 다음 내용에 대해 스스로 방법을 찾아보자.

- 낚시성 기사 제목 종류를 추가하자.
- NOUNS, STATES 등 이외에 단어의 새로운 범주를 추가하자.

프로그램 살펴보기

다음 질문에 대한 답을 찾아보자. 코드를 약간 수정하여 테스트하고, 변경 사항이 어떠한 영향을 미쳤는지 확인해 보자.

1. **34행**에 있는 numberOfHeadlines = int(response) 코드를 삭제하거나 주석 처리하면 어떤 에러가 발생하는가?
2. **34행**에 있는 int(response)를 response로 변경하면 어떤 에러가 발생하는가?
3. **19행**에 있는 코드를 WHEN = []로 변경하면 어떤 에러가 발생하는가?

#12

콜라츠 추측

수학에서 가장 단순하면서도 풀리지 않는 수학 문제를 탐색

나머지 연산자에 대해 배운다

3n + 1 문제라고도 불리는 콜라츠 추측Collatz sequence은 가장 단순하면서도 풀리지 않는 수학 문제다. 하지만 걱정하지 마라. 이번 프로그램을 사용하면 훨씬 쉬워질 것이다. 시작하는 숫자 n을 가지고 다음의 규칙을 따라 다음에 나올 숫자를 얻자.

1. n이 짝수이면, 다음 숫자 n은 n / 2다.

2. n이 홀수이면, 다음 숫자 n은 n * 3 + 1이다.

3. n이 1이면 중지하고, 그렇지 않으면 반복한다.

그냥 생각해 보면 모든 숫자가 결국 1에서 끝날 것 같지만, 수학적으로는 아직 입증되지 않았다. 콜라츠 추측에 대한 자세한 내용은 위키백과(https://ko.wikipedia.org/wiki/콜라츠_추측)를 참고하자.

프로그램 실행

collatz.py를 실행하면 다음과 같다.

```
Collatz Sequence, or, the 3n + 1 Problem
By Al Sweigart al@inventwithpython.com

The Collatz sequence is a sequence of numbers produced from a starting
number n, following three rules:
--중략--
Enter a starting number (greater than 0) or QUIT:
> 26
26, 13, 40, 20, 10, 5, 16, 8, 4, 2, 1

Collatz Sequence, or, the 3n + 1 Problem
By Al Sweigart al@inventwithpython.com
--중략--
Enter a starting number (greater than 0) or QUIT:
> 27
27, 82, 41, 124, 62, 31, 94, 47, 142, 71, 214, 107, 322, 161, 484, 242, 121, 364, 182,
91, 274, 137, 412, 206,
103, 310, 155, 466, 233, 700, 350, 175, 526, 263, 790, 395, 1186, 593, 1780, 890, 445,
1336, 668, 334, 167, 502,
251, 754, 377, 1132, 566, 283, 850, 425, 1276, 638, 319, 958, 479, 1438, 719, 2158, 1079,
3238, 1619, 4858, 2429,
7288, 3644, 1822, 911, 2734, 1367, 4102, 2051, 6154, 3077, 9232, 4616, 2308, 1154, 577,
1732, 866, 433, 1300,
650, 325, 976, 488, 244, 122, 61, 184, 92, 46, 23, 70, 35, 106, 53, 160, 80, 40, 20, 10,
5, 16, 8, 4, 2, 1
```

동작 원리

나머지 연산자(%)는 숫자가 짝수인지 홀수인지를 판단하는 데 도움을 준다. 이 연산자는 '나머지' 연산자라는 점을 기억하자. 23을 7로 나누면 몫은 3이고 나머지는 2이지만, 23을 7로 나머지 연산을 하면 그냥 2다. 짝수를 2로 나누면 나머지가 없지만, 홀수를 2로 나누면 나머지가 1이다. n이 짝수이면 **33행**에 있는 조건문 if n % 2 == 0:은 True이고, n이 홀수이면 False다.

```
1 """Collatz Sequence, by Al Sweigart al@inventwithpython.com
2 Generates numbers for the Collatz sequence, given a starting number.
3 More info at: https://en.wikipedia.org/wiki/Collatz_conjecture
4 This code is available at https://nostarch.com/big-book-small-python-programming
5 Tags: tiny, beginner, math"""
6
7 import sys, time
```

```
 8
 9 print('''Collatz Sequence, or, the 3n + 1 Problem
10 By Al Sweigart al@inventwithpython.com
11
12 The Collatz sequence is a sequence of numbers produced from a starting
13 number n, following three rules:
14
15 1) If n is even, the next number n is n / 2.
16 2) If n is odd, the next number n is n * 3 + 1.
17 3) If n is 1, stop. Otherwise, repeat.
18
19 It is generally thought, but so far not mathematically proven, that
20 every starting number eventually terminates at 1.
21 ''')
22
23 print('Enter a starting number (greater than 0) or QUIT:')
24 response = input('> ')
25
26 if not response.isdecimal() or response == '0':
27     print('You must enter an integer greater than 0.')
28     sys.exit()
29
30 n = int(response)
31 print(n, end='', flush=True)
32 while n != 1:
33     if n % 2 == 0:  # 만약에 n이 짝수이면...
34         n = n // 2
35     else:  # 그렇지 않고 n이 홀수이면...
36         n = 3 * n + 1
37
38     print(', ' + str(n), end='', flush=True)
39     time.sleep(0.1)
40 print()
```

프로그램 살펴보기

다음 질문에 대한 답을 찾아보자. 코드를 약간 수정하여 테스트하고, 변경 사항이 어떠한 영향을 미쳤는지 확인해 보자.

1. 32로 시작하는 콜라츠 추측은 몇 개의 숫자가 있는가?

2. 33으로 시작하는 콜라츠 추측은 몇 개의 숫자가 있는가?

3. 2의 거듭 제곱(2, 4, 8, 16, 32, 64, 128 등)으로 시작하는 콜라츠 추측은 어째서 마지막 1을 제외하고 항상 짝수로만 구성되는가?

4. 0으로 시작하면 어떻게 되는가?

#13

콘웨이의 라이프 게임

단순한 규칙이 복잡한 창발적 행동(emergent behavior)을
만드는 고전적인 셀 자동화

딕셔너리 데이터 구조와 화면 좌표를 사용한다

콘웨이의 라이프 게임은 간단한 규칙에 따라 흥미로운 패턴을 만드는
셀cell 자동화 시뮬레이션이다. 수학자 존 콘웨이John Conway가 발명했으며,
1970년 미국의 과학 잡지 ≪Scientific American≫에서 마틴 가드너Martin
Gardner의 <Mathematical Games>라는 칼럼을 통해 대중화되었다. 오늘날에는 프로그래
머와 컴퓨터 과학자 사이에 인기가 있는데, 진짜 '게임'이라서기보다는 흥미로운 시각화로
인해 인기가 있다. 격자 모양의 셀들이 있는 2차원 보드가 있으며, 각 셀은 다음의 간단한
세 가지 규칙을 따른다.

- 현재 셀이 살아 있는 상태에서 주위에 살아 있는 셀이 2 또는 3개만 있으면, 그 셀은 다
  음 단계에도 살아 있는 상태로 유지된다.
- 현재 셀이 죽어 있는 상태에서 주위에 죽은 셀이 정확히 3개면, 그 셀은 다음 단계에
  살아 있는 상태가 된다.

- 그 외의 셀은 다음 단계에 죽은 상태가 된다.

시뮬레이션의 다음 단계에서 셀이 살아 있는 상태가 될지, 아니면 죽은 상태가 될지는 전적으로 현재 상태에 달렸다. 셀은 이전 상태를 전혀 기억하지 못한다. 이런 간단한 규칙이 생성하는 패턴에 대해 많은 연구가 이루어지고 있었으나, 안타깝게도 콘웨이 교수는 2020년 4월 코로나(COVID-19)로 인한 합병증으로 사망했다. 콘웨이의 라이프 게임에 대해서는 https://ko.wikipedia.org/wiki/라이프_게임을 참고하고 마틴 가드너에 대해서는 https://ko.wikipedia.org/wiki/마틴_가드너를 참고하자.

프로그램 실행

conwaysgameoflife.py를 실행하면 다음과 같다.

동작 원리

셀의 상태는 cells와 nextCells 변수에 딕셔너리로 저장된다. 두 딕셔너리 모두 키로 (x, y) 튜플(여기서 x와 y는 정수)을 가지며, 살아 있는 셀은 'O' 그리고 죽어 있는 셀은 ' '을 값으로 갖는다. 40~44행에 있는 코드는 딕셔너리의 값들을 화면에 출력하도록 하는 코드다. cells 변수의 딕셔너리는 셀의 현재 상태를 나타내며, nextCells 변수의 딕셔너리는 다음 단계에서의 셀을 타나 낸다.

```
 1 """Conway's Game of Life, by Al Sweigart al@inventwithpython.com
 2 The classic cellular automata simulation. Press Ctrl-C to stop.
 3 More info at: https://en.wikipedia.org/wiki/Conway%27s_Game_of_Life
 4 This code is available at https://nostarch.com/big-book-small-python-programming
 5 Tags: short, artistic, simulation"""
 6
 7 import copy, random, sys, time
 8
 9 # 상수 설정:
10 WIDTH = 79    # 셀 그리드의 폭
11 HEIGHT = 20   # 셀 그리드의 높이
12
13 # (!) ALIVE의 값을 '#'이나 다른 문자로 바꿔 보자:
14 ALIVE = 'O'   # 살아 있는 셀을 나타내는 문자
15 # (!) DEAD의 값을 '.'이나 다른 문자로 바꿔 보자:
16 DEAD = ' '    # 죽어 있는 셀을 나타내는 문자
17
18 # (!) ALIVE를 '|'로 DEAD를 '-'로 바꿔 보자.
19
20 # cells와 nextCells는 상태에 대한 값을 가지고 있는 딕셔너리다.
21 # 키는 (x, y) 튜플이며,
22 # 값은 ALIVE 또는 DEAD 값 중 하나다.
23 nextCells = {}
24 # nextCells에 DEAD와 ALIVE를 무작위로 넣는다:
25 for x in range(WIDTH):  # 모든 행에 대해 루프를 돈다.
26     for y in range(HEIGHT):  # 모든 열에 대해 루프를 돈다.
27         # DEAD나 ALIVE가 될 확률은 50퍼센트다.
28         if random.randint(0, 1) == 0:
29             nextCells[(x, y)] = ALIVE  # ALIVE를 추가한다.
30         else:
31             nextCells[(x, y)] = DEAD   # DEAD를 추가한다.
32
33 while True:  # 프로그램의 메인 루프
34     # 이 루프에서의 반복은 시뮬레이션의 단계다.
35
36     print('\n' * 50)  # 각 단계를 개행 문자로 구분한다.
37     cells = copy.deepcopy(nextCells)
38
39     # 모든 셀을 화면에 출력한다:
40     for y in range(HEIGHT):
41         for x in range(WIDTH):
42             print(cells[(x, y)], end='')  # 문자 또는 공백을 출력한다.
43         print()  # 한 행의 모든 열을 출력했다면 개행한다.
44     print('Press Ctrl-C to quit.')
45
46     # 현재 단계의 셀을 바탕으로 다음 단계의 셀을 계산한다:
47     for x in range(WIDTH):
48         for y in range(HEIGHT):
```

```
49        # (x, y)의 주변 좌표를 가져온다.
50        # 가장자리는 서로 연결되어 있다.
51        left  = (x - 1) % WIDTH
52        right = (x + 1) % WIDTH
53        above = (y - 1) % HEIGHT
54        below = (y + 1) % HEIGHT
55
56        # 주변에 살아 있는 셀을 센다:
57        numNeighbors = 0
58        if cells[(left, above)] == ALIVE:
59            numNeighbors += 1  # 왼쪽-상단 셀은 살아 있다.
60        if cells[(x, above)] == ALIVE:
61            numNeighbors += 1  # 상단 셀은 살아 있다.
62        if cells[(right, above)] == ALIVE:
63            numNeighbors += 1  # 오른쪽-상단 셀은 살아 있다.
64        if cells[(left, y)] == ALIVE:
65            numNeighbors += 1  # 왼쪽 셀은 살아 있다.
66        if cells[(right, y)] == ALIVE:
67            numNeighbors += 1  # 오른쪽 셀은 살아 있다.
68        if cells[(left, below)] == ALIVE:
69            numNeighbors += 1  # 왼쪽-하단 셀은 살아 있다.
70        if cells[(x, below)] == ALIVE:
71            numNeighbors += 1  # 하단 셀은 살아 있다.
72        if cells[(right, below)] == ALIVE:
73            numNeighbors += 1  # 오른쪽-하단 셀은 살아 있다.
74
75        # 콘웨이의 라이프 게임 규칙을 기반으로 셀을 설정한다:
76        if cells[(x, y)] == ALIVE and (numNeighbors == 2
77            or numNeighbors == 3):
78                # 현재 셀이 살아 있으면서 주변에 살아 있는 셀이 2 또는 3이면, 다음 단계에서도 살아 있는 셀이
                   된다:
79                nextCells[(x, y)] = ALIVE
80        elif cells[(x, y)] == DEAD and numNeighbors == 3:
81            # 현재 셀이 죽어 있으면서 주변에 살아 있는 셀이 3이면, 다음 단계에서 살아 있는 셀이 된다:
82            nextCells[(x, y)] = ALIVE
83        else:
84            # 그 외의 모든 셀은 죽은 상태가 된다:
85            nextCells[(x, y)] = DEAD
86
87  try:
88      time.sleep(1)  # 1초 동안 일시 중지하여 출력된 것을 확인할 수 있게 한다.
89  except KeyboardInterrupt:
90      print("Conway's Game of Life")
91      print('By Al Sweigart al@inventwithpython.com')
92      sys.exit()  # Ctrl-C가 눌리면 프로그램을 종료한다.
```

소스 코드를 입력하고 여러 번 실행한 후, 실험을 위해 몇 가지를 변경해 보자. (!) 마크가 있는
주석은 여러분이 할 수 있는 간단한 변경에 대해 제안한 것이다. 다음 내용에 대해서는 스스로
방법을 찾아보자.

- 살아 있는 셀의 비율을 50퍼센트가 아닌 다른 수치로 조절해 보자.
- 셀의 최초 상태를 사용자가 작성(편집)한 텍스트 파일로부터 읽어 오는 기능을 추가하자.

프로그램 살펴보기

다음 질문에 대한 답을 찾아보자. 코드를 약간 수정하여 테스트하고, 변경 사항이 어떠한 영향을 미쳤는지 확인해 보자.

1. **10행**에 있는 WIDTH = 79를 WIDTH = 7로 바꾸면 어떻게 되나?
2. **36행**에 있는 print('\n' * 50)을 삭제하거나 주석 처리하면 어떻게 되나?
3. **28행**에 있는 random.randint(0, 1)을 random.randint(0, 10)으로 바꾸면 어떻게 되나?
4. **85행**에 있는 nextCells[(x, y)] = DEAD를 nextCells[(x, y)] = ALIVE로 바꾸면 어떻게 되나?

#14

카운트다운

7 세그먼트 디스플레이를 이용한 카운트다운 타이머

여러분이 만든 모듈을 어떻게 임포트하는지 연습한다

이번 프로그램은 숫자가 0까지 내려가는 디지털 타이머다. 우리가 숫자를 직접 렌더링하진 않을 것이다. 대신에 프로젝트 64번의 '7 세그먼트 디스플레이 모듈'의 **sevseg.py** 모듈(프로젝트 64번)을 사용하여 각 숫자에 대한 그림을 생성한다. 따라서 이번 프로그램에 대한 작업을 하기 전에 이 파일을 먼저 만들어야 한다. 다 했다면 카운트다운 타이머를 원하는 시간, 분, 초의 숫자로 설정해 보자. 이번 프로그램은 프로젝트 19번의 '디지털 시계'와 비슷하다.

프로그램 실행

countdown.py를 실행하면 다음과 같다.

```
 --   --        --   --        --
|  | |  |  *  |  | |  |  *      |  |
|__| |__|  *  |__| |__|  *  *   |  |

Press Ctrl-C to quit.
```

동작 원리

import sevseg를 실행한 후에야 7 세그먼트 숫자의 여러 문자열을 얻는 sevseg.getSevSegStr()
함수를 호출할 수 있다. 하지만, 이번 프로그램은 시간, 분, 초 사이에 별표로 만든 콜론을 표시
해야 한다. 이를 위해 세 줄로 된 숫자들(시간, 분, 초)의 문자열을 splitlines() 메서드로 하여 세
줄로 분리된 문자열로 나눈다.

```python
 1 """Countdown, by Al Sweigart al@inventwithpython.com
 2 Show a countdown timer animation using a seven-segment display.
 3 Press Ctrl-C to stop.
 4 More info at https://en.wikipedia.org/wiki/Seven-segment_display
 5 Requires sevseg.py to be in the same folder.
 6 This code is available at https://nostarch.com/big-book-small-python-programming
 7 Tags: tiny, artistic"""
 8
 9 import sys, time
10 import sevseg  # 우리의 sevseg.py 프로그램을 임포트한다.
11
12 # (!) 다른 숫자로 초를 변경하자:
13 secondsLeft = 30
14
15 try:
16     while True:  # 메인 프로그램 루프
17         # 여러 개의 개행 문자를 출력하여 화면을 깨끗하게 정리한다:
18         print('\n' * 60)
19
20         # secondsLeft의 값으로부터 시/분/초를 얻는다:
21         # 예를 들어, 7265는 2시간, 1분, 5초다.
22         # 즉, 7265 // 3600은 2시간이다.
23         hours = str(secondsLeft // 3600)
24         # 그리고 7265 % 3600은 65이며, 65 // 60은 1분이다:
25         minutes = str((secondsLeft % 3600) // 60)
26         # 그리고 7265 % 60은 5초다:
27         seconds = str(secondsLeft % 60)
28
```

```
29              # sevseg 모듈로부터 디지털 문자열을 얻는다:
30              hDigits = sevseg.getSevSegStr(hours, 2)
31              hTopRow, hMiddleRow, hBottomRow = hDigits.splitlines()
32
33              mDigits = sevseg.getSevSegStr(minutes, 2)
34              mTopRow, mMiddleRow, mBottomRow = mDigits.splitlines()
35
36              sDigits = sevseg.getSevSegStr(seconds, 2)
37              sTopRow, sMiddleRow, sBottomRow = sDigits.splitlines()
38
39              # 디지털 문자열을 표시한다:
40              print(hTopRow    + '     ' + mTopRow    + '     ' + sTopRow)
41              print(hMiddleRow + '  *  ' + mMiddleRow + '  *  ' + sMiddleRow)
42              print(hBottomRow + '  *  ' + mBottomRow + '  *  ' + sBottomRow)
43
44              if secondsLeft == 0:
45                  print()
46                  print('   * * * * BOOM * * * *')
47                  break
48
49              print()
50              print('Press Ctrl-C to quit.')
51
52              time.sleep(1)  # 1초 일시 정지를 추가한다.
53              secondsLeft -= 1
54 except KeyboardInterrupt:
55      print('Countdown, by Al Sweigart al@inventwithpython.com')
56      sys.exit()  # Ctrl-C를 누르면 프로그램을 종료한다.
```

소스 코드를 입력하고 여러 번 실행한 후, 실험을 위해 몇 가지를 변경해 보자. 그리고 다음 내용에 대해 스스로 방법을 찾아보자.

- 시작하는 카운트다운 시간을 사용자가 입력하게 하자.
- 카운트다운이 끝날 때 표시할 메시지를 사용자가 입력하게 하자.

프로그램 살펴보기

다음 질문에 대한 답을 찾아보자. 코드를 약간 수정하여 테스트하고, 변경 사항이 어떠한 영향을 미쳤는지 확인해 보자.

1. **13행**에 있는 secondsLeft = 30을 secondsLeft = 30.5로 바꾸면 어떻게 되는가?
2. **30, 33, 36행**에 있는 2를 1로 바꾸면 어떻게 되는가?
3. **52행**에 있는 time.sleep(1)을 time.sleep(0.1)로 바꾸면 어떻게 되는가?

4. (53행)에 있는 secondsLeft -= 1을 secondsLeft -= 2로 바꾸면 어떻게 되는가?

5. (18행)에 있는 print('\n' * 60)을 삭제하거나 주석 처리하면 어떻게 되는가?

6. (10행)에 있는 import sevseg를 삭제하거나 주석 처리하면 무슨 에러 메시지가 나타나는가?

#15

깊은 동굴

지구 중심으로 끝없이 내려가는 터널 애니메이션

문자열 복제와 간단한 수학을 사용한다

이번 프로그램은 지구를 중심으로 영원히 내려가는 깊은 동굴에 대한 애니메이션이다. 이 프로그램은 코드는 비록 짧지만, 컴퓨터 화면의 스크롤 특성을 이용하여 흥미롭고 끝이 없는 시각화를 만들어 낸다. 이것은 재밌어 보이는 것을 만드는 데 많은 코드가 필요하지 않다는 것을 증명한다. 이번 프로그램은 프로젝트 58번의 '무지개'와 비슷하다.

프로그램 실행

deepcave.py를 실행하면 다음과 같다.

```
Deep Cave, by Al Sweigart al@inventwithpython.com
Press Ctrl-C to stop.
###################          ###########################################
###################          ###########################################
###################          ###########################################
###################          ###########################################
#################            ###########################################
#################            ###########################################
###################          ###########################################
###################          ###########################################
###################          ###########################################
--중략--
```

동작 원리

이 프로그램은 새로운 행을 출력하여 이전에 출력된 행을 화면 위로 올리는 역할을 한다. 각 행이 살짝 다른 간격을 출력하고 사용자에게 아래로 움직이는 것처럼 보이도록 스크롤링 애니메이션을 만든다.

왼쪽의 해시태그 문자의 개수는 leftWidth 변수에 의해 달라지며, 중간에 있는 공백은 gapWidth 변수에 의해 달라진다. 오른쪽의 해시태그 문자 개수는 WIDTH - gapWidth - leftWidth 코드에 의해 계산된다. 이렇게 하면 각 행의 선이 항상 동일한 길이가 되도록 해준다.

```python
 1 """Deep Cave, by Al Sweigart al@inventwithpython.com
 2 An animation of a deep cave that goes forever into the earth.
 3 This code is available at https://nostarch.com/big-book-small-python-programming
 4 Tags: tiny, beginner, scrolling, artistic"""
 5
 6
 7 import random, sys, time
 8
 9 # 상수 설정하기:
10 WIDTH = 70   # (!) 이 값을 10 또는 30으로 변경해 보자.
11 PAUSE_AMOUNT = 0.05   # (!) 이 값을 0 또는 1.0으로 변경해 보자.
12
13 print('Deep Cave, by Al Sweigart al@inventwithpython.com')
14 print('Press Ctrl-C to stop.')
15 time.sleep(2)
16
```

```
17  leftWidth = 20
18  gapWidth = 10
19
20  while True:
21      # 터널 세그먼트 출력하기:
22      rightWidth = WIDTH - gapWidth - leftWidth
23      print(('#' * leftWidth) + (' ' * gapWidth) + ('#' * rightWidth))
24
25      # 잠깐 멈췄을 때 Ctrl-C를 눌렀는지 확인한다:
26      try:
27          time.sleep(PAUSE_AMOUNT)
28      except KeyboardInterrupt:
29          sys.exit()   # Ctrl-C가 눌렸다면 프로그램을 종료한다.
30
31      # 왼쪽 폭을 조절한다:
32      diceRoll = random.randint(1, 6)
33      if diceRoll == 1 and leftWidth > 1:
34          leftWidth = leftWidth - 1   # 왼쪽 폭이 줄어들었다.
35      elif diceRoll == 2 and leftWidth + gapWidth < WIDTH - 1:
36          leftWidth = leftWidth + 1   # 왼쪽 폭이 늘어났다.
37      else:
38          pass   # 아무것도 하지 않는다. 왼쪽 폭의 변화가 없다.
39
40      # 공백의 폭을 조절한다:
41      # (!) 다음 코드 전부를 주석 해제해 보자:
42      #diceRoll = random.randint(1, 6)
43      #if diceRoll == 1 and gapWidth > 1:
44      #    gapWidth = gapWidth - 1   # 공백의 폭이 줄어들었다.
45      #elif diceRoll == 2 and leftWidth + gapWidth < WIDTH - 1:
46      #    gapWidth = gapWidth + 1   # 공백의 폭이 늘어났다.
47      #else:
48      #    pass   # 아무것도 하지 않는다. 공백의 폭은 변하지 않았다.
```

소스 코드를 입력하고 여러 번 실행한 후, 실험을 위해 몇 가지를 변경해 보자. (!) 마크가 있는 주석은 여러분이 할 수 있는 간단한 변경에 대해 제안한 것이다.

프로그램 살펴보기

다음 질문에 대한 답을 찾아보자. 코드를 약간 수정하여 테스트하고, 변경 사항이 어떠한 영향을 미쳤는지 확인해 보자.

1. **23행** 에 있는 (' ' * gapWidth)를 ('.' * gapWidth)로 바꾸면 어떻게 되는가?

2. **32행** 에 있는 random.randint(1, 6)을 random.randint(1, 1)로 바꾸면 어떻게 되는가?

3. **32행** 에 있는 random.randint(1, 6)을 random.randint(2, 2)로 바꾸면 어떻게 되는가?

4. **17행**에 있는 leftWidth = 20을 삭제하거나 주석 처리하면 어떤 에러 메시지가 나는가?

5. **10행**에 있는 WIDTH = 70을 WIDTH = -70으로 바꾸면 어떻게 되는가?

6. **11행**에 있는 PAUSE_AMOUNT = 0.05를 PAUSE_AMOUNT = -0.05로 바꾸면 어떠한 에러 메시지가 나오는가?

#16

다이아몬드

다양한 크기의 다이아몬드를 그리는 알고리즘

드로잉 알고리즘을 만들기 위해 패턴 인식 기술을 연습한다

이번 프로그램은 다양한 크기의 아스키 아트 다이아몬드를 그리는 작은 알고리즘을 가지고 있다. 이것은 여러분이 지정하는 크기의 다이아몬드에 외곽선이나 채우기를 하는 함수들이 포함되어 있다. 이러한 함수들은 초보자에게 좋은 연습이 되므로, 크기가 커짐에 따라 다이아몬드 그리는 기능 뒤에 숨겨진 패턴을 이해하려고 노력하자.

프로그램 실행

diamonds.py를 실행하면 다음과 같다.

```
Diamonds, by Al Sweigart al@inventwithpython.com

/\
\/

/\
\/

 /\
/  \
\  /
 \/

 /\
//\\
\\//
 \/

  /\
 /  \
/    \
\    /
 \  /
  \/

  /\
 //\\
///\\\
\\\///
 \\//
  \/
--중략--
```

동작 원리

이번 프로그램을 여러분이 직접 만드는 데 도움이 되는 방법은 먼저 편집기에 다양한 크기의 다이아몬드를 그리고, 다이아몬드가 커짐에 따른 패턴을 파악하는 것이다. 이 방법은 다이아몬드 외곽선의 각 행은 네 가지 부분(앞의 공백 수, 슬래시, 내부 공백 수, 백슬래시)이 있다는 것을 깨닫는 데 도움을 준다. 채워진 다이아몬드는 내부에 공백이 아닌 슬래시와 백슬래시가 있다.

```python
1 r"""Diamonds, by Al Sweigart al@inventwithpython.com
2 Draws diamonds of various sizes.
3 View this code at https://nostarch.com/big-book-small-python-projects
4                       /\        /\
5                      /  \      //\\
6            /\       /    \    ///\\\
7           /  \     //\\    /      \ ////\\\\
8  /\   /\  /     \ ///\\\ /\      /  \\\\////
9 /  \ //\\ \     /  \\\//  \      /   \\\///
10 \  / \\// \   /    \\//    \   /     \\//
11  \/   \/    \/      \/      \/        \/
12 Tags: tiny, beginner, artistic"""
13
14 def main():
15     print('Diamonds, by Al Sweigart al@inventwithpython.com')
16
17     # 크기가 0에서 6까지인 다이아몬드를 표시한다:
18     for diamondSize in range(0, 6):
19         displayOutlineDiamond(diamondSize)
20         print()  # 새로운 줄을 출력한다.
21         displayFilledDiamond(diamondSize)
22         print()  # 새로운 줄을 출력한다.
23
24
25 def displayOutlineDiamond(size):
26     # 다이아몬드의 위쪽 절반을 표시한다:
27     for i in range(size):
28         print(' ' * (size - i - 1), end='')  # 왼쪽 공백
29         print('/', end='')  # 다이아몬드의 왼쪽 면
30         print(' ' * (i * 2), end='')  # 다이아몬드의 내부
31         print('\\')  # 다이아몬드의 오른쪽 면
32
33     # 다이아몬드의 아래쪽 절반을 표시한다:
34     for i in range(size):
35         print(' ' * i, end='')  # 왼쪽 공백
36         print('\\', end='')  # 다이아몬드의 왼쪽 면
37         print(' ' * ((size - i - 1) * 2), end='')  # 다이아몬드의 내부
38         print('/')  # 다이아몬드의 오른쪽 면
39
40
41 def displayFilledDiamond(size):
42     # 다이아몬드의 위쪽 절반을 표시한다:
43     for i in range(size):
44         print(' ' * (size - i - 1), end='')  # 왼쪽 공백
45         print('/' * (i + 1), end='')  # 다이아몬드의 왼쪽 절반
46         print('\\' * (i + 1))  # 다이아몬드의 오른쪽 절반
47
48     # 다이아몬드의 아래쪽 절반을 표시한다:
49     for i in range(size):
50         print(' ' * i, end='')  # 왼쪽 공백
51         print('\\' * (size - i), end='')  # 다이아몬드의 왼쪽 절반
52         print('/' * (size - i))  # 다이아몬드의 오른쪽 절반
53
```

```
54
55  # 이 프로그램이 다른 프로그램에 임포트(import)된 게 아니라면 게임이 실행된다:
56  if __name__ == '__main__':
57      main()
```

소스 코드를 입력하고 여러 번 실행한 후, 실험을 위해 몇 가지를 변경해 보자. 그리고 다음 내용에 대해 스스로 방법을 찾아보자.

- 삼각형, 직사각형, 마름모 등의 다른 모양을 만들자.
- 도형을 화면 대신 텍스트 파일에 출력하자.

프로그램 살펴보기

다음 질문에 대한 답을 찾아보자. 코드를 약간 수정하여 테스트하고, 변경 사항이 어떠한 영향을 미쳤는지 확인해 보자.

1. **31행**에 있는 print('\\')를 print('@')로 바꾸면 어떻게 되는가?
2. **30행**에 있는 print(' ' * (i * 2), end='')를 print('@' * (i * 2), end='')로 바꾸면 어떻게 되는가?
3. **18행**에 있는 range(0, 6)을 range(0, 30)으로 바꾸면 어떻게 되는가?
4. **34행** 또는 **49행**에 있는 for i in range(size):를 삭제하거나 주석 처리하면 어떻게 되는가?

#17

주사위 계산

시각적으로 표현된 주사위 계산 게임

화면 좌표에 대해 딕셔너리 데이터 구조를 사용한다

이번의 수학 퀴즈 프로그램은 2개에서 6개의 주사위를 굴려 나온 면의 수를 최대한 빨리 더해야 하는 프로그램이다. 하지만 이 프로그램은 단순히 자동화된 플래시카드[3] 이상의 작업을 한다. 화면의 임의 위치에 주사위 면이 그려진다. 아스키 아트는 산술 연산에 재미를 더해 준다.

---

3 [옮긴이] 덮혀 있다가 순간적으로 보여 주는 카드

프로그램 실행

dicemath.py를 실행하면 다음과 같다.

```
Dice Math, by Al Sweigart al@inventwithpython.com

Add up the sides of all the dice displayed on the screen. You have
30 seconds to answer as many as possible. You get 4 points for each
correct answer and lose 1 point for each incorrect answer.

Press Enter to begin...


+-------+
| O   O|           +-------+
|   O   |          |     O |                              +-------+
| O   O|           |   O   |                              |     O |
+-------+          | O     |                              |       |
                   +-------+                              | O     |
                                                          +-------+
                           +-------+
                           | O     |
                           |   O   |
                           |     O |
                           +-------+

+-------+
| O O O |          +-------+
|       |          |     O |
| O O O |          |       |
+-------+          | O     |
                   +-------+

Enter the sum: 21
--중략--
```

동작 원리

화면상의 주사위는 canvas 변수에 저장된 딕셔너리에 의해 표시된다. 파이썬에서의 튜플은 리스트와 비슷하지만, 튜플의 내용은 변경할 수 없다. 이 딕셔너리의 키는 (x, y) 튜플이며, 값은 ALL_DICE에 있는 주사위 튜플 중 하나다. 28~80행 에 있는 코드를 보면, 주사위의 각 튜플은 주사위 면을 그래픽적으로 나타내는 문자열 리스트와 주사위 면의 눈이 몇 개인지를 나타내는 정수를 가지고 있다. 프로그램은 이 정보를 사용하여 주사위를 표시하고 그들의 합을 계산한다.

174~177행은 canvas 딕셔너리에 있는 데이터를 화면에 렌더링한다. 이것은 프로젝트 13번의 '콘웨이의 라이프게임'에서의 셀을 렌더링하는 방법과 유사하다.

```python
1 """Dice Math, by Al Sweigart al@inventwithpython.com
2 A flash card addition game where you sum the total on random dice rolls.
3 View this code at https://nostarch.com/big-book-small-python-projects
4 Tags: large, artistic, game, math"""
5
6 import random, time
7
8 # 상수 설정하기:
9 DICE_WIDTH = 9
10 DICE_HEIGHT = 5
11 CANVAS_WIDTH = 79
12 CANVAS_HEIGHT = 24 - 3   # 하단에 합을 입력할 공간을 위해 3만큼 뺀다.
13
14 # 전체 퀴즈 시간은 초 단위다:
15 QUIZ_DURATION = 30   # (!) 이것을 10 또는 60으로 바꿔 보자.
16 MIN_DICE = 2   # (!) 이것을 1 또는 5로 바꿔 보자.
17 MAX_DICE = 6   # (!) 이것을 14로 바꿔 보자.
18
19 # (!) 다른 숫자로 바꿔 보자:
20 REWARD = 4   # (!) 정답일 때 받게 될 점수
21 PENALTY = 1   # (!) 오답일 때 빼게 될 점수
22 # (!) PENALTY를 음수로 설정하여
23 # 오답일 때 점수를 받도록 하자!
24
25 # 주사위가 화면에 맞지 않으면 프로그램은 중단된다:
26 assert MAX_DICE <= 14
27
28 D1 = (['+-------+',
29        '|       |',
30        '|   O   |',
31        '|       |',
32        '+-------+'], 1)
33
34 D2a = (['+-------+',
35        '| O     |',
36        '|       |',
37        '|     O |',
38        '+-------+'], 2)
39
40 D2b = (['+-------+',
41        '|     O |',
42        '|       |',
43        '| O     |',
44        '+-------+'], 2)
45
46 D3a = (['+-------+',
47        '| O     |',
48        '|   O   |',
```

```
49         '|     O |',
50         '+-------+'], 3)
51
52  D3b = (['+-------+',
53         '|     O |',
54         '|   O   |',
55         '| O     |',
56         '+-------+'], 3)
57
58  D4 = (['+-------+',
59        '| O   O |',
60        '|       |',
61        '| O   O |',
62        '+-------+'], 4)
63
64  D5 = (['+-------+',
65        '| O   O |',
66        '|   O   |',
67        '| O   O |',
68        '+-------+'], 5)
69
70  D6a = (['+-------+',
71         '| O   O |',
72         '| O   O |',
73         '| O   O |',
74         '+-------+'], 6)
75
76  D6b = (['+-------+',
77         '| O O O |',
78         '|       |',
79         '| O O O |',
80         '+-------+'], 6)
81
82  ALL_DICE = [D1, D2a, D2b, D3a, D3b, D4, D5, D6a, D6b]
83
84  print('''Dice Math, by Al Sweigart al@inventwithpython.com
85
86  Add up the sides of all the dice displayed on the screen. You have
87  {} seconds to answer as many as possible. You get {} points for each
88  correct answer and lose {} point for each incorrect answer.
89  '''.format(QUIZ_DURATION, REWARD, PENALTY))
90  input('Press Enter to begin...')
91
92  # 정답과 오답의 수를 추적한다:
93  correctAnswers = 0
94  incorrectAnswers = 0
95  startTime = time.time()
96  while time.time() < startTime + QUIZ_DURATION:   # 메인 게임 루프
97      # 표시할 주사위를 준비한다:
98      sumAnswer = 0
99      diceFaces = []
100     for i in range(random.randint(MIN_DICE, MAX_DICE)):
```

```
101        die = random.choice(ALL_DICE)
102        # die[0]은 주사위 면의 문자열 리스트를 포함한다:
103        diceFaces.append(die[0])
104        # die[1]은 주사위 면의 눈 개수를 포함한다:
105        sumAnswer += die[1]
106
107    # 각 주사위의 좌측 상단 구석의 (x, y) 튜플을 담는다.
108    topLeftDiceCorners = []
109
110    # 주사위가 어느 방향으로 갈지 알아낸다:
111    for i in range(len(diceFaces)):
112        while True:
113            # 주사위를 놓을 캔버스의 임의 위치를 찾는다:
114            left = random.randint(0, CANVAS_WIDTH  - 1 - DICE_WIDTH)
115            top  = random.randint(0, CANVAS_HEIGHT - 1 - DICE_HEIGHT)
116
117            # 모든 네 모서리에 대한 x, y 좌표를 구한다:
118            #      왼쪽
119            #       v
120            #상단 > +-------+ ^
121            #       | O     | |
122            #       |   O   | DICE_HEIGHT (5)
123            #       |     O | |
124            #       +-------+ v
125            #       <------->
126            #       DICE_WIDTH (9)
127            topLeftX = left
128            topLeftY = top
129            topRightX = left + DICE_WIDTH
130            topRightY = top
131            bottomLeftX = left
132            bottomLeftY = top + DICE_HEIGHT
133            bottomRightX = left + DICE_WIDTH
134            bottomRightY = top + DICE_HEIGHT
135
136            # 이번 주사위가 이전 주사위와 겹치는지 확인한다.
137            overlaps = False
138            for prevDieLeft, prevDieTop in topLeftDiceCorners:
139                prevDieRight = prevDieLeft + DICE_WIDTH
140                prevDieBottom = prevDieTop + DICE_HEIGHT
141                # 이번 주사위의 각 모서리가
142                # 이전 주사위의 영역 안에 들어가 있는지 확인한다:
143                for cornerX, cornerY in ((topLeftX, topLeftY),
144                                         (topRightX, topRightY),
145                                         (bottomLeftX, bottomLeftY),
146                                         (bottomRightX, bottomRightY)):
147                    if (prevDieLeft <= cornerX < prevDieRight
148                        and prevDieTop <= cornerY < prevDieBottom):
149                        overlaps = True
150            if not overlaps:
151                # 이것은 겹치지 않았다. 따라서 현 위치에 놓을 수 있다:
152                topLeftDiceCorners.append((left, top))
```

```
153                break
154
155    # 캔버스에 주사위를 그린다:
156
157    # 키는 (x, y) 튜플이며,
158    # 값은 캔버스 그 위치의 문자다:
159    canvas = {}
160    # 각 주사위마다 루프를 돈다:
161    for i, (dieLeft, dieTop) in enumerate(topLeftDiceCorners):
162        # 주사위 면의 각 문자에 대해 루프를 돈다:
163        dieFace = diceFaces[i]
164        for dx in range(DICE_WIDTH):
165            for dy in range(DICE_HEIGHT):
166                # 이 문자를 캔버스의 올바른 위치에 복사한다:
167                canvasX = dieLeft + dx
168                canvasY = dieTop + dy
169                # 문자열 리스트인 dieFace에서는
170                # x와 y가 서로 바뀐다는 것을 기억하자:
171                canvas[(canvasX, canvasY)] = dieFace[dy][dx]
172
173    # 화면에 캔버스를 표시한다:
174    for cy in range(CANVAS_HEIGHT):
175        for cx in range(CANVAS_WIDTH):
176            print(canvas.get((cx, cy), ' '), end='')
177        print()  # 새로운 줄을 출력한다.
178
179    # 사용자가 답을 입력하게 한다:
180    response = input('Enter the sum: ').strip()
181    if response.isdecimal() and int(response) == sumAnswer:
182        correctAnswers += 1
183    else:
184        print('Incorrect, the answer is', sumAnswer)
185        time.sleep(2)
186        incorrectAnswers += 1
187
188 # 최종 스코어를 표시한다:
189 score = (correctAnswers * REWARD) - (incorrectAnswers * PENALTY)
190 print('Correct: ', correctAnswers)
191 print('Incorrect:', incorrectAnswers)
192 print('Score:   ', score)
```

소스 코드를 입력하고 여러 번 실행한 후, 실험을 위해 몇 가지를 변경해 보자. (!) 마크가 있는 주석은 여러분이 할 수 있는 간단한 변경에 대해 제안한 것이다. 다음 내용에 대해 스스로 방법을 찾아보자.

- 주사위 면에 대한 아스키 아트를 다시 디자인하자.
- 주사위에 7, 8, 9개의 눈도 추가하자.

프로그램 살펴보기

다음 질문에 대한 답을 찾아보자. 코드를 약간 수정하여 테스트하고, 변경 사항이 어떠한 영향을 미쳤는지 확인해 보자.

1. 82행을 ALL_DICE = [D1]로 수정하면 어떻게 되는가?

2. 176행에 있는 get((cx, cy), ' ')를 get((cx, cy), '.')로 수정하면 어떻게 되는가?

3. 182행에 있는 correctAnswers += 1을 correctAnswers += 0으로 수정하면 어떻게 되는가?

4. 93행에 있는 correctAnswers = 0을 삭제하거나 주석 처리하면 어떠한 에러 메시지가 나오는가?

#18

주사위 굴리기

던전 앤 드래곤 식의 주사위 표기법을 읽고
난수를 생성하는 도구

키 문자열을 식별하기 위해 텍스트를 파싱한다

던전 앤 드래곤 Dungeons & Dragons을 비롯해 다른 탁상용 롤플레잉 게임은 4, 8, 10, 12, 또는 20면을 가진 특수한 주사위를 사용한다. 이들 게임은 어떤 주사위를 굴릴 것인지를 가리키는 특정 표기법도 가지고 있다. 예를 들어 3d6은 6면 주사위 3개를 굴린다는 의미이고, 1d10+2는 하나의 10면 주사위를 굴리고 거기에 2점을 더한다는 의미다. 이번 프로그램은 여러분이 주사위를 가져 오는 것을 잊었을 경우를 대비하여 주사위 굴리는 것을 시뮬레이션한다. 이것은 38면 주사위처럼 실제로 존재하지 않는 주사위를 굴리는 시뮬레이션도 할 수 있게 한다.

프로그램 실행

diceroller.py를 실행하면 다음과 같다.

```
Dice Roller, by Al Sweigart al@inventwithpython.com
--중략--
> 3d6
Total: 8 (Each die:2, 1, 5)
> 1d10+2
Total: 3 (Each die:1, +2)
> 2d38-1
Total: 49 (Each die:35, 15, -1)
> 100d6
Total: 357 (Each die:6, 3, 1, 4, 5, 5, 2, 1, 1, 4, 5, 4, 4, 6, 3, 3, 6, 6, 4, 3, 1, 3, 1,
2, 5, 2, 4, 5, 6, 2, 2, 5, 1, 1, 4, 1, 6, 5, 4, 3, 2, 6, 5, 2, 2, 4, 2, 6, 6, 6, 1, 3, 6,
1, 1, 1, 3, 3, 2, 1, 3, 6, 5, 5, 4, 4, 4, 3, 6, 6, 6, 5, 4, 6, 2, 4, 1, 1, 1, 5, 1, 4, 4,
3, 5, 3, 5, 1, 4, 1, 4, 5, 5, 5, 4, 3, 2, 4, 6, 5)
--중략--
```

동작 원리

이번 프로그램에 있는 코드 대부분은 사용자의 입력이 올바른 형식인지를 확인하는 것이다. 실제 임의의 주사위 굴림 자체는 그저 random.randint()를 호출하는 것이다. 이 함수는 전달된 범위 내의 정수가 거의 동일한 비율로 반환되므로 한쪽으로 치우치지 않는다. 따라서 주사위 굴리는 것을 시뮬레이션하기에는 random.randint() 함수가 가장 적합하다.

```
 1 """Dice Roller, by Al Sweigart al@inventwithpython.com
 2 Simulates dice rolls using the Dungeons & Dragons dice roll notation.
 3 This code is available at https://nostarch.com/big-book-small-python-programming
 4 Tags: short, simulation"""
 5
 6 import random, sys
 7
 8 print('''Dice Roller, by Al Sweigart al@inventwithpython.com
 9
10 Enter what kind and how many dice to roll. The format is the number of
11 dice, followed by "d", followed by the number of sides the dice have.
12 You can also add a plus or minus adjustment.
13
14 Examples:
15   3d6 rolls three 6-sided dice
16   1d10+2 rolls one 10-sided die, and adds 2
17   2d38-1 rolls two 38-sided die, and subtracts 1
18   QUIT quits the program
19 ''')
```

```
20
21  while True:   # 메인 프로그램 루프:
22      try:
23          diceStr = input('> ')   # 주사위 문자열을 입력하기 위한 프롬프트
24          if diceStr.upper() == 'QUIT':
25              print('Thanks for playing!')
26              sys.exit()
27
28          # 주사위 문자열을 정리한다:
29          diceStr = diceStr.lower().replace(' ', '')
30
31          # 입력된 주사위 문자열에서 "d"를 찾는다:
32          dIndex = diceStr.find('d')
33          if dIndex == -1:
34              raise Exception('Missing the "d" character.')
35
36          # 주사위의 숫자를 얻는다.(예를 들어, "3d6+1"에서 "3"):
37          numberOfDice = diceStr[:dIndex]
38          if not numberOfDice.isdecimal():
39              raise Exception('Missing the number of dice.')
40          numberOfDice = int(numberOfDice)
41
42          # 더하기 또는 빼기 기호가 있는지 찾는다:
43          modIndex = diceStr.find('+')
44          if modIndex == -1:
45              modIndex = diceStr.find('-')
46
47          # 주사위 면의 수를 찾는다.(예를 들어, "3d6+1"에서 "6"):
48          if modIndex == -1:
49              numberOfSides = diceStr[dIndex + 1 :]
50          else:
51              numberOfSides = diceStr[dIndex + 1 : modIndex]
52          if not numberOfSides.isdecimal():
53              raise Exception('Missing the number of sides.')
54          numberOfSides = int(numberOfSides)
55
56          # 조건부의 수를 찾는다.(예를 들어, "3d6+1"에서 "1"):
57          if modIndex == -1:
58              modAmount = 0
59          else:
60              modAmount = int(diceStr[modIndex + 1 :])
61              if diceStr[modIndex] == '-':
62                  # 조건부의 수를 음수로 바꾼다:
63                  modAmount = -modAmount
64
65          # 주사위 굴리는 것을 시뮬레이션한다:
66          rolls = []
67          for i in range(numberOfDice):
68              rollResult = random.randint(1, numberOfSides)
69              rolls.append(rollResult)
70
71          # 총합을 표시한다:
```

```
72          print('Total:', sum(rolls) + modAmount, '(Each die:', end='')
73
74          # 굴린 각각의 주사위를 표시한다:
75          for i, roll in enumerate(rolls):
76              rolls[i] = str(roll)
77          print(', '.join(rolls), end='')
78
79          # 조건부의 수를 표시한다:
80          if modAmount != 0:
81              modSign = diceStr[modIndex]
82              print(', {}{}'.format(modSign, abs(modAmount)), end='')
83          print(')')
84
85      except Exception as exc:
86          # 예외 사항이 발생하면 사용자에게 메시지를 표시한다:
87          print('Invalid input. Enter something like "3d6" or "1d10+2".')
88          print('Input was invalid because: ' + str(exc))
89          continue   # 주사위 문자열을 입력하는 프롬프트로 돌아간다.
```

소스 코드를 입력하고 여러 번 실행한 후, 실험을 위해 몇 가지를 변경해 보자. 그리고 다음 내용에 대해 스스로 방법을 찾아보자.

- 더하기와 빼기 조건부를 보완하여 곱하기를 추가하자.
- 가장 낮은 수의 주사위를 자동으로 제거하는 기능을 추가하자.

프로그램 살펴보기

다음 질문에 대한 답을 찾아보자. 코드를 약간 수정하여 테스트하고, 변경 사항이 어떠한 영향을 미쳤는지 확인해 보자.

1. **69행**에 있는 rolls.append(rollResult)를 삭제하거나 주석 처리하면 어떻게 되는가?
2. **69행**에 있는 rolls.append(rollResult)를 rolls.append(-rollResult)로 변경하면 어떻게 되는가?
3. **77행**에 있는 print(', '.join(rolls), end='')를 삭제하거나 주석 처리하면 어떻게 되는가?
4. 아무것도 입력하지 않고 엔터를 누르면 어떻게 되는가?

#19

디지털 시계

계산기 같은 디스플레이가 있는 시계

datetime 모듈로부터 받은 정보와 일치하는 숫자를 생성한다

이번 프로그램은 현재 시간을 디지털 시계로 보여 준다. 숫자를 직접 보여 주는 것이 아닌, 프로젝트 64번의 '7 세그먼트 디스플레이 모듈'의 **sevseg.py** 모듈이 디지털 숫자 모양을 만들어 준다. 이번 프로그램은 프로젝트 14번의 '카운트다운'과 비슷하다.

프로그램 실행

digitalclock.py를 실행하면 다음과 같다.

```
 __   __         __   __         __   __
|  | |__|  *  |__||__|  *  |__  |  |
|__| |__|  *  |  | |  |  *  __|  |
Press Ctrl-C to quit.
```

동작 원리

디지털 시계 프로그램은 프로젝트 14번의 '카운트다운'과 비슷하게 보일 것이다. 두 프로젝트 모두 **sevseg.py** 모듈을 임포트할 뿐만 아니라, sevseg.getSevSegStr() 함수로부터 반환된 여러 줄의 문자열을 splitlines() 메서드로 구분해야 한다. 이 메서드는 시계의 시, 분, 초를 별표로 만든 콜론을 둘 수 있게 해준다. 이번 프로그램의 코드와 카운트다운의 코드를 비교하여 얼마나 비슷한지, 그리고 어떻게 다른지를 확인하자.

```python
1 """Digital Clock, by Al Sweigart al@inventwithpython.com
2 Displays a digital clock of the current time with a seven-segment
3 display. Press Ctrl-C to stop.
4 More info at https://en.wikipedia.org/wiki/Seven-segment_display
5 Requires sevseg.py to be in the same folder.
6 This code is available at https://nostarch.com/big-book-small-python-programming
7 Tags: tiny, artistic"""
8
9 import sys, time
10 import sevseg  # sevseg.py 프로그램 임포트하기
11
12 try:
13     while True:   # 메인 프로그램 루프
14         # 몇 개의 새로운 줄을 출력하여 화면을 깨끗하게 정리한다:
15         print('\n' * 60)
16
17         # 컴퓨터의 시계로부터 현재 시간을 가져온다:
18         currentTime = time.localtime()
19         # 24시간이 아닌 12시간을 사용하므로 % 12를 한다:
20         hours = str(currentTime.tm_hour % 12)
21         if hours == '0':
22             hours = '12'   # 12-시간 시계는 00:00이 아닌 12:00이라고 표시한다.
23         minutes = str(currentTime.tm_min)
24         seconds = str(currentTime.tm_sec)
25
26         # sevseg 모듈로부터 디지털 문자열을 얻는다:
```

```
27        hDigits = sevseg.getSevSegStr(hours, 2)
28        hTopRow, hMiddleRow, hBottomRow = hDigits.splitlines()
29
30        mDigits = sevseg.getSevSegStr(minutes, 2)
31        mTopRow, mMiddleRow, mBottomRow = mDigits.splitlines()
32
33        sDigits = sevseg.getSevSegStr(seconds, 2)
34        sTopRow, sMiddleRow, sBottomRow = sDigits.splitlines()
35
36        # 숫자 표시하기:
37        print(hTopRow    + '    ' + mTopRow    + '    ' + sTopRow)
38        print(hMiddleRow + ' * ' + mMiddleRow + ' * ' + sMiddleRow)
39        print(hBottomRow + ' * ' + mBottomRow + ' * ' + sBottomRow)
40        print()
41        print('Press Ctrl-C to quit.')
42
43        # 초 단위가 변경될 때까지 루프를 계속 돈다:
44        while True:
45            time.sleep(0.01)
46            if time.localtime().tm_sec != currentTime.tm_sec:
47                break
48 except KeyboardInterrupt:
49    print('Digital Clock, by Al Sweigart al@inventwithpython.com')
50    sys.exit()   # Ctrl-C를 누르면 프로그램을 종료한다.
```

프로그램 살펴보기

다음 질문에 대한 답을 찾아보자. 코드를 약간 수정하여 테스트하고, 변경 사항이 어떠한 영향을 미쳤는지 확인해 보자.

1. **45행**에 있는 time.sleep(0.01)을 time.sleep(2)로 변경하면 어떻게 되는가?

2. **27, 30, 33행**에 있는 2를 1로 바꾸면 어떻게 되는가?

3. **15행**에 있는 print('\n' * 60)을 삭제하거나 주석 처리하면 어떻게 되는가?

4. **10행**에 있는 import sevseg를 삭제하거나 주석 처리하면 어떤 에러 메시지가 나오는가?

#20

디지털 스트림

영화 매트릭스를 흉내낸 스크롤되는 화면

다양한 애니메이션 속도를 실험한다

이번 프로그램은 공상 과학 영화 **매트릭스**의 '디지털 스트림' 시각화를 흉내낸다. 임의의 이진수로 된 '비'가 화면 아래부터 위로 나오면서 멋진 해커 느낌의 시각화를 만든다. 안타깝게도 현재는 화면 아래로 스크롤하는 것처럼 텍스트가 움직이는 방식이며, bext와 같은 모듈을 사용하지 않으면 스트림을 위에서 아래로 떨어지게 할 수 없다.

프로그램 실행

digitalstream.py를 실행하면 다음과 같다.

```
Digital Stream, by Al Sweigart al@inventwithpython.com
Press Ctrl-C to quit.
                                                                    1
        00 0                                                        0
        10 0                                                        1
        10 1                                                        1
        1111                        0               1               1
        0011            1           1               0               1   0
        0110            1   0   0 1                  1               0   1
        0011            0   1   1 1                  0               0   1
  1     011             0   1   1 1                  0       1       0   0
  0      11             0   1   1 1                  0       1           1
  1      00         1   1   1   0 1                  1   0       0   0
  1    1 00 1       1   0   0   01 1                 1   0       1   1
  1    1 00 0       01  1   0   10 1                 0   0       1   1
  0     0 0 0       10      0   00 1         1 0     0       0   1
  0     0 1 0       01  1   0   0            0 0     1   1
  1     1 0 0       10  1   0   1   1        1 0     1       0   1
        1 1 0       11  0   1   1   1        1 1     11      1   1
--중략--
```

동작 원리

프로젝트 15번의 '깊은 동굴'과 같이, 이번 프로그램은 애니메이션을 만들기 위해 print() 호출에 의한 스크롤링을 사용한다. 각 열은 columns 리스트에 속한 정수를 나타낸다. columns[0]은 맨 왼쪽 열에 대한 정수이고, columns[1]은 그 다음의 오른쪽 열에 대한 정수다. 이 프로그램은 초기에 columns의 값을 0으로 설정한다. 즉, 각 열에 스트림 대신 빈 공백 문자열을 출력한다는 의미다. 그런 다음, 각 값을 MIN_STREAM_LENGTH와 MAX_STREAM _LENGTH 사이의 임의 정수로 바꾼다. 그 정수는 한 줄씩 출력될 때마다 1씩 감소시킨다. 열의 정숫값이 0보다 크다면, 프로그램은 그 열에 1 또는 0을 랜덤하게 출력한다. 이렇게 하면 화면에 '디지털 스트림' 효과가 만들어진다.

```
1 """Digital Stream, by Al Sweigart al@inventwithpython.com
2 A screensaver in the style of The Matrix movie's visuals.
3 This code is available at https://nostarch.com/big-book-small-python-programming
4 Tags: tiny, artistic, beginner, scrolling"""
5
6 import random, shutil, sys, time
7
```

```
 8  # 상수 설정하기:
 9  MIN_STREAM_LENGTH = 6   # (!) 이 값을 1 또는 50으로 바꿔 보자.
10  MAX_STREAM_LENGTH = 14  # (!) 이 값을 100으로 바꿔 보자.
11  PAUSE = 0.1  # (!) 이 값을 0.0 또는 2.0으로 바꿔 보자.
12  STREAM_CHARS = ['0', '1']  # (!) 이 문자를 다른 문자로 바꿔 보자.
13
14  # 밀도의 범위는 0.0에서 1.0까지다. :
15  DENSITY = 0.02  # (!) 이 값을 0.10 또는 0.30으로 바꿔 보자.
16
17  # 터미널 창의 크기를 구한다:
18  WIDTH = shutil.get_terminal_size()[0]
19  # 자동으로 줄바꿈을 추가하지 않으면 윈도우에서 마지막 열을 출력할 수 없으므로,
20  # 폭을 하나 줄인다.
21  WIDTH -= 1
22
23  print('Digital Stream, by Al Sweigart al@inventwithpython.com')
24  print('Press Ctrl-C to quit.')
25  time.sleep(2)
26
27  try:
28      # 각 열에 대해 카운터가 0이면 스트림을 더 이상 표시하지 않는다.
29      # 0이 아니라면, 그 값은 해당 열에 1 또는 0이 얼마나 표시되어야 하는지를 가리키는
30      # 카운터 역할을 하게 된다.
31      columns = [0] * WIDTH
32      while True:
33          # 각 열에 대한 카운터를 설정한다:
34          for i in range(WIDTH):
35              if columns[i] == 0:
36                  if random.random() <= DENSITY:
37                      # 이 열의 스트림을 다시 시작한다.
38                      columns[i] = random.randint(MIN_STREAM_LENGTH,
39                                                  MAX_STREAM_LENGTH)
40
41              # 빈 공백 또는 1이나 0 문자를 출력한다.
42              if columns[i] > 0:
43                  print(random.choice(STREAM_CHARS), end='')
44                  columns[i] -= 1
45              else:
46                  print(' ', end='')
47          print()  # 열의 마지막 행에 줄바꿈을 출력한다.
48          sys.stdout.flush()  # 텍스트가 화면에 나타나도록 한다.
49          time.sleep(PAUSE)
50  except KeyboardInterrupt:
51      sys.exit()  # Ctrl-C를 누르면 프로그램을 종료한다.
```

소스 코드를 입력하고 여러 번 실행한 후, 실험을 위해 몇 가지를 변경해 보자. (!) 마크가 있는 주석은 여러분이 할 수 있는 간단한 변경에 대해 제안한 것이다. 다음 내용에 대해 스스로 방법을 찾아보자.

- 1과 0 외에 다른 문자를 포함한다.

- 직선 외에 사각형, 삼각형, 다이아몬드 등의 모양을 포함한다.

프로그램 살펴보기

다음 질문에 대한 답을 찾아보자. 코드를 약간 수정하여 테스트하고, 변경 사항이 어떠한 영향을 미쳤는지 확인해 보자.

1. **46행**에 있는 print(' ', end='')를 print('.', end='')로 바꾸면 어떻게 되는가?

2. **11행**에 있는 PAUSE = 0.1을 PAUSE = -0.1로 바꾸면 어떤 에러 메시지가 나오는가?

3. **42행**에 있는 columns[i] > 0을 columns[i] < 0으로 바꾸면 어떻게 되는가?

4. **42행**에 있는 columns[i] > 0을 columns[i] <= 0으로 바꾸면 어떻게 되는가?

5. **44행**에 있는 columns[i] -= 1을 columns[i] += 1로 바꾸면 어떻게 되는가?

#21

DNA 시각화

DNA 구조를 표현하는 아스키 아트의 이중 나선

문자열 템플릿과 임의로 생성된 텍스트를 사용한다

디옥시리보 핵산은 우리 몸속 모든 세포에 존재하는 작은 분자이며, 우리 몸이 어떻게 성장하는지에 대한 청사진을 담고 있다. 이것은 뉴클레오타이드 분자들(구아닌, 시토신, 아데닌, 티민) 쌍의 **이중 나선**double helix 모양(꼬인 사다리 모양)처럼 보인다. 뉴클레오타이드 분자들은 각각 G, C, A, T로 표시된다. DNA는 긴 분자다. 현미경으로만 볼 수 있을 정도로 아주 작지만, 그것을 팽팽하게 편다면 30억 개의 염기쌍이 2미터 길이가 된다! 이번 프로그램에서는 DNA의 간단한 애니메이션을 만든다.

프로그램 실행

dna.py를 실행하면 다음과 같다.

```
DNA Animation, by Al Sweigart al@inventwithpython.com
Press Ctrl-C to quit...
        #C-G#
       #T---A#
      #T-----A#
     #G------C#
    #G------C#
   #A-----T#
   #C---G#
   #T-A#
    ##
   #A-T#
   #T---A#
  #G-----C#
  #G------C#
   #A------T#
    #A-----T#
     #C---G#
      #T-A#
       ##
      #A-T#
     #A---T#
    #T-----A#
--중략--
```

동작 원리

프로젝트 15번의 '깊은 동굴'과 프로젝트 20번의 '디지털 스트림'처럼, 이번 프로그램은 ROWS 리스트에 있는 문자열을 출력하여 스크롤링 애니메이션을 만든다. AT와 CG 쌍은 format() 문자열 메서드를 사용하여 각 문자열에 삽입된다.

```
1 """DNA, by Al Sweigart al@inventwithpython.com
2 A simple animation of a DNA double-helix. Press Ctrl-C to stop.
3 Inspired by matoken https://asciinema.org/a/155441
4 This code is available at https://nostarch.com/big-book-small-python-programming
5 Tags: short, artistic, scrolling, science"""
6
7 import random, sys, time
8
9 PAUSE = 0.15   # (!) 이 값을 0.5 또는 0.0으로 바꿔 보자.
10
```

```
11  # 다음은 DNA 애니메이션의 개별 행이다:
12  ROWS = [
13      #123456789 <- 공백의 수를 알기 위해 사용한다:
14      '        ##',   # 인덱스 0은 {}가 없다.
15      '       #{}-{}#',
16      '      #{}---{}#',
17      '     #{}-----{}#',
18      '    #{}------{}#',
19      '    #{}------{}#',
20      '    #{}-----{}#',
21      '     #{}---{}#',
22      '      #{}-{}#',
23      '       ##',   # 인덱스 9는 {}가 없다.
24      '      #{}-{}#',
25      '     #{}---{}#',
26      '    #{}-----{}#',
27      '    #{}------{}#',
28      '    #{}------{}#',
29      '     #{}-----{}#',
30      '      #{}---{}#',
31      '       #{}-{}#']
32      #123456789 <- 공백의 수를 알기 위해 사용한다:
33
34  try:
35      print('DNA Animation, by Al Sweigart al@inventwithpython.com')
36      print('Press Ctrl-C to quit...')
37      time.sleep(2)
38      rowIndex = 0
39
40      while True:   # 메인 프로그램 루프
41          # 다음 행을 그리기 위해 rowIndex를 증가한다:
42          rowIndex = rowIndex + 1
43          if rowIndex == len(ROWS):
44              rowIndex = 0
45
46          # 행 인덱스 0과 9는 뉴클레오타이드를 갖지 않는다:
47          if rowIndex == 0 or rowIndex == 9:
48              print(ROWS[rowIndex])
49              continue
50
51          # 뉴클레오타이드 쌍(구아닌-시토신 그리고 아데닌-티민)을
52          # 무작위로 선택한다:
53          randomSelection = random.randint(1, 4)
54          if randomSelection == 1:
55              leftNucleotide, rightNucleotide = 'A', 'T'
56          elif randomSelection == 2:
57              leftNucleotide, rightNucleotide = 'T', 'A'
58          elif randomSelection == 3:
59              leftNucleotide, rightNucleotide = 'C', 'G'
60          elif randomSelection == 4:
61              leftNucleotide, rightNucleotide = 'G', 'C'
62
```

```
63              # 행을 출력한다.
64          print(ROWS[rowIndex].format(leftNucleotide, rightNucleotide))
65          time.sleep(PAUSE)    # 잠시 멈춤을 추가한다.
66  except KeyboardInterrupt:
67      sys.exit()   # Ctrl-C를 누르면 프로그램을 종료한다.
```

프로그램 살펴보기

다음 질문에 대한 답을 찾아보자. 코드를 약간 수정하여 테스트하고, 변경 사항이 어떠한 영향을 미쳤는지 확인해. 보자.

1. **42행**에 있는 rowIndex = rowIndex + 1을 rowIndex = rowIndex + 2로 바꾸면 어떻게 되는가?

2. **53행**에 있는 random.randint(1, 4)를 random.randint(1, 2)로 바꾸면 어떻게 되는가?

3. **9행**에 있는 PAUSE = 0.15를 PAUSE = -0.15로 바꾸면 어떠한 에러 메시지가 나오는가?

#22

오리

다양한 아스키 아트 오리를 만들기 위해 문자열을 조합

오리 그림에 대한 데이터 모델을 만들기 위해 객체지향 프로그래밍을 사용한다

이번 프로그램은 오리를 생성하면서 화면을 스크롤한다. 오리마다 약간씩 다른 모양을 갖는다. 오른쪽 또는 왼쪽을 향하는 방향과 두 가지 몸통 크기, 네 가지 눈 모양, 두 가지 입 모양, 그리고 세 가지 날개 위치가 있다. 이 프로그램은 오리를 끝없이 생성할 것이며, 96가지의 서로 다른 모양을 만들 수 있다.

프로그램 실행

ducklings.py를 실행하면 다음과 같다.

```
Duckling Screensaver, by Al Sweigart
Press Ctrl-C to quit...
      =")                            >")                        =")
      ( >)                          ( ^)                       ( >)
       ^^                            ^^                         ^^

                   =")
                   ( >)  ( "<                           ( "=
                    ^^  (v )              =")           (^ )
              =" )        ^ ^             ( ^)          ^ ^
              ( >) ("=                    ^^
               ^ ^ (< )                                     ("<
                ^^  (^^=    ("<                             (< )
                    (< )   (v )    ( "<                      ^^
   ("=             ^ ^      ^^    (v )
   (^ )                            ^ ^
    ^^
--중략--
```

동작 원리

이 프로그램은 Duckling 클래스를 사용하여 오리를 나타낸다. 이 클래스의 __init__() 메서드에서 각 오리에 대한 모양을 랜덤하게 선택하며, 다양한 신체 부위는 getHeadStr(), getBodyStr(), 그리고 getFeetStr() 메서드에 의해 반환된다.

```
 1 """Duckling Screensaver, by Al Sweigart al@inventwithpython.com
 2 A screensaver of many many ducklings.
 3
 4 >" )   =^^)    (''=  ("=  >")    ("=
 5 ( >)  ( ^) (v ) (^ ) ( >) (v )
 6  ^ ^    ^ ^   ^ ^    ^^   ^^   ^^
 7
 8 This code is available at https://nostarch.com/big-book-small-python-programming
 9 Tags: large, artistic, object-oriented, scrolling"""
10
11 import random, shutil, sys, time
12
13 # 상수 설정하기:
14 PAUSE = 0.2   # (!) 이 값을 1.0 또는 0.0으로 바꿔 보자.
15 DENSITY = 0.10   # (!) 이 값을 0.0 ~ 1.0 범위의 값으로 바꿔 보자.
16
17 DUCKLING_WIDTH = 5
```

```
18 LEFT = 'left'
19 RIGHT = 'right'
20 BEADY = 'beady'
21 WIDE = 'wide'
22 HAPPY = 'happy'
23 ALOOF = 'aloof'
24 CHUBBY = 'chubby'
25 VERY_CHUBBY = 'very chubby'
26 OPEN = 'open'
27 CLOSED = 'closed'
28 OUT = 'out'
29 DOWN = 'down'
30 UP = 'up'
31 HEAD = 'head'
32 BODY = 'body'
33 FEET = 'feet'
34
35 # 터미널 창의 크기를 얻는다:
36 WIDTH = shutil.get_terminal_size()[0]
37 # 자동으로 줄바꿈을 추가하지 않으면 윈도우에서 마지막 열을 출력할 수 없으므로,
38 # 폭을 하나 줄인다.
39 WIDTH -= 1
40
41
42 def main():
43     print('Duckling Screensaver, by Al Sweigart')
44     print('Press Ctrl-C to quit...')
45     time.sleep(2)
46
47     ducklingLanes = [None] * (WIDTH // DUCKLING_WIDTH)
48
49     while True:  # 메인 프로그램 루프
50         for laneNum, ducklingObj in enumerate(ducklingLanes):
51             # 이 줄에 오리를 생성해야 하는지 확인한다:
52             if (ducklingObj == None and random.random() <= DENSITY):
53                 # 이 줄에 오리를 둔다:
54                 ducklingObj = Duckling()
55                 ducklingLanes[laneNum] = ducklingObj
56
57             if ducklingObj != None:
58                 # 이 줄에 오리가 있으면 그린다:
59                 print(ducklingObj.getNextBodyPart(), end='')
60                 # 그리기가 끝났다면 오리를 삭제한다:
61                 if ducklingObj.partToDisplayNext == None:
62                     ducklingLanes[laneNum] = None
63             else:
64                 # 여기에 오리가 없다면 공백 5개를 그린다.
65                 print(' ' * DUCKLING_WIDTH, end='')
66
67         print()  # 줄바꿈을 한다.
68         sys.stdout.flush()  # 화면에 텍스트가 표시되도록 한다.
69         time.sleep(PAUSE)
```

```python
70
71
72  class Duckling:
73      def __init__(self):
74          """임의의 신체 특징들을 가진 새로운 오리를 생성한다."""
75          self.direction = random.choice([LEFT, RIGHT])
76          self.body = random.choice([CHUBBY, VERY_CHUBBY])
77          self.mouth = random.choice([OPEN, CLOSED])
78          self.wing = random.choice([OUT, UP, DOWN])
79
80          if self.body == CHUBBY:
81              # 통통한 오리는 눈동자만 가질 수 있다.
82              self.eyes = BEADY
83          else:
84              self.eyes = random.choice([BEADY, WIDE, HAPPY, ALOOF])
85
86          self.partToDisplayNext = HEAD
87
88      def getHeadStr(self):
89          """오리 머리에 대한 문자열을 반환한다."""
90          headStr = ''
91          if self.direction == LEFT:
92              # 입을 추가한다:
93              if self.mouth == OPEN:
94                  headStr += '>'
95              elif self.mouth == CLOSED:
96                  headStr += '='
97
98              # 눈을 추가한다:
99              if self.eyes == BEADY and self.body == CHUBBY:
100                 headStr += '"'
101             elif self.eyes == BEADY and self.body == VERY_CHUBBY:
102                 headStr += '" '
103             elif self.eyes == WIDE:
104                 headStr += "'''"
105             elif self.eyes == HAPPY:
106                 headStr += '^^'
107             elif self.eyes == ALOOF:
108                 headStr += '``'
109
110             headStr += ') '   # 뒤통수를 추가한다.
111
112         if self.direction == RIGHT:
113             headStr += ' ('   # 뒤통수를 추가한다.
114
115             # 눈을 추가한다:
116             if self.eyes == BEADY and self.body == CHUBBY:
117                 headStr += '"'
118             elif self.eyes == BEADY and self.body == VERY_CHUBBY:
119                 headStr += ' "'
120             elif self.eyes == WIDE:
121                 headStr += "'''"
```

```
122        elif self.eyes == HAPPY:
123            headStr += '^^'
124        elif self.eyes == ALOOF:
125            headStr += '``'
126
127        # 입을 추가한다:
128        if self.mouth == OPEN:
129            headStr += '<'
130        elif self.mouth == CLOSED:
131            headStr += '='
132
133    if self.body == CHUBBY:
134        # 통통한 오리가 매우 통통한 오리의 폭과 동일하도록
135        # 여분의 공간을 확보한다.
136        headStr += ' '
137
138    return headStr
139
140    def getBodyStr(self):
141        """오리 몸통에 대한 문자열을 반환한다."""
142        bodyStr = '('    # 몸의 왼쪽을 추가한다.
143        if self.direction == LEFT:
144            # 몸통 내부 공간을 추가한다:
145            if self.body == CHUBBY:
146                bodyStr += ' '
147            elif self.body == VERY_CHUBBY:
148                bodyStr += '  '
149
150            # 날개를 추가한다:
151            if self.wing == OUT:
152                bodyStr += '>'
153            elif self.wing == UP:
154                bodyStr += '^'
155            elif self.wing == DOWN:
156                bodyStr += 'v'
157
158        if self.direction == RIGHT:
159            # 날개를 추가한다:
160            if self.wing == OUT:
161                bodyStr += '<'
162            elif self.wing == UP:
163                bodyStr += '^'
164            elif self.wing == DOWN:
165                bodyStr += 'v'
166
167            # 몸통 내부 공간을 추가한다:
168            if self.body == CHUBBY:
169                bodyStr += ' '
170            elif self.body == VERY_CHUBBY:
171                bodyStr += '  '
172
173        bodyStr += ')'    # 몸의 오른쪽을 추가한다.
```

```
174
175            if self.body == CHUBBY:
176                # 통통한 오리가 매우 통통한 오리의 폭과 동일하도록
177                # 여분의 공간을 확보한다.
178                bodyStr += ' '
179
180         return bodyStr
181
182     def getFeetStr(self):
183         """오리 발에 대한 문자열을 반환한다."""
184         if self.body == CHUBBY:
185             return ' ^^  '
186         elif self.body == VERY_CHUBBY:
187             return ' ^ ^ '
188
189     def getNextBodyPart(self):
190         """표시해야 하는 다음 몸통에 대한
191         메서드를 호출한다. 그런 다음,
192         partToDisplayNext에 None을 설정한다."""
193         if self.partToDisplayNext == HEAD:
194             self.partToDisplayNext = BODY
195             return self.getHeadStr()
196         elif self.partToDisplayNext == BODY:
197             self.partToDisplayNext = FEET
198             return self.getBodyStr()
199         elif self.partToDisplayNext == FEET:
200             self.partToDisplayNext = None
201             return self.getFeetStr()
202
203
204
205 # 이 프로그램이 다른 프로그램에 임포트(import)된 게 아니라면 게임이 실행된다:
206 if __name__ == '__main__':
207     try:
208         main()
209     except KeyboardInterrupt:
210         sys.exit()   # Ctrl-C를 누르면 프로그램을 종료한다.
```

소스 코드를 입력하고 여러 번 실행한 후, 실험을 위해 몇 가지를 변경해 보자. (!) 마크가 있는 주석은 여러분이 할 수 있는 간단한 변경에 대해 제안한 것이다. 다음 내용에 대해 스스로 방법을 찾아보자.

프로그램 살펴보기

다음 질문에 대한 답을 찾아보자. 코드를 약간 수정하여 테스트하고, 변경 사항이 어떠한 영향을 미쳤는지 확인해 보자.

1. **75행**에 있는 random.choice([LEFT, RIGHT])를 random.choice([LEFT])로 바꾸면 어떻게 되는가?

2. **194행**에 있는 self.partToDisplayNext = BODY를 self.partToDisplayNext = None으로 바꾸면 어떻게 되는가?

3. **197행**에 있는 self.partToDisplayNext = FEET를 self.partToDisplayNext = BODY로 바꾸면 어떻게 되는가?

4. **195행**에 있는 return self.getHeadStr()을 return self.getFeetStr()로 바꾸면 어떻게 되는가?

#23

에칭 그림판

선을 그리기 위해 커서를 움직임

화면의 좌표와 상대적인 방향 움직임으로 그린다

키보드의 WASD 키를 사용하여 화면의 펜 포인트를 움직이면, 이번 프로그램인 에칭 그림판은 에치 어 스케치Etch A Sketch 장난감처럼 연속적인 선으로 그림을 형성하게 된다. 여러분의 예술적 감각을 깨워서 어떤 그림을 그릴 수 있는지 확인해 보자! 이번 프로그램은 여러분의 그림을 텍스트 파일로 저장하여 나중에 출력할 수 있도록 해준다. 게다가, 소스 코드의 6~14행 에 있는 힐버트 곡선 프랙털Hilbert Curve fractal의 WASD 키처럼 다른 그림의 WASD 키를 복사하여 붙여넣을 수도 있다.

프로그램 실행

etchingdrawer.py를 실행하고 힐버트 곡선 프랙털을 따라 입력하면 결과는 다음과 같다.

그림 23-1 에칭 그림판 프로그램의 그리기 모드

동작 원리

프로젝트 17번의 '주사위 계산'처럼, 이번 프로그램도 canvas라는 이름의 변수에 저장된 딕셔너리를 이용하여 그림을 이루는 선들을 저장한다. 키는 (x, y) 튜플이고, 값은 화면의 x, y 좌표에 그려질 선 모양을 나타내는 문자열이다. 파이썬 프로그램에서 사용할 수 있는 유니코드 문자의 전체 목록은 부록 B에 있다.

126행 에서는 encoding='utf-8' 인자를 전달하여 open() 함수를 호출하고 있다. 그 이유를 자세히 설명하는 것은 이 책의 범위를 벗어나므로 간략하게 설명하자면, 윈도우에서 텍스트 파일에 줄바꿈 문자를 쓰기 위해 필요하다.

```
1 """Etching Drawer, by Al Sweigart al@inventwithpython.com
2 An art program that draws a continuous line around the screen using the
3 WASD keys. Inspired by Etch A Sketch toys.
```

```
4
5  For example, you can draw Hilbert Curve fractal with:
6  SDWDDSASDSAAWASSDSASSDWDSDWWAWDDDSASSDWDSDWWAWDWWASAAWDWAWDDSDW
7
8  Or an even larger Hilbert Curve fractal with:
9  DDSAASSDDWDDSDDWWAAWDDDDSDDWDDDDSAASDDSAAAAWAASSSDDWDDDDSAASDDSAAAAWA
10 ASAAAAWDDWWAASAAWAASSDDSAASSDDWDDDDSAASDDSAAAAWAASSDDSAASSDDWDDSDDWWA
11 AWDDDDDDSAASSDDWDDSDDWWAAWDDWWAASAAAAWDDWAAWDDDDSDDWDDSDDWDDDDSAASDDS
12 AAAAWAASSDDSAASSDDWDDSDDWWAAWDDDDDDSAASSDDWDDSDDWWAAWDDWWAASAAAAWDDWA
13 AWDDDDSDDWWAAWDDWWAASAAWAASSDDSAAAAWAASAAAAWDDWAAWDDDDSDDWWWAASAAAAWD
14 DWAAWDDDDSDDWDDDDSAASSDDWDDSDDWWAAWDD
15
16 This code is available at https://nostarch.com/big-book-small-python-programming
17 Tags: large, artistic"""
18
19 import shutil, sys
20
21 # 선 문자에 대한 상수 설정하기:
22 UP_DOWN_CHAR           = chr(9474)   # 캐릭터 9474는 '│'
23 LEFT_RIGHT_CHAR        = chr(9472)   # 캐릭터 9472는 '─'
24 DOWN_RIGHT_CHAR        = chr(9484)   # 캐릭터 9484는 '┌'
25 DOWN_LEFT_CHAR         = chr(9488)   # 캐릭터 9488은 '┐'
26 UP_RIGHT_CHAR          = chr(9492)   # 캐릭터 9492는 '└'
27 UP_LEFT_CHAR           = chr(9496)   # 캐릭터 9496은 '┘'
28 UP_DOWN_RIGHT_CHAR     = chr(9500)   # 캐릭터 9500은 '├'
29 UP_DOWN_LEFT_CHAR      = chr(9508)   # 캐릭터 9508은 '┤'
30 DOWN_LEFT_RIGHT_CHAR   = chr(9516)   # 캐릭터 9516은 '┬'
31 UP_LEFT_RIGHT_CHAR     = chr(9524)   # 캐릭터 9524는 '┴'
32 CROSS_CHAR             = chr(9532)   # 캐릭터 9532는 '┼'
33 # chr() 코드들에 대한 목록은 https://inventwithpython.com/chr를 참고하자.
34
35 # 터미널 창의 크기 얻기:
36 CANVAS_WIDTH, CANVAS_HEIGHT = shutil.get_terminal_size()
37 # 자동으로 줄바꿈을 추가하지 않으면 윈도우에서 마지막 열을 출력할 수 없으므로
38 # 폭을 하나 줄인다.
39 CANVAS_WIDTH -= 1
40 # 명령어에 대한 정보를 표시하기 위해 하단 몇 줄을 띄어 놓는다.
41 CANVAS_HEIGHT -= 5
42
43 """"캔버스에 대한 키는 좌표를 나타내는 (x, y) 정수 튜플이며,
44 값은 어떤 종류의 선을 그려야 하는지 알려주는
45 W, A, S, D 문자들의 집합이다."""
46 canvas = {}
47 cursorX = 0
48 cursorY = 0
49
50
51 def getCanvasString(canvasData, cx, cy):
52     """canvasData에 그려진 라인의 문자열 여러 줄을 반환한다."""
53     canvasStr = ''
54
55     """canvasData는 'W', 'A', 'S' 그리고
```

```
56          또는 'D' 문자열들의 집합인 (x, y) 튜플 키와 값이 포함된 딕셔너리로
57          각각의 선이 그려지는 방향을 나타낸다."""
58          for rowNum in range(CANVAS_HEIGHT):
59              for columnNum in range(CANVAS_WIDTH):
60                  if columnNum == cx and rowNum == cy:
61                      canvasStr += '#'
62                      continue
63
64                  # 이 위치에 대한 선(라인) 문자를 canvasStr에 추가한다.
65                  cell = canvasData.get((columnNum, rowNum))
66                  if cell in (set(['W', 'S']), set(['W']), set(['S'])):
67                      canvasStr += UP_DOWN_CHAR
68                  elif cell in (set(['A', 'D']), set(['A']), set(['D'])):
69                      canvasStr += LEFT_RIGHT_CHAR
70                  elif cell == set(['S', 'D']):
71                      canvasStr += DOWN_RIGHT_CHAR
72                  elif cell == set(['A', 'S']):
73                      canvasStr += DOWN_LEFT_CHAR
74                  elif cell == set(['W', 'D']):
75                      canvasStr += UP_RIGHT_CHAR
76                  elif cell == set(['W', 'A']):
77                      canvasStr += UP_LEFT_CHAR
78                  elif cell == set(['W', 'S', 'D']):
79                      canvasStr += UP_DOWN_RIGHT_CHAR
80                  elif cell == set(['W', 'S', 'A']):
81                      canvasStr += UP_DOWN_LEFT_CHAR
82                  elif cell == set(['A', 'S', 'D']):
83                      canvasStr += DOWN_LEFT_RIGHT_CHAR
84                  elif cell == set(['W', 'A', 'D']):
85                      canvasStr += UP_LEFT_RIGHT_CHAR
86                  elif cell == set(['W', 'A', 'S', 'D']):
87                      canvasStr += CROSS_CHAR
88                  elif cell == None:
89                      canvasStr += ' '
90          canvasStr += '\n'   # 각 행의 끝에 줄바꿈을 추가한다.
91      return canvasStr
92
93
94  moves = []
95  while True:  # 메인 프로그램 루프
96      # canvas에 있는 데이터를 바탕으로 선 그리기:
97      print(getCanvasString(canvas, cursorX, cursorY))
98
99      print('WASD keys to move, H for help, C to clear, '
100         + 'F to save, or QUIT.')
101     response = input('> ').upper()
102
103     if response == 'QUIT':
104         print('Thanks for playing!')
105         sys.exit()   # 프로그램 종료하기
106     elif response == 'H':
107         print('Enter W, A, S, and D characters to move the cursor and')
```

```
108         print('draw a line behind it as it moves. For example, ddd')
109         print('draws a line going right and sssdddwwwaaa draws a box.')
110         print()
111         print('You can save your drawing to a text file by entering F.')
112         input('Press Enter to return to the program...')
113         continue
114     elif response == 'C':
115         canvas = {}  # 캔버스 데이터 지우기
116         moves.append('C')  # 이에 대해 저장한다.
117     elif response == 'F':
118         # canvas 문자열을 텍스트 파일에 저장하기:
119         try:
120             print('Enter filename to save to:')
121             filename = input('> ')
122
123             # 파일명 뒤에 .txt가 붙어 있는지 확인한다:
124             if not filename.endswith('.txt'):
125                 filename += '.txt'
126             with open(filename, 'w', encoding='utf-8') as file:
127                 file.write(''.join(moves) + '\n')
128                 file.write(getCanvasString(canvas, None, None))
129         except:
130             print('ERROR: Could not save file.')
131
132     for command in response:
133         if command not in ('W', 'A', 'S', 'D'):
134             continue   # 이외의 문자는 무시하고 다음 명령을 기다린다.
135         moves.append(command)   # 이에 대해 저장한다.
136
137         # 첫 번째로 추가되는 선은 전체 값의 형태로 저장되어야 한다:
138         if canvas == {}:
139             if command in ('W', 'S'):
140                 # 첫 번째로 추가되는 선을 가로 줄로 만든다:
141                 canvas[(cursorX, cursorY)] = set(['W', 'S'])
142             elif command in ('A', 'D'):
143                 # 첫 번째로 추가되는 선을 세로 줄로 만든다:
144                 canvas[(cursorX, cursorY)] = set(['A', 'D'])
145
146         # x와 y를 갱신한다:
147         if command == 'W' and cursorY > 0:
148             canvas[(cursorX, cursorY)].add(command)
149             cursorY = cursorY - 1
150         elif command == 'S' and cursorY < CANVAS_HEIGHT - 1:
151             canvas[(cursorX, cursorY)].add(command)
152             cursorY = cursorY + 1
153         elif command == 'A' and cursorX > 0:
154             canvas[(cursorX, cursorY)].add(command)
155             cursorX = cursorX - 1
156         elif command == 'D' and cursorX < CANVAS_WIDTH - 1:
157             canvas[(cursorX, cursorY)].add(command)
158             cursorX = cursorX + 1
159         else:
```

```
160                     # 커서가 캔버스 범위 밖으로 움직이려고 하므로,
161                     # 커서를 움직이지 않고
162                     # canvas[(cursorX, cursorY)]의 값을 바꾸지 않는다.
163                     continue
164
165             # 만약에 (cursorX, cursorY)에 대한 set이 없다면, 빈 set를 추가한다:
166             if (cursorX, cursorY) not in canvas:
167                 canvas[(cursorX, cursorY)] = set()
168
169             # 방향에 대한 문자열을 xy 위치 set에 추가한다:
170             if command == 'W':
171                 canvas[(cursorX, cursorY)].add('S')
172             elif command == 'S':
173                 canvas[(cursorX, cursorY)].add('W')
174             elif command == 'A':
175                 canvas[(cursorX, cursorY)].add('D')
176             elif command == 'D':
177                 canvas[(cursorX, cursorY)].add('A')
```

프로그램 살펴보기

다음 질문에 대한 답을 찾아보자. 코드를 약간 수정하여 테스트하고, 변경 사항이 어떠한 영향을 미쳤는지 확인해 보자.

1. **101행**에 있는 response = input('> ').upper()를 response = input('> ')로 바꾸면 어떻게 되는가?

2. **61행**에 있는 canvasStr += '#'을 canvasStr += '@'로 바꾸면 어떻게 되는가?

3. **89행**에 있는 canvasStr += ' '를 canvasStr += '.'으로 바꾸면 어떻게 되는가?

4. **94행**에 있는 moves = []를 moves = list ('SDWDDSASDSAAWASSDSAS')로 바꾸면 어떻게 되는가?

#24

인수 파인더

숫자의 모든 곱셈 인수를 찾음

나머지 연산자와 파이썬의 math 모듈을 사용한다

어떤 숫자의 인수는 두 숫자를 곱해서 그 숫자를 만들 때의 두 숫자다. 예를 들어 2×13 = 26이므로, 2와 13은 26의 인수다. 또한 1×26 = 26이므로, 1과 26도 26의 인수다. 따라서 26의 인수는 1, 2, 13, 그리고 26이다.

어떤 숫자의 인수가 단 2개(1과 자신의 숫자)라면, 우리는 그 숫자를 소수라고 부른다! **(힌트** 소수는 항상 5가 아닌 홀수로 끝난다) 프로젝트 56번의 '소수'에서는 컴퓨터가 소수인지를 계산하도록 할 것이다.

이번 프로그램에서의 수학 계산은 그리 어려운 게 아니어서 초보자에게 적합한 프로젝트가 될 것이다.

프로그램 실행

factorfinder.py를 실행하면 다음과 같다.

```
Factor Finder, by Al Sweigart al@inventwithpython.com
--중략--
Enter a positive whole number to factor (or QUIT):
> 26
1, 2, 13, 26
Enter a positive whole number to factor (or QUIT):
> 4352784
1, 2, 3, 4, 6, 8, 12, 16, 24, 29, 48, 53, 58, 59, 87, 106, 116, 118, 159, 174, 177, 212,
232, 236, 318, 348, 354,
424, 464, 472, 636, 696, 708, 848, 944, 1272, 1392, 1416, 1537, 1711, 2544, 2832, 3074,
3127, 3422, 4611, 5133,
6148, 6254, 6844, 9222, 9381, 10266, 12296, 12508, 13688, 18444, 18762, 20532, 24592,
25016, 27376, 36888, 37524,
41064, 50032, 73776, 75048, 82128, 90683, 150096, 181366, 272049, 362732, 544098, 725464,
1088196, 1450928,
2176392, 4352784
Enter a positive whole number to factor (or QUIT):
> 9787
1, 9787
Enter a positive whole number to factor (or QUIT):
> quit
```

동작 원리

나눗셈에서 두 번째 숫자가 첫 번째 숫자를 나눈 나머지가 없다면 그 두 번째 숫자를 인수라고 할 수 있다. 예를 들어 21 ÷ 7은 3이므로, 7은 21의 인수다. 마찬가지로 3 역시 21의 인수다. 하지만 21 ÷ 8 = 2.625여서 8은 21의 인수가 아니다. 나머지가 있다는 것은 완전히 나눠지지 않았다는 의미다.

나머지 연산자인 %는 나눗셈에 대한 나머지가 있는지를 알려 준다. 21 % 7은 0이며, 이것은 나머지가 없다는 의미로 7이 21의 인수라는 뜻이다. 반면 21 % 8은 0이 아닌 값인 1이며, 이것은 인수가 아니라는 뜻이다. 인수를 찾는 이번 프로그램은 코드 **35행** 에서 이 기술을 사용하여 숫자가 인수인지를 확인한다.

math.sqrt() 함수는 전달된 숫자의 제곱근을 반환한다. 예를 들어 math.sqrt(25)는 5.0을 반환한다. 왜냐하면 5를 제곱하면 25가 되므로 25의 제곱근이 된다.

```
1  """Factor Finder, by Al Sweigart al@inventwithpython.com
2  Finds all the factors of a number.
3  This code is available at https://nostarch.com/big-book-small-python-programming
4  Tags: tiny, beginner, math"""
5
6  import math, sys
7
8  print('''Factor Finder, by Al Sweigart al@inventwithpython.com
9
10 A number's factors are two numbers that, when multiplied with each
11 other, produce the number. For example, 2 x 13 = 26, so 2 and 13 are
12 factors of 26. 1 x 26 = 26, so 1 and 26 are also factors of 26. We
13 say that 26 has four factors: 1, 2, 13, and 26.
14
15 If a number only has two factors (1 and itself), we call that a prime
16 number. Otherwise, we call it a composite number.
17
18 Can you discover some prime numbers?
19 ''')
20
21 while True:  # 메인 프로그램 루프
22     print('Enter a positive whole number to factor (or QUIT):')
23     response = input('> ')
24     if response.upper() == 'QUIT':
25         sys.exit()
26
27     if not (response.isdecimal() and int(response) > 0):
28         continue
29     number = int(response)
30
31     factors = []
32
33     # 숫자의 인수 찾기:
34     for i in range(1, int(math.sqrt(number)) + 1):
35         if number % i == 0:  # 나머지가 없다면 인수다.
36             factors.append(i)
37             factors.append(number // i)
38
39     # 중복된 인수를 제거하기 위하여 set으로 전환한다:
40     factors = list(set(factors))
41     factors.sort()
42
43     # 결과를 출력한다:
44     for i, factor in enumerate(factors):
45         factors[i] = str(factor)
46     print(', '.join(factors))
```

프로그램 살펴보기

다음 질문에 대한 답을 찾아보자. 코드를 약간 수정하여 테스트하고, 변경 사항이 어떠한 영향을 미쳤는지 확인해 보자.

1. **36행**에 있는 factors.append(i)를 삭제하거나 주석 처리하면 어떻게 되는가?

2. **40행**에 있는 factors = list(set(factors))를 삭제하거나 주석 처리하면 어떻게 되는가?(**힌트** 25, 36, 49처럼 제곱수를 입력하자)

3. **41행**에 있는 factors.sort()를 삭제하거나 주석 처리하면 어떻게 되는가?

4. **31행**에 있는 factors = []를 factors = ''로 바꾸면 어떠한 에러 메시지가 나오는가?

5. **31행**에 있는 factors = []를 factors = [-42]로 바꾸면 어떻게 되는가?

6. **31행**에 있는 factors = []를 factors = ['hello']로 바꾸면 어떠한 에러 메시지가 나오는가?

#25

패스트 드로우

여러분이 세상에서 가장 빠른 키보드잡이인지
확인하기 위해 반사 신경을 테스트

키보드 버퍼에 대해 배운다

이번 프로그램은 반응 속도 테스트다. 화면에 DRAW라는 단어가 보이면 엔터 키를 눌러야 한다. 하지만, DRAW가 나오기 전에 누른다면 지는 게임이다. 당신은 세상에서 가장 빠른 키보드잡이인가?

프로그램 실행

fastdraw.py를 실행하면 다음과 같다.

```
Fast Draw, by Al Sweigart al@inventwithpython.com

Time to test your reflexes and see if you are the fastest
draw in the west!
When you see "DRAW", you have 0.3 seconds to press Enter.
But you lose if you press Enter before "DRAW" appears.

Press Enter to begin...

It is high noon...
DRAW!

You took 0.2903 seconds to draw.
You are the fastest draw in the west! You win!
Enter QUIT to stop, or press Enter to play again.
> quit
Thanks for playing!
```

동작 원리

input() 함수는 사용자가 문자열을 입력할 때까지 프로그램을 잠시 멈추게 하므로, input() 함수만으로는 실시간 게임을 만들 수 없다. input() 함수는 사용자가 입력한 키보드 입력을 **버퍼링**한다. 예를 들어, input()을 호출하기 전에 사용자가 C, A, T 키를 눌렀다면, 그 문자들이 저장되어 있다가 input() 함수가 실행되자마자 바로 나타난다는 의미다.

22행에 있는 input()을 호출하기 직전의 시간과 24행에 있는 input()을 호출하기 직후의 시간을 기록하면, 플레이어가 엔터를 누르는 데 걸린 시간을 확인할 수 있다. 그런데 input()이 호출되기 전에 엔터를 누르면 버퍼링이 되었다가 input()이 호출되자마자 즉시(보통 3밀리세컨드 안에) 반환하게 된다. 그래서 26행에 있는 코드는 반환된 시간이 0.01초, 다시 말해 10밀리세컨드 이하인지를 확인하여 플레이어가 너무 빨리 엔터를 눌렀는지를 확인한다.

```
1 """Fast Draw, by Al Sweigart al@inventwithpython.com
2 Test your reflexes to see if you're the fastest draw in the west.
3 This code is available at https://nostarch.com/big-book-small-python-programming
4 Tags: tiny, beginner, game"""
5
6 import random, sys, time
7
```

```
 8 print('Fast Draw, by Al Sweigart al@inventwithpython.com')
 9 print()
10 print('Time to test your reflexes and see if you are the fastest')
11 print('draw in the west!')
12 print('When you see "DRAW", you have 0.3 seconds to press Enter.')
13 print('But you lose if you press Enter before "DRAW" appears.')
14 print()
15 input('Press Enter to begin...')
16
17 while True:
18     print()
19     print('It is high noon...')
20     time.sleep(random.randint(20, 50) / 10.0)
21     print('DRAW!')
22     drawTime = time.time()
23     input()   # 이 함수 호출은 엔터가 눌리기 전까지 반환하지 않는다.
24     timeElapsed = time.time() - drawTime
25
26     if timeElapsed < 0.01:
27         # 만약에 DRAW가 나타나기 전에 엔터를 눌렀다면,
28         # input() 호출은 거의 바로 반환한다.
29         print('You drew before "DRAW" appeared! You lose.')
30     elif timeElapsed > 0.3:
31         timeElapsed = round(timeElapsed, 4)
32         print('You took', timeElapsed, 'seconds to draw. Too slow!')
33     else:
34         timeElapsed = round(timeElapsed, 4)
35         print('You took', timeElapsed, 'seconds to draw.')
36         print('You are the fastest draw in the west! You win!')
37
38     print('Enter QUIT to stop, or press Enter to play again.')
39     response = input('> ').upper()
40     if response == 'QUIT':
41         print('Thanks for playing!')
42         sys.exit()
```

프로그램 살펴보기

다음 질문에 대한 답을 찾아보자. 코드를 약간 수정하여 테스트하고, 변경 사항이 어떠한 영향을 미쳤는지 확인해 보자.

1. **22행**에 있는 drawTime = time.time()을 drawTime = 0으로 바꾸면 어떻게 되는가?

2. **30행**에 있는 timeElapsed > 0.3을 timeElapsed < 0.3으로 바꾸면 어떻게 되는가?

3. **24행**에 있는 time.time() - drawTime을 time.time() + drawTime으로 바꾸면 어떻게 되는가?

4. **15행**에 있는 input('Press Enter to begin...')을 삭제하거나 주석 처리하면 어떻게 되는가?

#26

피보나치

유명한 피보나치 수열의 숫자를 생성

기초적인 수학 알고리즘을 구현한다

피보나치 수열은 다른 사람들이 훨씬 더 이전에 발견했음에도 불구하고 13세기 이탈리아의 수학자인 피보나치Fibonacci를 유명하게 만든 수학적 패턴이다. 이 수열은 0과 1로 시작하며, 다음 수는 이전의 두 수의 합이 된다. 이 수열은 영원히 계속된다:

0, 1, 1, 2, 3, 5, 8, 13, 21, 34, 55, 89, 144, 233, 377, 610, 987 . . .

피보나치 수열은 음악 작곡, 주식 시장 예측, 해바라기의 꽃무늬 패턴 및 기타 여러 분야에 적용된다. 이번 프로그램은 여러분이 원하는 만큼 수열이 진행되도록 계산해 준다. 피보나치 수열에 대한 자세한 내용은 위키백과(https://ko.wikipedia.org/wiki/피보나치_수)를 참고하자.

프로그램 실행

fibonacci.py를 실행하면 다음과 같다.

```
Fibonacci Sequence, by Al Sweigart al@inventwithpython.com
--중략--
Enter the Nth Fibonacci number you wish to
calculate (such as 5, 50, 1000, 9999), or QUIT to quit:
> 50

0, 1, 1, 2, 3, 5, 8, 13, 21, 34, 55, 89, 144, 233, 377, 610, 987, 1597, 2584, 4181, 6765,
10946, 17711, 28657, 46368, 75025, 121393, 196418, 317811, 514229, 832040, 1346269,
2178309, 3524578, 5702887, 9227465, 14930352, 24157817, 39088169, 63245986, 102334155,
165580141, 267914296, 433494437, 701408733, 1134903170, 1836311903, 2971215073,
4807526976, 7778742049
```

동작 원리

피보나치 수는 매우 빠르게 커지기 때문에 46~50행 의 코드는 사용자가 입력한 숫자가 10,000 이상인지를 확인한 후, 결과가 화면에 표시되는 데 시간이 걸릴 수 있다는 경고를 표시한다. 프로그램은 수백만 개의 계산을 순식간에 수행할 수 있지만, 화면에 텍스트를 출력하는 것은 상대적으로 느려서 몇 초가 걸릴 수 있다. 우리 프로그램의 경고 문구는 Ctrl-C를 누르면 언제든지 프로그램을 종료할 수 있음을 사용자에게 상기시켜 준다.

```python
1 """Fibonacci Sequence, by Al Sweigart al@inventwithpython.com
2 Calculates numbers of the Fibonacci sequence: 0, 1, 1, 2, 3, 5, 8, 13...
3 This code is available at https://nostarch.com/big-book-small-python-programming
4 Tags: short, math"""
5
6 import sys
7
8 print('''Fibonacci Sequence, by Al Sweigart al@inventwithpython.com
9
10 The Fibonacci sequence begins with 0 and 1, and the next number is the
11 sum of the previous two numbers. The sequence continues forever:
12
13 0, 1, 1, 2, 3, 5, 8, 13, 21, 34, 55, 89, 144, 233, 377, 610, 987...
14 ''')
15
16 while True:  # 메인 프로그램 루프
17     while True:  # 사용자가 유효한 입력을 할 때까지 계속 요청한다.
18         print('Enter the Nth Fibonacci number you wish to')
19         print('calculate (such as 5, 50, 1000, 9999), or QUIT to quit:')
20         response = input('> ').upper()
```

```
21
22          if response == 'QUIT':
23              print('Thanks for playing!')
24              sys.exit()
25
26          if response.isdecimal() and int(response) != 0:
27              nth = int(response)
28              break  # 사용자가 유효한 숫자를 입력하면 루프를 빠져나간다.
29
30          print('Please enter a number greater than 0, or QUIT.')
31      print()
32
33      # 사용자가 1 또는 2를 입력하면 특별한 경우로 처리한다:
34      if nth == 1:
35          print('0')
36          print()
37          print('The #1 Fibonacci number is 0.')
38          continue
39      elif nth == 2:
40          print('0, 1')
41          print()
42          print('The #2 Fibonacci number is 1.')
43          continue
44
45      # 사용자가 너무 큰 수를 입력하면 경고를 출력한다:
46      if nth >= 10000:
47          print('WARNING: This will take a while to display on the')
48          print('screen. If you want to quit this program before it is')
49          print('done, press Ctrl-C.')
50          input('Press Enter to begin...')
51
52      # n번째 피보나치 수를 계산한다:
53      secondToLastNumber = 0
54      lastNumber = 1
55      fibNumbersCalculated = 2
56      print('0, 1, ', end='')  # 첫 번째 2개의 피보나치 수를 표시한다.
57
58      # 피보나치 수열의 모든 수를 출력한다:
59      while True:
60          nextNumber = secondToLastNumber + lastNumber
61          fibNumbersCalculated += 1
62
63          # 수열에 있는 다음 수를 출력한다:
64          print(nextNumber, end='')
65
66          # 사용자가 원하는 n번째 수를 찾았는지 검사한다:
67          if fibNumbersCalculated == nth:
68              print()
69              print()
70              print('The #', fibNumbersCalculated, ' Fibonacci ',
71                    'number is ', nextNumber, sep='')
72              break
```

```
73
74        # 콤마를 출력하여 수열의 수를 구분한다:
75        print(', ', end='')
76
77        # 마지막 두 숫자를 옮긴다:
78        secondToLastNumber = lastNumber
79        lastNumber = nextNumber
```

소스 코드를 입력하고 여러 번 실행한 후, 실험을 위해 몇 가지를 변경해 보자. 그리고 다음 내용에 대해 스스로 방법을 찾아보자.

- 0과 1이 아닌 다른 시작 숫자를 사용하자.
- 이전 두 수가 아니라 세 수를 더하여 다음 숫자를 만들어 보자.

프로그램 살펴보기

이번 프로그램은 기본 프로그램base program이기 때문에 커스터마이징할 옵션이 많지 않다. 대신에 이 프로그램을 어떻게 사용할 수 있을지 생각해 보자. 다른 유용한 수열들 중에 어떤 것을 프로그래밍할 수 있는가?

#27

수족관

총천연색의 움직이는 아스키 아트 수족관

화면 좌표와, 텍스트 색상, 그리고 데이터 구조를 이용한다

공기 방울과 다시마 식물로 구성된 여러분의 가상 수족관을 관찰해 보자. 프로그램을 실행할 때마다 다른 모양과 색상의 물고기가 랜덤하게 생성된다. 휴식을 취하면서 이 소프트웨어 아쿠아리움의 고요한 평온을 즐기거나, 가상의 상어를 프로그래밍하여 물고기들을 위협해 보자! 이 프로그램은 IDE나 에디터에서 실행할 수 없다. 이 프로그램은 bext 모듈을 사용하기 때문에 명령 프롬프트 또는 터미널에서 실행해야 올바르게 보인다. bext 모듈에 대한 자세한 내용은 https://pypi.org/project/bext/를 참고하자.

프로그램 실행

fishtank.py를 실행하면 다음과 같다.

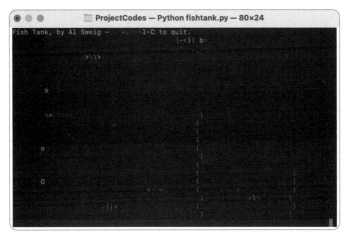

그림 27-1 몇 마리의 물고기, 다시마 식물, 공기 방물이 있는 수족관 프로그램의 실행 결과

동작 원리

최신 그래픽 프로그램은 전체 창을 보통 초당 30 또는 60번 지우고 다시 그리는 방법으로 애니메이션을 생성한다. 이것은 초당 30 또는 60프레임Frame Per Second, FPS의 **프레임 속도**frame rate를 얻게 된다. FPS가 높을수록 움직이는 움직임이 더욱 유연하게 표현된다.

터미널 창에 그리는 것은 훨씬 더 느리다. bext 모듈로 콘텐츠를 다시 그리기 위해 전체 터미널 창을 지운다면 아마도 3 또는 4FPS 정도만 얻게 될 것이다. 이 정도면 화면이 깜빡인다는 것을 인지할 수 있을 정도다.

터미널 창에서 변경된 부분의 문자만 다시 그리는 방법으로 속도를 높일 수 있다. 이 프로그램에서 출력되는 대부분은 빈 공간이다. 즉, 어떤 요소가 움직였다면 clearAquarium() 함수로 현재의 물고기, 공기 방울, 다시마 위치에 ' ' 공백 문자만 그리면 된다. 이것은 우리의 프레임 속도를 높이고, 깜빡임을 줄이며, 훨씬 더 보는 재미가 있는 수족관 애니메이션을 만들게 해준다.

```
1 """Fish Tank, by Al Sweigart al@inventwithpython.com
2 A peaceful animation of a fish tank. Press Ctrl-C to stop.
3 Similar to ASCIIQuarium or @EmojiAquarium, but mine is based on an
4 older ASCII fish tank program for DOS.
5 https://robobunny.com/projects/asciiquarium/html/
```

```
 6  https://twitter.com/EmojiAquarium
 7  This code is available at https://nostarch.com/big-book-small-python-programming
 8  Tags: extra-large, artistic, bext"""
 9
10  import random, sys, time
11
12  try:
13      import bext
14  except ImportError:
15      print('This program requires the bext module, which you')
16      print('can install by following the instructions at')
17      print('https://pypi.org/project/Bext/')
18      sys.exit()
19
20  # 상수 설정하기:
21  WIDTH, HEIGHT = bext.size()
22  # 자동으로 줄바꿈을 추가하지 않으면 윈도우에서 마지막 열을 출력할 수 없으므로,
23  # 폭을 하나 줄인다.
24  WIDTH -= 1
25
26  NUM_KELP = 2    # (!) 이 값을 10으로 바꿔 보자.
27  NUM_FISH = 10   # (!) 이 값을 2 또는 100으로 바꿔 보자.
28  NUM_BUBBLERS = 1   # (!) 이 값을 0 또는 10으로 바꿔 보자.
29  FRAMES_PER_SECOND = 4   # (!) 이 값을 1 또는 60으로 바꿔 보자.
30  # (!) 이들 상수를 조절하여 다시마와 공기 방울만 있는
31  # 수족관을 만들어 보자.
32
33  # 참고: 물고기 딕셔너리의 모든 문자열은 길이가 같아야 한다.
34  FISH_TYPES = [
35      {'right': ['><>'],          'left': ['<><']},
36      {'right': ['>||>'],         'left': ['<||<']},
37      {'right': ['>))>'],         'left': ['<[[<']},
38      {'right': ['>||o', '>||.'], 'left': ['o||<', '.||<']},
39      {'right': ['>))o', '>)).'], 'left': ['o[[<', '.[[<']},
40      {'right': ['>-==>'],        'left': ['<==-<']},
41      {'right': ['r>\\>'],        'left': ['<//<']},
42      {'right': ['><)))*>'],      'left': ['<*(((><']},
43      {'right': ['}-[[[*>'],      'left': ['<*]]]-{']},
44      {'right': [']-<)))b>'],     'left': ['<d(((>-[']},
45      {'right': ['><XXX*>'],      'left': ['<*XXX><']},
46      {'right': ['_.-._.-^=>', '.-._.-.^=>',
47                 '-._.-._^=>', '.._.-._.^=>'],
48       'left':  ['<=^-._.-._', '<=^.-._.-.',
49                 '<=^_.-._.-', '<=^._.-._.']},
50      ]   # (!) 여러분만의 물고기를 FISH_TYPES에 추가하자.
51  LONGEST_FISH_LENGTH = 10   # FISH_TYPES에서 가장 긴 단일 문자열의 길이
52
53  # 물고기가 화면의 가장자리에 닿을 때 x와 y 위치:
54  LEFT_EDGE = 0
55  RIGHT_EDGE = WIDTH - 1 - LONGEST_FISH_LENGTH
56  TOP_EDGE = 0
57  BOTTOM_EDGE = HEIGHT - 2
```

```
58
59
60 def main():
61     global FISHES, BUBBLERS, BUBBLES, KELPS, STEP
62     bext.bg('black')
63     bext.clear()
64
65     # 전역 변수 생성하기:
66     FISHES = []
67     for i in range(NUM_FISH):
68         FISHES.append(generateFish())
69
70     # 참고: BUBBLERS가 아닌 공기 방울이 그려진다.
71     BUBBLERS = []
72     for i in range(NUM_BUBBLERS):
73         # 각 공기 방울은 임의의 위치에서 시작된다.
74         BUBBLERS.append(random.randint(LEFT_EDGE, RIGHT_EDGE))
75     BUBBLES = []
76
77     KELPS = []
78     for i in range(NUM_KELP):
79         kelpx = random.randint(LEFT_EDGE, RIGHT_EDGE)
80         kelp = {'x': kelpx, 'segments': []}
81         # 다시마의 각 부분을 생성한다:
82         for i in range(random.randint(6, HEIGHT - 1)):
83             kelp['segments'].append(random.choice(['(', ')']))
84         KELPS.append(kelp)
85
86     # 시뮬레이션 실행:
87     STEP = 1
88     while True:
89         simulateAquarium()
90         drawAquarium()
91         time.sleep(1 / FRAMES_PER_SECOND)
92         clearAquarium()
93         STEP += 1
94
95
96 def getRandomColor():
97     """임의 색상의 문자열을 반환한다."""
98     return random.choice(('black', 'red', 'green', 'yellow', 'blue',
99                           'purple', 'cyan', 'white'))
100
101
102 def generateFish():
103     """물고기를 나타내는 딕셔너리를 반환한다."""
104     fishType = random.choice(FISH_TYPES)
105
106     # 물고기 텍스트의 각 문자에 대한 색을 설정한다:
107     colorPattern = random.choice(('random', 'head-tail', 'single'))
108     fishLength = len(fishType['right'][0])
```

```python
109        if colorPattern == 'random':    # 모든 부분은 색이 무작위로 지정된다.
110            colors = []
111            for i in range(fishLength):
112                colors.append(getRandomColor())
113        if colorPattern == 'single' or colorPattern == 'head-tail':
114            colors = [getRandomColor()] * fishLength    # 모두 같은 색상
115        if colorPattern == 'head-tail':    # 머리/꼬리는 몸통과 다르다.
116            headTailColor = getRandomColor()
117            colors[0] = headTailColor    # 머리 색 설정하기
118            colors[-1] = headTailColor    # 꼬리 색 설정하기
119
120        # 나머지 물고기 데이터 구조를 설정한다:
121        fish = {'right':              fishType['right'],
122                'left':               fishType['left'],
123                'colors':             colors,
124                'hSpeed':             random.randint(1, 6),
125                'vSpeed':             random.randint(5, 15),
126                'timeToHDirChange': random.randint(10, 60),
127                'timeToVDirChange': random.randint(2, 20),
128                'goingRight':         random.choice([True, False]),
129                'goingDown':          random.choice([True, False])}
130
131        # 'x'는 항상 물고기 몸의 가장 왼쪽이다:
132        fish['x'] = random.randint(0, WIDTH - 1 - LONGEST_FISH_LENGTH)
133        fish['y'] = random.randint(0, HEIGHT - 2)
134        return fish
135
136
137 def simulateAquarium():
138     """한 단계에 대한 수족관의 움직임을 시뮬레이션한다."""
139     global FISHES, BUBBLERS, BUBBLES, KELP, STEP
140
141     # 한 단계 물고기의 움직임을 시뮬레이션한다:
142     for fish in FISHES:
143         # 물고기가 수평으로 움직인다:
144         if STEP % fish['hSpeed'] == 0:
145             if fish['goingRight']:
146                 if fish['x'] != RIGHT_EDGE:
147                     fish['x'] += 1    # 물고기를 오른쪽으로 이동한다.
148                 else:
149                     fish['goingRight'] = False    # 물고기의 방향을 돌린다.
150                     fish['colors'].reverse()    # 색상을 돌린다.
151             else:
152                 if fish['x'] != LEFT_EDGE:
153                     fish['x'] -= 1    # 물고기를 왼쪽으로 이동한다.
154                 else:
155                     fish['goingRight'] = True    # 물고기의 방향을 돌린다.
156                     fish['colors'].reverse()    # 색상을 돌린다.
157
158         # 물고기는 수평 방향을 임의로 변경할 수 있다:
159         fish['timeToHDirChange'] -= 1
```

```
160        if fish['timeToHDirChange'] == 0:
161            fish['timeToHDirChange'] = random.randint(10, 60)
162            # 물고기의 방향을 돌린다:
163            fish['goingRight'] = not fish['goingRight']
164
165        # 물고기가 수직으로 움직인다:
166        if STEP % fish['vSpeed'] == 0:
167            if fish['goingDown']:
168                if fish['y'] != BOTTOM_EDGE:
169                    fish['y'] += 1   # 물고기를 아래로 이동한다.
170                else:
171                    fish['goingDown'] = False   # 물고기의 방향을 돌린다.
172            else:
173                if fish['y'] != TOP_EDGE:
174                    fish['y'] -= 1   # 물고기를 위로 이동한다.
175                else:
176                    fish['goingDown'] = True    # 물고기의 방향을 돌린다.
177
178        # 물고기는 수직 방향을 임의로 변경할 수 있다:
179        fish['timeToVDirChange'] -= 1
180        if fish['timeToVDirChange'] == 0:
181            fish['timeToVDirChange'] = random.randint(2, 20)
182            # 물고기의 방향을 돌린다:
183            fish['goingDown'] = not fish['goingDown']
184
185    # BUBBLES로부터 공기 방울을 생성한다:
186    for bubbler in BUBBLERS:
187        # 공기 방울을 만들 확률은 5분의 1이다:
188        if random.randint(1, 5) == 1:
189            BUBBLES.append({'x': bubbler, 'y': HEIGHT - 2})
190
191    # 공기 방울을 움직인다:
192    for bubble in BUBBLES:
193        diceRoll = random.randint(1, 6)
194        if (diceRoll == 1) and (bubble['x'] != LEFT_EDGE):
195            bubble['x'] -= 1   # 공기 방울이 왼쪽으로 간다.
196        elif (diceRoll == 2) and (bubble['x'] != RIGHT_EDGE):
197            bubble['x'] += 1   # 공기 방울이 오른쪽으로 간다.
198
199        bubble['y'] -= 1   # 공기 방울은 항상 위로 간다.
200
201    # BUBBLES를 반대로 루프를 돈다.
202    # 왜냐하면 이 루프를 통해 삭제를 하기 때문이다.
203    for i in range(len(BUBBLES) - 1, -1, -1):
204        if BUBBLES[i]['y'] == TOP_EDGE:   # 상단에 도착한 공기 방울은 삭제한다.
205            del BUBBLES[i]
206
207    # 물결치는 다시마의 움직임을 한 단계 시뮬레이션한다:
208    for kelp in KELPS:
209        for i, kelpSegment in enumerate(kelp['segments']):
210            # 20분의 1 확률로 움직임을 변경한다:
```

```
211            if random.randint(1, 20) == 1:
212                if kelpSegment == '(':
213                    kelp['segments'][i] = ')'
214                elif kelpSegment == ')':
215                    kelp['segments'][i] = '('
216
217
218 def drawAquarium():
219     """화면에 수족관을 그린다."""
220     global FISHES, BUBBLERS, BUBBLES, KELP, STEP
221
222     # 종료 메시지 그리기
223     bext.fg('white')
224     bext.goto(0, 0)
225     print('Fish Tank, by Al Sweigart    Ctrl-C to quit.', end='')
226
227     # 공기 방울 그리기:
228     bext.fg('white')
229     for bubble in BUBBLES:
230         bext.goto(bubble['x'], bubble['y'])
231         print(random.choice(('o', 'O')), end='')
232
233     # 물고기 그리기:
234     for fish in FISHES:
235         bext.goto(fish['x'], fish['y'])
236
237         # 오른쪽 또는 왼쪽을 향하면 물고기 텍스트를 가져온다.
238         if fish['goingRight']:
239             fishText = fish['right'][STEP % len(fish['right'])]
240         else:
241             fishText = fish['left'][STEP % len(fish['left'])]
242
243         # 물고기 텍스트의 각 문자를 올바른 색상으로 그린다.
244         for i, fishPart in enumerate(fishText):
245             bext.fg(fish['colors'][i])
246             print(fishPart, end='')
247
248     # 다시마 그리기:
249     bext.fg('green')
250     for kelp in KELPS:
251         for i, kelpSegment in enumerate(kelp['segments']):
252             if kelpSegment == '(':
253                 bext.goto(kelp['x'], BOTTOM_EDGE - i)
254             elif kelpSegment == ')':
255                 bext.goto(kelp['x'] + 1, BOTTOM_EDGE - i)
256             print(kelpSegment, end='')
257
258     # 바닥에 모래 그리기:
259     bext.fg('yellow')
260     bext.goto(0, HEIGHT - 1)
261     print(chr(9617) * (WIDTH - 1), end='')   # '░' 문자를 그린다.
```

```
262
263        sys.stdout.flush()    # (bext를 사용하는 프로그램에 필요한 부분)
264
265
266  def clearAquarium():
267      """화면 전체에 빈 공백을 그린다."""
268      global FISHES, BUBBLERS, BUBBLES, KELP
269
270      # 공기 방울을 그린다:
271      for bubble in BUBBLES:
272          bext.goto(bubble['x'], bubble['y'])
273          print(' ', end='')
274
275      # 물고기를 그린다:
276      for fish in FISHES:
277          bext.goto(fish['x'], fish['y'])
278
279          # 물고기 텍스트의 각 문자를 올바른 색상으로 그린다.
280          print(' ' * len(fish['left'][0]), end='')
281
282      # 다시마 그리기:
283      for kelp in KELPS:
284          for i, kelpSegment in enumerate(kelp['segments']):
285              bext.goto(kelp['x'], HEIGHT - 2 - i)
286              print(' ', end='')
287
288      sys.stdout.flush()    # (bext를 사용하는 프로그램에 필요한 부분)
289
290
291  # 이 프로그램이 다른 프로그램에 임포트(import)된 게 아니라면 게임이 실행된다:
292  if __name__ == '__main__':
293      try:
294          main()
295      except KeyboardInterrupt:
296          sys.exit()    # Ctrl-C를 누르면 프로그램을 종료한다.
```

소스 코드를 입력하고 여러 번 실행한 후, 실험을 위해 몇 가지를 변경해 보자. (!) 마크가 있는 주석은 여러분이 할 수 있는 간단한 변경에 대해 제안한 것이다. 다음 내용에 대해 스스로 방법을 찾아보자.

- 모래 바닥을 따라 움직이는 게를 추가하자.
- 모래 바닥에 랜덤하게 나타나는 모래성을 아스키 아트로 추가하자.
- 짧은 시간 동안 물고기의 속도를 랜덤하게 올려 보자.

프로그램 살펴보기

다음 질문에 대한 답을 찾아보자. 코드를 약간 수정하여 테스트하고, 변경 사항이 어떠한 영향을 미쳤는지 확인해 보자.

1. **51행**에 있는 LONGEST_FISH_LENGTH = 10을 LONGEST_FISH_LENGTH = 50으로 바꾸면 어떻게 되는가?

2. **121행**에 있는 'right': fishType['right']를 'right': fishType['left']로 바꾸면 어떻게 되는가?

3. **249행**에 있는 bext.fg('green')을 bext.fg('red')로 바꾸면 어떻게 되는가?

4. **92행**에 있는 clearAquarium()을 삭제하거나 주석 처리하면 어떻게 되는가?

5. **245행**에 있는 bext.fg(fish['colors'][i])를 bext.fg('random')으로 바꾸면 어떻게 되는가?

6. **161행**에 있는 random.randint(10, 60)을 1로 바꾸면 어떻게 되는가?

#28

플로더

전체 퍼즐판을 하나의 색으로 채워 보자

플러드 필 알고리즘을 구현한다

플로더Flooder는 플레이어가 왼쪽 상단 구석에 있는 타일 색상을 변경하여 보드 전체를 단일 색상으로 채우는 색상 퍼즐 게임이다. 새로운 색상은 원래의 색상과 일치하는 모든 인접 타일에 퍼진다. 이것은 모바일 게임인 Flood It과 비슷하다. 이번 프로그램은 평면 색상 타일 대신에 모양을 사용하는 색맹 모드도 가지고 있다. 재귀적 플러드 필 알고리즘recursive flood fill algorithm을 사용하여 보드를 색칠하면, 대부분의 페인팅 애플리케이션에 있는 '페인트 통' 또는 '채우기' 도구처럼 동작한다. 이 프로그램은 bext 모듈을 사용하기 때문에 명령 프롬프트 또는 터미널에서 실행해야 올바르게 보인다. bext 모듈에 대한 자세한 내용은 https://pypi.org/project/bext/를 참고하자.

프로그램 실행

그림 28-1은 **flooder.py**를 실행한 결과를 보여 준다.

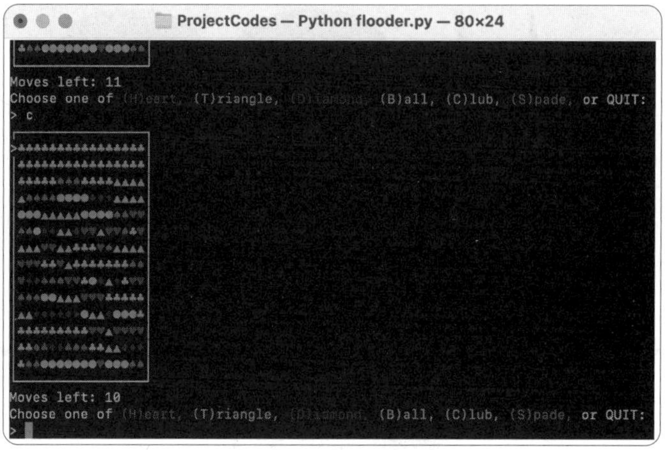

그림 28-1 색맹 모드(colorblind mode)의 플러드 게임 모습으로, 직사각형 대신에 뚜렷이 구별되는 모양을 표시한다.

동작 원리

비디오 게임에서 접근성은 중요한 이슈이며, 이를 해결하는 방법은 여러 가지가 존재한다. 예를 들어 적록 색맹red-green colorblindness은 화면상의 적색 물체와 녹색 물체가 구분되지 않아 동일하게 보인다. 그래서 이번 프로그램은 접근성을 높이기 위해 색상을 구별하는 것 외에 모양을 구별하는 모드도 제공한다. 즉, 여러분이 원한다면 '표준' 모드를 없애고, 색상을 구별하기 힘든 사용자도 색맹 모드로 플레이하도록 만들 수 있다. 접근성을 고려한 최고의 설계는 각각의 버전으로 만드는 게 아니라, 접근성에 대한 고려를 처음부터 통합하는 것이다. 이것은 작성해야 할 코드의 양을 줄여 주며, 향후 버그 수정이 더 쉽도록 해준다.

기타 접근성 이슈에는 시력이 좋지 않은 사람들도 텍스트를 읽을 수 있도록 텍스트를 충분히 크게 설정한다든가, 청력이 안 좋은 사람들을 위해 효과음에 시각적 힌트가 있고 음성과 함께 자막을 제공한다든가, 컨트롤 키를 키보드의 다른 키로 다시 매핑하여 한 손으로 플레이할 수도 있게 하는 것 등이 포함된다. Game Maker's Toolkit이라는 유튜브 채널에는 'Designing for Disability' 라는 이름의 시리즈가 있다. 이것은 게임을 설계할 때 접근성에 대해 염두에 둘 것들을 다룬다.

```
 1 """Flooder, by Al Sweigart al@inventwithpython.com
 2 A colorful game where you try to fill the board with a single color. Has
 3 a mode for colorblind players.
 4 Inspired by the "Flood It!" game.
 5 This code is available at https://nostarch.com/big-book-small-python-programming
 6 Tags: large, bext, game"""
 7
 8 import random, sys
 9
10 try:
11     import bext
12 except ImportError:
13     print('This program requires the bext module, which you')
14     print('can install by following the instructions at')
15     print('https://pypi.org/project/Bext/')
16     sys.exit()
17
18 # 상수 설정하기:
19 BOARD_WIDTH = 16   # (!) 이 값을 4 또는 40으로 바꿔 보자.
20 BOARD_HEIGHT = 14   # (!) 이 값을 4 또는 20으로 바꿔 보자.
21 MOVES_PER_GAME = 20   # (!) 이 값을 3 또는 300으로 바꿔 보자.
22
23 # 색맹 모드(colorblind mode)에서 사용될 다양한 모양에 대한 상수:
24 HEART     = chr(9829)   # 문자 9829는 '♥'
25 DIAMOND   = chr(9830)   # 문자 9830은 '♦'
26 SPADE     = chr(9824)   # 문자 9824는 '♠'
27 CLUB      = chr(9827)   # 문자 9827은 '♣'
28 BALL      = chr(9679)   # 문자 9679는 '●'
29 TRIANGLE  = chr(9650)   # 문자 9650은 '▲'
30
31 BLOCK     = chr(9608)   # 문자 9608은 '█'
32 LEFTRIGHT = chr(9472)   # 문자 9472는 '─'
33 UPDOWN    = chr(9474)   # 문자 9474는 '│'
34 DOWNRIGHT = chr(9484)   # 문자 9484는 '┌'
35 DOWNLEFT  = chr(9488)   # 문자 9488은 '┐'
36 UPRIGHT   = chr(9492)   # 문자 9492는 '└'
37 UPLEFT    = chr(9496)   # 문자 9496은 '┘'
38 # chr() 코드들에 대한 목록은 https://inventwithpython.com/chr를 참고하자.
39
40 # 게임에 사용되는 모든 색상/모양 타일:
41 TILE_TYPES = (0, 1, 2, 3, 4, 5)
42 COLORS_MAP = {0: 'red', 1: 'green', 2:'blue',
43               3:'yellow', 4:'cyan', 5:'purple'}
44 COLOR_MODE = 'color mode'
45 SHAPES_MAP = {0: HEART, 1: TRIANGLE, 2: DIAMOND,
46               3: BALL, 4: CLUB, 5: SPADE}
47 SHAPE_MODE = 'shape mode'
48
49
50 def main():
51     bext.bg('black')
52     bext.fg('white')
```

```
53          bext.clear()
54          print('''Flooder, by Al Sweigart al@inventwithpython.com
55
56  Set the upper left color/shape, which fills in all the
57  adjacent squares of that color/shape. Try to make the
58  entire board the same color/shape.''')
59
60          print('Do you want to play in colorblind mode? Y/N')
61          response = input('> ')
62          if response.upper().startswith('Y'):
63              displayMode = SHAPE_MODE
64          else:
65              displayMode = COLOR_MODE
66
67          gameBoard = getNewBoard()
68          movesLeft = MOVES_PER_GAME
69
70          while True:   # 메인 게임 루프
71              displayBoard(gameBoard, displayMode)
72
73              print('Moves left:', movesLeft)
74              playerMove = askForPlayerMove(displayMode)
75              changeTile(playerMove, gameBoard, 0, 0)
76              movesLeft -= 1
77
78              if hasWon(gameBoard):
79                  displayBoard(gameBoard, displayMode)
80                  print('You have won!')
81                  break
82              elif movesLeft == 0:
83                  displayBoard(gameBoard, displayMode)
84                  print('You have run out of moves!')
85                  break
86
87
88  def getNewBoard():
89      """새로운 게임에 대한 딕셔너리를 반환한다."""
90
91      # 키는 (x, y) 튜플이고, 값은 그 위치의 타일이다.
92      board = {}
93
94      # 랜덤하게 색상을 생성한다.
95      for x in range(BOARD_WIDTH):
96          for y in range(BOARD_HEIGHT):
97              board[(x, y)] = random.choice(TILE_TYPES)
98
99      # 몇 개의 타일은 주변과 같도록 한다.
100     # 이것은 동일한 색상/모양의 타일 그룹을 만든다.
101     for i in range(BOARD_WIDTH * BOARD_HEIGHT):
102         x = random.randint(0, BOARD_WIDTH - 2)
103         y = random.randint(0, BOARD_HEIGHT - 1)
104         board[(x + 1, y)] = board[(x, y)]
```

```
105         return board
106
107
108 def displayBoard(board, displayMode):
109     """화면에 보드를 표시한다."""
110     bext.fg('white')
111     # 게임의 상단 면을 표시한다:
112     print(DOWNRIGHT + (LEFTRIGHT * BOARD_WIDTH) + DOWNLEFT)
113
114     # 각 열을 표시한다:
115     for y in range(BOARD_HEIGHT):
116         bext.fg('white')
117         if y == 0:  # 첫 번째 열은 '>'로 시작한다.
118             print('>', end='')
119         else:  # 이후의 열들은 흰색 수직선으로 시작한다.
120             print(UPDOWN, end='')
121
122         # 이 열의 각 타일을 표시한다:
123         for x in range(BOARD_WIDTH):
124             bext.fg(COLORS_MAP[board[(x, y)]])
125             if displayMode == COLOR_MODE:
126                 print(BLOCK, end='')
127             elif displayMode == SHAPE_MODE:
128                 print(SHAPES_MAP[board[(x, y)]], end='')
129
130         bext.fg('white')
131         print(UPDOWN)   # 각 열은 흰색 수직선으로 끝난다.
132     # 게임의 하단 면을 표시한다:
133     print(UPRIGHT + (LEFTRIGHT * BOARD_WIDTH) + UPLEFT)
134
135
136 def askForPlayerMove(displayMode):
137     """플레이어가 왼쪽 상단 타일을 칠할 색상을 선택하게 한다."""
138     while True:
139         bext.fg('white')
140         print('Choose one of ', end='')
141
142         if displayMode == COLOR_MODE:
143             bext.fg('red')
144             print('(R)ed ', end='')
145             bext.fg('green')
146             print('(G)reen ', end='')
147             bext.fg('blue')
148             print('(B)lue ', end='')
149             bext.fg('yellow')
150             print('(Y)ellow ', end='')
151             bext.fg('cyan')
152             print('(C)yan ', end='')
153             bext.fg('purple')
154             print('(P)urple ', end='')
155         elif displayMode == SHAPE_MODE:
156             bext.fg('red')
```

```
157        print('(H)eart, ', end='')
158        bext.fg('green')
159        print('(T)riangle, ', end='')
160        bext.fg('blue')
161        print('(D)iamond, ', end='')
162        bext.fg('yellow')
163        print('(B)all, ', end='')
164        bext.fg('cyan')
165        print('(C)lub, ', end='')
166        bext.fg('purple')
167        print('(S)pade, ', end='')
168     bext.fg('white')
169     print('or QUIT:')
170     response = input('> ').upper()
171     if response == 'QUIT':
172        print('Thanks for playing!')
173        sys.exit()
174     if displayMode == COLOR_MODE and response in tuple('RGBYCP'):
175        # 사용자의 입력에 따라 타일 타입 번호를 반환한다:
176        return {'R': 0, 'G': 1, 'B': 2,
177            'Y': 3, 'C': 4, 'P': 5}[response]
178     if displayMode == SHAPE_MODE and response in tuple('HTDBCS'):
179        # 사용자의 입력에 따라 타일 타입 번호를 반환한다:
180        return {'H': 0, 'T': 1, 'D':2,
181            'B': 3, 'C': 4, 'S': 5}[response]
182
183
184 def changeTile(tileType, board, x, y, charToChange=None):
185     """재귀적 채우기 알고리즘을 사용하여
186     타일의 색상/모양을 변경한다."""
187     if x == 0 and y == 0:
188        charToChange = board[(x, y)]
189        if tileType == charToChange:
190            return  # 기본 조건: 이미 동일한 타일이다.
191
192     board[(x, y)] = tileType
193
194     if x > 0 and board[(x - 1, y)] == charToChange:
195        # 재귀 조건: 왼쪽 타일을 변경한다:
196        changeTile(tileType, board, x - 1, y, charToChange)
197     if y > 0 and board[(x, y - 1)] == charToChange:
198        # 재귀 조건: 윗쪽 타일을 변경한다:
199        changeTile(tileType, board, x, y - 1, charToChange)
200     if x < BOARD_WIDTH - 1 and board[(x + 1, y)] == charToChange:
201        # 재귀 조건: 오른쪽 타일을 변경한다:
202        changeTile(tileType, board, x + 1, y, charToChange)
203     if y < BOARD_HEIGHT - 1 and board[(x, y + 1)] == charToChange:
204        # 재귀 조건: 아랫쪽 타일을 변경한다:
205        changeTile(tileType, board, x, y + 1, charToChange)
206
207
208 def hasWon(board):
```

```
209        """보드 전체가 하나의 색상/모양이 되면 True를 반환한다."""
210        tile = board[(0, 0)]
211
212        for x in range(BOARD_WIDTH):
213            for y in range(BOARD_HEIGHT):
214                if board[(x, y)] != tile:
215                    return False
216        return True
217
218
219 # 이 프로그램이 다른 프로그램에 임포트(import)된 게 아니라면 게임이 실행된다:
220 if __name__ == '__main__':
221     main()
```

소스 코드를 입력하고 여러 번 실행한 후, 실험을 위해 몇 가지를 변경해 보자. (!) 마크가 있는 주석은 여러분이 할 수 있는 간단한 변경에 대해 제안한 것이다. 다음 내용에 대해 스스로 방법을 찾아보자.

- 모양과 색상을 추가하자.
- 사각형이 아닌 다른 보드 모양을 만들어 보자.

프로그램 살펴보기

다음 질문에 대한 답을 찾아보자. 코드를 약간 수정하여 테스트하고, 변경 사항이 어떠한 영향을 미쳤는지 확인해 보자.

1. **92행**에 있는 board = {}를 board = []로 바꾸면 어떤 에러 메시지가 나오는가?

2. **105행**에 있는 return board를 return None으로 바꾸면 어떤 에러 메시지가 나오는가?

3. **76행**에 있는 movesLeft -= 1을 movesLeft -= 0으로 바꾸면 어떻게 되는가?

#29

산불 시뮬레이션

숲을 통해 산불이 확산되는 것을 시뮬레이션

조절 가능한 매개변수로 시뮬레이션을 생성한다

이번 시뮬레이션은 나무들이 계속 자라다가 불타버리는 숲을 보여 준다. 시뮬레이션의 각 단계마다, 빈 공간에 나무가 자랄 확률이 1퍼센트고, 나무가 번개에 맞아 불타버릴 확률도 1퍼센트다. 산불은 인접 나무로 퍼질 것이므로 나무가 밀집된 숲은 덜 밀집된 숲보다 규모가 더 큰 화재로 번질 가능성이 높다. 이 시뮬레이션은 닉키 케이스Nicky Case의 Emoji Sim(http://ncase.me/simulating/model/)에서 영감을 받았다. 이 프로그램은 bext 모듈을 사용하기 때문에 명령 프롬프트 또는 터미널에서 실행해야 올바르게 보인다. bext 모듈에 대한 자세한 내용은 https://pypi.org/project/bext/를 참고하자.

프로그램 실행

forestfiresim.py를 실행하면 다음과 같다.

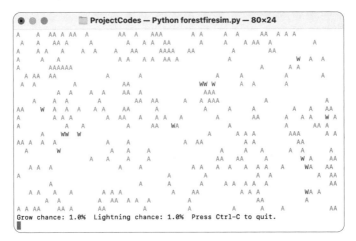

그림 29-1 녹색 A는 나무이고, 빨간색 W는 불꽃을 나타내는 산불 시뮬레이션

동작 원리

이번 시뮬레이션은 복잡한 패턴들을 생성하는 구조에서 단순한 부분들 간의 인터랙션인 **창발적 행동**emergent behavior의 예다. 빈 공간에는 나무가 자라며, 번개를 맞은 나무는 불이 나고, 그 불이 주변 나무로 옮겨가면서 그 자리는 다시 빈 공간이 된다. 나무의 성장률과 번개에 맞을 확률을 조절하면 다른 현상의 숲을 나타낼 수 있다. 예를 들어 번개에 맞을 확률을 줄이고 나무의 성장률을 높이면, 나무가 빠르게 생기게 되어 나무들이 서로 인접하게 될 확률이 높아져서 산불이 지속적으로 발생하게 된다. 나무의 성장률을 낮추고 번개에 맞을 확률을 높이면 인접한 나무가 없기 때문에 빠르게 사그라드는 산불이 많아진다. 이러한 행동을 명시적으로 프로그래밍하진 않지만, 우리가 만든 시스템에서 자연스럽게 발생한다.

```
 1 """Forest Fire Sim, by Al Sweigart al@inventwithpython.com
 2 A simulation of wildfires spreading in a forest. Press Ctrl-C to stop.
 3 Inspired by Nicky Case's Emoji Sim http://ncase.me/simulating/model/
 4 This code is available at https://nostarch.com/big-book-small-python-programming
 5 Tags: short, bext, simulation"""
 6
 7 import random, sys, time
 8
 9 try:
10     import bext
```

```
11 except ImportError:
12     print('This program requires the bext module, which you')
13     print('can install by following the instructions at')
14     print('https://pypi.org/project/Bext/')
15     sys.exit()
16
17 # 상수 설정하기:
18 WIDTH = 79
19 HEIGHT = 22
20
21 TREE = 'A'
22 FIRE = 'W'
23 EMPTY = ' '
24
25 # (!) 이들 설정을 0.0에서 1.0 사이의 값으로 바꿔 보자:
26 INITIAL_TREE_DENSITY = 0.20   # 초기에 시작하는 나무의 양
27 GROW_CHANCE = 0.01   # 빈 공간이 나무로 될 확률
28 FIRE_CHANCE = 0.01   # 나무가 번개에 맞아 타버릴 확률
29
30 # (!) 일시 중지 길이를 1.0 또는 0.0으로 바꿔 보자:
31 PAUSE_LENGTH = 0.5
32
33
34 def main():
35     forest = createNewForest()
36     bext.clear()
37
38     while True:   # 메인 게임 루프
39         displayForest(forest)
40
41         # 단일 시뮬레이션 단계 실행하기:
42         nextForest = {'width': forest['width'],
43                       'height': forest['height']}
44
45         for x in range(forest['width']):
46             for y in range(forest['height']):
47                 if (x, y) in nextForest:
48                     # 이전의 반복문에서 nextForest[(x, y)]를 이미 설정했다면
49                     # 여기서는 아무런 작업을 하지 않는다:
50                     continue
51
52                 if ((forest[(x, y)] == EMPTY)
53                     and (random.random() <= GROW_CHANCE)):
54                     # 여기의 빈 공간에 나무가 자란다.
55                     nextForest[(x, y)] = TREE
56                 elif ((forest[(x, y)] == TREE)
57                     and (random.random() <= FIRE_CHANCE)):
58                     # 번개가 나무에 불을 붙인다.
59                     nextForest[(x, y)] = FIRE
60                 elif forest[(x, y)] == FIRE:
61                     # 이 나무는 현재 타고 있다.
62                     # 주변 공간 모두에 대해 루프를 돈다:
```

```
63              for ix in range(-1, 2):
64                  for iy in range(-1, 2):
65                      # 인접 나무에 불이 옮는다:
66                      if forest.get((x + ix, y + iy)) == TREE:
67                          nextForest[(x + ix, y + iy)] = FIRE
68                  # 나무가 다 탔기 때문에 제거한다:
69                  nextForest[(x, y)] = EMPTY
70              else:
71                  # 기존의 상태를 그대로 복사한다:
72                  nextForest[(x, y)] = forest[(x, y)]
73      forest = nextForest
74
75      time.sleep(PAUSE_LENGTH)
76
77
78 def createNewForest():
79     """새로운 숲 데이터 구조에 대한 딕셔너리를 반환한다."""
80     forest = {'width': WIDTH, 'height': HEIGHT}
81     for x in range(WIDTH):
82         for y in range(HEIGHT):
83             if (random.random() * 100) <= INITIAL_TREE_DENSITY:
84                 forest[(x, y)] = TREE  # 나무로 시작한다.
85             else:
86                 forest[(x, y)] = EMPTY  # 빈 공간으로 시작한다.
87     return forest
88
89
90 def displayForest(forest):
91     """숲 데이터 구조를 화면에 표시한다."""
92     bext.goto(0, 0)
93     for y in range(forest['height']):
94         for x in range(forest['width']):
95             if forest[(x, y)] == TREE:
96                 bext.fg('green')
97                 print(TREE, end='')
98             elif forest[(x, y)] == FIRE:
99                 bext.fg('red')
100                print(FIRE, end='')
101            elif forest[(x, y)] == EMPTY:
102                print(EMPTY, end='')
103        print()
104    bext.fg('reset')  # 디폴트 폰트 색상을 사용한다.
105    print('Grow chance: {}%  '.format(GROW_CHANCE * 100), end='')
106    print('Lightning chance: {}%  '.format(FIRE_CHANCE * 100), end='')
107    print('Press Ctrl-C to quit.')
108
109
110 # 이 프로그램이 다른 프로그램에 임포트(import)된 게 아니라면 게임이 실행된다:
111 if __name__ == '__main__':
112     try:
113         main()
114     except KeyboardInterrupt:
115         sys.exit()  # Ctrl-C를 누르면 프로그램을 종료한다.
```

소스 코드를 입력하고 여러 번 실행한 후, 실험을 위해 몇 가지를 변경해 보자. (!) 마크가 있는 주석은 여러분이 할 수 있는 간단한 변경에 대해 제안한 것이다. 다음 내용에 대해 스스로 방법을 찾아보자.

- 호수와 강을 무작위로 추가하자. 산불은 여기를 건너지 못하기 때문에 불을 끄는 역할을 한다.

- 인접 나무에 불이 붙을 확률을 추가하자.

- 불이 붙는 다양한 확률의 나무 종류를 추가하자.

- 나무가 불타 없어지는 데 여러 단계를 거치도록 불타는 나무의 여러 상태를 추가하자.

프로그램 살펴보기

다음 질문에 대한 답을 찾아보자. 코드를 약간 수정하여 테스트하고, 변경 사항이 어떠한 영향을 미쳤는지 확인해 보자.

1. **96행**에 있는 bext.fg('green')을 bext.fg('random')으로 바꾸면 어떻게 되는가?

2. **23행**에 있는 EMPTY = ' '를 EMPTY = '.'으로 바꾸면 어떻게 되는가?

3. **66행**에 있는 forest.get((x + ix, y + iy)) == TREE를 forest.get((x + ix, y + iy)) == EMPTY로 바꾸면 어떻게 되는가?

4. **69행**에 있는 nextForest[(x, y)] = EMPTY를 nextForest[(x, y)] = FIRE로 바꾸면 어떻게 되는가?

5. **86행**에 있는 forest[(x, y)] = EMPTY를 forest[(x, y)] = TREE로 바꾸면 어떻게 되는가?

#30

FOUR-IN-A-ROW

두 명의 플레이어가 4개의 타일을 연속으로 연결하는 보드게임

중력을 흉내내는 데이터 구조를 생성한다

두 명의 플레이어가 타일을 떨어뜨려서 플레이하는 고전적인 보드게임으로, 4개의 타일을 수평, 수직, 또는 대각선으로 연속되게 하는 동시에 상대가 그렇게 되는 것을 막는 게임이다. 이 게임은 커넥트 포Connect Four와 비슷하다.

프로그램 실행

fourinarow.py를 실행하면 다음과 같다.

```
Four in a Row, by Al Sweigart al@inventwithpython.com
--중략--
    1234567
   +-------+
   |.......|
   |.......|
   |.......|
   |.......|
   |.......|
   |.......|
   +-------+
Player X, enter a column or QUIT:
> 3


    1234567
   +-------+
   |.......|
   |.......|
   |.......|
   |.......|
   |.......|
   |..X....|
   +-------+
Player O, enter a column or QUIT:
> 5
--중략--
Player X, enter a column or QUIT:
> 2


    1234567
   +-------+
   |.......|
   |.......|
   |.X.....|
   |OXO.X..|
   |OXOXXO.|
   |OXXXOO.|
   +-------+
Player X has won!
```

동작 원리

이 책의 보드게임 프로젝트들은 유사한 프로그램 구조를 가지고 있다. 보드의 상태를 나타내기 위해 딕셔너리 또는 리스트를 주로 사용하며, 보드의 데이터 구조를 반환하는 getNewBoard() 함수, 화면에 보드 데이터 구조를 렌더링하는 displayBoard() 함수 등이 그러하다. 여러분만의 보드게임 프로그램을 만들고 싶다면, 이 책에서 **보드게임**board game으로 분류되는 프로젝트들을 가져다가 비교해 보자.

```python
1 """Four in a Row, by Al Sweigart al@inventwithpython.com
2 A tile-dropping game to get four in a row, similar to Connect Four.
3 This code is available at https://nostarch.com/big-book-small-python-programming
4 Tags: large, game, board game, two-player"""
5
6 import sys
7
8 # 보드를 표시하기 위해 사용되는 상수들:
9 EMPTY_SPACE = '.'  # 공백보다 점(period)이 카운팅에 용이하다.
10 PLAYER_X = 'X'
11 PLAYER_O = 'O'
12
13 # 참고: 만약에 BOARD_WIDTH를 바꾼다면 displayBoard()와 COLUMN_LABELS를 업데이트하자.
14 BOARD_WIDTH = 7
15 BOARD_HEIGHT = 6
16 COLUMN_LABELS = ('1', '2', '3', '4', '5', '6', '7')
17 assert len(COLUMN_LABELS) == BOARD_WIDTH
18
19
20 def main():
21     print("""Four in a Row, by Al Sweigart al@inventwithpython.com
22
23 Two players take turns dropping tiles into one of seven columns, trying
24 to make four in a row horizontally, vertically, or diagonally.
25 """)
26
27     # 새로운 게임 설정:
28     gameBoard = getNewBoard()
29     playerTurn = PLAYER_X
30
31     while True:   # 플레이어의 차례를 실행한다.
32         # 보드를 표시하고 플레이어의 움직임을 얻는다:
33         displayBoard(gameBoard)
34         playerMove = askForPlayerMove(playerTurn, gameBoard)
35         gameBoard[playerMove] = playerTurn
36
37         # 이겼는지 비겼는지 확인:
38         if isWinner(playerTurn, gameBoard):
39             displayBoard(gameBoard)   # 마지막으로 보드를 표시한다.
40             print('Player ' + playerTurn + ' has won!')
```

```
41              sys.exit()
42          elif isFull(gameBoard):
43              displayBoard(gameBoard)   # 마지막으로 보드를 표시한다.
44              print('There is a tie!')
45              sys.exit()
46
47          # 다른 플레이어에게 차례를 넘김:
48          if playerTurn == PLAYER_X:
49              playerTurn = PLAYER_O
50          elif playerTurn == PLAYER_O:
51              playerTurn = PLAYER_X
52
53
54 def getNewBoard():
55      """Four in a Row 보드를 나타내는 딕셔너리를 반환한다.
56
57      키는 두 개의 정수인 (columnIndex, rowIndex) 튜플이며,
58      값은 'X', 'O' 또는 '.'(빈 공간) 문자열 중 하나다."""
59      board = {}
60      for columnIndex in range(BOARD_WIDTH):
61          for rowIndex in range(BOARD_HEIGHT):
62              board[(columnIndex, rowIndex)] = EMPTY_SPACE
63      return board
64
65
66 def displayBoard(board):
67      """보드와 타일을 화면에 표시한다."""
68
69      '''보드 템플릿의 format() 문자열 메서드에 전달할 리스트를 준비한다.
70      리스트에는 왼쪽에서 오른쪽으로, 그리고
71      위에서 아래로 이동하는 보드의 모든 타일(및 빈 공간)이 있다.'''
72      tileChars = []
73      for rowIndex in range(BOARD_HEIGHT):
74          for columnIndex in range(BOARD_WIDTH):
75              tileChars.append(board[(columnIndex, rowIndex)])
76
77      # 보드 표시하기:
78      print("""
79       1234567
80      +-------+
81      |{}{}{}{}{}{}{}|
82      |{}{}{}{}{}{}{}|
83      |{}{}{}{}{}{}{}|
84      |{}{}{}{}{}{}{}|
85      |{}{}{}{}{}{}{}|
86      |{}{}{}{}{}{}{}|
87      +-------+""".format(*tileChars))
88
89
90 def askForPlayerMove(playerTile, board):
91      """플레이어가 타일을 놓을 보드의 열을 선택하게 한다.
92
```

```
 93        타일이 놓이는 (열, 행) 튜플을 반환한다."""
 94    while True:   # 유효한 입력을 할 때까지 계속 물어 본다.
 95        print('Player {}, enter a column or QUIT:'.format(playerTile))
 96        response = input('> ').upper().strip()
 97
 98        if response == 'QUIT':
 99            print('Thanks for playing!')
100            sys.exit()
101
102        if response not in COLUMN_LABELS:
103            print('Enter a number from 1 to {}.'.format(BOARD_WIDTH))
104            continue   # 플레이어에게 다시 물어 본다.
105
106        columnIndex = int(response) - 1   # 0 기반의 인덱스를 위해 -1한다.
107
108        # 모든 열이 가득 차면 다시 물어 본다:
109        if board[(columnIndex, 0)] != EMPTY_SPACE:
110            print('That column is full, select another one.')
111            continue   # 플레이어에게 다시 물어 본다.
112
113        # 바닥부터 시작하여 첫 번째 빈 공간을 찾는다.
114        for rowIndex in range(BOARD_HEIGHT - 1, -1, -1):
115            if board[(columnIndex, rowIndex)] == EMPTY_SPACE:
116                return (columnIndex, rowIndex)
117
118
119 def isFull(board):
120     """보드에 빈 공간이 없다면 True를 반환하고,
121     그렇지 않으면 False를 반환한다."""
122     for rowIndex in range(BOARD_HEIGHT):
123         for columnIndex in range(BOARD_WIDTH):
124             if board[(columnIndex, rowIndex)] == EMPTY_SPACE:
125                 return False   # 빈 공간을 찾았으므로 False를 반환한다.
126     return True   # 모든 공간이 찼다.
127
128
129 def isWinner(playerTile, board):
130     """playerTile'이 'board'에 연속으로 4개의 타일을 가지고 있으면 True를 반환하고,
131     그렇지 않으면 False를 반환한다."""
132
133     # 전체 보드에 대해 four-in-a-row를 검사한다:
134     for columnIndex in range(BOARD_WIDTH - 3):
135         for rowIndex in range(BOARD_HEIGHT):
136             # 수평으로 four-in-a-row인지 확인한다:
137             tile1 = board[(columnIndex, rowIndex)]
138             tile2 = board[(columnIndex + 1, rowIndex)]
139             tile3 = board[(columnIndex + 2, rowIndex)]
140             tile4 = board[(columnIndex + 3, rowIndex)]
141             if tile1 == tile2 == tile3 == tile4 == playerTile:
142                 return True
143
144     for columnIndex in range(BOARD_WIDTH):
```

```
145        for rowIndex in range(BOARD_HEIGHT - 3):
146            # 수직으로 four-in-a-row인지 확인한다:
147            tile1 = board[(columnIndex, rowIndex)]
148            tile2 = board[(columnIndex, rowIndex + 1)]
149            tile3 = board[(columnIndex, rowIndex + 2)]
150            tile4 = board[(columnIndex, rowIndex + 3)]
151            if tile1 == tile2 == tile3 == tile4 == playerTile:
152                return True
153
154    for columnIndex in range(BOARD_WIDTH - 3):
155        for rowIndex in range(BOARD_HEIGHT - 3):
156            # 오른쪽 아래 대각선으로 four-in-a-row인지 확인한다:
157            tile1 = board[(columnIndex, rowIndex)]
158            tile2 = board[(columnIndex + 1, rowIndex + 1)]
159            tile3 = board[(columnIndex + 2, rowIndex + 2)]
160            tile4 = board[(columnIndex + 3, rowIndex + 3)]
161            if tile1 == tile2 == tile3 == tile4 == playerTile:
162                return True
163
164            # 왼쪽 아래 대각선으로 four-in-a-row인지 확인한다:
165            tile1 = board[(columnIndex + 3, rowIndex)]
166            tile2 = board[(columnIndex + 2, rowIndex + 1)]
167            tile3 = board[(columnIndex + 1, rowIndex + 2)]
168            tile4 = board[(columnIndex, rowIndex + 3)]
169            if tile1 == tile2 == tile3 == tile4 == playerTile:
170                return True
171    return False
172
173
174 # 이 프로그램이 다른 프로그램에 임포트(import)된 게 아니라면 게임이 실행된다:
175 if __name__ == '__main__':
176    main()
```

소스 코드를 입력하고 여러 번 실행한 후, 실험을 위해 몇 가지를 변경해 보자. (!) 마크가 있는 주석은 여러분이 할 수 있는 간단한 변경에 대해 제안한 것이다. 다음 내용에 대해 스스로 방법 을 찾아보자.

- three-in-a-row 또는 five-in-a-row로 변형해 보자.
- 이 게임을 세 명이 플레이할 수 있도록 변형해 보자.
- 플레이어의 차례가 끝나면 무작위로 '와일드카드' 타일이 떨어지고 모든 플레이어가 사용 할 수 있도록 만들어 보자.
- 다음 플레이어가 사용할 수 없는 '블록' 타일을 추가해 보자.

프로그램 살펴보기

다음 질문에 대한 답을 찾아보자. 코드를 약간 수정하여 테스트하고, 변경 사항이 어떠한 영향을 미쳤는지 확인해 보자.

1. **11행**에 있는 PLAYER_O = 'O'를 PLAYER_O = 'X'로 변경하면 어떻게 되는가?

2. **116행**에 있는 return (columnIndex, rowIndex)를 return (columnIndex, 0)으로 변경하면 어떻게 되는가?

3. **98행**에 있는 response == 'QUIT'를 response != 'QUIT'로 변경하면 어떻게 되는가?

4. **72행**에 있는 tileChars = []를 tileChars = {}로 바꾸면 어떤 에러 메시지가 나오는가?

#31

숫자 맞추기

고전적인 숫자 추측 게임

초보자를 위한 기본적인 개념을 프로그래밍한다

숫자 맞추기Guess the Number는 초보자가 기본적인 프로그래밍 기술을 연습하기 좋은 고전적인 게임이다. 이 게임에서 컴퓨터는 1에서 100 사이에서 임의의 숫자를 고르며, 플레이어가 그 숫자를 맞추기 위한 기회는 10번이 주어진다. 컴퓨터는 플레이어가 숫자를 입력할 때마다 입력된 숫자가 높은지 낮은지를 알려 준다.

프로그램 실행

guess.py를 실행하면 다음과 같다.

```
Guess the Number, by Al Sweigart al@inventwithpython.com

I am thinking of a number between 1 and 100.
You have 10 guesses left. Take a guess.
> 50
Your guess is too low.
You have 9 guesses left. Take a guess.
> 75
Your guess is too low.
You have 8 guesses left. Take a guess.
> 90
Your guess is too low.
You have 7 guesses left. Take a guess.
> 95
Your guess is too high.
You have 6 guesses left. Take a guess.
> 92
Yay! You guessed my number!
```

동작 원리

이번 프로그램은 몇 가지 기본적인 프로그래밍 개념인 루프, *if-else* 구문, 함수, 메소드 호출, 랜덤 숫자를 사용한다. 파이썬의 random 모듈은 의사 난수pseudorandom numbers를 생성한다. 이 숫자는 기술적으로는 예측 가능한 숫자이면서도 임의의 숫자인 것처럼 보인다. 컴퓨터에게는 진정한 난수를 생성하는 것보다 의사 난수를 생성하는 것이 더 쉬우며, 비디오 게임이나 일부 과학적 시뮬레이션 같은 애플리케이션에는 의사 난수도 난수로서 충분하다고 간주된다.

파이썬의 random 모듈은 시드seed 값에서 의사 난수를 생성하며, 동일한 시드에서 생성된 의사 난수들은 생성되는 값의 순서가 항상 동일하다. 예를 들어 인터랙티브 셀에 다음과 같이 입력하자.

```
>>> import random
>>> random.seed(42)
>>> random.randint(1, 10); random.randint(1, 10); random.randint(1, 10);
2
1
5
```

인터랙티브 셸을 종료하고 다시 실행한 다음에 이 코드를 다시 입력해 보면, 동일한 의사 난수인 2, 1, 5가 생성되는 것을 알 수 있다. 비디오 게임인 **마인크래프트**Minecraft는 시작하는 시드 값에서 의사 난수 가상 세계를 생성한다. 그래서 서로 다른 플레이어가 동일한 시드를 사용하여 같은 세계를 재현할 수 있는 것이다.

```python
1 """Guess the Number, by Al Sweigart al@inventwithpython.com
2 Try to guess the secret number based on hints.
3 This code is available at https://nostarch.com/big-book-small-python-programming
4 Tags: tiny, beginner, game"""
5
6 import random
7
8
9 def askForGuess():
10     while True:
11         guess = input('> ')   # 예상하는 값을 입력한다.
12
13         if guess.isdecimal():
14             return int(guess)   # 문자열을 숫자로 변환한다.
15         print('Please enter a number between 1 and 100.')
16
17
18 print('Guess the Number, by Al Sweigart al@inventwithpython.com')
19 print()
20 secretNumber = random.randint(1, 100)   # 무작위 숫자를 선택한다.
21 print('I am thinking of a number between 1 and 100.')
22
23 for i in range(10):   # 플레이어에게 10번의 기회가 주어진다.
24     print('You have {} guesses left. Take a guess.'.format(10 - i))
25
26     guess = askForGuess()
27     if guess == secretNumber:
28         break   # 숫자를 맞췄다면 for 루프에서 빠져나온다.
29
30     # 힌트를 제공한다:
31     if guess < secretNumber:
32         print('Your guess is too low.')
33     if guess > secretNumber:
34         print('Your guess is too high.')
35
36 # 결과를 공개한다:
37 if guess == secretNumber:
38     print('Yay! You guessed my number!')
39 else:
40     print('Game over. The number I was thinking of was', secretNumber)
```

소스 코드를 입력하고 여러 번 실행한 후, 실험을 위해 몇 가지를 변경해 보자. 그리고 다음 내용에 대해 스스로 방법을 찾아보자.

- 알파벳 순서에 따라 힌트를 제공하는 '문자 맞추기'를 만들어 보자.
- 플레이어의 이전 추측을 바탕으로 'warmer'[4] 또는 'colder'[5]라는 힌트를 만들어 보자.

프로그램 살펴보기

다음 질문에 대한 답을 찾아보자. 코드를 약간 수정하여 테스트하고, 변경 사항이 어떠한 영향을 미쳤는지 확인해 보자.

1. **11행**에 있는 input('> ')을 input(secretNumber)로 바꾸면 어떻게 되는가?
2. **14행**에 있는 return int(guess)를 return guess로 바꾸면 어떤 에러 메시지가 나오는가?
3. **20행**에 있는 random.randint(1, 100)을 random.randint(1, 1)로 바꾸면 어떻게 되는가?
4. **24행**에 있는 format(10 - i)를 format(i)로 바꾸면 어떻게 되는가?
5. **37행**에 있는 guess == secretNumber를 guess = secretNumber로 바꾸면 어떤 에러 메시지가 나오는가?

---

4 [옮긴이] 더 가까워지고 있음
5 [옮긴이] 더 멀어지고 있음

#32

속이기

잘 속는 사람을 몇 시간 동안 바쁘게 만드는 재미있는 프로그램

입력에 대한 유효성과 루프를 사용한다

이번의 짧고 간단한 프로그램을 통해 여러분은 잘 속는 사람을 몇 시간 동안 바쁘게 만드는 비밀과 미묘한 기술을 배우게 될 것이다. 핵심적인 부분을 미리 설명하진 않을 것이다. 코드를 복사하여 그대로 실행해 보자. 여러분이 똑똑하든 그렇지 않든 상관없이, 이번 프로젝트는 초보자에게 도움이 될 것이다.

프로그램 실행

gullible.py를 실행하면 다음과 같다.

```
Gullible, by Al Sweigart al@inventwithpython.com
Do you want to know how to keep a gullible person busy for hours? Y/N
> y
Do you want to know how to keep a gullible person busy for hours? Y/N
> y
Do you want to know how to keep a gullible person busy for hours? Y/N
> yes
Do you want to know how to keep a gullible person busy for hours? Y/N
> YES
Do you want to know how to keep a gullible person busy for hours? Y/N
> TELL ME HOW TO KEEP A GULLIBLE PERSON BUSY FOR HOURS
"TELL ME HOW TO KEEP A GULLIBLE PERSON BUSY FOR HOURS" is not a valid yes/no response.
Do you want to know how to keep a gullible person busy for hours? Y/N
> y
Do you want to know how to keep a gullible person busy for hours? Y/N
> y
Do you want to know how to keep a gullible person busy for hours? Y/N
> n
Thank you. Have a nice day!
```

동작 원리

좀 더 사용자 친화적이도록 만들기 위해 사용자가 입력 가능한 범위를 이해해야 한다. 예를 들어, 이 프로그램은 사용자에게 yes/no 질문을 하지만, 사용자는 단어 전체를 입력하지 않고 'y' 혹은 'n'만 입력하도록 하는 게 더 간단할 것이다. 또한 사용자가 의도적으로 CAPS LOCK 키를 눌러 놨을 수 있기 때문에, 사용자가 입력한 문자열에 대해 lower() 메서드를 호출한다. 이렇게 하면 'y', 'yes', 'Y', 'Yes', 'YES' 모두를 프로그램에서 동일하게 처리할 수 있다. 사용자의 부정적인 응답 역시 같은 방식으로 처리할 수 있다.

```python
1 """Gullible, by Al Sweigart al@inventwithpython.com
2 How to keep a gullible person busy for hours. (This is a joke program.)
3 This code is available at https://nostarch.com/big-book-small-python-programming
4 Tags: tiny, beginner, humor"""
5
6 print('Gullible, by Al Sweigart al@inventwithpython.com')
7
8 while True:    # 메인 프로그램 루프
9     print('Do you want to know how to keep a gullible person busy for hours? Y/N')
10    response = input('> ')    # 사용자의 응답을 받는다.
```

```
11      if response.lower() == 'no' or response.lower() == 'n':
12          break   # 만약에 "no"라면 루프에서 빠져나간다.
13      if response.lower() == 'yes' or response.lower() == 'y':
14          continue   # 만약에 "yes"라면 루프의 시작점으로 돌아간다.
15      print('"{}" is not a valid yes/no response.'.format(response))
16
17  print('Thank you. Have a nice day!')
```

프로그램 살펴보기

다음 질문에 대한 답을 찾아보자. 코드를 약간 수정하여 테스트하고, 변경 사항이 어떠한 영향을 미쳤는지 확인해 보자.

1. **11행**에 있는 response.lower() == 'no'를 response.lower() != 'no'로 변경하면 어떻게 되는가?

2. **8행**에 있는 while True:를 while False:로 변경하면 어떻게 되는가?

#33

해킹 미니 게임

힌트를 바탕으로 암호를 추론

기본적인 게임을 더욱 흥미롭게 하기 위해 꾸미는 기능을 추가한다

이번 게임에서 플레이어는 비밀 암호로 사용되는 7글자의 단어를 추측하여 컴퓨터를 해킹해야 한다. 컴퓨터의 메모리 뱅크는 비밀 암호가 될 수 있는 후보 단어들을 표시하며, 사용자가 추측한 것이 얼마나 근접했는지 힌트를 제공한다. 예를 들어 비밀 암호가 MONITOR인데 플레이어가 CONTAIN이라고 추측했다면, MONITOR와 CONTAIN은 두 번째 그리고 세 번째 글자인 O와 N이 일치하므로 7개 중에 2개만 맞는 글자라고 힌트를 준다. 이 게임은 프로젝트 1번의 '베이글'과 비슷하며, 비디오 게임 시리즈인 **폴아웃**Fallout의 해킹 미니 게임과도 비슷하다.

프로그램 실행

hacking.py를 실행하면 다음과 같다.

```
Hacking Minigame, by Al Sweigart al@inventwithpython.com
Find the password in the computer's memory. You are given clues after
each guess. For example, if the secret password is MONITOR but the
player guessed CONTAIN, they are given the hint that 2 out of 7 letters
were correct, because both MONITOR and CONTAIN have the letter O and N
as their 2nd and 3rd letter. You get four guesses.

Press Enter to begin...
0x6100  ?.[+?$?@%#+!||$-     0x6200  @@:_?{*:+;%!}}&>
0x6110  /&;)#-FANTASY_/;     0x6210  {#</~||[$~]~{*%)
0x6120  )?;PROBLEM%.-)-,     0x6220  !|SUPPORT,:-(@$,
0x6130  |&/CAPTAIN=*+|<!     0x6230  ))/~!+>{](;#@:##
0x6140  *_!#+}&==!]|?+<&     0x6240  }=~*>@@CONTEST)=
0x6150  <><~#>%<=?@%*=&[     0x6250  !~*&$(;{_:[~&.!)
0x6160  -+)_!_:=<[>|_$})     0x6260  %|!+==~&FUNERAL,
0x6170  USUALLY#/,#}[(!/     0x6270  &*(~?])ACTRESS[!
--중략--
Enter password: (4 tries remaining)
> CONVERT
Access Denied (1/7 correct)
Enter password: (3 tries remaining)
> FANTASY
Access Denied (3/7 correct)
Enter password: (2 tries remaining)
> PROBLEM
Access Denied (0/7 correct)
Enter password: (1 tries remaining)
> CAPTAIN
A C C E S S   G R A N T E D
```

동작 원리

이 게임의 테마는 해킹이지만, 실제 컴퓨터 해킹과는 아무런 관련이 없다. 만약에 정답 후보가 되는 단어들만 화면에 나열했다면 게임 플레이는 동일했을 것이다. 하지만 컴퓨터의 메모리 뱅크를 흉내 낸 모양의 텍스트는 컴퓨터를 해킹하는 흥미진진한 느낌을 전달해 준다. 디테일과 사용자 경험에 대한 관심은 평범하고 지루한 게임을 흥미진진한 게임으로 바꾼다.

```python
1  """Hacking Minigame, by Al Sweigart al@inventwithpython.com
2  The hacking mini-game from "Fallout 3". Find out which seven-letter
3  word is the password by using clues each guess gives you.
4  This code is available at https://nostarch.com/big-book-small-python-programming
5  Tags: large, artistic, game, puzzle"""
6
7  # 참고: 이 프로그램은 sevenletterwords.txt 파일이 필요하다.
8  # 이 파일은 https://inventwithpython.com/sevenletterwords.txt에서 다운로드할 수 있다.
9
10 import random, sys
11
12 # 상수 설정하기:
13 # '컴퓨터 메모리' 표현을 위한 가비지 필터 문자
14 GARBAGE_CHARS = '~!@#$%^&*()_+-={}[]|;:,.<>?/'
15
16 # 7글자 단어로 구성된 텍스트 파일을 WORDS 리스트로 로드한다.
17 with open('sevenletterwords.txt') as wordListFile:
18     WORDS = wordListFile.readlines()
19 for i in range(len(WORDS)):
20     # 모든 단어를 대문자로 변환하고 끝에 있는 줄바꿈을 제거한다:
21     WORDS[i] = WORDS[i].strip().upper()
22
23
24 def main():
25     """해킹 게임을 실행한다."""
26     print('''Hacking Minigame, by Al Sweigart al@inventwithpython.com
27 Find the password in the computer's memory. You are given clues after
28 each guess. For example, if the secret password is MONITOR but the
29 player guessed CONTAIN, they are given the hint that 2 out of 7 letters
30 were correct, because both MONITOR and CONTAIN have the letter O and N
31 as their 2nd and 3rd letter. You get four guesses.\n''')
32     input('Press Enter to begin...')
33
34     gameWords = getWords()
35     # '컴퓨터 메모리'는 그냥 꾸민 것이지만 멋져 보인다:
36     computerMemory = getComputerMemoryString(gameWords)
37     secretPassword = random.choice(gameWords)
38
39     print(computerMemory)
40     # 4번의 기회를 가지고 시작하며, 점점 감소한다:
41     for triesRemaining in range(4, 0, -1):
42         playerMove = askForPlayerGuess(gameWords, triesRemaining)
43         if playerMove == secretPassword:
44             print('A C C E S S   G R A N T E D')
45             return
46         else:
47             numMatches = numMatchingLetters(secretPassword, playerMove)
48             print('Access Denied ({}/7 correct)'.format(numMatches))
49     print('Out of tries. Secret password was {}.'.format(secretPassword))
50
51
```

```
52 def getWords():
53     """암호가 될 수 있는 12단어의 리스트를 반환한다.
54
55     비밀 암호는 리스트의 첫 번째 단어가 될 것이다.
56     게임을 공정하게 만들기 위해, 일치하는 문자의 범위를 가진 단어가
57     비밀 단어로 사용되도록 한다."""
58     secretPassword = random.choice(WORDS)
59     words = [secretPassword]
60
61     # 두 단어를 더 찾는다. 아직 일치하는 문자가 들어 있지 않다.
62     # 비밀 암호는 이미 words에 들어있기 때문에 '< 3'을 사용한다.
63     while len(words) < 3:
64         randomWord = getOneWordExcept(words)
65         if numMatchingLetters(secretPassword, randomWord) == 0:
66             words.append(randomWord)
67
68     # 세 글자가 일치하는 단어 2개를 찾는다.
69     # (500번을 돌면서 찾았는데도 없다면 찾는 걸 포기한다)
70     for i in range(500):
71         if len(words) == 5:
72             break    # 5개의 단어를 찾았다면 루프를 빠져나간다.
73
74         randomWord = getOneWordExcept(words)
75         if numMatchingLetters(secretPassword, randomWord) == 3:
76             words.append(randomWord)
77
78     # 적어도 한 글자 이상 일치하는 단어를 7개는 찾는다.
79     # (500번을 돌면서 찾았는데도 없다면 찾는 걸 포기한다)
80     for i in range(500):
81         if len(words) == 12:
82             break    # 7개 이상의 단어를 찾았다면 루프를 빠져나간다.
83
84         randomWord = getOneWordExcept(words)
85         if numMatchingLetters(secretPassword, randomWord) != 0:
86             words.append(randomWord)
87
88     # 찾은 단어가 전부 12개가 될 때까지 단어를 무작위로 추가한다.
89     while len(words) < 12:
90         randomWord = getOneWordExcept(words)
91         words.append(randomWord)
92
93     assert len(words) == 12
94     return words
95
96
97 def getOneWordExcept(blocklist=None):
98     """blocklist에 없는 WORDS의 임의 단어를 반환한다."""
99     if blocklist == None:
100        blocklist = []
101
102    while True:
```

```
103         randomWord = random.choice(WORDS)
104         if randomWord not in blocklist:
105             return randomWord
106
107
108 def numMatchingLetters(word1, word2):
109     """이 두 단어에서 일치하는 문자의 수를 반환한다."""
110     matches = 0
111     for i in range(len(word1)):
112         if word1[i] == word2[i]:
113             matches += 1
114     return matches
115
116
117 def getComputerMemoryString(words):
118     """'컴퓨터 메모리'를 표현하는 문자열을 반환한다."""
119
120     # 단어를 포함하기 위해 단어마다 한 줄을 사용한다.
121     # 16개의 줄이 있지만 두 부분으로 나눈다.
122     linesWithWords = random.sample(range(16 * 2), len(words))
123     # 시작 부분의 메모리 주소(이것 역시 꾸미는 역할을 한다).
124     memoryAddress = 16 * random.randint(0, 4000)
125
126     # '컴퓨터 메모리' 문자열을 생성한다.
127     computerMemory = []   # 각 줄에 하나씩 16개의 문자열을 포함한다.
128     nextWord = 0   # 각 줄에 넣을 배열 words의 인덱스
129     for lineNum in range(16):   # '컴퓨터 메모리'는 16줄을 갖는다.
130         # 가비지 문자를 반 줄 만든다:
131         leftHalf = ''
132         rightHalf = ''
133         for j in range(16):   # 각 반 줄은 16개의 문자를 갖는다.
134             leftHalf += random.choice(GARBAGE_CHARS)
135             rightHalf += random.choice(GARBAGE_CHARS)
136
137         # words에 있는 단어들로 채운다:
138         if lineNum in linesWithWords:
139             # 단어를 삽입할 반 줄의 임의 위치를 구한다:
140             insertionIndex = random.randint(0, 9)
141             # 단어를 삽입한다:
142             leftHalf = (leftHalf[:insertionIndex] + words[nextWord]
143                 + leftHalf[insertionIndex + 7:])
144             nextWord += 1   # 반 줄에 넣을 단어를 업데이트한다.
145         if lineNum + 16 in linesWithWords:
146             # 단어를 삽입할 반 줄의 임의 위치를 구한다:
147             insertionIndex = random.randint(0, 9)
148             # 단어를 삽입한다:
149             rightHalf = (rightHalf[:insertionIndex] + words[nextWord]
150                 + rightHalf[insertionIndex + 7:])
151             nextWord += 1   # 반 줄에 넣을 단어를 업데이트한다.
152
153         computerMemory.append('0x' + hex(memoryAddress)[2:].zfill(4)
```

```
154                      + ' ' + leftHalf + '    '
155                      + '0x' + hex(memoryAddress + (16*16))[2:].zfill(4)
156                      + '  ' + rightHalf)
157
158            memoryAddress += 16   # 다음으로 이동. 예를 들어 0xe680에서 0xe690으로 이동
159
160        # computerMemory 리스트의 각 문자열은
161        # 반환될 하나의 큰 문자로 결합된다:
162        return '\n'.join(computerMemory)
163
164
165  def askForPlayerGuess(words, tries):
166      """플레이어가 추측한 암호를 입력하게 한다."""
167      while True:
168          print('Enter password: ({} tries remaining)'.format(tries))
169          guess = input('> ').upper()
170          if guess in words:
171              return guess
172          print('That is not one of the possible passwords listed above.')
173          print('Try entering "{}" or "{}".'.format(words[0], words[1]))
174
175
176  # 이 프로그램이 다른 프로그램에 임포트(import)된 게 아니라면 게임이 실행된다:
177  if __name__ == '__main__':
178      try:
179          main()
180      except KeyboardInterrupt:
181          sys.exit()   # Ctrl-C를 누르면 프로그램을 종료한다.
```

소스 코드를 입력하고 여러 번 실행한 후, 실험을 위해 몇 가지를 변경해 보자. 그리고 다음 내용
에 대해 스스로 방법을 찾아보자.

- 인터넷에서 단어 목록을 찾아서 여러분만의 **sevenletterwords.txt** 파일을 만들어 보자. 6
  글자 또는 8글자의 단어가 포함되어도 좋다.

- '컴퓨터 메모리'에 대한 다른 모양의 시각화를 만들어 보자.

프로그램 살펴보기

다음 질문에 대한 답을 찾아보자. 코드를 약간 수정하여 테스트하고, 변경 사항이 어떠한 영향을
미쳤는지 확인해 보자.

1. 133행에 있는 for j in range(16):을 for j in range(0):으로 바꾸면 어떻게 되는가?

2. 14행에 있는 GARBAGE_CHARS = '~!@#$%^&*()_+-={} []|;:,.<>?/'를 GARBAGE_CHARS = '.'로 바
   꾸면 어떻게 되는가?

3. 34행에 있는 gameWords = getWords()를 gameWords = ['MALKOVICH'] * 20으로 바꾸면 어떻게 되는가?

4. 94행에 있는 return words를 return으로 바꾸면 어떤 에러 메시지가 나오는가?

5. 103행에 있는 randomWord = random.choice(WORDS)를 secretPassword = 'PASSWORD'로 바꾸면 어떻게 되는가?

#34

행맨과 기요틴

고전적인 단어 추측 게임

문자열 조작 및 아스키 아트를 사용한다

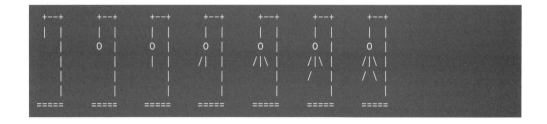

이 고전적인 단어 게임은 플레이어가 단어의 철자를 추측하는 것이다. 올바르지 않은 글자가 입력되면 행맨hangman의 한 부분이 그려진다. 행맨이 완전히 그려지기 전에 올바른 단어를 맞춰야 한다. 이번 프로그램에서 사용하는 단어는 RABBIT이나 PIGEON과 같은 동물 이름이지만, 여러분이 원하는 단어들로 바꿀 수도 있다.

HANGMAN_PICS 변수에는 행맨 올가미의 각 부분에 대한 아스키 아트 문자열을 담는다.

```
 +--+       +--+       +--+       +--+       +--+       +--+       +--+
 |  |       |  |       |  |       |  |       |  |       |  |       |  |
 |          |  O       |  O       |  O       |  O       |  O       |  O
 |          |          |  |       | /|       |/|\       |/|\       |/|\
 |          |          |          |          |          | /        | / \
 |          |          |          |          |          |          |
=====      =====      =====      =====      =====      =====      =====
```

이 게임을 프랑스 버전으로 바꾼다면, HANGMAN_PICS 변수를 다음과 같이 기요틴을 묘사하는 문자열로 바꿀 수 있을 것이다.

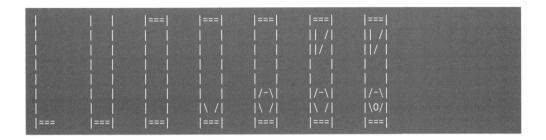

프로그램 실행

hangman.py를 실행하면 다음과 같다.

```
Hangman, by Al Sweigart al@inventwithpython.com

 +--+
 |  |
    |
    |
    |
    |
=====
The category is: Animals

Missed letters: No missed letters yet.


_ _ _ _ _ _
Guess a letter.
> e
--중략--
 +--+
 |  |
 O  |
/|\ |
/ \ |
    |
=====
The category is: Animals

Missed letters: E J T F N S
_ _ _ _ A _
You have run out of guesses!
The word was "COUGAR"
```

동작 원리

행맨(교수대)와 기요틴(단두대) 동일한 메커니즘을 공유하지만, 화면에 보이는 부분이 다르다. 즉, 프로그램의 메인 로직을 변경하지 않고도 아스키 아트인 올가미 그래픽을 기요틴 그래픽으로 교체하기 쉽게 해준다. 프로그램의 프리젠테이션 부분과 로직 부분을 분리하면 새로운 기능이나 다른 디자인으로 쉽게 업데이트할 수 있게 한다. 전문적인 소프트웨어 개발에서 이런 방법은 **소프트웨어 디자인 패턴**software design pattern 또는 **소프트웨어 아키텍처**software architecture의 예로, 프로그램을 이해하기 쉽고 수정하기 쉽도록 하기 위한 구조화 방법이다. 이것은 주로 대규모 소프트웨어 애플리케이션에 유용하지만, 소규모 프로젝트에도 이러한 원칙을 적용할 수 있다.

```
1  """Hangman, by Al Sweigart al@inventwithpython.com
2  Guess the letters to a secret word before the hangman is drawn.
3  This code is available at https://nostarch.com/big-book-small-python-programming
4  Tags: large, game, word, puzzle"""
5
6  # 이 게임은 "Invent Your Own Computer Games with Python" 책에도 나와 있다.
7  # https://nostarch.com/inventwithpython
8
9  import random, sys
10
11 # 상수 설정하기:
12 # (!) HANGMAN_PICS의 문자열을 추가하거나 변경하여
13 # 교수대를 기요틴으로 바꿔 보자.
14 HANGMAN_PICS = [r"""
15  +--+
16  |  |
17     |
18     |
19     |
20     |
21 ===="""",
22 r"""
23  +--+
24  |  |
25  O  |
26     |
27     |
28     |
29 ===="""",
30 r"""
31  +--+
32  |  |
33  O  |
34  |  |
35     |
36     |
37 ===="""",
```

```
38 r"""
39  +--+
40  |  |
41  O  |
42 /|  |
43     |
44     |
45 ===="""",
46 r"""
47  +--+
48  |  |
49  O  |
50 /|\ |
51     |
52     |
53 ===="""",
54 r"""
55  +--+
56  |  |
57  O  |
58 /|\ |
59 /   |
60     |
61 ===="""",
62 r"""
63  +--+
64  |  |
65  O  |
66 /|\ |
67 / \ |
68     |
69 ===="""",
70
71 # (!) 새로운 문자열을 가진 CATEGORY와 WORDS로 교체해 보자.
72 CATEGORY = 'Animals'
73 WORDS = 'ANT BABOON BADGER BAT BEAR BEAVER CAMEL CAT CLAM COBRA COUGAR COYOTE CROW
   DEER DOG DONKEY DUCK EAGLE FERRET FOX FROG GOAT GOOSE HAWK LION LIZARD LLAMA MOLE
   MONKEY MOOSE MOUSE MULE NEWT OTTER OWL PANDA PARROT PIGEON PYTHON RABBIT RAM RAT
   RAVEN RHINO SALMON SEAL SHARK SHEEP SKUNK SLOTH SNAKE SPIDER STORK SWAN TIGER TOAD
   TROUT TURKEY TURTLE WEASEL WHALE WOLF WOMBAT ZEBRA'.split()
74
75
76 def main():
77     print('Hangman, by Al Sweigart al@inventwithpython.com')
78
79     # 새로운 게임을 위해 변수를 셋업한다:
80     missedLetters = []    # 틀린 글자 리스트
81     correctLetters = []   # 맞춘 글자 리스트
82     secretWord = random.choice(WORDS)   # 플레이어가 맞춰야 하는 단어
83
84     while True:   # 메인 게임 루프
85         drawHangman(missedLetters, correctLetters, secretWord)
```

```
86
87          # 사용자가 예상한 글자 입력하기:
88          guess = getPlayerGuess(missedLetters + correctLetters)
89
90          if guess in secretWord:
91              # 맞춘 글자를 correctLetters에 추가하기:
92              correctLetters.append(guess)
93
94              # 플레이어가 이겼는지 검사하기:
95              foundAllLetters = True   # 플레이어가 이겼다는 가정으로 시작
96              for secretWordLetter in secretWord:
97                  if secretWordLetter not in correctLetters:
98                      # correctLetters에 정답인 단어의 글자가 아직 없기 때문에,
99                      # 플레이어가 이긴 것이 아니다:
100                     foundAllLetters = False
101                     break
102             if foundAllLetters:
103                 print('Yes! The secret word is:', secretWord)
104                 print('You have won!')
105                 break   # 메인 게임 루프에서 빠져나온다.
106         else:
107             # 플레이어의 추측이 틀렸다:
108             missedLetters.append(guess)
109
110             # 플레이어가 기회를 다 써서 졌는지 확인한다.
111             # ('- 1'을 하는 이유는
112             # HANGMAN_PICS에서 교수대가 비어 있는 단계를 카운트하지 않기 때문이다.)
113             if len(missedLetters) == len(HANGMAN_PICS) - 1:
114                 drawHangman(missedLetters, correctLetters, secretWord)
115                 print('You have run out of guesses!')
116                 print('The word was "{}"'.format(secretWord))
117                 break
118
119
120 def drawHangman(missedLetters, correctLetters, secretWord):
121     """비밀 단어에 대해 맞힌 글자와 틀린 글자와 함께
122     교수형 집행인의 현재 상태를 그린다."""
123     print(HANGMAN_PICS[len(missedLetters)])
124     print('The category is:', CATEGORY)
125     print()
126
127     # 틀린 글자들을 보여 준다:
128     print('Missed letters: ', end='')
129     for letter in missedLetters:
130         print(letter, end=' ')
131     if len(missedLetters) == 0:
132         print('No missed letters yet.')
133     print()
134
135     # 정답 단어에 대해 한 글자당 한 칸씩 빈칸을 표시한다:
136     blanks = ['_'] * len(secretWord)
137
```

```
138        # 맞춘 글자는 빈칸 대신 표시한다:
139        for i in range(len(secretWord)):
140            if secretWord[i] in correctLetters:
141                blanks[i] = secretWord[i]
142
143        # 글자 사이에 공백을 표시한다:
144        print(' '.join(blanks))
145
146
147  def getPlayerGuess(alreadyGuessed):
148      """플레이어가 입력한 문자를 반환한다.
149      이 함수는 플레이어가 이전에 추측하지 않은 문자를 입력했는지 확인한다."""
150      while True:   # 플레이어가 유효한 글자를 입력할 때까지 계속 요청한다.
151          print('Guess a letter.')
152          guess = input('> ').upper()
153          if len(guess) != 1:
154              print('Please enter a single letter.')
155          elif guess in alreadyGuessed:
156              print('You have already guessed that letter. Choose again.')
157          elif not guess.isalpha():
158              print('Please enter a LETTER.')
159          else:
160              return guess
161
162
163  # 이 프로그램이 다른 프로그램에 임포트(import)된 게 아니라면 게임이 실행된다:
164  if __name__ == '__main__':
165      try:
166          main()
167      except KeyboardInterrupt:
168          sys.exit()   # Ctrl-C를 누르면 프로그램을 종료한다.
```

소스 코드를 입력하고 여러 번 실행한 후, 실험을 위해 몇 가지를 변경해 보자. (!) 마크가 있는 주석은 여러분이 할 수 있는 간단한 변경에 대해 제안한 것이다. 다음 내용에 대해 스스로 방법을 찾아보자.

- '카테고리 선택' 기능을 추가하고 플레이어가 원하는 단어의 카테고리를 선택할 수 있게 하자.

- 행맨 버전과 기요틴 버전을 만들고 사용자가 선택할 수 있는 기능을 추가하자.

프로그램 살펴보기

다음 질문에 대한 답을 찾아보자. 코드를 약간 수정하여 테스트하고, 변경 사항이 어떠한 영향을 미쳤는지 확인해 보자.

1. **108행**에 있는 missedLetters.append(guess)를 삭제하거나 주석 처리하면 어떻게 되는가?
2. **85행**에 있는 drawHangman(missedLetters, correctLetters, secretWord)를 drawHangman(correctLetters, missedLetters, secretWord)로 바꾸면 어떻게 되는가?
3. **136행**에 있는 ['_']를 ['*']로 바꾸면 어떻게 되는가?
4. **144행**에 있는 print(' '.join(blanks))를 print(secretWord)로 바꾸면 어떻게 되는가?

#35

헥사 그리드

프로그램적으로 생성되는 타일 형태의 아스키 아트를 생성

반복되는 텍스트 패턴을 만들기 위해 루프를 사용한다

이번의 간단한 프로그램은 철조망과 비슷하게 생긴 육각형 격자의 이미지를 만든다. 이 프로그램은 여러분에게 흥미로운 것을 만드는 데 많은 양의 코드가 필요하지 않다는 것을 보여 준다. 이번 프로그램보다 약간 더 복잡한 버전은 프로젝트 65번의 '빛나는 카펫'이다.

이번 프로그램은 백슬래시가 이스케이프 문자로 인식되지 않도록 하기 위해 여는 따옴표 앞에 소문자 r을 붙이는 raw string[6]을 사용한다.

---

6   [옮긴이] 일반적인 문자열과 구분하기 위해 영문으로 표기한다.

프로그램 실행

그림 35-1은 **hexgrid.py**를 실행했을 때의 결과다.

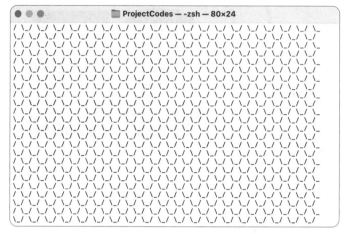

그림 35-1 육각형 격자의 이미지를 보여 주는 결과

동작 원리

프로그래밍의 힘은 컴퓨터가 반복적인 명령을 실수 없이 빠르게 수행하도록 한다는 데 있다. 이것이 바로 12줄의 코드가 수백, 수천, 심지어 수백만 개의 육각형을 만들 수 있는 이유다.

명령 프롬프트 또는 터미널 창 화면에 나타난 프로그램의 결과를 텍스트 파일로 옮길 수 있다. 윈도우에서는 py hexgrid.py > hextiles.txt라고 입력하여 실행하면 육각형들이 있는 텍스트 파일이 생성된다. 리눅스 또는 macOS에서는 python3 hexgrid.py > hextiles.txt라고 입력하여 실행하면 된다. 화면 크기로 제한하지 않고 X_REPEAT와 Y_REPEAT 상수를 늘려서 결과를 파일로 저장할 수 있다. 이렇게 생성된 텍스트 파일을 종이에 출력한다거나, 이메일로 보내거나, 소셜 미디어에 포스팅할 수 있다. 컴퓨터로 생성한 아트워크라면 어떤 것이든 이를 적용할 수 있다.

```
1  """Hex Grid, by Al Sweigart al@inventwithpython.com
2  Displays a simple tessellation of a hexagon grid.
3  This code is available at https://nostarch.com/big-book-small-python-programming
4  Tags: tiny, beginner, artistic"""
5
6  # 상수 설정하기:
7  # (!) 이들 값을 다른 값으로 변경해 보자:
8  X_REPEAT = 19  # 수평 격자 수
9  Y_REPEAT = 12  # 수직 격자 수
10
11 for y in range(Y_REPEAT):
```

```
12      # 육각형의 위쪽 절반을 표시한다:
13      for x in range(X_REPEAT):
14          print(r'/ \_', end='')
15      print()
16
17      # 육각형의 아래쪽 절반을 표시한다:
18      for x in range(X_REPEAT):
19          print(r'\_/ ', end='')
20      print()
```

소스 코드를 입력하고 여러 번 실행한 후, 실험을 위해 몇 가지를 변경해 보자. (!) 마크가 있는 주석은 여러분이 할 수 있는 간단한 변경에 대해 제안한 것이다. 다음 내용에 대해 스스로 방법을 찾아보자.

- 더 큰 크기의 육각형으로 격자를 만들어 보자.
- 육각형 대신 직사각형 벽돌로 격자를 만들어 보자.

예를 들어, 다음과 같은 패턴처럼 더 큰 육각형 격자를 생성하는 프로그램으로 다시 만들어 보자.

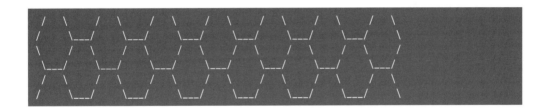

또는 다음과 같이 만들 수 있다.

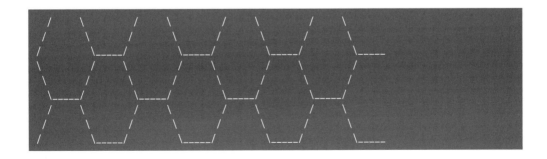

프로그램 살펴보기

이번 프로그램은 기본적인 프로그램이라 커스터마이징할 옵션이 많지 않다. 그 대신 다른 모양의 패턴을 만들 수 있는 방법을 생각해 보자.

#36

모래시계

떨어지는 모래를 구현하기 위한 간단한 물리 엔진

중력을 시뮬레이션하고 충돌 감지를 사용한다

이번 시각적 프로그램은 모래시계의 작은 틈을 통해 떨어지는 모래를 시뮬레이션하는 간단한 물리 엔진을 지녔다. 모래가 시계의 아래쪽에 쌓이면, 모래시계를 다시 뒤집어 모래를 떨어트리는 과정을 반복한다. 이 프로그램은 bext 모듈을 사용하기 때문에 명령 프롬프트 또는 터미널에서 실행해야 올바르게 보인다. bext 모듈에 대한 자세한 내용은 https://pypi.org/project/bext/를 참고하자.

프로그램 실행

그림 36-1은 **hourglass.py**를 실행했을 때의 결과다.

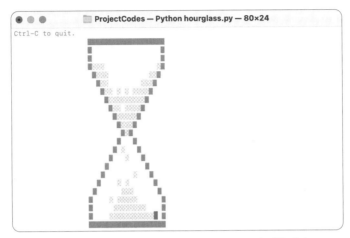

그림 36-1 모래가 떨어지는 모래시계 프로그램의 실행 결과

동작 원리

모래시계 프로그램은 기초적인 물리 엔진을 구현한다. **물리 엔진**physics engine은 물리적 물체가 중력을 받아 떨어지거나, 서로 충돌하거나, 물리 법칙에 따라 움직이도록 하는 소프트웨어다. 여러분은 비디오 게임, 컴퓨터 애니메이션, 과학 시뮬레이션에서 사용되는 물리 엔진을 보게 될 것이다. 91~102행의 코드에서 모래의 각 알갱이는 아래에 공간이 비어 있는지를 확인하고, 비어 있으면 아래로 이동한다. 그렇지 않다면 왼쪽 아래로 이동할 수 있는지(104 ~ 112행) 아니면 오른쪽 아래로 이동할 수 있는지(114 ~ 122행) 확인한다. 물론, 거시적 물체의 움직임을 다루는 고전적인 물리학의 한 분야인 **운동학**kinematics에서는 이것보다 훨씬 더 많은 것이 존재한다. 하지만 보는 즐거움을 추구하는 모래시계 프로그램 내에서 움직일 모래의 원초적인 움직임을 구현하기 위해 물리학 학위까지 필요치는 않다.

```
1 """Hourglass, by Al Sweigart al@inventwithpython.com
2 An animation of an hourglass with falling sand. Press Ctrl-C to stop.
3 This code is available at https://nostarch.com/big-book-small-python-programming
4 Tags: large, artistic, bext, simulation"""
5
6 import random, sys, time
7
8 try:
9     import bext
10 except ImportError:
```

```
11      print('This program requires the bext module, which you')
12      print('can install by following the instructions at')
13      print('https://pypi.org/project/Bext/')
14      sys.exit()
15
16  # 상수 설정하기:
17  PAUSE_LENGTH = 0.2   # (!) 이 값은 0.0 또는 1.0으로 바꿔 보자.
18  # (!) 이 값을 0과 100 사이의 값으로 바꿔 보자.
19  WIDE_FALL_CHANCE = 50
20
21  SCREEN_WIDTH = 79
22  SCREEN_HEIGHT = 25
23  X = 0   # (x, y) 튜플에서의 X 값의 인덱스는 0이다.
24  Y = 1   # (x, y) 튜플에서의 Y 값의 인덱스는 1이다.
25  SAND = chr(9617)
26  WALL = chr(9608)
27
28  # 모래시계의 벽을 설정한다:
29  HOURGLASS = set()   # 모래시계 벽이 있는 위치에 대한 (x, y) 튜플을 갖는다.
30  # (!) 벽을 없애기 위해 HOURGLASS.add() 코드를 주석 처리해 보자:
31  for i in range(18, 37):
32      HOURGLASS.add((i, 1))   # 모래시계의 상단에 벽을 추가한다.
33      HOURGLASS.add((i, 23))   # 하단에 벽을 추가한다.
34  for i in range(1, 5):
35      HOURGLASS.add((18, i))   # 왼쪽 상단에 직선 벽을 추가한다.
36      HOURGLASS.add((36, i))   # 오른쪽 상단에 직선 벽을 추가한다.
37      HOURGLASS.add((18, i + 19))   # 왼쪽 하단에 벽을 추가한다.
38      HOURGLASS.add((36, i + 19))   # 오른쪽 하단에 벽을 추가한다.
39  for i in range(8):
40      HOURGLASS.add((19 + i, 5 + i))   # 왼쪽 상단에 대각선 벽을 추가한다.
41      HOURGLASS.add((35 - i, 5 + i))   # 오른쪽 상단에 대각선 벽을 추가한다.
42      HOURGLASS.add((25 - i, 13 + i))   # 왼쪽 하단에 대각선 벽을 추가한다.
43      HOURGLASS.add((29 + i, 13 + i))   # 오른쪽 하단에 대각선 벽을 추가한다.
44
45  # 모래시계의 상단에 최초의 모래를 준비한다:
46  INITIAL_SAND = set()
47  for y in range(8):
48      for x in range(19 + y, 36 - y):
49          INITIAL_SAND.add((x, y + 4))
50
51
52  def main():
53      bext.fg('yellow')
54      bext.clear()
55
56      # 종료 메시지를 그린다:
57      bext.goto(0, 0)
58      print('Ctrl-C to quit.', end='')
59
60      # 모래시계의 벽을 표시한다:
61      for wall in HOURGLASS:
62          bext.goto(wall[X], wall[Y])
63          print(WALL, end='')
```

```
64
65    while True:   # 메인 프로그램 루프
66        allSand = list(INITIAL_SAND)
67
68        # 최초 모래 그리기:
69        for sand in allSand:
70            bext.goto(sand[X], sand[Y])
71            print(SAND, end='')
72
73        runHourglassSimulation(allSand)
74
75
76 def runHourglassSimulation(allSand):
77     """모래가 더 이상 움직이지 않을 때까지
78     시뮬레이션을 계속 실행한다."""
79     while True:   # 모래가 다 떨어질 때까지 계속 반복한다.
80         random.shuffle(allSand)   # 무작위로 섞는다.
81
82         sandMovedOnThisStep = False
83         for i, sand in enumerate(allSand):
84             if sand[Y] == SCREEN_HEIGHT - 1:
85                 # 모래가 맨 아래에 있으므로, 더 이상 움직이지 않는다:
86                 continue
87
88             # 이 모래 밑에 아무것도 없다면 아래로 이동한다:
89             noSandBelow = (sand[X], sand[Y] + 1) not in allSand
90             noWallBelow = (sand[X], sand[Y] + 1) not in HOURGLASS
91             canFallDown = noSandBelow and noWallBelow
92
93             if canFallDown:
94                 # 한 칸 아래의 새 위치에 모래를 그린다:
95                 bext.goto(sand[X], sand[Y])
96                 print(' ', end='')   # 이전 위치를 지운다.
97                 bext.goto(sand[X], sand[Y] + 1)
98                 print(SAND, end='')
99
100                # 한 칸 아래의 새 위치에 모래를 설정한다:
101                allSand[i] = (sand[X], sand[Y] + 1)
102                sandMovedOnThisStep = True
103            else:
104                # 모래가 왼쪽으로 떨어질 수 있는지 확인한다:
105                belowLeft = (sand[X] - 1, sand[Y] + 1)
106                noSandBelowLeft = belowLeft not in allSand
107                noWallBelowLeft = belowLeft not in HOURGLASS
108                left = (sand[X] - 1, sand[Y])
109                noWallLeft = left not in HOURGLASS
110                notOnLeftEdge = sand[X] > 0
111                canFallLeft = (noSandBelowLeft and noWallBelowLeft
112                    and noWallLeft and notOnLeftEdge)
113
114                # 모래가 오른쪽으로 떨어질 수 있는지 확인한다:
115                belowRight = (sand[X] + 1, sand[Y] + 1)
116                noSandBelowRight = belowRight not in allSand
```

```
117   noWallBelowRight = belowRight not in HOURGLASS
118   right = (sand[X] + 1, sand[Y])
119   noWallRight = right not in HOURGLASS
120   notOnRightEdge = sand[X] < SCREEN_WIDTH - 1
121   canFallRight = (noSandBelowRight and noWallBelowRight
122       and noWallRight and notOnRightEdge)
123
124   # 떨어지는 방향을 설정한다:
125   fallingDirection = None
126   if canFallLeft and not canFallRight:
127       fallingDirection = -1  # 모래가 왼쪽으로 떨어지도록 설정한다.
128   elif not canFallLeft and canFallRight:
129       fallingDirection = 1   # 모래가 오른쪽으로 떨어지도록 설정한다.
130   elif canFallLeft and canFallRight:
131       # 양쪽 모두 가능하다면 무작위로 선택하여 설정한다:
132       fallingDirection = random.choice((-1, 1))
133
134   # 모래가 왼쪽이나 오른쪽으로 단 한 칸이 아니라,
135   # 두 칸 떨어질 수 있는지 확인한다:
136   if random.random() * 100 <= WIDE_FALL_CHANCE:
137       belowTwoLeft = (sand[X] - 2, sand[Y] + 1)
138       noSandBelowTwoLeft = belowTwoLeft not in allSand
139       noWallBelowTwoLeft = belowTwoLeft not in HOURGLASS
140       notOnSecondToLeftEdge = sand[X] > 1
141       canFallTwoLeft = (canFallLeft and noSandBelowTwoLeft
142           and noWallBelowTwoLeft and notOnSecondToLeftEdge)
143
144       belowTwoRight = (sand[X] + 2, sand[Y] + 1)
145       noSandBelowTwoRight = belowTwoRight not in allSand
146       noWallBelowTwoRight = belowTwoRight not in HOURGLASS
147       notOnSecondToRightEdge = sand[X] < SCREEN_WIDTH - 2
148       canFallTwoRight = (canFallRight
149           and noSandBelowTwoRight and noWallBelowTwoRight
150           and notOnSecondToRightEdge)
151
152       if canFallTwoLeft and not canFallTwoRight:
153           fallingDirection = -2
154       elif not canFallTwoLeft and canFallTwoRight:
155           fallingDirection = 2
156       elif canFallTwoLeft and canFallTwoRight:
157           fallingDirection = random.choice((-2, 2))
158
159   if fallingDirection == None:
160       # 이 모래는 떨어질 수 없으므로 계속 진행한다.
161       continue
162
163   # 새로운 위치에 모래를 그린다:
164   bext.goto(sand[X], sand[Y])
165   print(' ', end='')  # 이전 모래를 지운다.
166   bext.goto(sand[X] + fallingDirection, sand[Y] + 1)
167   print(SAND, end='')  # 새로운 모래를 그린다.
168
169   # 모래 알갱이를 새로운 위치로 이동한다:
```

```
170              allSand[i] = (sand[X] + fallingDirection, sand[Y] + 1)
171              sandMovedOnThisStep = True
172
173        sys.stdout.flush()   # (bext를 사용하는 프로그램에 필요하다.)
174        time.sleep(PAUSE_LENGTH)   # 잠깐 멈춘다.
175
176        # 이 단계에서 이동한 모래가 없다면, 모래시계를 다시 설정한다:
177        if not sandMovedOnThisStep:
178            time.sleep(2)
179            # 모든 모래를 지운다:
180            for sand in allSand:
181                bext.goto(sand[X], sand[Y])
182                print(' ', end='')
183            break    # 메인 시뮬레이션 루프에서 빠져나온다.
184
185
186 # 이 프로그램이 다른 프로그램에 임포트(import)된 게 아니라면 게임이 실행된다:
187 if __name__ == '__main__':
188     try:
189         main()
190     except KeyboardInterrupt:
191         sys.exit()   # Ctrl-C를 누르면 프로그램을 종료한다.
```

소스 코드를 입력하고 여러 번 실행한 후, 실험을 위해 몇 가지를 변경해 보자. (!) 마크가 있는 주석은 여러분이 할 수 있는 간단한 변경에 대해 제안한 것이다. 다음 내용에 대해 스스로 방법을 찾아보자.

- 모래시계가 아닌 다른 모양의 벽을 만들어 보자.
- 새로운 모래 알갱이가 계속해서 쏟아져 나오는 위치를 화면에 만들자.

프로그램 살펴보기

다음 질문에 대한 답을 찾아보자. 코드를 약간 수정하여 테스트하고, 변경 사항이 어떠한 영향을 미쳤는지 확인해 보자.

1. **31행**에 있는 range(18, 37)을 range(18, 30)으로 바꾸면 어떻게 되는가?
2. **39행**에 있는 range(8)을 range(0)으로 바꾸면 어떻게 되는가?
3. **82행**에 있는 sandMovedOnThisStep = False를 sandMovedOnThisStep = True로 바꾸면 어떻게 되는가?
4. **125행**에 있는 fallingDirection = None을 fallingDirection = 1로 바꾸면 어떻게 되는가?
5. **136행**에 있는 random.random() * 100 <= WIDE_FALL_CHANCE를 random.random() * 0 <= WIDE_FALL_CHANCE로 바꾸면 어떻게 되는가?

#37

굶주린 로봇

미로에 있는 킬러 로봇을 피하자

로봇의 움직임에 대한 간단한 AI를 만든다

여러분은 굶주린 로봇들과 함께 미로에 갇혔다! 여러분은 로봇들이 왜 여러분을 잡아먹으려 하는지 모르며, 알고 싶지도 않다. 로봇은 잘못 프로그래밍되어 있어서 벽에 가로막혔다고 해도 여러분을 향해 움직일 것이다. 여러분은 로봇을 속여 서로 또는 죽은 로봇과 부딪히게 해야 한다.

여러분은 새로운 위치에 무작위로 보내 주는 개인 텔레포트 장치를 가졌지만, 단 두 번 쓸 정도의 에너지만 남았다. 또한, 여러분과 로봇은 벽 사이의 틈을 대각선으로 이동할 수 있다.

프로그램 실행

hungryrobots.py를 실행하면 다음과 같다.

```
Hungry Robots, by Al Sweigart al@inventwithpython.com
--중략--
:::::::::::::::::::::::::::::::::::::::::::::::::::::::::::
:::            ::::   ::   ::    ::   R   ::    ::::
:::  ::::   ::  ::    ::   ::::    ::        ::
:::        ::::  ::    ::    R  ::      ::  ::::  ::
:::  ::::    ::       ::    ::         ::  ::  ::
:::        ::   R    ::    ::      R::
:::        ::    R       R            ::    ::::
:::  ::   @  R  ::      ::            R
:::  ::   ::::    ::      ::::      ::  ::
:::  ::   ::::R             ::
:::    R ::           ::X::       ::       ::
:::  ::  ::    ::       ::  ::       ::
:::  ::::   ::    ::  ::    ::
:::  ::       ::    ::   ::      ::X::
:::::::::::::::::::::::::::::::::::::::::::::::::::::::::::
(T)eleports remaining: 2
                     (Q) (W) (E)
                     (A) (S) (D)
Enter move or QUIT: (Z) (X) (C)
--중략--
```

동작 원리

이 게임에서 위치를 나타내는 직교 좌표계는 수학을 사용하여 로봇이 이동해야 하는 방향을 결정할 수 있게 해준다. 프로그래밍에서 x 좌표는 오른쪽으로 갈수록 증가하며, y 좌표는 아래로 갈수록 증가한다. 즉, 로봇의 x 좌표가 플레이어의 x 좌표보다 크다면, 로봇이 플레이어와 가까워지기 위해 왼쪽으로 움직여야 한다(코드에서 로봇의 x 좌표의 값을 줄여야 한다)는 뜻이다. 반대로 로봇의 x 좌표가 더 작다면, 오른쪽으로 움직여야 한다(코드에서 로봇의 x 좌표의 값을 늘려야 한다). 상대적인 y 좌표를 기준으로 위/아래로 이동해야 하는 경우도 마찬가지다.

```
 1  """Hungry Robots, by Al Sweigart al@inventwithpython.com
 2  Escape the hungry robots by making them crash into each other.
 3  This code is available at https://nostarch.com/big-book-small-python-programming
 4  Tags: large, game"""
 5
 6  import random, sys
 7
 8  # 상수 설정하기:
 9  WIDTH = 40              # (!) 이 값을 70 또는 10으로 바꿔 보자.
10  HEIGHT = 20             # (!) 이 값을 10으로 바꿔 보자.
11  NUM_ROBOTS = 10         # (!) 이 값을 1 또는 30으로 바꿔 보자.
12  NUM_TELEPORTS = 2       # (!) 이 값을 0 또는 9999으로 바꿔 보자.
13  NUM_DEAD_ROBOTS = 2     # (!) 이 값을 0 또는 20으로 바꿔 보자.
14  NUM_WALLS = 100         # (!) 이 값을 0 또는 300으로 바꿔 보자.
15
16  EMPTY_SPACE = ' '       # (!) 이 값을 '.'으로 바꿔 보자.
17  PLAYER = '@'            # (!) 이 값을 'R'로 바꿔 보자.
18  ROBOT = 'R'             # (!) 이 값을 '@'으로 바꿔 보자.
19  DEAD_ROBOT = 'X'        # (!) 이 값을 'R'로 바꿔 보자.
20
21  # (!) 이 값을 '#'이나, '0', 또는 ' '으로 바꿔 보자:
22  WALL = chr(9617)   # 문자 9617은 '░'
23
24
25  def main():
26      print('''Hungry Robots, by Al Sweigart al@inventwithpython.com
27
28  You are trapped in a maze with hungry robots! You don't know why robots
29  need to eat, but you don't want to find out. The robots are badly
30  programmed and will move directly toward you, even if blocked by walls.
31  You must trick the robots into crashing into each other (or dead robots)
32  without being caught. You have a personal teleporter device, but it only
33  has enough battery for {} trips. Keep in mind, you and robots can slip
34  through the corners of two diagonal walls!
35  '''.format(NUM_TELEPORTS))
36
37      input('Press Enter to begin...')
38
39      # 새로운 게임 셋업:
40      board = getNewBoard()
41      robots = addRobots(board)
42      playerPosition = getRandomEmptySpace(board, robots)
43      while True:  # 메인 게임 루프
44          displayBoard(board, robots, playerPosition)
45
46          if len(robots) == 0:  # 플레이어가 이겼는지 확인
47              print('All the robots have crashed into each other and you')
48              print('lived to tell the tale! Good job!')
49              sys.exit()
50
51          # 플레이어와 로봇을 이동시킴:
52          playerPosition = askForPlayerMove(board, robots, playerPosition)
```

```
53            robots = moveRobots(board, robots, playerPosition)
54
55            for x, y in robots:   # 플레이어가 졌는지 확인
56                if (x, y) == playerPosition:
57                    displayBoard(board, robots, playerPosition)
58                    print('You have been caught by a robot!')
59                    sys.exit()
60
61
62 def getNewBoard():
63     """보드를 나타내는 딕셔너리를 반환한다.
64     키는 보드 위치에 대한 정수 인덱스의 (x, y) 튜플이고,
65     값은 WALL, EMPTY_SPACE 또는 DEAD_ROBOT이다.
66     또한, 딕셔너리는 플레이어가 순간 이동을 할 수 있는 남은 횟수에 대한 'teleports'라는 키를 가지고 있다.
67     살아있는 로봇은 보드 딕셔너리와 분리해서 저장된다."""
68     board = {'teleports': NUM_TELEPORTS}
69
70     # 빈 보드 생성하기:
71     for x in range(WIDTH):
72         for y in range(HEIGHT):
73             board[(x, y)] = EMPTY_SPACE
74
75     # 보드의 가장자리에 벽 추가하기:
76     for x in range(WIDTH):
77         board[(x, 0)] = WALL  # 상단 벽 만들기
78         board[(x, HEIGHT - 1)] = WALL   # 하단 벽 만들기
79     for y in range(HEIGHT):
80         board[(0, y)] = WALL   # 왼쪽 벽 만들기
81         board[(WIDTH - 1, y)] = WALL   # 오른쪽 벽 만들기
82
83     # 무작위로 벽 추가하기:
84     for i in range(NUM_WALLS):
85         x, y = getRandomEmptySpace(board, [])
86         board[(x, y)] = WALL
87
88     # 처음부터 죽어 있는 로봇 추가하기:
89     for i in range(NUM_DEAD_ROBOTS):
90         x, y = getRandomEmptySpace(board, [])
91         board[(x, y)] = DEAD_ROBOT
92     return board
93
94
95 def getRandomEmptySpace(board, robots):
96     """보드의 빈 공간에 대한 (x, y) 정수 튜플을 반환한다."""
97     while True:
98         randomX = random.randint(1, WIDTH - 2)
99         randomY = random.randint(1, HEIGHT - 2)
100         if isEmpty(randomX, randomY, board, robots):
101             break
102     return (randomX, randomY)
103
104
```

```
105  def isEmpty(x, y, board, robots):
106      """보드에 (x, y)가 비어 있고 거기에 로봇도 없으면
107      True를 반환한다."""
108      return board[(x, y)] == EMPTY_SPACE and (x, y) not in robots
109
110
111  def addRobots(board):
112      """보드의 빈 공간에 NUM_ROBOTS개의 로봇을 추가하고
113      로봇의 현재 위치인 (x, y) 공간의 리스트를 반환한다."""
114      robots = []
115      for i in range(NUM_ROBOTS):
116          x, y = getRandomEmptySpace(board, robots)
117          robots.append((x, y))
118      return robots
119
120
121  def displayBoard(board, robots, playerPosition):
122      """보드, 로봇, 그리고 플레이어를 화면에 표시한다."""
123      # 보드의 모든 공간에 대해 루프를 돈다:
124      for y in range(HEIGHT):
125          for x in range(WIDTH):
126              # 적절한 문자 그리기:
127              if board[(x, y)] == WALL:
128                  print(WALL, end='')
129              elif board[(x, y)] == DEAD_ROBOT:
130                  print(DEAD_ROBOT, end='')
131              elif (x, y) == playerPosition:
132                  print(PLAYER, end='')
133              elif (x, y) in robots:
134                  print(ROBOT, end='')
135              else:
136                  print(EMPTY_SPACE, end='')
137          print()  # 개행하기
138
139
140  def askForPlayerMove(board, robots, playerPosition):
141      """로봇들의 현재 위치와 보드의 벽이 주어지면
142      플레이어가 다음에 이동할 수 있는 장소의 (x, y) 정수 튜플을 반환한다."""
143      playerX, playerY = playerPosition
144
145      # 벽으로 막혀 있지 않은 방향을 찾는다:
146      q = 'Q' if isEmpty(playerX - 1, playerY - 1, board, robots) else ' '
147      w = 'W' if isEmpty(playerX + 0, playerY - 1, board, robots) else ' '
148      e = 'E' if isEmpty(playerX + 1, playerY - 1, board, robots) else ' '
149      d = 'D' if isEmpty(playerX + 1, playerY + 0, board, robots) else ' '
150      c = 'C' if isEmpty(playerX + 1, playerY + 1, board, robots) else ' '
151      x = 'X' if isEmpty(playerX + 0, playerY + 1, board, robots) else ' '
152      z = 'Z' if isEmpty(playerX - 1, playerY + 1, board, robots) else ' '
153      a = 'A' if isEmpty(playerX - 1, playerY + 0, board, robots) else ' '
154      allMoves = (q + w + e + d + c + x + a + z + 'S')
155
156      while True:
```

```
157          # 플레이어의 움직임을 얻는다:
158          print('(T)eleports remaining: {}'.format(board["teleports"]))
159          print('                    ({}) ({}) ({})'.format(q, w, e))
160          print('                    ({}) (S) ({})'.format(a, d))
161          print('Enter move or QUIT: ({}) ({}) ({})'.format(z, x, c))
162
163          move = input('> ').upper()
164          if move == 'QUIT':
165              print('Thanks for playing!')
166              sys.exit()
167          elif move == 'T' and board['teleports'] > 0:
168              # 플레이어를 임의의 빈 공간으로 텔레포트한다:
169              board['teleports'] -= 1
170              return getRandomEmptySpace(board, robots)
171          elif move != '' and move in allMoves:
172              # 사용자의 입력에 따라 새로운 위치를 반환한다:
173              return {'Q': (playerX - 1, playerY - 1),
174                      'W': (playerX + 0, playerY - 1),
175                      'E': (playerX + 1, playerY - 1),
176                      'D': (playerX + 1, playerY + 0),
177                      'C': (playerX + 1, playerY + 1),
178                      'X': (playerX + 0, playerY + 1),
179                      'Z': (playerX - 1, playerY + 1),
180                      'A': (playerX - 1, playerY + 0),
181                      'S': (playerX, playerY)}[move]
182
183
184 def moveRobots(board, robotPositions, playerPosition):
185     """플레이어를 향해 이동한 로봇의 새로운 위치에 대한
186     (x, y) 튜플 리스트를 반환한다."""
187     playerx, playery = playerPosition
188     nextRobotPositions = []
189
190     while len(robotPositions) > 0:
191         robotx, roboty = robotPositions[0]
192
193         # 로봇이 움직이는 방향을 결정한다.
194         if robotx < playerx:
195             movex = 1   # 오른쪽으로 이동
196         elif robotx > playerx:
197             movex = -1  # 왼쪽으로 이동
198         elif robotx == playerx:
199             movex = 0   # 수평으로 이동하지 않는다.
200
201         if roboty < playery:
202             movey = 1   # 위쪽으로 이동
203         elif roboty > playery:
204             movey = -1  # 아래쪽으로 이동
205         elif roboty == playery:
206             movey = 0   # 수직으로 이동하지 않는다.
207
208         # 로봇이 벽에 부딪혔는지 확인하고 코스를 조정한다:
```

```
209        if board[(robotx + movex, roboty + movey)] == WALL:
210            # 로봇이 벽에 부딪혔기 때문에 새로운 움직임을 생각한다:
211            if board[(robotx + movex, roboty)] == EMPTY_SPACE:
212                movey = 0    # 로봇이 수평 방향으로 움직일 수 없다.
213            elif board[(robotx, roboty + movey)] == EMPTY_SPACE:
214                movex = 0    # 로봇이 수직 방향으로 움직일 수 없다.
215            else:
216                # 로봇이 움직일 수 없다.
217                movex = 0
218                movey = 0
219        newRobotx = robotx + movex
220        newRoboty = roboty + movey
221
222        if (board[(robotx, roboty)] == DEAD_ROBOT
223            or board[(newRobotx, newRoboty)] == DEAD_ROBOT):
224            # 로봇이 충돌 위치에 있으므로 제거한다.
225            del robotPositions[0]
226            continue
227
228        # 로봇끼리 부딪혔는지 확인하고, 부딪혔다면 두 로봇 모두 제거한다:
229        if (newRobotx, newRoboty) in nextRobotPositions:
230            board[(newRobotx, newRoboty)] = DEAD_ROBOT
231            nextRobotPositions.remove((newRobotx, newRoboty))
232        else:
233            nextRobotPositions.append((newRobotx, newRoboty))
234
235        # 로봇이 움직이면 robotPositions에서 로봇을 제거한다.
236        del robotPositions[0]
237    return nextRobotPositions
238
239
240 # 이 프로그램이 다른 프로그램에 임포트(import)된 게 아니라면 게임이 실행된다:
241 if __name__ == '__main__':
242     main()
```

소스 코드를 입력하고 여러 번 실행한 후, 실험을 위해 몇 가지를 변경해 보자. (!) 마크가 있는 주석은 여러분이 할 수 있는 간단한 변경에 대해 제안한 것이다. 다음 내용에 대해 스스로 방법을 찾아보자.

- 대각선으로만 이동할 수 있는 로봇과 기본 방향(상/하/좌/우)으로만 이동할 수 있는 로봇을 추가하자.

- 플레이어에게 밟으면 모든 로봇이 멈춰지는 트랩trap을 제공하자.

- 플레이어에게 자신을 방어하기 위해 설치할 수 있는 '즉석 벽'을 제공하자.

프로그램 살펴보기

다음 질문에 대한 답을 찾아보자. 코드를 약간 수정하여 테스트하고, 변경 사항이 어떠한 영향을 미쳤는지 확인해 보자.

1. **22행**에 있는 WALL = chr(9617)을 WALL = 'R'로 바꾸면 어떻게 되는가?

2. **237행**에 있는 return nextRobotPositions를 return robotPositions로 바꾸면 어떻게 되는가?

3. **44행**에 있는 displayBoard(board, robots, playerPosition)를 삭제하거나 주석 처리하면 어떻게 되는가?

4. **53행**에 있는 robots = moveRobots(board, robots, playerPosition)를 삭제하거나 주석 처리하면 어떻게 되는가?

#38

J'ACCUSE!

거짓을 말하는 사람과 진실을 말하는 사람을 밝히는 탐정 게임

용의자, 장소, 아이템 단서들 사이의 관계를 생성하기 위해 데이터 구조를 사용한다

여러분은 세계적으로 유명한 탐정 마틸다 카뮈다. 조피라는 고양이가 실종되어서 단서를 찾아야 한다. 용의자는 항상 거짓말을 하거나 항상 진실을 말한다. 제 시간에 고양이 조피를 찾고 유죄 선고를 받도록 고발할 수 있는가?

이 게임에서 여러분은 택시를 타고 도시 곳곳을 누비게 된다. 각 위치에는 용의자와 아이템이 있다. 여러분은 그 용의자에게 다른 용의자와 아이템들에 대해 질문할 수 있으며, 탐문 기록과 그들의 대답을 비교하여 누가 거짓말을 하는지, 누가 진실을 말하는지를 결정해야 한다. 어떤 사람은 누가 조피를 납치했는지(또는 어디에 있는지, 유괴범의 위치에 발견된 아이템이 무엇인지) 알고 있지만, 그 사람을 믿을 수 있는가는 여러분이 결정해야 한다. 범인을 찾는 데 5분의 시간이 주어지지만, 잘못된 고발을 3번 하면 지게 된다. 이 게임은 Homestar Runner라는 회사의 'Where's an Egg?' 게임에서 영감을 받았다.

프로그램 실행

jaccuse.py를 실행하면 다음과 같다.

```
J'ACCUSE! (a mystery game)")
--중략--
Time left: 4 min, 59 sec
  You are in your TAXI. Where do you want to go?
(A)LBINO ALLIGATOR PIT
(B)OWLING ALLEY
(C)ITY HALL
(D)UCK POND
(H)IPSTER CAFE
(O)LD BARN
(U)NIVERSITY LIBRARY
(V)IDEO GAME MUSEUM
(Z)OO
(Q)UIT GAME
> a

Time left: 4 min, 52 sec
  You are at the ALBINO ALLIGATOR PIT.
  BILL MONOPOLIS with the CLEAN UNDERPANTS is here.

(J) "J'ACCUSE!" (3 accusations left)
(Z) Ask if they know where ZOPHIE THE CAT is.
(T) Go back to the TAXI.
(1) Ask about BILL MONOPOLIS
(2) Ask about CLEAN UNDERPANTS
> z
"I don't know anything about ZOPHIE THE CAT."
Press Enter to continue…
--중략--
```

동작 원리

이번 프로그램을 완전히 이해하려면 59~109행 까지 설정되는 clues 딕셔너리에 집중해야 한다. 151~154행 에 있는 주석을 풀면 딕셔너리의 내용을 화면에 표시할 수 있다. 이 딕셔너리는 SUSPECTS 리스트에 있는 문자열을 키로 하고 '단서 딕셔너리'를 값으로 갖는다. '단서 딕셔너리'는 SUSPECTS와 ITEMS의 문자열이 포함되어 있다. 한 용의자에게 다른 용의자나 항목에 대해 질문하면 이들 문자열로 대답하게 된다. 예를 들어, clues['DUKE HAUTDOG']['CANDLESTICK']에 'DUCK POND'가 설정되어 있다고 하고, 플레이어가 Duke Hautdog에게 Candlestick에 대해 물으면, 그것이 Duck Pond에 있다고 대답하게 된다. 용의자, 아이템, 위치, 범인은 게임이 진행될 때마다 뒤섞인다.

이번 프로그램의 코드는 데이터 구조를 중심으로 이뤄지므로, 데이터 구조를 이해해야 이 프로그램의 나머지 코드가 이해될 것이다.

```
1 """J'ACCUSE!, by Al Sweigart al@inventwithpython.com
2 A mystery game of intrigue and a missing cat.
3 This code is available at https://nostarch.com/big-book-small-python-programming
4 Tags: extra-large, game, humor, puzzle"""
5
6 # 원래의 플래시 게임을 해보자.
7 # https://homestarrunner.com/videlectrix/wheresanegg.html
8 # 자세한 정보는 http://www.hrwiki.org/wiki/Where's_an_Egg%3F를 참고하자.
9
10 import time, random, sys
11
12 # 상수 설정하기:
13 SUSPECTS = ['DUKE HAUTDOG', 'MAXIMUM POWERS', 'BILL MONOPOLIS', 'SENATOR SCHMEAR',
   'MRS. FEATHERTOSS', 'DR. JEAN SPLICER', 'RAFFLES THE CLOWN', 'ESPRESSA TOFFEEPOT',
   'CECIL EDGAR VANDERTON']
14 ITEMS = ['FLASHLIGHT', 'CANDLESTICK', 'RAINBOW FLAG', 'HAMSTER WHEEL', 'ANIME VHS
   TAPE', 'JAR OF PICKLES', 'ONE COWBOY BOOT', 'CLEAN UNDERPANTS', '5 DOLLAR GIFT CARD']
15 PLACES = ['ZOO', 'OLD BARN', 'DUCK POND', 'CITY HALL', 'HIPSTER CAFE', 'BOWLING
   ALLEY', 'VIDEO GAME MUSEUM', 'UNIVERSITY LIBRARY', 'ALBINO ALLIGATOR PIT']
16 TIME_TO_SOLVE = 300  # 300초(5분)이 주어진다.
17
18 # 메뉴 표시를 위해 장소의 첫 번째 글자와 가장 긴 길이가 필요하다:
19 PLACE_FIRST_LETTERS = {}
20 LONGEST_PLACE_NAME_LENGTH = 0
21 for place in PLACES:
22     PLACE_FIRST_LETTERS[place[0]] = place
23     if len(place) > LONGEST_PLACE_NAME_LENGTH:
24         LONGEST_PLACE_NAME_LENGTH = len(place)
25
26 # 상수들의 기본적인 개수 확인:
27 assert len(SUSPECTS) == 9
28 assert len(ITEMS) == 9
29 assert len(PLACES) == 9
30 # 첫 번째 글자는 고유해야 한다:
31 assert len(PLACE_FIRST_LETTERS.keys()) == len(PLACES)
32
33
34 knownSuspectsAndItems = []
35 # visitedPlaces: 키는 장소, 값은 그곳의 용의자와 아이템의 문자열
36 visitedPlaces = {}
37 currentLocation = 'TAXI'   # 이 게임은 택시에서 시작한다.
38 accusedSuspects = []   # 고발된 용의자는 단서를 제공하지 않는다.
39 liars = random.sample(SUSPECTS, random.randint(3, 4))
40 accusationsLeft = 3  # 3명까지 고발할 수 있다.
41 culprit = random.choice(SUSPECTS)
42
43 # 이들을 연결하는 공통 인덱스. 예를 들어, SUSPECTS[0]과 ITEMS[0]은 PLACES[0]에 있다.
44 random.shuffle(SUSPECTS)
```

```
45 random.shuffle(ITEMS)
46 random.shuffle(PLACES)
47
48 # 진실을 말하는 사람들이 제공하는
49 # 아이템과 용의자에 대한 단서의 데이터 구조를 생성한다.
50 # clues: 키는 단서가 제공된 용의자. 값은 '단서 딕셔너리'
51 clues = {}
52 for i, interviewee in enumerate(SUSPECTS):
53     if interviewee in liars:
54         continue  # 여기서 거짓말하는 사람은 건너 뛴다.
55
56     # 이 '단서 딕셔너리'의 키는 아이템과 용의자이며,
57     # 값은 주어진 단서다.
58     clues[interviewee] = {}
59     clues[interviewee]['debug_liar'] = False  # 디버깅에 도움이 된다.
60     for item in ITEMS:  # 각 아이템에 대한 단서를 선택한다.
61         if random.randint(0, 1) == 0:  # 아이템이 어디에 있는지 알려 준다:
62             clues[interviewee][item] = PLACES[ITEMS.index(item)]
63         else:  # 누가 아이템을 가지고 있는지 알려 준다:
64             clues[interviewee][item] = SUSPECTS[ITEMS.index(item)]
65     for suspect in SUSPECTS:  # 각 용의자에 대한 단서를 선택한다.
66         if random.randint(0, 1) == 0:  # 용의자가 어디에 있는지 알려 준다:
67             clues[interviewee][suspect] = PLACES[SUSPECTS.index(suspect)]
68         else:  # 용의자가 가지고 있는 아이템이 무엇인지 알려 준다:
69             clues[interviewee][suspect] = ITEMS[SUSPECTS.index(suspect)]
70
71 # 거짓을 말하는 사람들이 제공하는
72 # 아이템과 용의자에 대한 단서의 데이터 구조를 생성한다:
73 for i, interviewee in enumerate(SUSPECTS):
74     if interviewee not in liars:
75         continue  # 우리는 이미 진실을 말하는 사람들에 대한 처리를 했다.
76
77     # 이 '단서 딕셔너리'의 키는 아이템과 용의자이며,
78     # 값은 주어진 단서다:
79     clues[interviewee] = {}
80     clues[interviewee]['debug_liar'] = True  # 디버깅에 도움이 된다.
81
82     # 이 인터뷰 대상자는 거짓을 말하는 사람이며, 잘못된 단서를 제공한다:
83     for item in ITEMS:
84         if random.randint(0, 1) == 0:
85             while True:  # 무작위로 (잘못된) 장소에 대한 단서를 선택한다.
86                 # 아이템이 있는 장소에 대해 거짓말을 한다.
87                 clues[interviewee][item] = random.choice(PLACES)
88                 if clues[interviewee][item] != PLACES[ITEMS.index(item)]:
89                     # 거짓 단서가 선택되면 루프를 빠져나간다.
90                     break
91         else:
92             while True:  # (잘못된) 용의자에 대한 단서를 무작위로 선택한다.
93                 clues[interviewee][item] = random.choice(SUSPECTS)
94                 if clues[interviewee][item] != SUSPECTS[ITEMS.index(item)]:
95                     # 거짓 단서가 선택되면 루프를 빠져나간다.
96                     break
```

```
 97      for suspect in SUSPECTS:
 98          if random.randint(0, 1) == 0:
 99              while True:  # (잘못된) 장소에 대한 단서를 무작위로 선택한다.
100                  clues[interviewee][suspect] = random.choice(PLACES)
101                  if clues[interviewee][suspect] != PLACES[ITEMS.index(item)]:
102                      # 거짓 단서가 선택되면 루프를 빠져나간다.
103                      break
104          else:
105              while True:  # 무작위로 (잘못된) 아이템에 대한 단서를 선택한다.
106                  clues[interviewee][suspect] = random.choice(ITEMS)
107                  if clues[interviewee][suspect] != ITEMS[SUSPECTS.index(suspect)]:
108                      # 거짓 단서가 선택되면 루프를 빠져나간다.
109                      break
110
111  # 조피에 대해 물었을 때 제공되는 단서에 대한 데이터 구조를 생성한다:
112  zophieClues = {}
113  for interviewee in random.sample(SUSPECTS, random.randint(3, 4)):
114      kindOfClue = random.randint(1, 3)
115      if kindOfClue == 1:
116          if interviewee not in liars:
117              # 누가 조피를 데리고 있는지를 말한다.
118              zophieClues[interviewee] = culprit
119          elif interviewee in liars:
120              while True:
121                  # (잘못된) 용의자 단서를 선택한다.
122                  zophieClues[interviewee] = random.choice(SUSPECTS)
123                  if zophieClues[interviewee] != culprit:
124                      # 거짓 단서가 선택되면 루프를 빠져나간다.
125                      break
126
127      elif kindOfClue == 2:
128          if interviewee not in liars:
129              # 조피가 어디에 있는지를 말한다.
130              zophieClues[interviewee] = PLACES[SUSPECTS.index(culprit)]
131          elif interviewee in liars:
132              while True:
133                  # (잘못된) 장소 단서를 선택한다.
134                  zophieClues[interviewee] = random.choice(PLACES)
135                  if zophieClues[interviewee] != PLACES[SUSPECTS.index(culprit)]:
136                      # 거짓 단서가 선택되면 루프를 빠져나간다.
137                      break
138      elif kindOfClue == 3:
139          if interviewee not in liars:
140              # 조피 근처에 있는 아이템이 무엇인지를 말한다.
141              zophieClues[interviewee] = ITEMS[SUSPECTS.index(culprit)]
142          elif interviewee in liars:
143              while True:
144                  # (잘못된) 아이템 단서를 선택한다.
145                  zophieClues[interviewee] = random.choice(ITEMS)
146                  if zophieClues[interviewee] != ITEMS[SUSPECTS.index(culprit)]:
147                      # 거짓 단서가 선택되면 루프를 빠져나간다.
148                      break
```

```
149
150 # 실험: 단서에 대한 데이터 구조를 보기 위해 다음 코드의 주석을 해제하자:
151 #import pprint
152 #pprint.pprint(clues)
153 #pprint.pprint(zophieClues)
154 #print('culprit =', culprit)
155
156 # 게임의 시작
157 print("""J'ACCUSE! (a mystery game)")
158 By Al Sweigart al@inventwithpython.com
159 Inspired by Homestar Runner\'s "Where\'s an Egg?" game
160
161 You are the world-famous detective, Mathilde Camus.
162 ZOPHIE THE CAT has gone missing, and you must sift through the clues.
163 Suspects either always tell lies, or always tell the truth. Ask them
164 about other people, places, and items to see if the details they give are
165 truthful and consistent with your observations. Then you will know if
166 their clue about ZOPHIE THE CAT is true or not. Will you find ZOPHIE THE
167 CAT in time and accuse the guilty party?
168 """)
169 input('Press Enter to begin...')
170
171
172 startTime = time.time()
173 endTime = startTime + TIME_TO_SOLVE
174
175 while True:  # 메인 게임 루프
176     if time.time() > endTime or accusationsLeft == 0:
177         # '게임 오버' 조건 처리하기:
178         if time.time() > endTime:
179             print('You have run out of time!')
180         elif accusationsLeft == 0:
181             print('You have accused too many innocent people!')
182         culpritIndex = SUSPECTS.index(culprit)
183         print('It was {} at the {} with the {} who catnapped her!'.format(culprit,
         PLACES[culpritIndex], ITEMS[culpritIndex]))
184         print('Better luck next time, Detective.')
185         sys.exit()
186
187     print()
188     minutesLeft = int(endTime - time.time()) // 60
189     secondsLeft = int(endTime - time.time()) % 60
190     print('Time left: {} min, {} sec'.format(minutesLeft, secondsLeft))
191
192     if currentLocation == 'TAXI':
193         print('  You are in your TAXI. Where do you want to go?')
194         for place in sorted(PLACES):
195             placeInfo = ''
196             if place in visitedPlaces:
197                 placeInfo = visitedPlaces[place]
198             nameLabel = '(' + place[0] + ')' + place[1:]
199             spacing = " " * (LONGEST_PLACE_NAME_LENGTH - len(place))
```

```
200              print('{} {}{}'.format(nameLabel, spacing, placeInfo))
201          print('(Q)UIT GAME')
202          while True:    # 유효한 입력이 들어올 때까지 계속 요청한다.
203              response = input('> ').upper()
204              if response == '':
205                  continue    # 다시 요청한다.
206              if response == 'Q':
207                  print('Thanks for playing!')
208                  sys.exit()
209              if response in PLACE_FIRST_LETTERS.keys():
210                  break
211          currentLocation = PLACE_FIRST_LETTERS[response]
212          continue    # 메인 게임 루프의 시작점으로 돌아간다.
213
214      # 장소에서; 플레이어는 단서에 대해 물어볼 수 있다.
215      print('  You are at the {}.'.format(currentLocation))
216      currentLocationIndex = PLACES.index(currentLocation)
217      thePersonHere = SUSPECTS[currentLocationIndex]
218      theItemHere = ITEMS[currentLocationIndex]
219      print('  {} with the {} is here.'.format(thePersonHere, theItemHere))
220
221      # 이 장소의 용의자와 아이템을
222      # 알려진 용의자와 아이템 리스트에 추가한다:
223      if thePersonHere not in knownSuspectsAndItems:
224          knownSuspectsAndItems.append(thePersonHere)
225      if ITEMS[currentLocationIndex] not in knownSuspectsAndItems:
226          knownSuspectsAndItems.append(ITEMS[currentLocationIndex])
227      if currentLocation not in visitedPlaces.keys():
228          visitedPlaces[currentLocation] = '({}, {})'.format(thePersonHere.lower(),
              theItemHere.lower())
229
230      # 플레이어가 이전에 잘못된 사람을 고발했다면,
231      # 단서를 제공하지 않을 것이다:
232      if thePersonHere in accusedSuspects:
233          print('They are offended that you accused them,')
234          print('and will not help with your investigation.')
235          print('You go back to your TAXI.')
236          print()
237          input('Press Enter to continue...')
238          currentLocation = 'TAXI'
239          continue    # 메인 게임 루프의 시작점으로 돌아간다.
240
241      # 질문할 항목으로 알려진 용의자와 아이템을 메뉴로 표시한다:
242      print()
243      print('(J) "J\'ACCUSE!" ({} accusations left)'.format(accusationsLeft))
244      print('(Z) Ask if they know where ZOPHIE THE CAT is.')
245      print('(T) Go back to the TAXI.')
246      for i, suspectOrItem in enumerate(knownSuspectsAndItems):
247          print('({}) Ask about {}'.format(i + 1, suspectOrItem))
248
249      while True:    # 유효한 입력이 들어올 때까지 계속 요청한다.
250          response = input('> ').upper()
```

```
251         if response in 'JZT' or (response.isdecimal() and 0 < int(response) <=
            len(knownSuspectsAndItems)):
252             break
253
254     if response == 'J':   # 플레이어는 이 용의자를 고발한다.
255         accusationsLeft -= 1   # 고발 횟수를 사용한다.
256         if thePersonHere == culprit:
257             # 올바른 용의자를 고발했다.
258             print('You\'ve cracked the case, Detective!')
259             print('It was {} who had catnapped ZOPHIE THE CAT.'.format(culprit))
260             minutesTaken = int(time.time() - startTime) // 60
261             secondsTaken = int(time.time() - startTime) % 60
262             print('Good job! You solved it in {} min, {} sec.'.format(minutesTaken,
                secondsTaken))
263             sys.exit()
264         else:
265             # 잘못된 용의자를 고발했다.
266             accusedSuspects.append(thePersonHere)
267             print('You have accused the wrong person, Detective!')
268             print('They will not help you with anymore clues.')
269             print('You go back to your TAXI.')
270             currentLocation = 'TAXI'
271
272     elif response == 'Z':   # 플레이어는 조피에 대해 묻는다.
273         if thePersonHere not in zophieClues:
274             print('"I don\'t know anything about ZOPHIE THE CAT."')
275         elif thePersonHere in zophieClues:
276             print('  They give you this clue: "{}"'.format(zophieClues[thePersonHere]))
277             # 알려진 것들의 리스트에 장소가 아닌 단서들을 추가한다:
278             if zophieClues[thePersonHere] not in knownSuspectsAndItems and
                zophieClues[thePersonHere] not in PLACES:
279                 knownSuspectsAndItems.append(zophieClues[thePersonHere])
280
281     elif response == 'T':   # 플레이어는 택시로 돌아간다.
282         currentLocation = 'TAXI'
283         continue   # 메인 게임 루프의 시작점으로 돌아간다.
284
285     else:   # 플레이어는 용의자 또는 아이템에 대해 묻는다.
286         thingBeingAskedAbout = knownSuspectsAndItems[int(response) - 1]
287         if thingBeingAskedAbout in (thePersonHere, theItemHere):
288             print('  They give you this clue: "No comment."')
289         else:
290             print('  They give you this clue:
                "{}"'.format(clues[thePersonHere][thingBeingAskedAbout]))
291             # 알려진 것들의 리스트에 장소가 아닌 단서들을 추가한다:
292             if clues[thePersonHere][thingBeingAskedAbout] not in knownSuspectsAndItems
                and clues[thePersonHere][thingBeingAskedAbout] not in PLACES:
293                 knownSuspectsAndItems.append(clues[thePersonHere]
                    [thingBeingAskedAbout])
294
295     input('Press Enter to continue...')
```

프로그램 살펴보기

다음 질문에 대한 답을 찾아보자. 코드를 약간 수정하여 테스트하고, 변경 사항이 어떠한 영향을 미쳤는지 확인해 보자.

1. 16행에 있는 TIME_TO_SOLVE = 300을 TIME_TO_SOLVE = 0으로 바꾸면 어떻게 되는가?

2. 176행에 있는 time.time() > endTime or accusationsLeft == 0을 time.time() > endTime and accusationsLeft == 0으로 바꾸면 어떻게 되는가?

3. 198행에 있는 place[1:]을 place로 변경하면 어떻게 되는가?

4. 173행에 있는 startTime + TIME_TO_SOLVE를 startTime * TIME_TO_SOLVE로 바꾸면 어떻게 되는가?

#39

랭턴의 개미

개미들이 간단한 규칙에 따라 움직이는 셀 자동화

간단한 규칙이 복잡한 그래픽 패턴을 어떻게 만드는지 살펴보자

랭턴의 개미Langton's Ant는 프로젝트 13번의 '콘웨이의 라이프 게임'과 비슷한 2차원 그리드상에서의 셀 자동화 시뮬레이션이다. 이 시뮬레이션에서 '개미'는 검정색이나 흰색 중 하나의 정사각형 셀에서 시작한다. 그 공간이 첫 번째 색상이면 개미는 그것을 두 번째 색상으로 바꾸고, 오른쪽으로 90도 회전한 후 한 칸 전진한다. 만약에 두 번째 색상이라면 그것을 첫 번째 색상으로 바꾸고, 왼쪽으로 90도 회전한 후 한 칸 전진한다. 매우 간단한 규칙이지만 이 시뮬레이션은 복잡한 동작을 보여 준다. 아울러 이 시뮬레이션에는 동일한 공간 내에 여러 마리의 개미가 존재할 수 있으므로, 각 개미들이 색상을 바꾸며 움직이다가 서로 교차할 때는 매우 흥미로운 결과가 나타난다. 랭턴의 개미는 1986년 컴퓨터 과학자 크리스 랭턴Chris Langton에 의해 발명되었다. 이에 대한 자세한 내용은 위키백과(https://ko.wikipedia.org/wiki/랭턴의_개미)를 참고하자. 이 프로그램은 bext 모듈을 사용하기 때문에 명령 프롬프트 또는 터미널에서 실행해야 올바르게 보인다. bext 모듈에 대한 자세한 내용은 https://pypi.org/project/bext/를 참고하자.

프로그램 실행

그림 39-1은 **langtonsant.py**를 실행한 결과다.

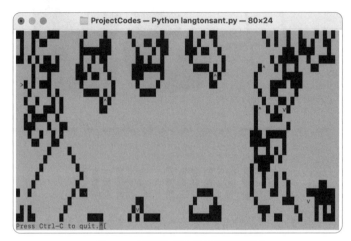

그림 39-1 랭턴의 개미 셀 자동화의 결과

동작 원리

이번 프로그램은 두 가지 '방향'을 사용한다. 한편으로 각 개미를 나타내는 딕셔너리에는 동서남북의 **기본 방향**cardinal directions을 사용하여 저장된다. 하지만 왼쪽으로 회전할지, 오른쪽으로 회전할지(위에서 개미를 볼 때 반시계 방향 또는 시계 방향)는 **회전 방향**rotational direction을 사용한다. 개미는 자신이 서 있는 타일에 따라 왼쪽 또는 오른쪽으로 회전해야 하므로, 78~100행 은 개미의 현재 기본 방향을 기준으로 한 새로운 기본 방향과 회전 방향을 설정한다.

```
 1 """Langton's Ant, by Al Sweigart al@inventwithpython.com
 2 A cellular automata animation. Press Ctrl-C to stop.
 3 More info: https://en.wikipedia.org/wiki/Langton%27s_ant
 4 This code is available at https://nostarch.com/big-book-small-python-programming
 5 Tags: large, artistic, bext, simulation"""
 6
 7 import copy, random, sys, time
 8
 9 try:
10     import bext
11 except ImportError:
```

```
12      print('This program requires the bext module, which you')
13      print('can install by following the instructions at')
14      print('https://pypi.org/project/Bext/')
15      sys.exit()
16
17  # 상수 설정하기:
18  WIDTH, HEIGHT = bext.size()
19  # 자동으로 줄바꿈을 추가하지 않으면 윈도우에서 마지막 열을 출력할 수 없으므로,
20  # 폭을 하나 줄인다.
21  WIDTH -= 1
22  HEIGHT -= 1   # 하단의 종료 메시지를 위한 조정
23
24  NUMBER_OF_ANTS = 10   # (!) 이 값을 1 또는 50으로 바꿔 보자.
25  PAUSE_AMOUNT = 0.1   # (!) 이 값을 1.0 또는 0.0으로 바꿔 보자.
26
27  # (!) 각 방향마다 다른 모양이 되도록 변경해 보자.
28  ANT_UP = '^'
29  ANT_DOWN = 'v'
30  ANT_LEFT = '<'
31  ANT_RIGHT = '>'
32
33  # (!) 이 색상들을 'black', 'red', 'green', 'yellow',
34  # 'blue', 'purple', 'cyan', 'white' 중 하나로 바꿔 보자.
35  # (이 색상들은 bext 모듈이 지원하는 유일한 색상이다.)
36  ANT_COLOR = 'red'
37  BLACK_TILE = 'black'
38  WHITE_TILE = 'white'
39
40  NORTH = 'north'
41  SOUTH = 'south'
42  EAST = 'east'
43  WEST = 'west'
44
45
46  def main():
47      bext.fg(ANT_COLOR)   # 개미의 색상은 포그라운드 색상이다.
48      bext.bg(WHITE_TILE)   # 백그라운드를 흰색으로 설정한다.
49      bext.clear()
50
51      # 새로운 보드 데이터 구조를 생성한다:
52      board = {'width': WIDTH, 'height': HEIGHT}
53
54      # 개미 데이터 구조를 생성한다:
55      ants = []
56      for i in range(NUMBER_OF_ANTS):
57          ant = {
58              'x': random.randint(0, WIDTH - 1),
59              'y': random.randint(0, HEIGHT - 1),
60              'direction': random.choice([NORTH, SOUTH, EAST, WEST]),
61          }
62          ants.append(ant)
63
```

```
64    # 어떤 타일이 변경되었는지 추적하고
65    # 화면에 다시 그려야 한다:
66    changedTiles = []
67
68    while True:   # 메인 프로그램 루프
69        displayBoard(board, ants, changedTiles)
70        changedTiles = []
71
72        # nextBoard는 시뮬레이션에서의 다음 단계 보드 모양이다.
73        # 현재 단계의 보드를 복사하여 시작한다:
74        nextBoard = copy.copy(board)
75
76        # 각 개미에 대해 시뮬레이션을 한 단계씩 실행한다:
77        for ant in ants:
78            if board.get((ant['x'], ant['y']), False) == True:
79                nextBoard[(ant['x'], ant['y'])] = False
80                # 시계 방향으로 회전하기:
81                if ant['direction'] == NORTH:
82                    ant['direction'] = EAST
83                elif ant['direction'] == EAST:
84                    ant['direction'] = SOUTH
85                elif ant['direction'] == SOUTH:
86                    ant['direction'] = WEST
87                elif ant['direction'] == WEST:
88                    ant['direction'] = NORTH
89            else:
90                nextBoard[(ant['x'], ant['y'])] = True
91                # 반시계 방향으로 회전하기:
92                if ant['direction'] == NORTH:
93                    ant['direction'] = WEST
94                elif ant['direction'] == WEST:
95                    ant['direction'] = SOUTH
96                elif ant['direction'] == SOUTH:
97                    ant['direction'] = EAST
98                elif ant['direction'] == EAST:
99                    ant['direction'] = NORTH
100           changedTiles.append((ant['x'], ant['y']))
101
102           # 개미가 향하고 있는 방향이 어느 쪽이든 앞으로 이동시킨다:
103           if ant['direction'] == NORTH:
104               ant['y'] -= 1
105           if ant['direction'] == SOUTH:
106               ant['y'] += 1
107           if ant['direction'] == WEST:
108               ant['x'] -= 1
109           if ant['direction'] == EAST:
110               ant['x'] += 1
111
112           # 개미가 화면 가장자리를 지나게 된다면,
113           # 반대쪽으로 나오도록 한다.
114           ant['x'] = ant['x'] % WIDTH
115           ant['y'] = ant['y'] % HEIGHT
```

```
116
117                     changedTiles.append((ant['x'], ant['y']))
118
119         board = nextBoard
120
121
122 def displayBoard(board, ants, changedTiles):
123     """화면에 보드와 개미를 표시한다.
124     changedTiles 인수는 변경되어 다시 그려야 하는 화면상의 타일에 대한
125     (x, y) 튜플 리스트다."""
126
127     # 보드 데이터 구조 그리기:
128     for x, y in changedTiles:
129         bext.goto(x, y)
130         if board.get((x, y), False):
131             bext.bg(BLACK_TILE)
132         else:
133             bext.bg(WHITE_TILE)
134
135         antIsHere = False
136         for ant in ants:
137             if (x, y) == (ant['x'], ant['y']):
138                 antIsHere = True
139                 if ant['direction'] == NORTH:
140                     print(ANT_UP, end='')
141                 elif ant['direction'] == SOUTH:
142                     print(ANT_DOWN, end='')
143                 elif ant['direction'] == EAST:
144                     print(ANT_LEFT, end='')
145                 elif ant['direction'] == WEST:
146                     print(ANT_RIGHT, end='')
147                 break
148         if not antIsHere:
149             print(' ', end='')
150
151     # 화면 하단에 종료 메시지 표시하기:
152     bext.goto(0, HEIGHT)
153     bext.bg(WHITE_TILE)
154     print('Press Ctrl-C to quit.', end='')
155
156     sys.stdout.flush()   # (bext를 사용하는 프로그램에 필요하다.)
157     time.sleep(PAUSE_AMOUNT)
158
159
160 # 이 프로그램이 다른 프로그램에 임포트(import)된 게 아니라면 게임이 실행된다:
161 if __name__ == '__main__':
162     try:
163         main()
164     except KeyboardInterrupt:
165         print("Langton's Ant, by Al Sweigart al@inventwithpython.com")
166         sys.exit()   # Ctrl-C를 누르면 프로그램을 종료한다.
```

소스 코드를 입력하고 여러 번 실행한 후, 실험을 위해 몇 가지를 변경해 보자. (!) 마크가 있는

주석은 여러분이 할 수 있는 간단한 변경에 대해 제안한 것이다. 다음 내용에 대해 스스로 방법을 찾아보자.

- 플레이어가 보드의 타일 상태를 텍스트 파일로 저장하거나 로드할 수 있게 하자.
- 새로운 행동 규칙으로 타일 상태를 추가하고 어떤 동작이 나타나는지 확인하자.
- 랭턴의 개미에 대한 위키백과에서 제안된 몇 가지 아이디어를 구현하자.

프로그램 살펴보기

다음 질문에 대한 답을 찾아보자. 코드를 약간 수정하여 테스트하고, 변경 사항이 어떠한 영향을 미쳤는지 확인해 보자.

1. **149행**에 있는 print(' ', end='')를 print('.', end='')로 바꾸면 어떻게 되는가?
2. **106행**에 있는 ant['y'] += 1을 ant['y'] -= 1로 바꾸면 어떻게 되는가?
3. **79행**에 있는 nextBoard[(ant['x'], ant['y'])] = False를 nextBoard[(ant['x'], ant['y'])] = True로 바꾸면 어떻게 되는가?
4. **21행**에 있는 WIDTH -= 1을 WIDTH -= 40으로 바꾸면 어떻게 되는가?
5. **119행**에 있는 board = nextBoard를 board = board로 바꾸면 어떻게 되는가?

#40

리트 스피크

영어 메시지를 리트 스피크로 변환한다

텍스트를 파싱하고 문자열을 조작한다

텍스트의 문자를 숫자로 치환하는 것은 미친 해커의 기술을 설명하기에 좋은 예제다. m4d h4x0r 5k1llz!!![7] 이번 프로그램은 일반적인 영어를 온라인에서 가장 멋진 대화 방법(적어도 1993년에는 가장 멋진 방법이었다)인 리트 스피크leetspeak로 자동 변환한다.

익숙해지는 데 시간이 걸리겠지만, 조금만 연습하면 리트 스피크를 유창하게 읽을 수 있게 될 것이다. 예를 들면, 1t +@]<3s 4 w|-|1le +o g37 |_|s3) 70, b|_|+ y0u (an 3\/3nt|_|/-\lly r3a|) l33t$peak phl|_|3n+ly와 같이 말이다. 처음에는 리트 스피크를 읽는 게 어려울 수 있지만, 이번 프로그램 자체는 간단해서 초보자에게 알맞을 것이다. 리트 스피크에 대한 자세한 내용은 위키백과(https://ko.wikipedia.org/wiki/리트_(인터넷))를 참고하자.

---

7 [옮긴이] mad hacker skill!!!을 리트 스피크로 표현한 예다.

프로그램 실행

leetspeak.py를 실행하면 다음과 같다.

```
L3375P34]< (leetspeek)
By Al Sweigart al@inventwithpython.com

Enter your leet message:
> I am a leet hacker. Fear my mad skills. The 90s were over two decades ago.

| am 4 l3e7 (]-[@(k3r. ph34r my m/-\d 5kills. T|-|3 90s w3r3 o\/3r tw0 |)3c4|)3s 4g0.
(Copied leetspeak to clipboard.)
```

동작 원리

36행의 charMapping 변수에 있는 딕셔너리는 일반적인 영어 문자를 리트 스피크 문자로 매핑한다. 하지만 예를 들어 't'라는 문자에 대해 사용할 수 있는 리트 스피크 문자로 '7' 또는 '+'가 있듯, 여러 개의 사용 가능한 리트 스피크 문자가 존재할 수 있으므로 charMapping 딕셔너리의 각 값을 문자열 리스트로 한다. 새로운 리트 스피크 문자열을 만들 때, 이 프로그램은 원래의 영어 문자를 사용할 확률을 30퍼센트로, 하고 리트 스피크 문자를 사용할 확률을 70퍼센트로 한다. 즉, 동일한 영어 메시지라 하더라도 다양한 리트 스피크로 변환될 수 있다는 의미다.

```
 1  """Leetspeak, by Al Sweigart al@inventwithpython.com
 2  Translates English messages into l33t5p34]<.
 3  This code is available at https://nostarch.com/big-book-small-python-programming
 4  Tags: tiny, beginner, word"""
 5
 6  import random
 7
 8  try:
 9      import pyperclip  # pyperclip은 텍스트를 클립보드에 복사한다.
10  except ImportError:
11      pass   # 만약에 pyperclip이 설치되어 있지 않다면 아무것도 하지 않는다. 큰 일은 아니다.
12
13
14  def main():
15      print('''L3375P34]< (leetspeek)
16  By Al Sweigart al@inventwithpython.com
17
18  Enter your leet message:''')
19      english = input('> ')
20      print()
21      leetspeak = englishToLeetspeak(english)
```

```
22      print(leetspeak)
23
24      try:
25          # pyperclip이 임포트되지 않았다면,
26          # pyperclip을 사용하려고 할 때 NameError 예외가 발생할 것이다:
27          pyperclip.copy(leetspeak)
28          print('(Copied leetspeak to clipboard.)')
29      except NameError:
30          pass  # 만약에 pyperclip이 설치되어 있지 않다면 아무것도 하지 않는다.
31
32
33 def englishToLeetspeak(message):
34     """메시지에 있는 영어 문자열을 변환하여 리트 스피크를 반환한다."""
35     # 'charMapping'의 모든 키를 소문자로 한다.
36     charMapping = {
37     'a': ['4', '@', '/-\\'], 'c': ['('], 'd': [')'], 'e': ['3'],
38     'f': ['ph'], 'h': [']-[', '|-|'], 'i': ['1', '!', '|'], 'k': [']<'],
39     'o': ['0'], 's': ['$', '5'], 't': ['7', '+'], 'u': ['|_|'],
40     'v': ['\\/']}
41     leetspeak = ''
42     for char in message:  # 각 문자를 확인한다:
43         # 문자를 리트 스피크로 변환할 확률은 70퍼센트다.
44         if char.lower() in charMapping and random.random() <= 0.70:
45             possibleLeetReplacements = charMapping[char.lower()]
46             leetReplacement = random.choice(possibleLeetReplacements)
47             leetspeak = leetspeak + leetReplacement
48         else:
49             # 이 문자는 변환하지 않는다:
50             leetspeak = leetspeak + char
51     return leetspeak
52
53
54 # 이 프로그램이 다른 프로그램에 임포트(import)된 게 아니라면 게임이 실행된다:
55 if __name__ == '__main__':
56     main()
```

소스 코드를 입력하고 여러 번 실행한 후, 실험을 위해 몇 가지를 변경해 보자. 그리고 다음 내용에 대해 스스로 방법을 찾아보자.

- 새로운 리트 스피크 문자를 지원하도록 charMapping 딕셔너리를 수정하자.
- 리트 스피크 문자를 일반 영어 문자로 돌려 놓는 기능을 추가하자.

프로그램 살펴보기

다음 질문에 대한 답을 찾아보자. 코드를 약간 수정하여 테스트하고, 변경 사항이 어떠한 영향을 미쳤는지 확인해 보자.

1. **51행**에 있는 return leetspeak를 return message로 바꾸면 어떻게 되는가?

2. **44행**에 있는 char.lower()를 char로 바꾸면 어떻게 되는가?

3. **44행**에 있는 char.lower()를 char.upper()로 바꾸면 어떻게 되는가?

4. **47행**에 있는 leetspeak = leetspeak + leetReplacement를 leetspeak = leetReplacement로 바꾸면 어떻게 되는가?

#41

럭키 스타

행운을 비는 주사위 게임

아스키 아트와 확률을 연습한다

이번 게임에서 여러분은 주사위를 굴려 별을 수집하게 된다. 주사위를 많이 굴릴수록 더 많은 별을 얻을 수 있지만, 해골이 세 번 나오면 모든 것을 잃게 된다! 이 게임은 여러 명의 플레이어를 지원하므로, 파티하는 도중에 함께 즐길 수 있는 게임이 될 것이다.

여러분의 차례가 되면, 주사위 컵에서 무작위로 3개의 주사위를 골라 굴린다. 별, 해골, 물음표가 나올 수 있다. 주사위를 굴렸다면, 나온 별만큼 점수를 얻게 된다. 만약에 다시 굴리기를 선택하면, 물음표가 나온 주사위는 그대로 유지한 상태로 별 또는 해골이 나왔던 주사위를 새로운 주사위로 바꾼다. 만약 해골을 세 번 얻게 되면, 모아 둔 모든 별을 잃게 되고 여러분의 차례가 끝난다.

어떤 플레이어가 13점을 얻게 되면, 다른 플레이어들은 마지막으로 한 턴(차례)을 갖게 된다. 결국 가장 많은 점수를 얻은 플레이어가 이긴다.

주사위 컵에는 골드 주사위 6개, 실버 주사위 4개, 그리고 브론즈 주사위 3개가 있다. 골드 주사위에는 별이 더 많고, 브론즈 주사위에는 해골이 더 많으며, 실버 주사위에는 별과 해골의 개수가 동일하다.

프로그램 실행

luckystars.py를 실행하면 다음과 같다.

```
Lucky Stars, by Al Sweigart al@inventwithpython.com
--중략--
SCORES: Peter = 0, jPub = 0

It is Peter's turn.

+-----------+ +-----------+ +-----------+
|           | |     .     | |           |
|           | |    ,O,    | |           |
|     ?     | | 'ooOOOoo' | |     ?     |
|           | |   `OOO`   | |           |
|           | |   O' 'O   | |           |
+-----------+ +-----------+ +-----------+
    GOLD          GOLD          GOLD
Stars collected: 1   Skulls collected: 0
Peter, do you want to roll again? Y/N
> y

+-----------+ +-----------+ +-----------+
|    ___    | |     .     | |     .     |
|   /   \   | |    ,O,    | |    ,O,    |
|  |() ()|  | | 'ooOOOoo' | | 'ooOOOoo' |
|   \ ^ /   | |   `OOO`   | |   `OOO`   |
|    VVV    | |   O' 'O   | |   O' 'O   |
+-----------+ +-----------+ +-----------+
    GOLD          GOLD         SILVER
Stars collected: 3   Skulls collected: 1
Peter, do you want to roll again? Y/N
--중략--
```

동작 원리

이 프로그램에서 사용되는 텍스트 기반의 그래픽은 STAR_FACE, SKULL_FACE, 그리고 QUESTION_FACE 변수에 문자열로 저장된다. 이 형식을 사용하면 코드 편집기에서 편하게 작성할 수 있다. ⟨154~157행⟩의 코드는 화면에 표시하는 코드다. 3개의 주사위가 함께 표시되므로, 화면에 출력할 때 3개의 주사위 면 텍스트 전체를 행 단위로 출력해야 한다. 단순히 print(STAR_FACE) 식의 코드로 실행하면 각 주사위 면이 옆으로 나오는 게 아니라 위로 나타나게 될 것이다.

```
 1 """Lucky Stars, by Al Sweigart al@inventwithpython.com
 2 A "press your luck" game where you roll dice to gather as many stars
 3 as possible. You can roll as many times as you want, but if you roll
 4 three skulls you lose all your stars.
 5
 6 Inspired by the Zombie Dice game from Steve Jackson Games.
 7 This code is available at https://nostarch.com/big-book-small-python-programming
 8 Tags: large, game, multiplayer"""
 9
10 import random
11
12 # 상수 설정하기:
13 GOLD = 'GOLD'
14 SILVER = 'SILVER'
15 BRONZE = 'BRONZE'
16
17 STAR_FACE = ["+----------+",
18              "|     .    |",
19              "|    ,0,   |",
20              "| 'oo000oo' |",
21              "|   '000'  |",
22              "|   0' '0  |",
23              "+----------+"]
24 SKULL_FACE = ['+----------+',
25              '|   ___    |',
26              '|  / \\   |',
27              '| |() ()| |',
28              '| \\ ^ /  |',
29              '|   VVV    |',
30              '+----------+']
31 QUESTION_FACE = ['+----------+',
32                 '|          |',
33                 '|          |',
34                 '|    ?     |',
35                 '|          |',
36                 '|          |',
37                 '+----------+']
38 FACE_WIDTH = 13
39 FACE_HEIGHT = 7
40
41 print("""Lucky Stars, by Al Sweigart al@inventwithpython.com
42
43 A "press your luck" game where you roll dice with Stars, Skulls, and
44 Question Marks.
45
46 On your turn, you pull three random dice from the dice cup and roll
```

```
47 them. You can roll Stars, Skulls, and Question Marks. You can end your
48 turn and get one point per Star. If you choose to roll again, you keep
49 the Question Marks and pull new dice to replace the Stars and Skulls.
50 If you collect three Skulls, you lose all your Stars and end your turn.
51
52 When a player gets 13 points, everyone else gets one more turn before
53 the game ends. Whoever has the most points wins.
54
55 There are 6 Gold dice, 4 Silver dice, and 3 Bronze dice in the cup.
56 Gold dice have more Stars, Bronze dice have more Skulls, and Silver is
57 even.
58 """)
59
60 print('How many players are there?')
61 while True:  # 사용자가 숫자를 입력할 때까지 루프를 돈다.
62     response = input('> ')
63     if response.isdecimal() and int(response) > 1:
64         numPlayers = int(response)
65         break
66     print('Please enter a number larger than 1.')
67
68 playerNames = []  # 플레이어의 이름(문자열) 리스트
69 playerScores = {}  # 키는 플레이어 이름이고, 값은 점수다.
70 for i in range(numPlayers):
71     while True:  # 이름을 입력할 때까지 루프를 돈다.
72         print('What is player #' + str(i + 1) + '\'s name?')
73         response = input('> ')
74         if response != '' and response not in playerNames:
75             playerNames.append(response)
76             playerScores[response] = 0
77             break
78         print('Please enter a name.')
79 print()
80
81 turn = 0  # playerNames[0]의 플레이어가 먼저 한다.
82 # (!) 'Al'이라는 이름의 플레이어가 3점을 가지고 시작하도록 주석을 해제하자:
83 #playerScores['Al'] = 3
84 endGameWith = None
85 while True:  # 메인 게임 루프
86     # 모든 플레이어의 점수를 표시한다:
87     print()
88     print('SCORES: ', end='')
89     for i, name in enumerate(playerNames):
90         print(name + ' = ' + str(playerScores[name]), end='')
91         if i != len(playerNames) - 1:
92             # 모든 플레이어의 이름이 구분되도록 마지막 플레이어 이름을 제외하고 콤마를 붙인다.
93             print(', ', end='')
94     print('\n')
95
96     # 수집한 별과 해골 수를 0으로 시작한다.
97     stars = 0
98     skulls = 0
```

```
 99     # 컵에는 골드 주사위 6개, 실버 주사위 4개, 브론즈 주사위 3개가 있다:
100     cup = ([GOLD] * 6) + ([SILVER] * 4) + ([BRONZE] * 3)
101     hand = []    # 여러분의 손은 주사위 없이 시작한다.
102     print('It is ' + playerNames[turn] + '\'s turn.')
103     while True:   # 이 루프가 돌 때마다 주사위를 굴린다.
104         print()
105
106         # 컵에 주사위가 충분히 남아 있는지 확인한다:
107         if (3 - len(hand)) > len(cup):
108             # 주사위가 충분히 남아 있지 않기 때문에 이번 턴을 끝낸다:
109             print('There aren\'t enough dice left in the cup to '
110                 + 'continue ' + playerNames[turn] + '\'s turn.')
111             break
112
113         # 여러분의 손에 3개의 주사위를 가질 때까지 컵에서 주사위를 가져온다:
114         random.shuffle(cup)    # 컵에 있는 주사위를 섞는다.
115         while len(hand) < 3:
116             hand.append(cup.pop())
117
118         # 주사위를 굴린다:
119         rollResults = []
120         for dice in hand:
121             roll = random.randint(1, 6)
122             if dice == GOLD:
123                 # 골드 주사위(별 3개, 물음표 2개, 해골 1개) 굴리기:
124                 if 1 <= roll <= 3:
125                     rollResults.append(STAR_FACE)
126                     stars += 1
127                 elif 4 <= roll <= 5:
128                     rollResults.append(QUESTION_FACE)
129                 else:
130                     rollResults.append(SKULL_FACE)
131                     skulls += 1
132             if dice == SILVER:
133                 # 실버 주사위(별 2개, 물음표 2개, 해골 2개) 굴리기:
134                 if 1 <= roll <= 2:
135                     rollResults.append(STAR_FACE)
136                     stars += 1
137                 elif 3 <= roll <= 4:
138                     rollResults.append(QUESTION_FACE)
139                 else:
140                     rollResults.append(SKULL_FACE)
141                     skulls += 1
142             if dice == BRONZE:
143                 # 브론즈 주사위(별 1개, 물음표 2개, 해골 3개) 굴리기:
144                 if roll == 1:
145                     rollResults.append(STAR_FACE)
146                     stars += 1
147                 elif 2 <= roll <= 4:
148                     rollResults.append(QUESTION_FACE)
149                 else:
150                     rollResults.append(SKULL_FACE)
```

```python
151                 skulls += 1
152
153         # 주사위 결과 표시하기:
154         for lineNum in range(FACE_HEIGHT):
155             for diceNum in range(3):
156                 print(rollResults[diceNum][lineNum] + ' ', end='')
157             print()   # 개행 출력하기
158
159         # 주사위의 타입(골드, 실버, 브론즈)을 표시한다:
160         for diceType in hand:
161             print(diceType.center(FACE_WIDTH) + ' ', end='')
162     print()   # 개행 출력하기
163
164     print('Stars collected:', stars, '  Skulls collected:', skulls)
165
166     # 해골이 3개 이상 나왔는지 확인하기:
167     if skulls >= 3:
168         print('3 or more skulls means you\'ve lost your stars!')
169         input('Press Enter to continue...')
170         break
171
172     print(playerNames[turn] + ', do you want to roll again? Y/N')
173     while True:   # 플레이어가 Y 또는 N을 입력할 때까지 계속 요청한다:
174         response = input('> ').upper()
175         if response != '' and response[0] in ('Y', 'N'):
176             break
177         print('Please enter Yes or No.')
178
179     if response.startswith('N'):
180         print(playerNames[turn], 'got', stars, 'stars!')
181         # 별의 개수를 플레이어의 전체 스코어에 추가한다:
182         playerScores[playerNames[turn]] += stars
183
184         # 플레이어가 13점 이상을 획득했는지 확인한다:
185         # (!) 이 값을 5 또는 50으로 바꿔 보자.
186         if (endGameWith == None
187             and playerScores[playerNames[turn]] >= 13):
188             # 플레이어가 13점 이상을 획득했다면,
189             # 나머지 다른 모든 플레이어를 위해 한 번의 라운드를 플레이한다:
190             print('\n\n' + ('!' * 60))
191             print(playerNames[turn] + ' has reached 13 points!!!')
192             print('Everyone else will get one more turn!')
193             print(('!' * 60) + '\n\n')
194             endGameWith = playerNames[turn]
195         input('Press Enter to continue...')
196         break
197
198     # 별과 해골을 버리고 물음표만 유지한다:
199     nextHand = []
200     for i in range(3):
201         if rollResults[i] == QUESTION_FACE:
202             nextHand.append(hand[i])   # 물음표를 유지한다.
```

```
203          hand = nextHand
204
205      # 다음 플레이어 턴으로 이동한다:
206      turn = (turn + 1) % numPlayers
207
208      # 게임이 끝났다면, 이 루프에서 빠져나간다:
209      if endGameWith == playerNames[turn]:
210          break    # 게임을 종료한다.
211
212 print('The game has ended...')
213
214 # 모든 플레이어의 스코어를 표시한다:
215 print()
216 print('SCORES: ', end='')
217 for i, name in enumerate(playerNames):
218      print(name + ' = ' + str(playerScores[name]), end='')
219      if i != len(playerNames) - 1:
220          # 모든 플레이어의 이름이 구분되도록 마지막 플레이어의 이름을 제외하고 콤마를 붙인다.
221          print(', ', end='')
222 print('\n')
223
224 # 승자가 누구인지 알아낸다:
225 highestScore = 0
226 winners = []
227 for name, score in playerScores.items():
228      if score > highestScore:
229          # 이 플레이어의 스코어가 가장 높다:
230          highestScore = score
231          winners = [name]    # 이전 승자에 덮어 쓴다.
232      elif score == highestScore:
233          # 이 플레이어는 가장 높은 스코어와 동점이다.
234          winners.append(name)
235
236 if len(winners) == 1:
237      # 단 한 명의 승자만 있다:
238      print('The winner is ' + winners[0] + '!!!')
239 else:
240      # 여러 명의 승자가 있다:
241      print('The winners are: ' + ', '.join(winners))
242
243 print('Thanks for playing!')
```

소스 코드를 입력하고 여러 번 실행한 후, 실험을 위해 몇 가지를 변경해 보자. (!) 마크가 있는
주석은 여러분이 할 수 있는 간단한 변경에 대해 제안한 것이다. 다음 내용에 대해 스스로 방법
을 찾아보자.

프로그램 살펴보기

다음 질문에 대한 답을 찾아보자. 코드를 약간 수정하여 테스트하고, 변경 사항이 어떠한 영향을 미쳤는지 확인해 보자.

1. `114행`에 있는 random.shuffle(cup)을 삭제하거나 주석 처리하면 어떻게 되는가?

2. `167행`에 있는 skulls >= 3을 skulls > 3으로 바꾸면 어떻게 되는가?

3. `206행`에 있는 (turn + 1) % numPlayers를 (turn + 1)로 바꾸면 어떤 에러 메시지가 나오는가?

4. `84행`에 있는 endGameWith = None을 endGameWith = playerNames[0]으로 바꾸면 어떻게 되는가?

5. `170행`에 있는 break를 삭제하거나 주석 처리하면 어떻게 되는가?

6. `76행`에 있는 playerScores[response] = 0을 playerScores[response] = 10으로 변경하면 어떻게 되는가?

#42

매직 포춘 볼

미래에 대한 예/아니오 질문에 답을 하는 프로그램

기본적인 텍스트가 더욱 흥미롭게 보이도록 꾸미기 기능을 추가한다

이번 프로그램인 매직 포춘 볼Magic Fortune Ball은 미래를 예측하고 파이썬의 랜덤 수 모듈의 힘을 사용하여 100퍼센트 정확도로 여러분의 예/아니오 질문에 답을 할 것이다. 이 프로그램은 흔들지 않아도 된다는 점을 제외하면 매직 8볼Magic 8 Ball 장난감과 비슷하다. 또한, 메시지에 으스스하고 미스테리한 효과를 주기 위해 각 문자 사이에 공백이 있는 텍스트 문자열을 천천히 출력하는 기능도 있다.

대부분의 코드는 섬뜩한 분위기를 설정하는 데 전념한다. 프로그램 자체는 무작위 수에 대한 응답으로 표시할 메시지를 선택하는 것뿐이다.

프로그램 실행

magicfortuneball.py를 실행하면 다음과 같다.

```
MAGiC  FORTUNE  BALL,  BY  AL  SWEiGART

ASK  ME  YOUR  YES/NO  QUESTiON.

> Isn't fortune telling just a scam to trick money out of gullible people?
HMMM...  ARE  YOU  SURE  YOU  WANT  TO  KNOW..?

. . . . . . .

i  HAVE  AN  ANSWER...

i  AM  PROGRAMMED  TO  SAY  YES
```

동작 원리

매직 포춘 볼이 실제로 하는 유일한 작업은 무작위로 선택된 문자열을 표시하는 것이다. 사용자의 질문은 완전히 무시한다. 물론 28행 에서는 input('> ')을 호출하기도 하지만, 프로그램에서는 입력된 텍스트를 실제로 사용하지 않기 때문에 어떤 변수에도 저장하지 않는다. 사용자에게 질문을 입력하게 하면 마치 프로그램이 투시력을 가진 것 같은 기운이 느껴진다.

slowSpacePrint() 함수는 메시지가 특별하게 보이도록 대문자 텍스트 I를 소문자로 표시한다. 또한 이 함수는 문자열의 각 문자 사이에 공백을 추가하며, 잠시 멈추면서 천천히 표시한다. 재미로 미래를 예측하는 것이므로 프로그램이 복잡할 필요는 없다!

```python
1 """Magic Fortune Ball, by Al Sweigart al@inventwithpython.com
2 Ask a yes/no question about your future. Inspired by the Magic 8 Ball.
3 This code is available at https://nostarch.com/big-book-small-python-programming
4 Tags: tiny, beginner, humor"""
5
6 import random, time
7
8
9 def slowSpacePrint(text, interval=0.1):
10     """각 문자와 소문자 i 사이에
11     공백이 있는 텍스트를 천천히 표시한다."""
12     for character in text:
13         if character == 'I':
14             # 대문자 I를 소문자로 표시한다:
15             print('i ', end='', flush=True)
```

```
16        else:
17            # 다른 문자들은 그대로 표시한다:
18            print(character + ' ', end='', flush=True)
19        time.sleep(interval)
20    print()  # 끝에 두 줄 개행한다.
21    print()
22
23
24 # 질문에 대한 프롬프트:
25 slowSpacePrint('MAGIC FORTUNE BALL, BY AL SWEiGART')
26 time.sleep(0.5)
27 slowSpacePrint('ASK ME YOUR YES/NO QUESTION.')
28 input('> ')
29
30 # 간단한 응답을 표시한다:
31 replies = [
32    'LET ME THINK ON THIS...',
33    'AN INTERESTING QUESTION...',
34    'HMMM... ARE YOU SURE YOU WANT TO KNOW..?',
35    'DO YOU THINK SOME THINGS ARE BEST LEFT UNKNOWN..?',
36    'I MIGHT TELL YOU, BUT YOU MIGHT NOT LIKE THE ANSWER...',
37    'YES... NO... MAYBE... I WILL THINK ON IT...',
38    'AND WHAT WILL YOU DO WHEN YOU KNOW THE ANSWER? WE SHALL SEE...',
39    'I SHALL CONSULT MY VISIONS...',
40    'YOU MAY WANT TO SIT DOWN FOR THIS...',
41 ]
42 slowSpacePrint(random.choice(replies))
43
44 # 극적 효과를 위한 멈춤:
45 slowSpacePrint('.' * random.randint(4, 12), 0.7)
46
47 # 답을 준다:
48 slowSpacePrint('I HAVE AN ANSWER...', 0.2)
49 time.sleep(1)
50 answers = [
51    'YES, FOR SURE',
52    'MY ANSWER IS NO',
53    'ASK ME LATER',
54    'I AM PROGRAMMED TO SAY YES',
55    'THE STARS SAY YES, BUT I SAY NO',
56    'I DUNNO MAYBE',
57    'FOCUS AND ASK ONCE MORE',
58    'DOUBTFUL, VERY DOUBTFUL',
59    'AFFIRMATIVE',
60    'YES, THOUGH YOU MAY NOT LIKE IT',
61    'NO, BUT YOU MAY WISH IT WAS SO',
62 ]
63 slowSpacePrint(random.choice(answers), 0.05)
```

소스 코드를 입력하고 여러 번 실행한 후, 실험을 위해 몇 가지를 변경해 보자. 그리고 다음 내용에 대해 스스로 방법을 찾아보자.

- 플레이어의 질문이 물음표로 끝나는지 확인하자.
- 프로그램이 제공할 수 있는 다른 답변을 추가하자.

프로그램 살펴보기

다음 질문에 대한 답을 찾아보자. 코드를 약간 수정하여 테스트하고, 변경 사항이 어떠한 영향을 미쳤는지 확인해 보자.

1. **45행**에 있는 random.randint(4, 12)를 random.randint(4, 9999)로 바꾸면 어떻게 되는가?
2. **49행**에 있는 time.sleep(1)을 time.sleep(-1)로 바꾸면 어떤 에러가 발생하는가?

#43

만칼라

메소포타미아에서 만든 고대 2인용 보드게임

아스키 아트와 문자열 템플릿을 사용하여 보드게임을 그린다

보드게임 만칼라Mancala는 적어도 2,000년이 넘은 것으로, 프로젝트 63번의 '우르의 게임'만큼 오래되었다. 이것은 '씨 뿌리기' 게임으로, 두 명의 플레이어가 최대한 많은 씨앗을 자신의 저장소에 모으기 위해 보드의 다른 주머니에 뿌릴 씨앗 주머니를 선택하는 게임이다. 이 게임에 대해 여러 문화권에 걸쳐 다양하게 변형된 버전이 존재한다. 이 게임의 이름은 '이동하다'라는 뜻의 아랍어 **naqala**에서 유래했다.

플레이 방법은 보드에서 자신의 측면 쪽 구멍에 있는 씨앗을 잡고 반시계 방향으로 돌면서 구멍에 하나씩 놓는다. 다만 상대방의 저장소는 건너뛴다. 만약에 마지막 씨앗이 자기 쪽 빈 구멍에 놓이게 되면 반대쪽에 있는 상대방 구멍의 모든 씨앗을 자기 쪽 빈 구멍으로 옮긴다. 마지막 씨앗이 자기 저장소에 놓으면, 한 번의 턴을 더 얻게 된다.

어느 한 플레이어 쪽의 모든 구멍이 비어 있으면 게임이 종료된다. 상대 플레이어는 남은 씨앗을 자신의 저장소에 옮기고, 저장소에 가장 많은 씨앗을 가진 사람이 승리하게 된다.

만칼라에 대한 자세한 내용은 위키백과(https://ko.wikipedia.org/wiki/만칼라)를 참고하자.

프로그램 실행

mancala.py를 실행하면 다음과 같다.

```
Mancala, by Al Sweigart al@inventwithpython.com
--중략--

+------+------+------+--<<<<<-Player 2---+------+------+------+
2     |G    |H    |I    |J    |K    |L    |     1
      | 4   | 4   | 4   | 4   | 4   | 4   |
S     |     |     |     |     |     |     |     S
T   0 +------+------+------+------+------+------+ 0   T
O     |A    |B    |C    |D    |E    |F    |     O
R     | 4   | 4   | 4   | 4   | 4   | 4   |     R
E     |     |     |     |     |     |     |     E
+------+------+------+--Player 1->>>>>----+------+------+------+

Player 1, choose move: A-F (or QUIT)
> f

+------+------+------+--<<<<<-Player 2---+------+------+------+
2     |G    |H    |I    |J    |K    |L    |     1
      | 4   | 4   | 4   | 5   | 5   | 5   |
S     |     |     |     |     |     |     |     S
T   0 +------+------+------+------+------+------+ 1   T
O     |A    |B    |C    |D    |E    |F    |     O
R     | 4   | 4   | 4   | 4   | 4   | 0   |     R
E     |     |     |     |     |     |     |     E
+------+------+------+--Player 1->>>>>----+------+------+------+
Player 2, choose move: G-L (or QUIT)
--중략--
```

동작 원리

만칼라는 보드를 표시하기 위해 아스키 아트를 사용한다. 각 주머니에는 씨앗의 개수뿐만 아니라 레이블도 있어야 한다. 혼동을 피하기 위해 레이블은 A부터 L까지의 문자를 사용하여 각 주머니의 씨앗 개수로 착각하지 않도록 한다. 딕셔너리 NEXT_PIT는 한 주머니의 문자와 그 다음 주머니의 문자를 매핑하고, 딕셔너리 OPPOSITE_PIT는 한 주머니의 문자와 반대편에 있는 주머니의 문자를 매핑한다. 이렇게 하면, NEXT_PIT['A']는 'B'가 되며, OPPOSITE_PIT['A']는 'G'가 된다. 이들 딕셔너리가 코드 내에서 어떻게 사용되는지 주목하자. 이들 딕셔너리가 없다면, 우리의 만칼라 프로그램은 동일한 작업을 수행하기 위해 긴 if와 elif 문이 필요할 것이다.

```python
1  """Mancala, by Al Sweigart al@inventwithpython.com
2  The ancient seed-sowing game.
3  This code is available at https://nostarch.com/big-book-small-python-programming
4  Tags: large, board game, game, two-player"""
5
6  import sys
7
8  # 플레이어의 구멍에 대한 튜플:
9  PLAYER_1_PITS = ('A', 'B', 'C', 'D', 'E', 'F')
10 PLAYER_2_PITS = ('G', 'H', 'I', 'J', 'K', 'L')
11
12 # 키가 구멍 이름이고 값이 반대편 구멍 이름인 딕셔너리:
13 OPPOSITE_PIT = {'A': 'G', 'B': 'H', 'C': 'I', 'D': 'J', 'E': 'K',
14                 'F': 'L', 'G': 'A', 'H': 'B', 'I': 'C', 'J': 'D',
15                 'K': 'E', 'L': 'F'}
16
17 # 키가 구멍 이름이고, 값이 다음 순서의 구멍 이름인 딕셔너리:
18 NEXT_PIT = {'A': 'B', 'B': 'C', 'C': 'D', 'D': 'E', 'E': 'F', 'F': '1',
19             '1': 'L', 'L': 'K', 'K': 'J', 'J': 'I', 'I': 'H', 'H': 'G',
20             'G': '2', '2': 'A'}
21
22 # A부터 시작하여 시계 반대 방향으로 붙여지는 모든 구멍의 레이블:
23 PIT_LABELS = 'ABCDEF1LKJIHG2'
24
25 # 새 게임을 시작할 때 각 구멍에 있게 될 씨앗:
26 STARTING_NUMBER_OF_SEEDS = 4   # (!) 이 값을 1 또는 10으로 바꿔 보자.
27
28
29 def main():
30     print('''Mancala, by Al Sweigart al@inventwithpython.com
31
32 The ancient two-player, seed-sowing game. Grab the seeds from a pit on
33 your side and place one in each following pit, going counterclockwise
34 and skipping your opponent's store. If your last seed lands in an empty
35 pit of yours, move the opposite pit's seeds into your store. The
36 goal is to get the most seeds in your store on the side of the board.
37 If the last placed seed is in your store, you get a free turn.
38
39 The game ends when all of one player's pits are empty. The other player
40 claims the remaining seeds for their store, and the winner is the one
41 with the most seeds.
42
43 More info at https://en.wikipedia.org/wiki/Mancala
44 ''')
45     input('Press Enter to begin...')
46
47     gameBoard = getNewBoard()
48     playerTurn = '1'  # 플레이어 1이 먼저 시작한다.
```

```python
49
50      while True:    # 플레이어의 턴을 실행한다.
51          # 여러 개의 줄바꿈을 출력하여 화면을 '깨끗하게' 한다.
52          # 따라서 이전 단계의 보드는 화면에서 사라진다.
53          print('\n' * 60)
54          # 보드를 표시하고 플레이어의 움직임을 받는다:
55          displayBoard(gameBoard)
56          playerMove = askForPlayerMove(playerTurn, gameBoard)
57
58          # 플레이어의 이동을 수행한다:
59          playerTurn = makeMove(gameBoard, playerTurn, playerMove)
60
61          # 게임이 끝났는지 어떤 플레이어가 이겼는지 확인한다:
62          winner = checkForWinner(gameBoard)
63          if winner == '1' or winner == '2':
64              displayBoard(gameBoard)    # 최종적으로 보드를 표시한다.
65              print('Player ' + winner + ' has won!')
66              sys.exit()
67          elif winner == 'tie':
68              displayBoard(gameBoard)    # 최종적으로 보드를 표시한다.
69              print('There is a tie!')
70              sys.exit()
71
72
73  def getNewBoard():
74      """시작 상태의 만칼라 보드(각 구멍에 4개의 씨앗이 있고 상점에는 씨앗이 없는)를 나타내는
75      딕셔너리를 반환한다."""
76
77      # 신택틱 슈거(Syntactic sugar) - 더 짧은 변수명 사용:
78      s = STARTING_NUMBER_OF_SEEDS
79
80      # 저장소에 0개의 씨앗이 있고, 각 구멍에 초깃값으로 지정된 수의 씨앗이 있는
81      # 보드에 대한 데이터 구조를 생성한다:
82      return {'1': 0, '2': 0, 'A': s, 'B': s, 'C': s, 'D': s, 'E': s,
83              'F': s, 'G': s, 'H': s, 'I': s, 'J': s, 'K': s, 'L': s}
84
85
86  def displayBoard(board):
87      """보드 딕셔너리에 기반한 아스키 아트로
88      게임 보드를 표시한다."""
89
90      seedAmounts = []
91      # 이 'GHIJKL21ABCDEF' 문자열은
92      # 왼쪽에서 오른쪽으로, 그리고 위에서 아래 순서다:
93      for pit in 'GHIJKL21ABCDEF':
94          numSeedsInThisPit = str(board[pit]).rjust(2)
95          seedAmounts.append(numSeedsInThisPit)
96
97      print("""
98  +------+------+--<<<<<-Player 2----+------+------+------+
99  2      |G     |H     |I     |J     |K     |L     |      1
100        |  {}  |  {}  |  {}  |  {}  |  {}  |  {}  |
```

```
101 S          |      |      |      |      |      |           S
102 T  {}   +------+------+------+------+------+------+   {}  T
103 O       |A     |B     |C     |D     |E     |F     |       O
104 R       | {}   | {}   | {}   | {}   | {}   | {}   |       R
105 E       |      |      |      |      |      |      |       E
106 +------+------+------+-Player 1->>>>>-----+------+------+
107
108 """.format(*seedAmounts))
109
110
111 def askForPlayerMove(playerTurn, board):
112     """플레이어에게 어느 쪽에 씨앗을 뿌릴 것인지 묻는다.
113     선택한 구멍의 대문자 레이블을
114     문자열로 반환한다."""
115
116     while True:  # 유효한 입력을 할 때까지 플레이어에게 계속 묻는다.
117         # 플레이어 쪽 구멍을 선택하도록 요청한다:
118         if playerTurn == '1':
119             print('Player 1, choose move: A-F (or QUIT)')
120         elif playerTurn == '2':
121             print('Player 2, choose move: G-L (or QUIT)')
122         response = input('> ').upper().strip()
123
124         # 플레이어가 종료하기 원하는지 확인한다:
125         if response == 'QUIT':
126             print('Thanks for playing!')
127             sys.exit()
128
129         # 선택할 수 있는 유효한 구멍인지 확인한다:
130         if (playerTurn == '1' and response not in PLAYER_1_PITS) or (
131             playerTurn == '2' and response not in PLAYER_2_PITS
132         ):
133             print('Please pick a letter on your side of the board.')
134             continue   # 플레이어에게 다시 입력하라고 요청한다.
135         if board.get(response) == 0:
136             print('Please pick a non-empty pit.')
137             continue   # 플레이어에게 다시 입력하라고 요청한다.
138         return response
139
140
141 def makeMove(board, playerTurn, pit):
142     """플레이어 1 또는 2가 차례로 씨앗을 뿌릴 구멍을 선택하도록
143     보드 데이터 구조를 수정한다.
144     다음 차례인 '1' 또는 '2'를 반환한다."""
145
146     seedsToSow = board[pit]  # 선택된 구멍에서 씨앗의 수를 가져온다.
147     board[pit] = 0   # 선택된 구멍을 비운다.
148
149     while seedsToSow > 0:   # 더 이상 씨앗이 없을 때까지 계속 뿌린다.
150         pit = NEXT_PIT[pit]   # 다음 구멍으로 이동한다.
151         if (playerTurn == '1' and pit == '2') or (
152             playerTurn == '2' and pit == '1'
```

```
153          ):
154              continue    # 상대방의 저장소는 건너뛴다.
155          board[pit] += 1
156          seedsToSow -= 1
157
158      # 마지막 씨앗이 플레이어의 저장소에 들어간다면 다시 턴을 얻는다.
159      if (pit == playerTurn == '1') or (pit == playerTurn == '2'):
160          # 마지막 씨앗이 플레이어의 저장소에 도착했다. 다시 턴을 얻는다.
161          return playerTurn
162
163      # 마지막 씨앗이 빈 구멍에 도착했는지 확인한다. 그렇다면 반대편 구멍에 있는 씨앗을 가져온다.
164      if playerTurn == '1' and pit in PLAYER_1_PITS and board[pit] == 1:
165          oppositePit = OPPOSITE_PIT[pit]
166          board['1'] += board[oppositePit]
167          board[oppositePit] = 0
168      elif playerTurn == '2' and pit in PLAYER_2_PITS and board[pit] == 1:
169          oppositePit = OPPOSITE_PIT[pit]
170          board['2'] += board[oppositePit]
171          board[oppositePit] = 0
172
173      # 다음 플레이어로 반환한다:
174      if playerTurn == '1':
175          return '2'
176      elif playerTurn == '2':
177          return '1'
178
179
180  def checkForWinner(board):
181      """보드를 확인하고 승자가 있으면 '1' 또는 '2'를 반환하고,
182      없으면 'tie' 또는 'no winner'를 반환한다.
183      플레이어의 구멍이 모두 비어 있으면 게임이 종료되고, 자신의 상점에 남은 씨앗을 가져온다.
184      가장 많은 씨앗을 가진 사람이 승리한다."""
185
186      player1Total = board['A'] + board['B'] + board['C']
187      player1Total += board['D'] + board['E'] + board['F']
188      player2Total = board['G'] + board['H'] + board['I']
189      player2Total += board['J'] + board['K'] + board['L']
190
191      if player1Total == 0:
192          # 플레이어 2는 자기 쪽에 남아 있는 모든 씨앗을 가져온다:
193          board['2'] += player2Total
194          for pit in PLAYER_2_PITS:
195              board[pit] = 0    # 모든 구멍을 0으로 설정한다.
196      elif player2Total == 0:
197          # 플레이어 1은 자기 쪽에 남아 있는 모든 씨앗을 가져온다:
198          board['1'] += player1Total
199          for pit in PLAYER_1_PITS:
200              board[pit] = 0    # 모든 구멍을 0으로 설정한다.
201      else:
202          return 'no winner'    # 승자가 아직 없다.
203
204      # 게임 종료. 점수가 가장 높은 플레이어를 찾는다.
```

```
205     if board['1'] > board['2']:
206         return '1'
207     elif board['2'] > board['1']:
208         return '2'
209     else:
210         return 'tie'
211
212
213 # 이 프로그램이 다른 프로그램에 임포트(import)된 게 아니라면 게임이 실행된다:
214 if __name__ == '__main__':
215     main()
```

소스 코드를 입력하고 여러 번 실행한 후, 실험을 위해 몇 가지를 변경해 보자. 그리고 다음 내용에 대해 스스로 방법을 찾아보자.

- 보드를 변경하여 더 많은 구멍을 만들자.
- 마지막 씨앗이 도착했을 때 턴을 다시 얻게 되는 보너스 구멍이 무작위로 선택되도록 하자.
- 2인이 아닌 4인용 정사각형 보드를 만들자.

프로그램 살펴보기

다음 질문에 대한 답을 찾아보자. 코드를 약간 수정하여 테스트하고, 변경 사항이 어떠한 영향을 미쳤는지 확인해 보자.

1. 175행에 있는 return '2'를 return '1'로 변경하면 어떻게 되는가?
2. 208행에 있는 return '2'를 return '1'로 변경하면 어떻게 되는가?
3. 125행에 있는 response == 'QUIT'를 response == 'quit'로 변경하면 어떻게 되는가?
4. 147행에 있는 board[pit] = 0을 board[pit] = 1로 변경하면 어떻게 되는가?
5. 53행에 있는 print('\n' * 60)을 print('\n' * 0)으로 바꾸면 어떻게 되는가?
6. 48행에 있는 playerTurn = '1'을 playerTurn = '2'로 바꾸면 어떻게 되는가?
7. 135행에 있는 board.get(response) == 0을 board.get(response) == -1로 바꾸면 어떻게 되는가?

#44

메이즈 러너 2D

미로 탈출 게임

텍스트 파일로부터 미로 데이터를 읽는다

이번의 2차원 메이즈 러너_maze runner_는 플레이어에게 .py 파일을 작성하는 데 사용하는 IDE와 같은 텍스트 에디터에서 만든 미로 파일의 하향식 조감도를 보여 준다. 플레이어는 WASD 키를 사용하여 위쪽, 왼쪽, 아래쪽, 오른쪽으로 이동하여 X 문자로 표시된 출구로 @ 표시를 보내야 한다.

미로 파일을 만들려면, 텍스트 에디터를 열고 다음의 패턴을 생성하자. 상단과 좌측에 있는 숫자는 입력하지 말자. 몇 번째 칸인지 참조하기 위해 표시한 것이다.

```
 123456789
1#########
2#S# # # #
3#########
4# # # # #
5#########
6# # # # #
7#########
```

```
8# # # #E#
9#########
```

문자는 벽을 나타내며, S는 시작점이고, E는 출구다. 볼드체의 # 문자는 여러분의 미로에서 제거할 수 있는 벽을 나타내지만, 홀수 열과 홀수 행에 있는 벽을 제거하지는 말자. 또한, 미로의 테두리도 제거하지 말자. 여러분이 원하는 미로를 만들었다면, .txt(텍스트) 파일로 저장한다. 다음과 같은 모양의 미로일 것이다.

```
#########
#S    # #
# ### # #
# #   # #
# ##### #
#   #   #
### # # #
#     #E#
#########
```

물론, 이것은 단순한 미로다. 여러분은 행과 열의 개수가 홀수인 모든 크기의 미로 파일을 만들 수 있다. 그래도 화면에 맞는지는 확인하자! https://invpy.com/mazes/에서 미로 파일을 다운로드할 수도 있다.

프로그램 실행

mazerunner2d.py를 실행하면 다음과 같다.

```
Maze Runner 2D, by Al Sweigart al@inventwithpython.com

(Maze files are generated by mazemakerrec.py)
Enter the filename of the maze (or LIST or QUIT):
> maze65x11s1.txt
```

```
                                                                    W
Enter direction, or QUIT: ASD
--중략--
```

동작 원리

이 프로그램은 텍스트 파일에서 미로의 벽에 대한 데이터를 로드하여 maze 변수에 딕셔너리로 저장한다. 이 딕셔너리는 (x, y) 튜플을 키로 가지며, 값으로는 WALLL, EMPTY, START, EXIT 상수에 있는 문자열을 갖는다. 프로젝트 45번의 '메이즈 러너 3D'도 미로를 표현하는 비슷한 딕셔너리를 사용한다. 두 프로젝트의 차이점은 화면에 미로를 렌더링하는 코드가 서로 다르다는 것이다. 메이즈 러너 2D는 매우 간단하기 때문에 메이즈 러너 3D로 넘어가기 전에 이 프로그램에 먼저 익숙해지기를 권장한다.

```python
 1 """Maze Runner 2D, by Al Sweigart al@inventwithpython.com
 2 Move around a maze and try to escape. Maze files are generated by
 3 mazemakerrec.py.
 4 This code is available at https://nostarch.com/big-book-small-python-programming
 5 Tags: large, game, maze"""
 6
 7 import sys, os
 8
 9 # 미로 파일 상수:
10 WALL = '#'
11 EMPTY = ' '
12 START = 'S'
13 EXIT = 'E'
14
15 PLAYER = '@'  # (!) 이 값을 '+' 또는 'o'로 바꿔 보자.
16 BLOCK = chr(9617)   # Character 9617은 '▓'
17
18
19 def displayMaze(maze):
20     # 미로 표시하기:
21     for y in range(HEIGHT):
22         for x in range(WIDTH):
23             if (x, y) == (playerx, playery):
24                 print(PLAYER, end='')
25             elif (x, y) == (exitx, exity):
26                 print('X', end='')
27             elif maze[(x, y)] == WALL:
28                 print(BLOCK, end='')
29             else:
30                 print(maze[(x, y)], end='')
31         print()  # 행을 출력한 후, 개행을 인쇄한다.
```

```
32
33
34 print('''Maze Runner 2D, by Al Sweigart al@inventwithpython.com
35
36 (Maze files are generated by mazemakerrec.py)''')
37
38 # 미로 파일의 파일명을 사용자로부터 받는다:
39 while True:
40     print('Enter the filename of the maze (or LIST or QUIT):')
41     filename = input('> ')
42
43     # 현재 폴더에 있는 모든 미로 파일을 나열한다:
44     if filename.upper() == 'LIST':
45         print('Maze files found in', os.getcwd())
46         for fileInCurrentFolder in os.listdir():
47             if (fileInCurrentFolder.startswith('maze') and
48             fileInCurrentFolder.endswith('.txt')):
49                 print('  ', fileInCurrentFolder)
50         continue
51
52     if filename.upper() == 'QUIT':
53         sys.exit()
54
55     if os.path.exists(filename):
56         break
57     print('There is no file named', filename)
58
59 # 파일에서 미로 로드하기:
60 mazeFile = open(filename)
61 maze = {}
62 lines = mazeFile.readlines()
63 playerx = None
64 playery = None
65 exitx = None
66 exity = None
67 y = 0
68 for line in lines:
69     WIDTH = len(line.rstrip())
70     for x, character in enumerate(line.rstrip()):
71         assert character in (WALL, EMPTY, START, EXIT), 'Invalid character at column
{}, line {}'.format(x + 1, y + 1)
72         if character in (WALL, EMPTY):
73             maze[(x, y)] = character
74         elif character == START:
75             playerx, playery = x, y
76             maze[(x, y)] = EMPTY
77         elif character == EXIT:
78             exitx, exity = x, y
79             maze[(x, y)] = EMPTY
80     y += 1
81 HEIGHT = y
82
```

```
 83 assert playerx != None and playery != None, 'No start in maze file.'
 84 assert exitx != None and exity != None, 'No exit in maze file.'
 85
 86 while True:  # 메인 게임 루프
 87     displayMaze(maze)
 88
 89     while True:  # 사용자의 움직임을 받는다.
 90         print('                              W')
 91         print('Enter direction, or QUIT: ASD')
 92         move = input('> ').upper()
 93
 94         if move == 'QUIT':
 95             print('Thanks for playing!')
 96             sys.exit()
 97
 98         if move not in ['W', 'A', 'S', 'D']:
 99             print('Invalid direction. Enter one of W, A, S, or D.')
100             continue
101
102         # 플레이어가 그 방향으로 이동할 수 있는지 확인한다:
103         if move == 'W' and maze[(playerx, playery - 1)] == EMPTY:
104             break
105         elif move == 'S' and maze[(playerx, playery + 1)] == EMPTY:
106             break
107         elif move == 'A' and maze[(playerx - 1, playery)] == EMPTY:
108             break
109         elif move == 'D' and maze[(playerx + 1, playery)] == EMPTY:
110             break
111
112         print('You cannot move in that direction.')
113
114     # 분기점을 만날 때까지 그 방향으로 계속 이동한다.
115     if move == 'W':
116         while True:
117             playery -= 1
118             if (playerx, playery) == (exitx, exity):
119                 break
120             if maze[(playerx, playery - 1)] == WALL:
121                 break  # 벽에 부딪히면 빠져나온다.
122             if (maze[(playerx - 1, playery)] == EMPTY
123                 or maze[(playerx + 1, playery)] == EMPTY):
124                 break  # 분기점에 다다르면 빠져나온다.
125     elif move == 'S':
126         while True:
127             playery += 1
128             if (playerx, playery) == (exitx, exity):
129                 break
130             if maze[(playerx, playery + 1)] == WALL:
131                 break  # 벽에 부딪히면 빠져나온다.
132             if (maze[(playerx - 1, playery)] == EMPTY
133                 or maze[(playerx + 1, playery)] == EMPTY):
134                 break  # 분기점에 다다르면 빠져나온다.
```

```
135     elif move == 'A':
136         while True:
137             playerx -= 1
138             if (playerx, playery) == (exitx, exity):
139                 break
140             if maze[(playerx - 1, playery)] == WALL:
141                 break  # 벽에 부딪히면 빠져나온다.
142             if (maze[(playerx, playery - 1)] == EMPTY
143                 or maze[(playerx, playery + 1)] == EMPTY):
144                 break  # 분기점에 다다르면 빠져나온다.
145     elif move == 'D':
146         while True:
147             playerx += 1
148             if (playerx, playery) == (exitx, exity):
149                 break
150             if maze[(playerx + 1, playery)] == WALL:
151                 break  # 벽에 부딪히면 빠져나온다.
152             if (maze[(playerx, playery - 1)] == EMPTY
153                 or maze[(playerx, playery + 1)] == EMPTY):
154                 break  # 분기점에 다다르면 빠져나온다.
155
156     if (playerx, playery) == (exitx, exity):
157         displayMaze(maze)
158         print('You have reached the exit! Good job!')
159         print('Thanks for playing!')
160         sys.exit()
```

프로그램 살펴보기

다음 질문에 대한 답을 찾아보자. 코드를 약간 수정하여 테스트하고, 변경 사항이 어떠한 영향을 미쳤는지 확인해 보자.

1. **74행**에 있는 character == START를 character == EXIT로 바꾸면 어떤 에러 메시지가 나오는가?

2. **105행**에 있는 playery + 1을 playery - 1로 바꾸면 어떻게 되는가?

3. **156행**에 있는 (exitx, exity)를 (None, None)으로 바꾸면 어떻게 되는가?

4. **89행**에 있는 while True:를 while False:로 바꾸면 어떤 에러 메시지가 나오는가?

5. **104행**에 있는 break를 continue로 바꾸면 어떻게 되는가?

6. **121행**에 있는 break를 continue로 바꾸면 어떤 에러 메시지가 나오는가?

#45

메이즈 러너 3D

3D 미로 탈출 게임

3D 뷰를 표시하기 위해 여러 줄의 문자열을 수정한다

이번 3차원 메이즈 러너는 플레이어에게 미로 내부에서 1인칭 시점을 제공한다. 탈출구를 찾아보자! 프로젝트 44번의 '메이즈 러너 2D'에서 설명한 대로 미로 파일을 만들거나 https://invpy.com/mazes/에서 미로 파일을 다운로드하자.

프로그램 실행

mazerunner3d.py를 실행하면 다음과 같다.

```
Maze Runner 3D, by Al Sweigart al@inventwithpython.com
(Maze files are generated by mazemakerrec.py)
Enter the filename of the maze (or LIST or QUIT):
> maze75x11s1.txt
::::::::::::::::::::::::::::::::::
::  \               /          ::
::     _____/             ::
::      |         |            ::
::      |         |            ::
::      |         |            ::
::      |         |            ::
::      |         |            ::
::      |         |            ::
::      |         |            ::
::      |_____|             ::
::     /         \            ::
::    /           \           ::
::::::::::::::::::::::::::::::::::
Location (1, 1)  Direction: NORTH
                 (W)
Enter direction: (A) (D)  or QUIT.
> d
::::::::::::::::::::::::::::::::::
::  \                     ::
::     _____        ::
::      |                   ::
::      |                   ::
::      |                   ::
::      |                   ::
::      |                   ::
::      |                   ::
::      |                   ::
::      |                   ::
::      |_____        ::
::     /                    ::
::    /                     ::
::::::::::::::::::::::::::::::::::
Location (1, 1)  Direction: EAST
                 (W)
Enter direction: (A) (D)  or QUIT.
--중략--
```

동작 원리

이 3차원 시점의 아스키 아트는 ALL_OPEN에 저장된 여러 줄의 문자열로 시작한다. 이 문자열은 경로가 벽으로 막혀 있지 않은 위치를 나타낸다. 프로그램은 ALL_OPEN 문자열 위에 CLOSED 딕셔너리에 저장된 벽을 그려서 폐쇄된 경로에 대한 아스키 아트를 생성한다. 예를 들어, 프로그램이 플레이어의 왼쪽에 벽이 있는 뷰를 생성하는 방법은 다음과 같다.

소스 코드에 있는 아스키 아트에 포함된 마침표는 화면에 표시되기 전에 제거된다. 그 마침표는 코드를 더 쉽게 입력할 수 있도록 하기 위해서만 존재하는 것이므로, 마침표 대신에 공백을 입력하거나 마침표를 공백으로 바꾸는 것을 생략하지 말자. 다음은 3차원 미로에 대한 소스 코드다.

```
 1 """Maze 3D, by Al Sweigart al@inventwithpython.com
 2 Move around a maze and try to escape... in 3D!
 3 This code is available at https://nostarch.com/big-book-small-python-programming
 4 Tags: extra-large, artistic, maze, game"""
 5
 6 import copy, sys, os
 7
 8 # 상수 설정하기:
 9 WALL = '#'
10 EMPTY = ' '
11 START = 'S'
12 EXIT = 'E'
13 BLOCK = chr(9617)   # Character 9617은 '▒'
14 NORTH = 'NORTH'
15 SOUTH = 'SOUTH'
16 EAST = 'EAST'
17 WEST = 'WEST'
18
19
20 def wallStrToWallDict(wallStr):
```

```python
        """벽 그림을 나타내는 문자열(ALL_OPEN 또는 CLOSED 등)을 받아서
    (x, y) 튜플을 키로 사용하고,
    해당 위치에 그릴 아스키 아트에 대한 단일 문자열을 사용하는
    딕셔너리를 반환한다."""
    wallDict = {}
    height = 0
    width = 0
    for y, line in enumerate(wallStr.splitlines()):
        if y > height:
            height = y
        for x, character in enumerate(line):
            if x > width:
                width = x
            wallDict[(x, y)] = character
    wallDict['height'] = height + 1
    wallDict['width'] = width + 1
    return wallDict

EXIT_DICT = {(0, 0): 'E', (1, 0): 'X', (2, 0): 'I',
             (3, 0): 'T', 'height': 1, 'width': 4}

# 표시할 문자열을 생성하는 방법은 wallStrToWallDict()를 이용하여
# 여러 줄의 문자열로 된 그림을 딕셔너리로 변환하는 것이다.
# 그런 다음 ALL_OPEN의 벽 딕셔너리 위에
# CLOSED의 벽 딕셔너리를 '붙여넣어'
# 플레이어의 위치와 방향에 대한 벽을 구성한다.

ALL_OPEN = wallStrToWallDict(r'''
................
____..........____
...|\......../|...
...||........||...
...||__...__||...
...||.|\./|.||...
...||.|.X.|.||...
...||.|/.\|.||...
...||_/...\_||...
...||.......||...
___|/.......\|___
................
................'''.strip())
# strip() 호출은 여러 줄의 문자열의 시작 부분에서
# 줄바꿈을 제거하는 데 사용된다.

CLOSED = {}
CLOSED['A'] = wallStrToWallDict(r'''
_____
.....
.....
.....
_____'''.strip()) # 좌표 6, 4에 붙인다.

```

PROJECT #45 메이즈 러너 3D 237

```
73 CLOSED['B'] = wallStrToWallDict(r'''
74 .\.
75 ..\
76 ...
77 ...
78 ...
79 ../
80 ./.'''.strip()) # 좌표 4, 3에 붙인다.
81
82 CLOSED['C'] = wallStrToWallDict(r'''
83 _____
84 ..........
85 ..........
86 ..........
87 ..........
88 ..........
89 ..........
90 ..........
91 ..........
92 _____'''.strip()) # 좌표 3, 1에 붙인다.
93
94 CLOSED['D'] = wallStrToWallDict(r'''
95 ./.
96 /..
97 ...
98 ...
99 ...
100 \..
101 .\.'''.strip()) # 좌표 10, 3에 붙인다.
102
103 CLOSED['E'] = wallStrToWallDict(r'''
104 ..\..
105 ...\_
106 ....|
107 ....|
108 ....|
109 ....|
110 ....|
111 ....|
112 ....|
113 ....|
114 ....|
115 .../.
116 ../..'''.strip()) # 좌표 0, 0에 붙인다.
117
118 CLOSED['F'] = wallStrToWallDict(r'''
119 ../..
120 _/...
121 |....
122 |....
123 |....
124 |....
```

```
125 |....
126 |....
127 |....
128 |....
129 |....
130 .\...
131 ..\..'''.strip()) # 좌표 12, 0에 붙인다.
132
133 def displayWallDict(wallDict):
134     """wallStrToWallDict()에 의해 반환된 벽 딕셔너리를
135     화면에 표시한다."""
136     print(BLOCK * (wallDict['width'] + 2))
137     for y in range(wallDict['height']):
138         print(BLOCK, end='')
139         for x in range(wallDict['width']):
140             wall = wallDict[(x, y)]
141             if wall == '.':
142                 wall = ' '
143             print(wall, end='')
144         print(BLOCK)   # 블록을 인쇄한다.
145     print(BLOCK * (wallDict['width'] + 2))
146
147
148 def pasteWallDict(srcWallDict, dstWallDict, left, top):
149     """벽을 나타내는 딕셔너리 srcWallDict에 left와 top에 지정된 위치만큼
150     오프셋을 적용한 dstWallDict를 만든다."""
151     dstWallDict = copy.copy(dstWallDict)
152     for x in range(srcWallDict['width']):
153         for y in range(srcWallDict['height']):
154             dstWallDict[(x + left, y + top)] = srcWallDict[(x, y)]
155     return dstWallDict
156
157
158 def makeWallDict(maze, playerx, playery, playerDirection, exitx, exity):
159     """미로에서 플레이어의 위치와 방향
160     (exitx, exity에 출구가 있음)을 가지고,
161     벽을 나타내는 딕셔너리를 생성하여 반환한다."""
162
163     # A-F '섹션'(플레이어의 방향에 대한)은
164     # 우리가 만들고 있는 벽을 표현하는 딕셔너리 위에 붙여넣어야 하는지 확인하기 위해
165     # 확인할 미로의 벽을 결정한다.
166
167     if playerDirection == NORTH:
168         # 플레이어 @을 기준으로 한    A
169         # 섹션 지도:              BCD  (플레이어가 북쪽을 향하고 있다)
170         #                        E@F
171         offsets = (('A', 0, -2), ('B', -1, -1), ('C', 0, -1),
172                   ('D', 1, -1), ('E', -1, 0), ('F', 1, 0))
173     if playerDirection == SOUTH:
174         # 플레이어 @을 기준으로 한   F@E
175         # 섹션 지도:              DCB  (플레이어가 남쪽을 향하고 있다)
176         #                         A
```

```
177        offsets = (('A', 0, 2), ('B', 1, 1), ('C', 0, 1),
178                   ('D', -1, 1), ('E', 1, 0), ('F', -1, 0))
179    if playerDirection == EAST:
180        # 플레이어 @을 기준으로 한      EB
181        # 섹션 지도:                  @CA  (플레이어가 동쪽을 향하고 있다)
182        #                            FD
183        offsets = (('A', 2, 0), ('B', 1, -1), ('C', 1, 0),
184                   ('D', 1, 1), ('E', 0, -1), ('F', 0, 1))
185    if playerDirection == WEST:
186        # 플레이어 @을 기준으로 한      DF
187        # 섹션 지도:                  AC@  (플레이어가 서쪽을 향하고 있다)
188        #                            BE
189        offsets = (('A', -2, 0), ('B', -1, 1), ('C', -1, 0),
190                   ('D', -1, -1), ('E', 0, 1), ('F', 0, -1))
191
192    section = {}
193    for sec, xOff, yOff in offsets:
194        section[sec] = maze.get((playerx + xOff, playery + yOff), WALL)
195        if (playerx + xOff, playery + yOff) == (exitx, exity):
196            section[sec] = EXIT
197
198    wallDict = copy.copy(ALL_OPEN)
199    PASTE_CLOSED_TO = {'A': (6, 4), 'B': (4, 3), 'C': (3, 1),
200                       'D': (10, 3), 'E': (0, 0), 'F': (12, 0)}
201    for sec in 'ABDCEF':
202        if section[sec] == WALL:
203            wallDict = pasteWallDict(CLOSED[sec], wallDict,
204                PASTE_CLOSED_TO[sec][0], PASTE_CLOSED_TO[sec][1])
205
206    # 필요하다면 EXIT 표시를 그린다:
207    if section['C'] == EXIT:
208        wallDict = pasteWallDict(EXIT_DICT, wallDict, 7, 9)
209    if section['E'] == EXIT:
210        wallDict = pasteWallDict(EXIT_DICT, wallDict, 0, 11)
211    if section['F'] == EXIT:
212        wallDict = pasteWallDict(EXIT_DICT, wallDict, 13, 11)
213
214    return wallDict
215
216
217 print('Maze Runner 3D, by Al Sweigart al@inventwithpython.com')
218 print('(Maze files are generated by mazemakerrec.py)')
219
220 # 사용자로부터 미로 파일의 파일명을 받는다:
221 while True:
222    print('Enter the filename of the maze (or LIST or QUIT):')
223    filename = input('> ')
224
225    # 현재 폴더에 있는 모든 미로 파일들을 나열한다:
226    if filename.upper() == 'LIST':
227        print('Maze files found in', os.getcwd())
228        for fileInCurrentFolder in os.listdir():
229            if (fileInCurrentFolder.startswith('maze')
```

```
230              and fileInCurrentFolder.endswith('.txt')):
231                  print('  ', fileInCurrentFolder)
232          continue
233
234      if filename.upper() == 'QUIT':
235          sys.exit()
236
237      if os.path.exists(filename):
238          break
239      print('There is no file named', filename)
240
241  # 파일로부터 미로를 로드한다:
242  mazeFile = open(filename)
243  maze = {}
244  lines = mazeFile.readlines()
245  px = None
246  py = None
247  exitx = None
248  exity = None
249  y = 0
250  for line in lines:
251      WIDTH = len(line.rstrip())
252      for x, character in enumerate(line.rstrip()):
253          assert character in (WALL, EMPTY, START, EXIT), 'Invalid character
             at column {}, line {}'.format(x + 1, y + 1)
254          if character in (WALL, EMPTY):
255              maze[(x, y)] = character
256          elif character == START:
257              px, py = x, y
258              maze[(x, y)] = EMPTY
259          elif character == EXIT:
260              exitx, exity = x, y
261              maze[(x, y)] = EMPTY
262      y += 1
263  HEIGHT = y
264
265  assert px != None and py != None, 'No start point in file.'
266  assert exitx != None and exity != None, 'No exit point in file.'
267  pDir = NORTH
268
269
270  while True:  # 메인 게임 루프
271      displayWallDict(makeWallDict(maze, px, py, pDir, exitx, exity))
272
273      while True: # 사용자의 이동을 받는다.
274          print('Location ({}, {})  Direction: {}'.format(px, py, pDir))
275          print('                  (W)')
276          print('Enter direction: (A) (D)  or QUIT.')
277          move = input('> ').upper()
278
279          if move == 'QUIT':
280              print('Thanks for playing!')
281              sys.exit()
```

```
282
283        if (move not in ['F', 'L', 'R', 'W', 'A', 'D']
284            and not move.startswith('T')):
285            print('Please enter one of F, L, or R (or W, A, D).')
286            continue
287
288        # 플레이어를 의도한 방향으로 이동시킨다:
289        if move == 'F' or move == 'W':
290            if pDir == NORTH and maze[(px, py - 1)] == EMPTY:
291                py -= 1
292                break
293            if pDir == SOUTH and maze[(px, py + 1)] == EMPTY:
294                py += 1
295                break
296            if pDir == EAST and maze[(px + 1, py)] == EMPTY:
297                px += 1
298                break
299            if pDir == WEST and maze[(px - 1, py)] == EMPTY:
300                px -= 1
301                break
302        elif move == 'L' or move == 'A':
303            pDir = {NORTH: WEST, WEST: SOUTH,
304                    SOUTH: EAST, EAST: NORTH}[pDir]
305            break
306        elif move == 'R' or move == 'D':
307            pDir = {NORTH: EAST, EAST: SOUTH,
308                    SOUTH: WEST, WEST: NORTH}[pDir]
309            break
310        elif move.startswith('T'):  # 치트 코드: 'T x,y'
311            px, py = move.split()[1].split(',')
312            px = int(px)
313            py = int(py)
314            break
315        else:
316            print('You cannot move in that direction.')
317
318    if (px, py) == (exitx, exity):
319        print('You have reached the exit! Good job!')
320        print('Thanks for playing!')
321        sys.exit()
```

프로그램 살펴보기

다음 질문에 대한 답을 찾아보자. 코드를 약간 수정하여 테스트하고, 변경 사항이 어떠한 영향을 미쳤는지 확인해 보자.

1.   279행 에 있는 move == 'QUIT'를 move == 'quit'로 바꾸면 어떻게 되는가?

2.   텔레포트 치트를 어떻게 제거할 수 있나?

#46

백만 번의 주사위 굴림에 대한 통계 시뮬레이터

주사위 세트를 백만 번 굴릴 때의 확률을 살펴봄

컴퓨터가 많은 양의 숫자를 어떻게 처리하는지 배운다

6면 주사위 2개를 던져서 7이 나올 확률은 17퍼센트다. 이것은 2가 나올 확률인 3퍼센트보다 훨씬 좋은 확률이다. 왜냐하면 2가 나오는 주사위 조합은 단 하나(두 주사위 모두 1이 나온 경우)뿐이지만, 7이 나오는 조합은 1과 6, 2와 5, 3과 4처럼 많기 때문이다.

그러면 3개의 주사위를 굴렸을 때는 어떻게 되는가? 4개는? 1,000개는? 여러분이 직접 이론적 확률을 계산하거나, 컴퓨터가 여러 개의 주사위를 백만 번 굴리도록 하여 경험적으로 알아낼 수도 있을 것이다. 이번 프로그램은 후자의 접근 방식을 취한다. 프로그램을 통해 여러분은 N개의 주사위를 백만 번 굴리고 결과를 저장하도록 할 것이다. 그런 다음 각 합계를 백분율로 표시한다.

이 프로그램은 엄청난 양의 연산을 수행하지만, 연산 자체를 이해하기는 어렵지 않다.

프로그램 실행

milliondicestats.py를 실행하면 다음과 같다.

```
Million Dice Roll Statistics Simulator
By Al Sweigart al@inventwithpython.com

Enter how many six-sided dice you want to roll:
> 2
Simulating 1,000,000 rolls of 2 dice...
49.0% done...
TOTAL - ROLLS - PERCENTAGE
  2 - 27696 rolls - 2.8%
  3 - 55336 rolls - 5.5%
  4 - 83369 rolls - 8.3%
  5 - 110858 rolls - 11.1%
  6 - 138951 rolls - 13.9%
  7 - 166892 rolls - 16.7%
  8 - 138932 rolls - 13.9%
  9 - 111553 rolls - 11.2%
 10 - 83409 rolls - 8.3%
 11 - 55236 rolls - 5.5%
 12 - 27768 rolls - 2.8%
```

동작 원리

30행 에서 random.randint(1, 6)을 호출하여 하나의 6면 주사위를 굴리는 시뮬레이션을 한다. 이 것은 1부터 6 사이의 무작위 숫자를 반환하며, 주사위가 얼마나 많이 굴려졌는지에 대한 누적 합 계에 추가된다. random.randint() 함수는 균일한 분포를 가진다. 즉, 각 숫자들이 반환될 가능성 은 다른 숫자와 동일하다는 의미다.

이번 프로그램은 주사위를 굴린 결과를 results 딕셔너리에 저장한다. 이 딕셔너리의 키는 주사 위를 굴려서 나올 가능성이 있는 수(합)이며, 값은 그 합이 나타난 횟수다. 빈도율을 구하려면 발 생한 횟수를 1,000,000(이번 시뮬레이션에서 주사위를 굴린 수)으로 나누고 100(0.0에서 1.0 사이가 아닌 0.0에서 100.0 사이의 퍼센트를 얻기 위함)을 곱한다. 약간의 대수학을 거치면, 이것이 37행 의 코드처 럼 10,000으로 나누는 것과 같다는 것을 알 수 있을 것이다.

```
1  """Million Dice Roll Statistics Simulator
2  By Al Sweigart al@inventwithpython.com
3  A simulation of one million dice rolls.
4  This code is available at https://nostarch.com/big-book-small-python-programming
5  Tags: tiny, beginner, math, simulation"""
6
7  import random, time
8
9  print('''Million Dice Roll Statistics Simulator
10 By Al Sweigart al@inventwithpython.com
11
12 Enter how many six-sided dice you want to roll:''')
13 numberOfDice = int(input('> '))
14
15 # 주사위를 굴린 결과를 저장하기 위한 딕셔너리를 설정한다:
16 results = {}
17 for i in range(numberOfDice, (numberOfDice * 6) + 1):
18     results[i] = 0
19
20 # 주사위 굴림을 시뮬레이션하기:
21 print('Simulating 1,000,000 rolls of {} dice...'.format(numberOfDice))
22 lastPrintTime = time.time()
23 for i in range(1000000):
24     if time.time() > lastPrintTime + 1:
25         print('{}% done...'.format(round(i / 10000, 1)))
26         lastPrintTime = time.time()
27
28     total = 0
29     for j in range(numberOfDice):
30         total = total + random.randint(1, 6)
31     results[total] = results[total] + 1
32
33 # 결과 표시하기:
34 print('TOTAL - ROLLS - PERCENTAGE')
35 for i in range(numberOfDice, (numberOfDice * 6) + 1):
36     roll = results[i]
37     percentage = round(results[i] / 10000, 1)
38     print('  {} - {} rolls - {}%'.format(i, roll, percentage))
```

소스 코드를 입력하고 여러 번 실행한 후, 실험을 위해 몇 가지를 변경해 보자. 그리고 다음 내용에 대해 스스로 방법을 찾아보자.

- 8면, 10면, 12면, 20면 주사위를 굴려 보자.
- 양면 동전 던지기를 시뮬레이션해 보자.

프로그램 살펴보기

다음 질문에 대한 답을 찾아보자. 코드를 약간 수정하여 테스트하고, 변경 사항이 어떠한 영향을 미쳤는지 확인해 보자.

1. 24행에 있는 lastPrintTime + 1을 lastPrintTime + 2로 바꾸면 어떻게 되는가?

2. 31행에 있는 results[total] = results[total] + 1을 삭제하거나 주석 처리하면 어떤 버그가 발생하는가?

3. 숫자가 아닌 문자로 된 6면 주사위를 굴리면 어떤 오류가 발생하는가?

#47

몬드리안 아트 생성기

피트 몬드리안(Piet Mondrian) 스타일로 기하학적 그림 만들기

예술 생성 알고리즘을 구현한다

피트 몬드리안Piet Mondrian은 20세기 네덜란드 화가이자 추상 미술 운동인 신조형주의의 창시자 중 한 사람이다. 그의 가장 상징적인 그림은 기본 색상(파란색, 노란색, 빨간색), 검정색, 그리고 흰색의 블록으로 그린 것이다. 그는 미니멀한 접근 방식을 이용하여 이러한 색상을 수평 요소와 수직 요소로 분리했다.

이번 프로그램은 몬드리안 스타일을 따르는 임의의 그림을 생성한다. 피트 몬드리안에 대한 자세한 내용은 위키백과(https://ko.wikipedia.org/wiki/피트_몬드리안)를 참고하자.

프로그램 실행

비록 책에서는 흑백의 이미지로만 보이겠지만, bext 모듈은 우리의 파이썬 프로그램이 텍스트를 출력할 때 밝은 기본 색상을 표시할 수 있게 해준다. **mondrian.py**를 실행하면 그림 47-1과 같은 결과가 나타날 것이다.

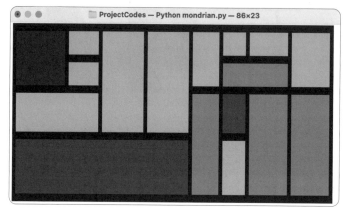

그림 47-1 몬드리안 아트 프로그램이 생성한 작품. 프로그램이 실행될 때마다 다른 이미지가 생성된다.

동작 원리

그림 47-2와 같이 알고리즘은 수직선과 수평선이 무작위로 배치된 데이터 구조(canvas 딕셔너리)를 생성하면서 시작한다.

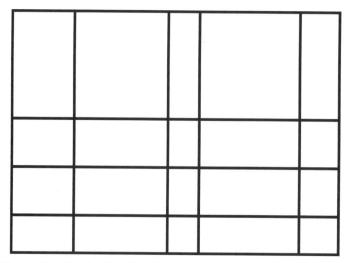

그림 47-2 몬드리안 아트 알고리즘의 첫 번째 단계는 그리드(격자)를 생성하는 것이다.

다음으로 그림 47-3과 같이 큰 직사각형을 만들기 위해 일부 직선을 제거한다.

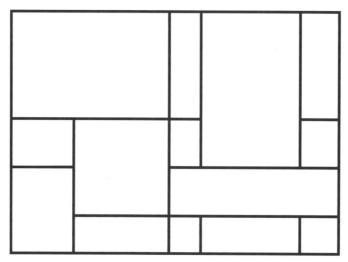

그림 47-3 몬드리안 아트 알고리즘의 두 번째 단계는 무작위로 선을 제거하는 것이다.

마지막으로 그림 47-4와 같이 일부 직사각형을 노란색이나, 빨간색, 파란색, 또는 검정색으로 랜덤하게 채운다(참고: 도서 제작상의 이유로 그림상의 각 색은 흑백 음영 처리됨).

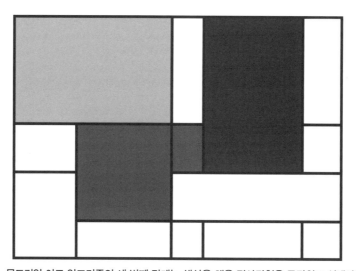

그림 47-4 몬드리안 아트 알고리즘의 세 번째 단계는 색상을 채울 직사각형을 무작위로 선택하는 것이다.

몬드리안 아트 생성기의 다른 버전과 여러 샘플 이미지는 https://github.com/asweigart/mondrian_art_generator/에서 찾을 수 있다.

```
 1 """Mondrian Art Generator, by Al Sweigart al@inventwithpython.com
 2 Randomly generates art in the style of Piet Mondrian.
 3 More info at: https://en.wikipedia.org/wiki/Piet_Mondrian
 4 This code is available at https://nostarch.com/big-book-small-python-programming
 5 Tags: large, artistic, bext"""
 6
 7 import sys, random
 8
 9 try:
10     import bext
11 except ImportError:
12     print('This program requires the bext module, which you')
13     print('can install by following the instructions at')
14     print('https://pypi.org/project/Bext/')
15     sys.exit()
16
17 # 상수 설정하기:
18 MIN_X_INCREASE = 6
19 MAX_X_INCREASE = 16
20 MIN_Y_INCREASE = 3
21 MAX_Y_INCREASE = 6
22 WHITE = 'white'
23 BLACK = 'black'
24 RED = 'red'
25 YELLOW = 'yellow'
26 BLUE = 'blue'
27
28 # 화면 설정하기:
29 width, height = bext.size()
30 # 자동으로 줄바꿈을 추가하지 않으면 윈도우에서 마지막 열을 출력할 수 없으므로,
31 # 폭을 하나 줄인다:
32 width -= 1
33
34 height -= 3
35
36 while True:  # 메인 애플리케이션 루프
37     # 캔버스를 빈 공간으로 미리 채운다:
38     canvas = {}
39     for x in range(width):
40         for y in range(height):
41             canvas[(x, y)] = WHITE
42
43     # 수직선 생성하기:
44     numberOfSegmentsToDelete = 0
45     x = random.randint(MIN_X_INCREASE, MAX_X_INCREASE)
46     while x < width - MIN_X_INCREASE:
47         numberOfSegmentsToDelete += 1
48         for y in range(height):
49             canvas[(x, y)] = BLACK
50         x += random.randint(MIN_X_INCREASE, MAX_X_INCREASE)
51
52     # 수평선 생성하기:
53     y = random.randint(MIN_Y_INCREASE, MAX_Y_INCREASE)
```

```
54     while y < height - MIN_Y_INCREASE:
55         numberOfSegmentsToDelete += 1
56         for x in range(width):
57             canvas[(x, y)] = BLACK
58         y += random.randint(MIN_Y_INCREASE, MAX_Y_INCREASE)
59
60     numberOfRectanglesToPaint = numberOfSegmentsToDelete - 3
61     numberOfSegmentsToDelete = int(numberOfSegmentsToDelete * 1.5)
62
63     # 무작위로 점을 선택하고 제거한다.
64     for i in range(numberOfSegmentsToDelete):
65         while True:    # 삭제할 세그먼트를 계속 선택한다.
66             # 기존의 세그먼트에서 임의의 시작점 가져오기:
67             startx = random.randint(1, width - 2)
68             starty = random.randint(1, height - 2)
69             if canvas[(startx, starty)] == WHITE:
70                 continue
71
72             # 수직 또는 수평 세그먼트에 있는지 확인하기:
73             if (canvas[(startx - 1, starty)] == WHITE and
74                 canvas[(startx + 1, starty)] == WHITE):
75                 orientation = 'vertical'
76             elif (canvas[(startx, starty - 1)] == WHITE and
77                 canvas[(startx, starty + 1)] == WHITE):
78                 orientation = 'horizontal'
79             else:
80                 # 시작점이 교차 지점에 있으므로,
81                 # 새로운 임의의 시작점을 구한다:
82                 continue
83
84             pointsToDelete = [(startx, starty)]
85
86             canDeleteSegment = True
87             if orientation == 'vertical':
88                 # 시작점에서 한 경로 위로 이동하고,
89                 # 이 세그먼트를 제거할 수 있는지 확인한다:
90                 for changey in (-1, 1):
91                     y = starty
92                     while 0 < y < height - 1:
93                         y += changey
94                         if (canvas[(startx - 1, y)] == BLACK and
95                             canvas[(startx + 1, y)] == BLACK):
96                             # 우리는 네 방향 교차점을 찾았다.
97                             break
98                         elif ((canvas[(startx - 1, y)] == WHITE and
99                             canvas[(startx + 1, y)] == BLACK) or
100                            (canvas[(startx - 1, y)] == BLACK and
101                            canvas[(startx + 1, y)] == WHITE)):
102                            # 우리는 세 방향 교차점을 찾았다.
103                            # 이 세그먼트는 삭제할 수 없다:
104                            canDeleteSegment = False
105                            break
106                        else:
```

```
107                          pointsToDelete.append((startx, y))
108
109            elif orientation == 'horizontal':
110                # 시작점에서 한 경로 위로 이동하고,
111                # 이 세그먼트를 제거할 수 있는지 확인한다:
112                for changex in (-1, 1):
113                    x = startx
114                    while 0 < x < width - 1:
115                        x += changex
116                        if (canvas[(x, starty - 1)] == BLACK and
117                            canvas[(x, starty + 1)] == BLACK):
118                            # 우리는 네 방향 교차점을 찾았다.
119                            break
120                        elif ((canvas[(x, starty - 1)] == WHITE and
121                               canvas[(x, starty + 1)] == BLACK) or
122                              (canvas[(x, starty - 1)] == BLACK and
123                               canvas[(x, starty + 1)] == WHITE)):
124                            # 우리는 세 방향 교차점을 찾았다;
125                            # 이 세그먼트는 삭제할 수 없다:
126                            canDeleteSegment = False
127                            break
128                        else:
129                            pointsToDelete.append((x, starty))
130            if not canDeleteSegment:
131                continue  # 새로운 임의의 시작점을 구한다:
132            break  # 세그먼트를 삭제하기 위해 이동한다.
133
134        # 이 세그먼트를 삭제할 수 있다면, 모든 점을 흰색으로 설정한다:
135        for x, y in pointsToDelete:
136            canvas[(x, y)] = WHITE
137
138    # 테두리를 추가하기:
139    for x in range(width):
140        canvas[(x, 0)] = BLACK  # 상단 테두리
141        canvas[(x, height - 1)] = BLACK  # 하단 테두리
142    for y in range(height):
143        canvas[(0, y)] = BLACK  # 좌측 테두리
144        canvas[(width - 1, y)] = BLACK  # 우측 테두리
145
146    # 직사각형 색칠하기:
147    for i in range(numberOfRectanglesToPaint):
148        while True:
149            startx = random.randint(1, width - 2)
150            starty = random.randint(1, height - 2)
151
152            if canvas[(startx, starty)] != WHITE:
153                continue  # 새로운 임의의 시작점을 구한다:
154            else:
155                break
156
157        # 플러드 필(Flood fill) 알고리즘:
158        colorToPaint = random.choice([RED, YELLOW, BLUE, BLACK])
159        pointsToPaint = set([(startx, starty)])
```

```
160          while len(pointsToPaint) > 0:
161              x, y = pointsToPaint.pop()
162              canvas[(x, y)] = colorToPaint
163              if canvas[(x - 1, y)] == WHITE:
164                  pointsToPaint.add((x - 1, y))
165              if canvas[(x + 1, y)] == WHITE:
166                  pointsToPaint.add((x + 1, y))
167              if canvas[(x, y - 1)] == WHITE:
168                  pointsToPaint.add((x, y - 1))
169              if canvas[(x, y + 1)] == WHITE:
170                  pointsToPaint.add((x, y + 1))
171
172      # 캔버스 데이터 구조 그리기:
173      for y in range(height):
174          for x in range(width):
175              bext.bg(canvas[(x, y)])
176              print(' ', end='')
177
178          print()
179
180      # 사용자에게 새로운 것을 생성하라는 메시지를 표시한다:
181      try:
182          input('Press Enter for another work of art, or Ctrl-C to quit.')
183      except KeyboardInterrupt:
184          sys.exit()
```

소스 코드를 입력하고 여러 번 실행한 후, 실험을 위해 몇 가지를 변경해 보자. 그리고 다음 내용에 대해 스스로 방법을 찾아보자.

- 다양한 색상 팔레트를 가진 프로그램으로 만들자.
- Pillow 모듈을 사용하여 몬드리안 아트에 대한 이미지 파일을 생성하자. 이 모듈에 대해서는 《뚝딱뚝딱 파이썬 자동화》Automate the Boring Stuff with Python》라는 도서의 19장(https://automatetheboringstuff.com/2e/chapter19/) 내용을 참고하자.

프로그램 살펴보기

다음 질문에 대한 답을 찾아보자. 코드를 약간 수정하여 테스트하고, 변경 사항이 어떠한 영향을 미쳤는지 확인해 보자.

1. 41행에 있는 canvas[(x, y)] = WHITE를 canvas[(x, y)] = RED로 바꾸면 어떤 에러가 발생하는가?

2. 176행에 있는 print(' ', end='')를 print('A', end='')로 바꾸면 어떻게 되는가?

#48

몬티 홀 문제

몬티 홀 게임 쇼 문제에 대한 시뮬레이션

아스키 아트 염소로 확률을 살펴본다

몬티 홀 문제Monty Hall Problem는 확률에 대한 놀라운 사실을 보여 준다. 이 문제는 몬티 홀이 진행한 오래된 게임 쇼인 **Let's Make a Deal**을 기반으로 한다. 몬티 홀 문제에서는 3개의 문 중 하나를 선택할 수 있다. 하나의 문 뒤에는 상품(최신 자동차)이 있고, 다른 2개의 문을 열면 쓸모없는 염소가 있다. 여러분이 첫 번째 문을 선택했다고 하자. 진행자는 여러분이 선택한 문이 열리기 전에 다른 문 (#2, #3)을 열게 된다. 여러분은 원래 선택한 문을 열도록 계속해서 선택할 수도 있고, 아직 열지 않은 다른 문을 열도록 바꿀 수도 있다. 문을 바꾸든 말든 상관없는 것처럼 보일 수 있지만, 문을 바꾸면 확률이 높아진다! 이번 프로그램은 반복적인 실험을 통해 몬티 홀 문제를 보여 준다.

확률이 좋아지는 이유를 이해하기 위해 3개의 문이 아닌 1,000개의 문을 가진 몬티 홀 문제를 살펴보자. 여러분이 하나의 문을 선택했고 진행자가 998개의 문을 열었더니, 모두 염소가 나왔다고 하자. 이제 열리지 않은 문은 단 2개다. 하나는 여러분이 선택한 문이고,

다른 하나는 진행자가 아직 열지 않은 문이다. 만약에 여러분이 처음부터 자동차가 있는 문을 올바르게 선택했다면(1,000분의 1의 확률), 진행자는 염소가 있는 문을 닫은 채로 있는 것이다. 만약에 여러분이 염소가 있는 문을 선택했다면(1,000분의 999의 확률), 진행자는 자동차가 있는 문을 열지 않고 있는 것이다. 열어야 할 문을 무작위로 선택하는 게 아니다. 진행자는 자동차가 있는 문이 닫혀 있다는 것을 알고 있다. 즉, 여러분이 처음에 선택한 것이 자동차가 있는 문이 아니라는 게 거의 확실하므로, 다른 문으로 바꿔야 할 것이다.

다른 식으로도 생각해 보자. 1,000개의 상자가 있으며, 그중 하나에는 상품이 들어 있다. 여러분은 상품이 들어 있을 것 같은 상자를 골랐고, 진행자가 그 상자를 여러분에게 가져다 주었다. 여러분이 선택한 상자에 상품이 있을까? 아니면 나머지 999개의 상자들 중에 상품이 있을까? 999개의 상자 중 상품이 들어 있지 않은 998개의 상자를 여는 데 진행자가 필요하진 않다. 선택할 기회는 문이 1,000개일 때와 동일하다. 처음에 올바르게 골랐을 확률은 1,000분의 1이지만, 그렇지 않을 확률(다른 상자들 중 하나에 상품이 있을 확률)은 거의 1,000분의 999다.

몬티 홀 문제에 대한 자세한 내용은 위키백과(https://ko.wikipedia.org/wiki/몬티_홀_문제)를 참고하자.

프로그램 실행

montyhall.py를 실행하면 다음과 같다.

```
The Monty Hall Problem, by Al Sweigart al@inventwithpython.com
 --중략--
 +------+   +------+   +------+
 |      |   |      |   |      |
 |  1   |   |  2   |   |  3   |
 |      |   |      |   |      |
 |      |   |      |   |      |
 |      |   |      |   |      |
 +------+   +------+   +------+
Pick a door 1, 2, or 3 (or "quit" to stop):
> 1

 +------+   +------+   +------+
 |      |   | ((   |   |      |
 |  1   |   | oo   |   |  3   |
 |      |   | /_/|_|   |      |
 |      |   |   |  |   |      |
```

```
|       |    |GOAT|||  |      |
+------+  +------+  +------+
Door 2 contains a goat!
Do you want to swap doors? Y/N
> y

+------+  +------+  +------+
|  ((  |  |  ((  |  | CAR! |
|  oo  |  |  oo  |  |    __|
| /_/|_|  | /_/|_|  |   _/ |
|   | |  |   | |  | /_ __|
|GOAT|||  |GOAT|||  |   O  |
+------+  +------+  +------+
Door 3 has the car!
You won!

Swapping:     1 wins, 0 losses, success rate 100.0%
Not swapping: 0 wins, 0 losses, success rate 0.0%

Press Enter repeat the experiment...
--중략--
```

동작 원리

아스키 아트로 문을 만들기 위한 여러 줄의 문자열은 여러 상수(예를 들어, ALL_CLOSED, FIRST_GOAT, FIRST_CAR_OTHERS_GOAT)에 저장된다. 125행 에 있는 코드 print(FIRST_GOAT)처럼 이들 상수를 사용하는 코드는 우리가 그래픽을 업데이트하더라도 동일하게 유지된다. 여러 줄의 문자열을 소스 코드 파일 위에 함께 배치하면 그래픽의 일관성을 확보하는 데 도움이 될 것이다.

```
 1 """The Monty Hall Problem, by Al Sweigart al@inventwithpython.com
 2 A simulation of the Monty Hall game show problem.
 3 More info at https://en.wikipedia.org/wiki/Monty_Hall_problem
 4 This code is available at https://nostarch.com/big-book-small-python-programming
 5 Tags: large, game, math, simulation"""
 6
 7 import random, sys
 8
 9 ALL_CLOSED = """
10 +------+  +------+  +------+
11 |      |  |      |  |      |
12 |   1  |  |   2  |  |   3  |
13 |      |  |      |  |      |
14 |      |  |      |  |      |
15 |      |  |      |  |      |
16 +------+  +------+  +------+"""
17
```

```
18  FIRST_GOAT = """
19  +------+  +------+  +------+
20  |  ((  |  |      |  |      |
21  |  oo  |  |  2   |  |  3   |
22  | /_/|_|  |      |  |      |
23  |   |  |  |      |  |      |
24  |GOAT|||  |      |  |      |
25  +------+  +------+  +------+"""
26
27  SECOND_GOAT = """
28  +------+  +------+  +------+
29  |      |  |  ((  |  |      |
30  |  1   |  |  oo  |  |  3   |
31  |      |  | /_/|_|  |      |
32  |      |  |   |  |  |      |
33  |      |  |GOAT|||  |      |
34  +------+  +------+  +------+"""
35
36  THIRD_GOAT = """
37  +------+  +------+  +------+
38  |      |  |      |  |  ((  |
39  |  1   |  |  2   |  |  oo  |
40  |      |  |      |  | /_/|_|
41  |      |  |      |  |   |  |
42  |      |  |      |  |GOAT|||
43  +------+  +------+  +------+"""
44
45  FIRST_CAR_OTHERS_GOAT = """
46  +------+  +------+  +------+
47  | CAR! |  |  ((  |  |  ((  |
48  |   __|  |  oo  |  |  oo  |
49  |  _/  |  | /_/|_|  | /_/|_|
50  | /_ __|  |   |  |  |   |  |
51  |  O   |  |GOAT|||  |GOAT|||
52  +------+  +------+  +------+"""
53
54  SECOND_CAR_OTHERS_GOAT = """
55  +------+  +------+  +------+
56  |  ((  |  | CAR! |  |  ((  |
57  |  oo  |  |   __|  |  oo  |
58  | /_/|_|  |  _/  |  | /_/|_|
59  |   |  |  | /_ __|  |   |  |
60  |GOAT|||  |  O   |  |GOAT|||
61  +------+  +------+  +------+"""
62
63  THIRD_CAR_OTHERS_GOAT = """
64  +------+  +------+  +------+
65  |  ((  |  |  ((  |  | CAR! |
66  |  oo  |  |  oo  |  |   __|
67  | /_/|_|  | /_/|_|  |  _/  |
68  |   |  |  |   |  |  | /_ __|
69  |GOAT|||  |GOAT|||  |  O   |
```

```
70  +------+  +------+  +------+"""
71
72  print('''The Monty Hall Problem, by Al Sweigart al@inventwithpython.com
73
74  In the Monty Hall game show, you can pick one of three doors. One door
75  has a new car for a prize. The other two doors have worthless goats:
76  {}
77  Say you pick Door #1.
78  Before the door you choose is opened, another door with a goat is opened:
79  {}
80  You can choose to either open the door you originally picked or swap
81  to the other unopened door.
82
83  It may seem like it doesn't matter if you swap or not, but your odds
84  do improve if you swap doors! This program demonstrates the Monty Hall
85  problem by letting you do repeated experiments.
86
87  You can read an explanation of why swapping is better at
88  https://en.wikipedia.org/wiki/Monty_Hall_problem
89  '''.format(ALL_CLOSED, THIRD_GOAT))
90
91  input('Press Enter to start...')
92
93
94  swapWins = 0
95  swapLosses = 0
96  stayWins = 0
97  stayLosses = 0
98  while True:  # 메인 게임 루프
99      # 컴퓨터는 자동차가 있는 문을 선택한다:
100     doorThatHasCar = random.randint(1, 3)
101
102     # 플레이어에게 문을 선택하라고 요청한다:
103     print(ALL_CLOSED)
104     while True:  # 유효한 문을 입력할 때까지 계속 요청한다.
105         print('Pick a door 1, 2, or 3 (or "quit" to stop):')
106         response = input('> ').upper()
107         if response == 'QUIT':
108             # 게임 종료
109             print('Thanks for playing!')
110             sys.exit()
111
112         if response == '1' or response == '2' or response == '3':
113             break
114     doorPick = int(response)
115
116     # 어떤 문이 플레이어에게 보여 줄 염소가 있는 문인지 파악한다:
117     while True:
118         # 플레이어가 선택하지 않은 염소 문을 선택한다:
119         showGoatDoor = random.randint(1, 3)
120         if showGoatDoor != doorPick and showGoatDoor != doorThatHasCar:
121             break
```

```
122
123     # 플레이어에게 염소가 있는 이 문을 보여 주기:
124     if showGoatDoor == 1:
125         print(FIRST_GOAT)
126     elif showGoatDoor == 2:
127         print(SECOND_GOAT)
128     elif showGoatDoor == 3:
129         print(THIRD_GOAT)
130
131     print('Door {} contains a goat!'.format(showGoatDoor))
132
133     # 바꾸고 싶은지 플레이어에게 묻기:
134     while True:    # 플레이어가 Y 또는 N을 입력할 때까지 계속 요청한다.
135         print('Do you want to swap doors? Y/N')
136         swap = input('> ').upper()
137         if swap == 'Y' or swap == 'N':
138             break
139
140     # 바꾸기 원했다면 플레이어의 문을 바꾼다:
141     if swap == 'Y':
142         if doorPick == 1 and showGoatDoor == 2:
143             doorPick = 3
144         elif doorPick == 1 and showGoatDoor == 3:
145             doorPick = 2
146         elif doorPick == 2 and showGoatDoor == 1:
147             doorPick = 3
148         elif doorPick == 2 and showGoatDoor == 3:
149             doorPick = 1
150         elif doorPick == 3 and showGoatDoor == 1:
151             doorPick = 2
152         elif doorPick == 3 and showGoatDoor == 2:
153             doorPick = 1
154
155     # 모든 문 열기:
156     if doorThatHasCar == 1:
157         print(FIRST_CAR_OTHERS_GOAT)
158     elif doorThatHasCar == 2:
159         print(SECOND_CAR_OTHERS_GOAT)
160     elif doorThatHasCar == 3:
161         print(THIRD_CAR_OTHERS_GOAT)
162
163     print('Door {} has the car!'.format(doorThatHasCar))
164
165     # 바꿨을 때와 바꾸지 않았을 때에 대한 승패 기록:
166     if doorPick == doorThatHasCar:
167         print('You won!')
168         if swap == 'Y':
169             swapWins += 1
170         elif swap == 'N':
171             stayWins += 1
172     else:
173         print('Sorry, you lost.')
```

```
174        if swap == 'Y':
175            swapLosses += 1
176        elif swap == 'N':
177            stayLosses += 1
178
179    # 바꿨을 때와 바꾸지 않았을 때에 대한 성공률 계산:
180    totalSwaps = swapWins + swapLosses
181    if totalSwaps != 0:   # 0으로 나누는 에러(zero-divide error) 방지하기
182        swapSuccess = round(swapWins / totalSwaps * 100, 1)
183    else:
184        swapSuccess = 0.0
185
186    totalStays = stayWins + stayLosses
187    if (stayWins + stayLosses) != 0:   # 0으로 나누는 에러(zero-divide error) 방지하기
188        staySuccess = round(stayWins / totalStays * 100, 1)
189    else:
190        staySuccess = 0.0
191
192    print()
193    print('Swapping:     ', end='')
194    print('{} wins, {} losses, '.format(swapWins, swapLosses), end='')
195    print('success rate {}%'.format(swapSuccess))
196    print('Not swapping: ', end='')
197    print('{} wins, {} losses, '.format(stayWins, stayLosses), end='')
198    print('success rate {}%'.format(staySuccess))
199    print()
200    input('Press Enter repeat the experiment...')
```

프로그램 살펴보기

다음 질문에 대한 답을 찾아보자. 코드를 약간 수정하여 테스트하고, 변경 사항이 어떠한 영향을 미쳤는지 확인해 보자.

1. **100행**에 있는 doorThatHasCar = random.randint(1, 3)을 doorThatHasCar = 1로 바꾸면 어떻게 되는가?

2. **124~129행**을 print([FIRST_GOAT, SECOND_GOAT, THIRD_GOAT][showGoatDoor - 1])로 바꾸면 어떻게 되는가?

#49

곱셈표

12×12까지의 곱셈표를 표시

텍스트의 간격을 주는 연습을 한다

이번 프로그램은 0×0부터 12×12까지의 곱셈표를 생성한다. 간단한 코드이지만 중첩 루프에 대해 잘 보여 준다.

프로그램 실행

multiplicationtable.py를 실행하면 다음과 같다.

```
Multiplication Table, by Al Sweigart al@inventwithpython.com
  |  0   1   2   3   4   5   6   7   8   9  10  11  12
--+------------------------------------------------------
 0|  0   0   0   0   0   0   0   0   0   0   0   0   0
 1|  0   1   2   3   4   5   6   7   8   9  10  11  12
 2|  0   2   4   6   8  10  12  14  16  18  20  22  24
 3|  0   3   6   9  12  15  18  21  24  27  30  33  36
 4|  0   4   8  12  16  20  24  28  32  36  40  44  48
 5|  0   5  10  15  20  25  30  35  40  45  50  55  60
 6|  0   6  12  18  24  30  36  42  48  54  60  66  72
 7|  0   7  14  21  28  35  42  49  56  63  70  77  84
 8|  0   8  16  24  32  40  48  56  64  72  80  88  96
 9|  0   9  18  27  36  45  54  63  72  81  90  99 108
10|  0  10  20  30  40  50  60  70  80  90 100 110 120
11|  0  11  22  33  44  55  66  77  88  99 110 121 132
12|  0  12  24  36  48  60  72  84  96 108 120 132 144
```

동작 원리

9행에 있는 코드는 테이블 상단 행을 출력한다. 최대 3자리 숫자를 수용할 수 있도록 숫자들 사이에 충분한 거리를 설정하고 있다. 12×12 곱셈표이기 때문에, 가장 큰 숫자인 144가 공간에 맞도록 설정한 간격이다. 만약에 여러분이 더 큰 곱셈표를 만들고자 한다면 열의 간격도 늘려야 할 것이다. 표준 터미널 창은 너비가 80열이고 높이가 24줄이므로, 창의 오른쪽 가장자리에 행(줄)을 래핑하지 않고서는 더 큰 구구단을 만들 수 없을 것이다.

```
 1 """Multiplication Table, by Al Sweigart al@inventwithpython.com
 2 Print a multiplication table.
 3 This code is available at https://nostarch.com/big-book-small-python-programming
 4 Tags: tiny, beginner, math"""
 5
 6 print('Multiplication Table, by Al Sweigart al@inventwithpython.com')
 7
 8 # 숫자 레이블을 가로로 출력하기:
 9 print('  |  0   1   2   3   4   5   6   7   8   9  10  11  12')
10 print('--+------------------------------------------------------')
11
12 # 각 행 표시하기:
13 for number1 in range(0, 13):
14
15     # 숫자 레이블을 세로로 출력하기:
```

```
16      print(str(number1).rjust(2), end='')
17
18      # 구분자 출력하기:
19      print('|', end='')
20
21      for number2 in range(0, 13):
22          # 결과 다음에 공백을 넣어 출력한다:
23          print(str(number1 * number2).rjust(3), end=' ')
24
25      print()   # 줄바꿈을 출력하여 행을 마무리한다.
```

프로그램 살펴보기

다음 질문에 대한 답을 찾아보자. 코드를 약간 수정하여 테스트하고, 변경 사항이 어떠한 영향을 미쳤는지 확인해 보자.

1. **13행** 에 있는 range(0, 13)을 range(0, 80)으로 바꾸면 어떻게 되는가?

2. **13행** 에 있는 range(0, 13)을 range(0, 100)으로 바꾸면 어떻게 되는가?

#50

NINETY-NINE BOTTLES

반복되는 노래 가사를 표시

루프와 문자열 템플릿을 이용하여 텍스트를 생성한다

'Ninety-Nine Bottles'는 출처가 불분명한 민요로, 긴 길이와 반복성으로 유명하다. 가사는 다음과 같다. '벽장에 우유병 99개가 있네. 한 병을 빼서 주변에 주었네. 벽장에 우유병 98개가 있네.' 이런 식으로 반복되어 병의 수는 98, 97, 96... 0이 될 때까지 내려 간다. '벽장에 우유병 1개가 있네. 우유 1병. 한 병을 빼서 주변에 주었네. 더 이상 벽장에 우유병이 없네.'

운 좋게도 컴퓨터는 반복적인 작업을 수행하는 데 탁월한 능력을 가졌으며, 이번 프로그램은 모든 가사를 프로그래밍 방식으로 만들게 된다. 프로젝트 51번의 'niNety-nniinE BoOttels'는 이번 프로그램의 확장된 버전이다.

프로그램 실행

ninetyninebottles.py를 실행하면 다음과 같다.

```
Ninety-Nine Bottles, by Al Sweigart al@inventwithpython.com

(Press Ctrl-C to quit.)
99 bottles of milk on the wall,
99 bottles of milk,
Take one down, pass it around,
98 bottles of milk on the wall!

98 bottles of milk on the wall,
98 bottles of milk,
Take one down, pass it around,
97 bottles of milk on the wall!
--중략--
```

동작 원리

이 노래에서의 반복 부분은 while 루프(20~30행에 있는 코드)를 사용하여 처음의 98개 절을 쉽게 표시할 수 있다. 하지만 마지막 절은 약간 달라서 별도의 코드로 표시해야 한다(33~39행에 있는 코드). 즉, 마지막 줄인 'No more bottles of milk on the wall!'이 루프의 반복 밖에 있어야 하며, '병bottle'이라는 단어가 복수가 아닌 단수여야 한다.

```
 1 """Ninety-Nine Bottles of Milk on the Wall
 2 By Al Sweigart al@inventwithpython.com
 3 Print the full lyrics to one of the longest songs ever! Press
 4 Ctrl-C to stop.
 5 This code is available at https://nostarch.com/big-book-small-python-programming
 6 Tags: tiny, beginner, scrolling"""
 7
 8 import sys, time
 9
10 print('Ninety-Nine Bottles, by Al Sweigart al@inventwithpython.com')
11 print()
12 print('(Press Ctrl-C to quit.)')
13
14 time.sleep(2)
15
16 bottles = 99   # 이것은 시작하는 병의 수다.
17 PAUSE = 2   # (!) 전체 가사를 한 번에 보려면 이 값을 0으로 변경하자.
18
19 try:
20     while bottles > 1:   # 계속 반복하여 가사를 표시한다.
```

```
21        print(bottles, 'bottles of milk on the wall,')
22        time.sleep(PAUSE)   # PAUSE 수(초)만큼 일시 정지한다.
23        print(bottles, 'bottles of milk,')
24        time.sleep(PAUSE)
25        print('Take one down, pass it around,')
26        time.sleep(PAUSE)
27        bottles = bottles - 1   # 병의 수를 하나씩 줄인다.
28        print(bottles, 'bottles of milk on the wall!')
29        time.sleep(PAUSE)
30        print()   # 줄바꿈을 출력한다.
31
32    # 마지막 절 가사를 표시한다:
33    print('1 bottle of milk on the wall,')
34    time.sleep(PAUSE)
35    print('1 bottle of milk,')
36    time.sleep(PAUSE)
37    print('Take it down, pass it around,')
38    time.sleep(PAUSE)
39    print('No more bottles of milk on the wall!')
40 except KeyboardInterrupt:
41     sys.exit()   # Ctrl-C를 누르면 프로그램을 종료한다.
```

소스 코드를 입력하고 여러 번 실행한 후, 실험을 위해 몇 가지를 변경해 보자. 그리고 다음 내용에 대해 스스로 방법을 찾아보자.

- 반복되는 노래인 'The Twelve Days of Christmas.'에 대한 프로그램을 만들자.
- 다른 점증적 노래cumulative songs에 대한 프로그램을 만들자. 이런 종류의 노래 목록은 https://en.wikipedia.org/wiki/Cumulative_song에서 찾을 수 있다.

프로그램 살펴보기

다음 질문에 대한 답을 찾아보자. 코드를 약간 수정하여 테스트하고, 변경 사항이 어떠한 영향을 미쳤는지 확인해 보자.

1. 27행에 있는 bottles = bottles - 1을 bottles = bottles - 2로 바꾸면 어떻게 되는가?
2. 20행에 있는 while bottles > 1:을 while bottles < 1:로 바꾸면 어떻게 되는가?

#51

niNety-nniinE BoOttels

각 구절마다 왜곡된 노래 가사를 표시

가사를 왜곡하기 위해 문자열을 조작한다

이번 버전의 프로그램은 'Ninety-Nine Bottles' 노래에서 문자를 제거하거나, 대/소문자를 바꾸거나, 두 문자를 서로 바꾸거나, 아니면 한 문자를 두 번 표시하게 만들 것이다.

노래가 계속 진행되면서 이러한 돌연변이가 추가되어 최종적으로는 매우 엉뚱한 노래가 될 것이다. 이번 프로젝트를 하기 전에 반드시 프로젝트 50번의 'Ninety-Nine Bottles'를 먼저 해보는 게 좋다.

프로그램 실행

ninetyninebottles2.py를 실행하면 다음과 같다.

```
niNety-nniinE BoOttels, by Al Sweigart al@inventwithpython.com
--중략--
99 bottles of milk on the wall,
99 bottles of milk,
Take one down, pass it around,
98 bottles of milk on the wall!

98 bottles of milk on the wal,l
98 bottles of milk,
Take one down, pass it around,
97 bottles of milk on the wall!

97 bottles of milk on the wal,l
97 bottles of milk,
Take one down, pass it around,
96 bottles o  milk on the wall!
--중략--
75 bottle sof milk on the awl,l
75  bOottles offf milk,
TAke o e down, paSs it arounnnd,
74 bottlsE o  milk  on the wall!
--중략--
1 Botttt e esof  MmmLk   n the awll,
1 b oOttlEsss offf    ikkl,
ATkkE  o E ddow,np aSSSs i  ArOuunnn,D
No more bottles of milk on the wall!
```

동작 원리

파이썬의 문자열 값은 **불변적**immutable이다. 즉, 변경될 수 없다는 의미다. 만약에 greeting이라는 변수에 'Hello'라는 문자열이 저장되어 있다면, greeting = greeting + ' world!'라는 코드는 실제로 'Hello' 문자열을 변경하는 게 아니다. 오히려, 'Hello world!'라는 새로운 문자열을 생성하여 greeting 변수에 있는 'Hello'를 대체하는 것이다. 이에 대한 기술적 이유를 설명하는 것은 이 책의 범위를 벗어나지만, 차이점을 이해하는 것은 중요하다. 왜냐하면 greeting[0] = 'h'와 같은 코드가 허용되지 않는다는 것을 의미하기 때문이다. 즉, 문자열은 불변적이다. 하지만 리스트는 **가변적**mutable이다. 62행의 코드처럼 단일 문자로 된 리스트를 생성하고, 리스트 내의 문자를 변경하고, 85행의 코드처럼 그 리스트로부터 문자열을 생성할 수 있다. 이것이 바로 이번 프로그램이 노래 가사를 포함하는 문자열을 변경하거나 **변형시키는**mutate 방법이다.

```
 1  """niNety-nniinE BoOttels of Mlik On teh waLl
 2  By Al Sweigart al@inventwithpython.com
 3  Print the full lyrics to one of the longest songs ever! The song
 4  gets sillier and sillier with each verse. Press Ctrl-C to stop.
 5  This code is available at https://nostarch.com/big-book-small-python-programming
 6  Tags: short, scrolling, word"""
 7
 8  import random, sys, time
 9
10  # 상수 설정하기:
11  # (!) 한 번에 모든 가사를 출력하려면 이들 값 모두를 0으로 변경하자.
12  SPEED = 0.01   # 글자를 출력하는 사이에 일시 중지한다.
13  LINE_PAUSE = 1.5   # 각 줄의 끝에 일시 중지한다.
14
15
16  def slowPrint(text, pauseAmount=0.1):
17      """텍스트의 문자를 한 번에 하나씩 천천히 출력한다."""
18      for character in text:
19          # 텍스트가 즉시 출력되도록 여기서 flush=True로 설정한다:
20          print(character, flush=True, end='')   # end=''는 개행이 없다는 의미다.
21          time.sleep(pauseAmount)   # 각 문자 사이에 일시 중지한다.
22      print()   # 줄바꿈을 출력한다.
23
24
25  print('niNety-nniinE BoOttels, by Al Sweigart al@inventwithpython.com')
26  print()
27  print('(Press Ctrl-C to quit.)')
28
29  time.sleep(2)
30
31  bottles = 99   # 이것은 시작하는 병의 숫자다.
32
33  # 이 리스트는 가사에 사용되는 문자열이 있다:
34  lines = [' bottles of milk on the wall,',
35          ' bottles of milk,',
36          'Take one down, pass it around,',
37          ' bottles of milk on the wall!']
38
39  try:
40      while bottles > 0:   # 계속 반복하면서 가사를 표시한다.
41          slowPrint(str(bottles) + lines[0], SPEED)
42          time.sleep(LINE_PAUSE)
43          slowPrint(str(bottles) + lines[1], SPEED)
44          time.sleep(LINE_PAUSE)
45          slowPrint(lines[2], SPEED)
46          time.sleep(LINE_PAUSE)
47          bottles = bottles - 1   # 병의 숫자를 하나 줄인다.
48
49          if bottles > 0:   # 현재 가사의 마지막 줄을 출력한다.
50              slowPrint(str(bottles) + lines[3], SPEED)
51          else:   # 전체 노래의 마지막 줄을 출력한다.
52              slowPrint('No more bottles of milk on the wall!', SPEED)
```

```
53
54          time.sleep(LINE_PAUSE)
55          print()   # 줄바꿈을 출력한다.
56
57          # 가사를 '더 이상하게' 만들기 위해 무작위 라인을 선택한다:
58          lineNum = random.randint(0, 3)
59
60          # 편집할 수 있도록 리스트로 만든다.
61          # (파이썬의 문자열은 불변적이다.)
62          line = list(lines[lineNum])
63
64          effect = random.randint(0, 3)
65          if effect == 0:   # 문자를 공백으로 바꾼다.
66              charIndex = random.randint(0, len(line) - 1)
67              line[charIndex] = ' '
68          elif effect == 1:   # 문자의 대/소문자를 변경한다.
69              charIndex = random.randint(0, len(line) - 1)
70              if line[charIndex].isupper():
71                  line[charIndex] = line[charIndex].lower()
72              elif line[charIndex].islower():
73                  line[charIndex] = line[charIndex].upper()
74          elif effect == 2:   # 두 문자를 서로 바꾼다.
75              charIndex = random.randint(0, len(line) - 2)
76              firstChar = line[charIndex]
77              secondChar = line[charIndex + 1]
78              line[charIndex] = secondChar
79              line[charIndex + 1] = firstChar
80          elif effect == 3:   # 문자를 두 번 쓴다.
81              charIndex = random.randint(0, len(line) - 2)
82              line.insert(charIndex, line[charIndex])
83
84          # 리스트를 다시 문자열로 변환하고 줄에 넣는다:
85          lines[lineNum] = ''.join(line)
86 except KeyboardInterrupt:
87     sys.exit()   # Ctrl-C를 누르면 프로그램을 종료한다.
```

소스 코드를 입력하고 여러 번 실행한 후, 실험을 위해 몇 가지를 변경해 보자. (!) 마크가 있는 주석은 여러분이 할 수 있는 간단한 변경에 대해 제안한 것이다. 다음 내용에 대해 스스로 방법을 찾아보자.

- 인접한 두 단어의 순서를 바꿔 보자. 여기서 '단어'는 공백으로 구분된 텍스트다.

- 노래가 시작된 뒤, 몇 번의 루프를 돌다가 랜덤 수만큼 다시 카운트가 올라갔다 다시 숫자가 줄어들도록 만들어 보자. 예를 들어 100에서 시작해서 99, 98, 97 이렇게 내려갔다가, 98, 99처럼 임의의 숫자만큼 올라갔다가 다시 98, 97, 96 식으로 줄어들도록 만든다.

- 단어 전체의 대/소문자를 변경하자.

프로그램 살펴보기

다음 질문에 대한 답을 찾아보자. 코드를 약간 수정하여 테스트하고, 변경 사항이 어떠한 영향을 미쳤는지 확인해 보자.

1. 47행 에 있는 bottles = bottles – 1을 bottles = bottles – 2로 바꾸면 어떻게 되는가?

2. 64행 에 있는 effect = random.randint(0, 3)을 effect = 0으로 바꾸면 어떻게 되는가?

3. 62행 에 있는 line = list(lines[lineNum])을 삭제하거나 주석 처리하면 어떤 에러가 발생하는가?

#52

진법 카운터

2진수와 16진수에 대해 살펴보자

파이썬의 숫자 변환 함수를 사용한다

우리는 0부터 9까지의 10개의 숫자를 사용하는 10진법으로 계산하는 데 익숙하다. 이 10진법은 인간이 손가락으로 셈을 하기 때문에 개발된 듯하다. 하지만 다른 숫자 체계도 존재한다. 컴퓨터는 0과 1의 2개의 숫자를 사용하는 **2진법**binary을 사용한다. 또한, 프로그래머는 16진법을 사용하기도 한다. 이것은 0부터 9까지의 숫자뿐만 아니라 A부터 F까지의 문자로 확장되는 숫자 체계다.

우리는 모든 숫자를 모든 진법으로 나타낼 수 있으며, 이번 프로그램은 숫자들을 10진수, 2진수, 16진수로 표시한다.

프로그램 실행

numeralsystems.py를 실행하면 다음과 같다.

```
Numeral System Counters, by Al Sweigart al@inventwithpython.com

--중략--
Enter the starting number (e.g. 0) > 0
Enter how many numbers to display (e.g. 1000) > 20
DEC: 0     HEX: 0     BIN: 0
DEC: 1     HEX: 1     BIN: 1
DEC: 2     HEX: 2     BIN: 10
DEC: 3     HEX: 3     BIN: 11
DEC: 4     HEX: 4     BIN: 100
DEC: 5     HEX: 5     BIN: 101
DEC: 6     HEX: 6     BIN: 110
DEC: 7     HEX: 7     BIN: 111
DEC: 8     HEX: 8     BIN: 1000
DEC: 9     HEX: 9     BIN: 1001
DEC: 10    HEX: A     BIN: 1010
DEC: 11    HEX: B     BIN: 1011
DEC: 12    HEX: C     BIN: 1100
DEC: 13    HEX: D     BIN: 1101
DEC: 14    HEX: E     BIN: 1110
DEC: 15    HEX: F     BIN: 1111
DEC: 16    HEX: 10    BIN: 10000
DEC: 17    HEX: 11    BIN: 10001
DEC: 18    HEX: 12    BIN: 10010
DEC: 19    HEX: 13    BIN: 10011
```

동작 원리

파이썬의 함수 bin(), hex()를 호출하면 그 숫자의 2진수와 16진수를 얻을 수 있다.

```
>>> bin(42)
'0b101010'
>>> hex(42)
'0x2a'
```

반대로, 다음과 같이 변환할 기준과 함께 int()를 호출하면 10진수 값으로 다시 변환하게 된다.

```
>>> int('0b101010', 2)
42
>>> int('0x2a', 16)
42
```

bin()과 hex()가 반환하는 2진수와 16진수 '숫자'는 사실 문자열 값이다. bin(42)는 문자열 '0b101010'을 반환하며, hex(42)는 문자열 '0x2a'를 반환한다. 프로그래밍에서 2진수는 접두사로 0b를, 그리고 16진수는 접두사로 0x를 붙이는 것이 관례다. 이렇게 하면 2진수 10000(10진수로는 16)과 10진수 '일만'을 아무도 혼동하지 않을 것이다. 이 진법 프로그램은 숫자를 표시하기 전에 이러한 접두사를 삭제했다.

```python
1  """Numeral System Counters, by Al Sweigart al@inventwithpython.com
2  Shows equivalent numbers in decimal, hexadecimal, and binary.
3  This code is available at https://nostarch.com/big-book-small-python-programming
4  Tags: tiny, math"""
5
6
7  print('''Numeral System Counters, by Al Sweigart al@inventwithpython.com
8
9  This program shows you equivalent numbers in decimal (base 10),
10 hexadecimal (base 16), and binary (base 2) numeral systems.
11
12 (Ctrl-C to quit.)
13 ''')
14
15 while True:
16     response = input('Enter the starting number (e.g. 0) > ')
17     if response == '':
18         response = '0'  # 디폴트로 0부터 시작한다.
19         break
20     if response.isdecimal():
21         break
22     print('Please enter a number greater than or equal to 0.')
23 start = int(response)
24
25 while True:
26     response = input('Enter how many numbers to display (e.g. 1000) > ')
27     if response == '':
28         response = '1000'  # 디폴트로 1000을 표시한다.
29         break
30     if response.isdecimal():
31         break
32     print('Please enter a number.')
33 amount = int(response)
34
35 for number in range(start, start + amount):  # 메인 프로그램 루프
36     # 16진수/2진수로 변환하고 접두사를 제거한다:
37     hexNumber = hex(number)[2:].upper()
38     binNumber = bin(number)[2:]
39
40     print('DEC:', number, '   HEX:', hexNumber, '   BIN:', binNumber)
```

소스 코드를 입력하고 여러 번 실행한 후, 실험을 위해 몇 가지를 변경해 보자. 그리고 다음 내용에 대해 스스로 방법을 찾아보자.

- 파이썬의 oct() 함수를 사용하여 **8진수**octal에 대한 새로운 행을 추가하자.
- 인터넷에서 '진법 변환'에 대해 찾아보고 여러분만의 bin(), oct(), 그리고 hex() 함수를 구현해 보자.

프로그램 살펴보기

다음 질문에 대한 답을 찾아보자. 코드를 약간 수정하여 테스트하고, 변경 사항이 어떠한 영향을 미쳤는지 확인해 보자.

1. **37행**에 있는 hex(number)[2:].upper()를 hex(number)[2:]로 바꾸면 어떻게 되는가?
2. **33행**에 있는 int(response)를 response로 바꾸면 어떤 에러가 발생하는가?

#53

원소 주기율표

2진수와 16진수에 대해 살펴보자

파이썬의 숫자 변환 함수를 사용한다

원소 주기율표는 잘 알려진 화학 원소를 단일 표로 구성한 것이다. 이 번 프로그램은 이 표를 표시하며, 사용자로 하여금 각 원소에 대한 추가 정보에 접근할 수 있게 한다. 저자는 위키백과에서 이 정보를 가져다가 **periodictable.csv**라는 이름의 파일에 저장하였다. 이 파일은 https://inventwithpython. com/periodictable.csv에서 다운로드받을 수 있다.

프로그램 실행

periodictable.py를 실행하면 다음과 같다.

```
Periodic Table of Elements
By Al Sweigart al@inventwithpython.com
          Periodic Table of Elements
     1  2  3  4  5  6  7  8  9  10 11 12 13 14 15 16 17 18
  1 H                                                    He
  2 Li Be                                 B  C  N  O  F  Ne
  3 Na Mg                                 Al Si P  S  Cl Ar
  4 K  Ca Sc Ti V  Cr Mn Fe Co Ni Cu Zn Ga Ge As Se Br Kr
  5 Rb Sr Y  Zr Nb Mo Tc Ru Rh Pd Ag Cd In Sn Sb Te I  Xe
  6 Cs Ba La Hf Ta W  Re Os Ir Pt Au Hg Tl Pb Bi Po At Rn
  7 Fr Ra Ac Rf Db Sg Bh Hs Mt Ds Rg Cn Nh Fl Mc Lv Ts Og

        Ce Pr Nd Pm Sm Eu Gd Tb Dy Ho Er Tm Yb Lu
        Th Pa U  Np Pu Am Cm Bk Cf Es Fm Md No Lr
Enter a symbol or atomic number to examine, or QUIT to quit.
> 42
          Atomic Number: 42
                 Symbol: Mo
                Element: Molybdenum
          Origin of name: Greek molýbdaina, 'piece of lead', from mólybdos, 'lead'
                  Group: 6
                 Period: 5
          Atomic weight: 95.95(1) u
                Density: 10.22 g/cm^3
          Melting point: 2896 K
          Boiling point: 4912 K
  Specific heat capacity: 0.251 J/(g*K)
        Electronegativity: 2.16
Abundance in earth's crust: 1.2 mg/kg
Press Enter to continue…
--중략--
```

동작 원리

CSVcomma-separated values 파일은 기본 스프레드시트를 나타내는 텍스트 파일이다. **.csv** 파일의 각 줄은 행이며, 콤마는 열을 구분한다. 예를 들어, **periodictable.csv** 파일의 처음 세 줄은 다음과 같다.

```
1,H,Hydrogen,"Greek elements hydro- and -gen, meaning 'water-forming--중략--
2,He,Helium,"Greek hélios, 'sun'",18,1,4.002602(2)[III][V],0.0001785--중략--
3,Li,Lithium,"Greek lithos, 'stone'",1,2,6.94[III][IV][V][VIII][VI],--중략--
```

파이썬의 csv 모듈은 15~18행 의 코드처럼 **.csv** 파일에서 데이터를 문자열 리스트로 쉽게 가져오
도록 해준다. 32~58행 의 코드는 이 리스트를 딕셔너리로 바꾸어 이후의 프로그램 코드가 원소
의 이름이나 원소 번호로 정보를 쉽게 불러올 수 있게 한다.

```python
1  """Periodic Table of Elements, by Al Sweigart al@inventwithpython.com
2  Displays atomic information for all the elements.
3  This code is available at https://nostarch.com/big-book-small-python-programming
4  Tags: short, science"""
5
6  # https://en.wikipedia.org/wiki/List_of_chemical_elements의 데이터
7  # 표를 복사하여 엑셀이나 구글 시트와 같은 스프레드시트 프로그램에 붙인다.
8  # https://invpy.com/elements
9  # 그런 다음 periodictable.csv라는 이름으로 저장하거나,
10 # https://inventwithpython.com/periodictable.csv에서 이 csv 파일을 다운로드한다.
11
12 import csv, sys, re
13
14 # periodictable.csv로부터 모든 데이터를 읽는다.
15 elementsFile = open('periodictable.csv', encoding='utf-8')
16 elementsCsvReader = csv.reader(elementsFile)
17 elements = list(elementsCsvReader)
18 elementsFile.close()
19
20 ALL_COLUMNS = ['Atomic Number', 'Symbol', 'Element', 'Origin of name',
21               'Group', 'Period', 'Atomic weight', 'Density',
22               'Melting point', 'Boiling point',
23               'Specific heat capacity', 'Electronegativity',
24               'Abundance in earth\'s crust']
25
26 # 텍스트를 정렬하려면 ALL_COLUMNS에서 가장 긴 문자열을 찾아야 한다.
27 LONGEST_COLUMN = 0
28 for key in ALL_COLUMNS:
29     if len(key) > LONGEST_COLUMN:
30         LONGEST_COLUMN = len(key)
31
32 # 모든 원소 데이터를 데이터 구조에 넣는다:
33 ELEMENTS = {}   # 모든 원소 데이터를 저장하고 있는 데이터 구조
34 for line in elements:
35     element = {'Atomic Number':  line[0],
36               'Symbol':          line[1],
37               'Element':         line[2],
38               'Origin of name': line[3],
39               'Group':           line[4],
40               'Period':          line[5],
41               'Atomic weight':   line[6] + ' u', # 원소 질량 단위
42               'Density':         line[7] + ' g/cm^3', # 그램/세제곱 cm
43               'Melting point':   line[8] + ' K', # 켈빈
44               'Boiling point':   line[9] + ' K', # 켈빈
45               'Specific heat capacity':      line[10] + ' J/(g*K)',
46               'Electronegativity':           line[11],
```

```python
                          'Abundance in earth\'s crust': line[12] + ' mg/kg'}

    # 예를 들어, 붕소의 원자량처럼
    # 원소 위키백과에는 일부 데이터에 삭제해야 할 괄호로 묶인 텍스트가 있다.
    # '10.81[III][IV][V][VI]'은 '10.81'처럼 되어야 한다:

    for key, value in element.items():
        # [로마 숫자] 텍스트 제거하기:
        element[key] = re.sub(r'\[(I|V|X)+\]', '', value)

    ELEMENTS[line[0]] = element  # 원소 번호를 원소에 매핑한다.
    ELEMENTS[line[1]] = element  # 원소 기호를 원소에 매핑한다.

print('Periodic Table of Elements')
print('By Al Sweigart al@inventwithpython.com')
print()

while True:  # 메인 프로그램 루프
    # 주기율표를 표시하고 사용자가 원소를 선택할 수 있게 한다:
    print('''             Periodic Table of Elements
   1  2  3  4  5  6  7  8  9  10 11 12 13 14 15 16 17 18
1 H                                                    He
2 Li Be                            B  C  N  O  F  Ne
3 Na Mg                            Al Si P  S  Cl Ar
4 K  Ca Sc Ti V  Cr Mn Fe Co Ni Cu Zn Ga Ge As Se Br Kr
5 Rb Sr Y  Zr Nb Mo Tc Ru Rh Pd Ag Cd In Sn Sb Te I  Xe
6 Cs Ba La Hf Ta W  Re Os Ir Pt Au Hg Tl Pb Bi Po At Rn
7 Fr Ra Ac Rf Db Sg Bh Hs Mt Ds Rg Cn Nh Fl Mc Lv Ts Og

        Ce Pr Nd Pm Sm Eu Gd Tb Dy Ho Er Tm Yb Lu
        Th Pa U  Np Pu Am Cm Bk Cf Es Fm Md No Lr''')
    print('Enter a symbol or atomic number to examine, or QUIT to quit.')
    response = input('> ').title()

    if response == 'Quit':
        sys.exit()

    # 선택된 원소의 데이터를 표시한다:
    if response in ELEMENTS:
        for key in ALL_COLUMNS:
            keyJustified = key.rjust(LONGEST_COLUMN)
            print(keyJustified + ': ' + ELEMENTS[response][key])
        input('Press Enter to continue...')
```

프로그램 살펴보기

다음 질문에 대한 답을 찾아보자. 코드를 약간 수정하여 테스트하고, 변경 사항이 어떠한 영향을 미쳤는지 확인해 보자.

1. 81행에 있는 response == 'Quit'를 response == 'quit'로 바꾸면 어떤 버그가 발생하는가?
2. 53행과 55행에 있는 코드를 삭제하거나 주석 처리하면 어떻게 되는가?

#54

피그 라틴

'Pig Latin'이라는 영어 메시지를 Igpay Atinlay로 변환

텍스트 파싱과 문자열 처리를 사용한다

피그 라틴Pig Latin은 영어 단어를 라틴어 패러디로 변환하는 단어 게임이다. 어떤 단어가 자음으로 시작한다면, 피그 라틴에서는 그 자음을 단어의 맨 뒤로 보내고 'ay'를 붙인다. 예를 들어, 'pig'는 'igpay'가 되고 'latin'은 'atinlay'가 된다. 모음으로 시작하는 단어라면, 그 단어의 맨 뒤에 'yay'를 붙인다. 예를 들어 'elephant'는 'elephantyay'가 되고, 'umbrella'는 'umbrellayay'가 된다.

프로그램 실행

piglatin.py를 실행하면 다음과 같다.

```
Igpay Atinlay (Pig Latin)
By Al Sweigart al@inventwithpython.com

Enter your message:
> This is a very serious message.
Isthay isyay ayay eryvay erioussay essagemay.
(Copied pig latin to clipboard.)
```

동작 원리

englishToPigLatin() 함수는 영어 텍스트를 문자열로 받으며 피그 라틴 문자열을 반환한다. main() 함수는 사용자가 프로그램을 직접 실행할 때만 호출된다. 여러분이 직접 만든 파이썬 프로그램에 import piglatin 구문으로 **piglatin.py**를 임포트하고, englishToPigLatin() 함수를 사용하기 위해 piglatin.englishToPigLatin()을 호출해도 된다. 이러한 재사용 기술은 동일한 코드를 다시 입력하는 데 드는 시간과 노력을 줄일 수 있다.

```python
 1 """Pig Latin, by Al Sweigart al@inventwithpython.com
 2 Translates English messages into Igpay Atinlay.
 3 This code is available at https://nostarch.com/big-book-small-python-programming
 4 Tags: short, word"""
 5
 6 try:
 7     import pyperclip  # pyperclip은 클립보드에 텍스트를 복사한다.
 8 except ImportError:
 9     pass   # 만약에 pyperclip이 설치되어 있지 않다면 아무 작업도 하지 않는다.
10
11 VOWELS = ('a', 'e', 'i', 'o', 'u', 'y')
12
13
14 def main():
15     print('''Igpay Atinlay (Pig Latin)
16 By Al Sweigart al@inventwithpython.com
17
18 Enter your message:''')
19     pigLatin = englishToPigLatin(input('> '))
20
21     # 모든 단어를 하나의 문자열로 결합한다:
22     print(pigLatin)
23
24     try:
```

```
25        pyperclip.copy(pigLatin)
26        print('(Copied pig latin to clipboard.)')
27    except NameError:
28        pass   # 만약에 pyperclip이 설치되어 있지 않다면 아무 작업도 하지 않는다.
29
30
31 def englishToPigLatin(message):
32    pigLatin = ''   # 피그 라틴으로 변환된 문자열
33    for word in message.split():
34        # 이 단어의 시작 부분에 문자가 아닌 것을 분리한다:
35        prefixNonLetters = ''
36        while len(word) > 0 and not word[0].isalpha():
37            prefixNonLetters += word[0]
38            word = word[1:]
39        if len(word) == 0:
40            pigLatin = pigLatin + prefixNonLetters + ' '
41            continue
42
43        # 이 단어의 끝 부분에 문자가 아닌 것을 분리한다:
44        suffixNonLetters = ''
45        while not word[-1].isalpha():
46            suffixNonLetters = word[-1] + suffixNonLetters
47            word = word[:-1]
48
49        # 단어가 모두 대문자인지, 첫 문자만 대문자인지 기억한다.
50        wasUpper = word.isupper()
51        wasTitle = word.istitle()
52
53        word = word.lower()   # 단어가 소문자로 변환되도록 한다.
54
55        # 이 단어의 시작 부분에 있는 자음을 분리한다:
56        prefixConsonants = ''
57        while len(word) > 0 and not word[0] in VOWELS:
58            prefixConsonants += word[0]
59            word = word[1:]
60
61        # 단어의 끝에 피그 라틴을 추가한다:
62        if prefixConsonants != '':
63            word += prefixConsonants + 'ay'
64        else:
65            word += 'yay'
66
67        # 모두 대문자로 할 건지, 첫 문자만 대문자로 할 건지를 설정한다:
68        if wasUpper:
69            word = word.upper()
70        if wasTitle:
71            word = word.title()
72
73        # 단어의 앞/뒤에 있던 문자가 아닌 것을 추가한다.
74        pigLatin += prefixNonLetters + word + suffixNonLetters + ' '
75    return pigLatin
76
```

```
77
78 if __name__ == '__main__':
79     main()
```

프로그램 살펴보기

다음 질문에 대한 답을 찾아보자. 코드를 약간 수정하여 테스트하고, 변경 사항이 어떠한 영향을 미쳤는지 확인해 보자.

1. **33행**에 있는 message.split()를 message로 바꾸면 어떻게 되는가?

2. **11행**에 있는 ('a', 'e', 'i', 'o', 'u', 'y')를 ()로 바꾸면 어떻게 되는가?

3. **11행**에 있는 ('a', 'e', 'i', 'o', 'u', 'y')를 ('A', 'E', 'I', 'O', 'U', 'Y')로 바꾸면 어떻게 되는가?

#55

파워볼 복권

수천 번 낙첨되는 것을 시뮬레이션함

랜덤 숫자를 사용하여 확률을 알아본다

파워볼 복권Powerball Lottery은 당신의 푼돈을 신나게 잃을 수 있는 재미난 방법이다. 2달러 티켓을 구매하면 6개의 숫자를 선택할 수 있다. 5개의 숫자는 1~69 사이에서 고르고, 여섯 번째 'Powerball' 숫자는 1에서 26 사이에서 고른다. 숫자의 순서는 상관없다. 만약에 여러분이 고른 6개의 숫자가 당첨되면 15억 8,600만 달러의 당첨금을 받게 된다! 하지만 1등 당첨 확률은 292,201,338분의 1이기 때문에 쉽사리 당첨되기는 힘들 것이다. 그런데 만약에 여러분이 200달러를 가지고 100장의 티켓을 산다면… 확률은 29,220,133분의 1이 될 것이다. 100장 중에 당첨되는 게 없다면, 여러분은 1장을 샀을 때보다 100배나 많은 돈을 잃게 된다. 돈을 잃는 것을 좋아하는 만큼 복권이 재미있을 것이다!

얼마나 복권에 당첨되지 않는지를 시각화하는 데 도움을 주기 위한 이번 프로그램은 최대 100만 개의 파워볼 당첨 번호를 뽑아 여러분이 선택한 숫자와 비교한다. 이제 돈을 쓰지 않고 낙첨되는 즐거움을 모두 누릴 수 있을 것이다.

재미있는 사실은 6개의 숫자로 구성된 모든 조합의 당첨 확률은 같다는 점이다. 다음에 복권을 살 때 1, 2, 3, 4, 5, 그리고 6을 선택해 보자. 이 숫자들도 다른 복잡한 조합과 동일한 당첨 확률을 가질 것이다.

프로그램 실행

powerballlottery.py를 실행하면 다음과 같다.

```
Powerball Lottery, by Al Sweigart al@inventwithpython.com

Each powerball lottery ticket costs $2. The jackpot for this game
is $1.586 billion! It doesn't matter what the jackpot is, though,
because the odds are 1 in 292,201,338, so you won't win.

This simulation gives you the thrill of playing without wasting money.

Enter 5 different numbers from 1 to 69, with spaces between
each number. (For example: 5 17 23 42 50)
> 1 2 3 4 5
Enter the powerball number from 1 to 26.
> 6
How many times do you want to play? (Max: 1000000)
> 1000000
It costs $2000000  to play 1000000 times, but don't
worry. I'm sure you'll win it all back.
Press Enter to start...
The winning numbers are: 21 27 69 45 43 and 16 You lost.
The winning numbers are: 28 44 23 36 43 and 10 You lost.
The winning numbers are: 28 42 19 15 54 and 18 You lost.
--중략--
The winning numbers are: 55 65 44 20 1 and 1   You lost.
The winning numbers are: 9 2 43 62 32 and 19   You lost.
The winning numbers are: 34 65 36 33 21 and 23 You lost.
You have wasted $2000000
Thanks for playing!
```

동작 원리

이번 프로그램의 결과는 상당히 균일해 보인다. 왜냐하면 `109행` 에 있는 allWinningNums. ljust(21) 코드는 당첨 번호의 자릿수와는 상관없이 21열을 차지하도록 충분한 공백으로 숫자를 채우기 때문이다. 이로 인해 'You lost.'라는 텍스트는 항상 동일한 화면 위치에 나타나게 되며, 프로그램이 여러 줄을 빠르게 출력한다 해도 읽을 수 있을 것이다.

```python
1 """Powerball Lottery, by Al Sweigart al@inventwithpython.com
2 A simulation of the lottery so you can experience the thrill of
3 losing the lottery without wasting your money.
4 This code is available at https://nostarch.com/big-book-small-python-programming
5 Tags: short, humor, simulation"""
6
7 import random
8
9 print('''Powerball Lottery, by Al Sweigart al@inventwithpython.com
10
11 Each powerball lottery ticket costs $2. The jackpot for this game
12 is $1.586 billion! It doesn't matter what the jackpot is, though,
13 because the odds are 1 in 292,201,338, so you won't win.
14
15 This simulation gives you the thrill of playing without wasting money.
16 ''')
17
18 # 사용자가 1 ~ 69까지의 숫자들 중 첫 5개 숫자를 입력하도록 한다:
19 while True:
20     print('Enter 5 different numbers from 1 to 69, with spaces between')
21     print('each number. (For example: 5 17 23 42 50)')
22     response = input('> ')
23
24     # 5개가 입력되었는지 확인한다:
25     numbers = response.split()
26     if len(numbers) != 5:
27         print('Please enter 5 numbers, separated by spaces.')
28         continue
29
30     # 문자열을 정수로 변환한다:
31     try:
32         for i in range(5):
33             numbers[i] = int(numbers[i])
34     except ValueError:
35         print('Please enter numbers, like 27, 35, or 62.')
36         continue
37
38     # 숫자들이 1 ~ 69 사이의 숫자인지 확인한다:
39     for i in range(5):
40         if not (1 <= numbers[i] <= 69):
41             print('The numbers must all be between 1 and 69.')
42             continue
```

```
43
44         # 그 숫자가 유일한지 확인한다:
45         # (중복을 제거하기 위해 숫자로 세트를 만든다.)
46         if len(set(numbers)) != 5:
47             print('You must enter 5 different numbers.')
48             continue
49
50         break
51
52 # 사용자는 1 ~ 26 사이에서 파워볼 숫자를 고른다:
53 while True:
54     print('Enter the powerball number from 1 to 26.')
55     response = input('> ')
56
57     # 문자열을 정수로 변환한다:
58     try:
59         powerball = int(response)
60     except ValueError:
61         print('Please enter a number, like 3, 15, or 22.')
62         continue
63
64     # 그 숫자가 1 ~ 26 사이의 수인지 확인한다:
65     if not (1 <= powerball <= 26):
66         print('The powerball number must be between 1 and 26.')
67         continue
68
69     break
70
71 # 얼마나 플레이할 것인지 입력한다:
72 while True:
73     print('How many times do you want to play? (Max: 1000000)')
74     response = input('> ')
75
76     # 문자열을 정수로 변환한다:
77     try:
78         numPlays = int(response)
79     except ValueError:
80         print('Please enter a number, like 3, 15, or 22000.')
81         continue
82
83     # 입력한 숫자가 1 ~ 1000000 사이의 수인지 확인한다:
84     if not (1 <= numPlays <= 1000000):
85         print('You can play between 1 and 1000000 times.')
86         continue
87
88     break
89
90 # 시뮬레이션을 실행한다:
91 price = '$' + str(2 * numPlays)
92 print('It costs', price, 'to play', numPlays, 'times, but don\'t')
93 print('worry. I\'m sure you\'ll win it all back.')
94 input('Press Enter to start...')
```

```
 95
 96 possibleNumbers = list(range(1, 70))
 97 for i in range(numPlays):
 98     # 당첨 번호를 구한다:
 99     random.shuffle(possibleNumbers)
100     winningNumbers = possibleNumbers[0:5]
101     winningPowerball = random.randint(1, 26)
102
103     # 당첨 번호를 표시한다:
104     print('The winning numbers are: ', end='')
105     allWinningNums = ''
106     for i in range(5):
107         allWinningNums += str(winningNumbers[i]) + ' '
108     allWinningNums += 'and ' + str(winningPowerball)
109     print(allWinningNums.ljust(21), end='')
110
111     # 참고: 세트(Set)는 순서가 없으므로,
112     # set(numbers)와 set(winningNumbers)에 있는 숫자들의 순서는 중요하지 않다.
113     if (set(numbers) == set(winningNumbers)
114         and powerball == winningPowerball):
115             print()
116             print('You have won the Powerball Lottery! Congratulations,')
117             print('you would be a billionaire if this was real!')
118             break
119     else:
120         print(' You lost.')   # 여기에 앞쪽 여백이 필요하다.
121
122 print('You have wasted', price)
123 print('Thanks for playing!')
```

프로그램 살펴보기

다음 질문에 대한 답을 찾아보자. 코드를 약간 수정하여 테스트하고, 변경 사항이 어떠한 영향을 미쳤는지 확인해 보자.

1. **100행**에 있는 possibleNumbers[0:5]를 numbers로 바꾸고 **101행**에 있는 random.randint(1, 26)을 powerball로 바꾸면 어떻게 되는가?

2. **96행**에 있는 possibleNumbers = list(range(1, 70))을 삭제하거나 주석 처리하면 어떤 에러가 발생하는가?

#56

소수

소수를 계산함

수학 개념을 배우고 파이썬의 math 모듈을 사용한다

소수prime number는 1과 자기 자신으로만 나눠지는 숫자다. 소수는 매우 다양하지만, 어떠한 알고리즘도 이를 예측할 수 없으므로 한 번에 하나씩 계산해야 한다. 발견된 소수는 무한히 많다.

이번 프로그램은 무차별 대입 계산을 통해 소수를 찾는다. 이 코드는 프로젝트 24번의 '인수 파인더'와 비슷하다. 소수임을 나타내는 또 다른 방법은 1과 자기 자신만이 유일한 인수가 된다는 것이다. 소수에 대한 자세한 내용은 위키백과(https://ko.wikipedia.org/wiki/소수_(수론))를 참고하자.

프로그램 실행

primenumbers.py를 실행하면 다음과 같다.

```
Prime Numbers, by Al Sweigart al@inventwithpython.com
--중략--
Enter a number to start searching for primes from:
(Try 0 or 1000000000000 (12 zeros) or another number.)
> 0
Press Ctrl-C at any time to quit. Press Enter to begin...
2, 3, 5, 7, 11, 13, 17, 19, 23, 29, 31, 37, 41, 43, 47, 53, 59, 61, 67, 71, 73, 79, 83,
89, 97, 101, 103, 107, 109, 113, 127, 131, 137, 139, 149, 151, 157, 163, 167, 173, 179,
181, 191, 193, 197, 199, 211, 223, 227, 229, 233, 239, 241, 251, 257, 263, 269, 271, 277,
281, 283, 293, 307, 311, 313, 317, 331, 337, 347, 349, 353, 359, 367, 373, 379, 383, 389,
397, 401, 409, 419, 421, 431, 433, 439, 443, 449, 457, 461, 463, 467, 479, 487, 491, 499,
503, 509, 521, 523, 541, 547, 557, 563, 569, 571, 577, 587, 593, 599, 601, 607, 613, 617,
619, 631, 641, 643, 647, --중략--
```

동작 원리

isPrime() 함수는 정수를 받으며, 그 수가 소수면 True를 반환한다. 소수가 아니라면 False를 반환한다. 프로젝트 24번을 공부하면 이번 프로그램을 이해하는 데 도움이 될 것이다. 기본적으로 isPrime() 함수는 주어진 숫자의 모든 인수를 찾으며, 인수가 발견된다면 False를 반환한다.

이번 프로그램의 알고리즘은 큰 소수를 빠르게 찾을 수 있다. 1조라는 숫자는 13자리에 불과하다. 하지만 구골googol(1 다음 0이 백 개, 10의 100제곱)만큼 큰 숫자의 소수를 찾으려면, 라빈-밀러 소수 판별법Rabin-Miller primality test과 같은 고급 알고리즘을 사용해야 한다. 저자의 책 《**암호 해킹으로 배우는 파이썬의 기초**Cracking Codes with Python》의 22장에는 이 알고리즘에 대한 파이썬 구현체가 실려 있다.

```
 1 """Prime Numbers, by Al Sweigart al@inventwithpython.com
 2 Calculates prime numbers, which are numbers that are only evenly
 3 divisible by one and themselves. They are used in a variety of practical
 4 applications.
 5 More info at: https://en.wikipedia.org/wiki/Prime_number
 6 This code is available at https://nostarch.com/big-book-small-python-programming
 7 Tags: tiny, math, scrolling"""
 8
 9 import math, sys
10
11 def main():
12     print('Prime Numbers, by Al Sweigart al@inventwithpython.com')
```

```
13      print('Prime numbers are numbers that are only evenly divisible by')
14      print('one and themselves. They are used in a variety of practical')
15      print('applications, but cannot be predicted. They must be')
16      print('calculated one at a time.')
17      print()
18      while True:
19          print('Enter a number to start searching for primes from:')
20          print('(Try 0 or 1000000000000 (12 zeros) or another number.)')
21          response = input('> ')
22          if response.isdecimal():
23              num = int(response)
24              break
25
26      input('Press Ctrl-C at any time to quit. Press Enter to begin...')
27
28      while True:
29          # 모든 소수를 출력한다:
30          if isPrime(num):
31              print(str(num) + ', ', end='', flush=True)
32          num = num + 1  # 다음 숫자로 넘어간다.
33
34
35  def isPrime(number):
36      """숫자가 소수이면 True를 반환하고, 그렇지 않으면 False를 반환한다."""
37      # 특별한 경우에 대한 처리:
38      if number < 2:
39          return False
40      elif number == 2:
41          return True
42
43      # 숫자를 2부터 그 수의 제곱근까지의 모든 숫자로
44      # 나머지 없이 나눠지는지 확인한다.
45      for i in range(2, int(math.sqrt(number)) + 1):
46          if number % i == 0:
47              return False
48      return True
49
50
51  # 이 프로그램이 다른 프로그램에 임포트된 게 아니라면 게임이 실행된다:
52  if __name__ == '__main__':
53      try:
54          main()
55      except KeyboardInterrupt:
56          sys.exit()  # Ctrl-C를 누르면 프로그램을 종료한다.
```

프로그램 살펴보기

다음 질문에 대한 답을 찾아보자. 코드를 약간 수정하여 테스트하고, 변경 사항이 어떠한 영향을 미쳤는지 확인해 보자.

1. **22행**에 있는 response.isdecimal()을 response로 바꾸고 소수 검색을 시작할 숫자에 숫자가 아닌 값을 입력하면 어떤 오류가 발생하는가?

2. **38행**에 있는 number < 2를 number > 2로 바꾸면 어떻게 되는가?

3. **46행**에 있는 number % 1 == 0을 number % i != 0으로 바꾸면 어떻게 되는가?

#57

프로그레스 바

다른 프로그램에서 사용할 수 있는 프로그레스 바 애니메이션 샘플

애니메이션을 만들기 위해 백스페이스 출력 기술을 사용한다

프로그레스 바progress bar는 어떤 작업이 어느 정도 완료되었는지를 보여주는 시각적 요소로, 종종 파일을 다운로드하거나 소프트웨어를 설치할 때 사용된다. 이번 프로젝트는 전달된 인수를 바탕으로 문자열 프로그레스 바를 반환하는 getProgressBar() 함수를 생성한다. 파일 다운로드를 시뮬레이션하는 프로그램이지만, 여러분의 프로젝트에 프로그레스 바가 필요한 경우에는 재사용할 수 있다.

프로그램 실행

progressbar.py를 실행하면 다음과 같다.

```
Progress Bar Simulation, by Al Sweigart
[                              ] 30.7% 1258/409
```

동작 원리

이번 프로그레스 바는 터미널 창에서 실행되는 프로그램이 수행할 수 있는 특정 트릭을 기반으로 한다. '\n'과 '\t'가 각각 줄바꿈과 탭 문자의 이스케이프 문자인 것처럼, '\b'는 백스페이스 문자에 대한 이스케이프 문자다. 만약에 백스페이스 문자를 '출력_{print}'하면 텍스트 커서가 왼쪽으로 이동하여 이전에 출력된 문자를 삭제한다. 이것은 텍스트 커서가 있는 현재 줄에서만 동작한다. 만약에 print('Hello\b\b\b\b\bHowdy') 코드를 실행하면 파이썬은 'Hello'를 출력하고 텍스트 커서가 뒤로 다섯 칸 이동한 다음에 'Howdy' 텍스트를 출력한다. 'Howdy' 텍스트가 'Hello'를 덮어쓰기 때문에 마치 'Howdy'를 호출한 것처럼 보이게 된다.

우리는 이 기술을 사용하여 프로그레스 바의 한 단계를 출력하고, 시작 위치로 텍스트 커서를 옮긴 다음에 업데이트된 프로그레스 바를 출력하는 방식으로 애니메이션되는 프로그레스 바를 만든다. 터미널 창에서 한 줄만 차지한다는 제한이 있지만, 이런 효과는 bext 같은 모듈 없이도 텍스트 애니메이션을 생성할 수 있다.

이번 프로그램을 만든 후, 여러분이 만든 다른 파이썬 프로그램에 import progressbar를 하고 progressbar.getProgressBar()에서 반환된 문자열을 출력하여 프로그레스 바를 표시할 수도 있다.

```python
 1 """Progress Bar Simulation, by Al Sweigart al@inventwithpython.com
 2 A sample progress bar animation that can be used in other programs.
 3 This code is available at https://nostarch.com/big-book-small-python-programming
 4 Tags: tiny, module"""
 5
 6 import random, time
 7
 8 BAR = chr(9608) # Character 9608은 '█'
 9
10 def main():
11     # 다운로드 시뮬레이션하기:
12     print('Progress Bar Simulation, by Al Sweigart')
13     bytesDownloaded = 0
14     downloadSize = 4096
```

```
15      while bytesDownloaded < downloadSize:
16          # 임의 양의 '바이트'를 '다운로드':
17          bytesDownloaded += random.randint(0, 100)
18
19          # 진행률에 대한 프로그레스 바 문자열을 가져온다:
20          barStr = getProgressBar(bytesDownloaded, downloadSize)
21
22          # 끝에 줄바꿈을 출력하지 말자.
23          # 화면에 출력된 문자열을 즉시 플러시한다:
24          print(barStr, end='', flush=True)
25
26          time.sleep(0.2)    # 잠깐 일시 정지한다:
27
28          # 텍스트 커서를 줄의 시작 위치로 이동하기 위해 백스페이스를 출력한다:
29          print('\b' * len(barStr), end='', flush=True)
30
31
32  def getProgressBar(progress, total, barWidth=40):
33      """barWidth 바가 있고 총합에 대해 진행률이 표시되는
34      프로그레스 바를 나타내는 문자열을 반환한다."""
35
36      progressBar = ''   # 이 변수의 값은 문자열이다.
37      progressBar += '['  # 프로그레스 바의 왼쪽 끝을 만든다.
38
39      # 진행률이 0에서 total 사이인지 확인한다:
40      if progress > total:
41          progress = total
42      if progress < 0:
43          progress = 0
44
45      # 표시할 '바'의 수를 계산한다:
46      numberOfBars = int((progress / total) * barWidth)
47
48      progressBar += BAR * numberOfBars   # 프로그레스 바를 추가한다.
49      progressBar += ' ' * (barWidth - numberOfBars)   # 빈 공백을 추가한다.
50      progressBar += ']'   # 프로그레스 바의 오른쪽 끝을 추가한다.
51
52      # 완료율을 계산한다:
53      percentComplete = round(progress / total * 100, 1)
54      progressBar += ' ' + str(percentComplete) + '%'   # 퍼센트 표시를 추가한다.
55
56      # 숫자를 추가한다:
57      progressBar += ' ' + str(progress) + '/' + str(total)
58
59      return progressBar   # 프로그레스 바 문자열을 반환한다.
60
61
62  # 이 프로그램이 다른 프로그램에 임포트된 게 아니라면 게임이 실행된다:
63  if __name__ == '__main__':
64      main()
```

소스 코드를 입력하고 여러 번 실행한 후, 실험을 위해 몇 가지를 변경해 보자. 그리고 다음 내용에 대해 스스로 방법을 찾아보자.

- |, /, -, \ 문자가 번갈아 가며 회전 효과를 생성하는 한 줄 스피너 애니메이션을 만들어 보자.
- 왼쪽에서 오른쪽으로 움직이는 스크롤링 마퀴marquee가 표시되는 프로그램을 만들어 보자.
- TV 프로그램인 **나이트 라이더**[8]의 자동차 또는 **배틀스타 갤럭티카**Battlestar Galactica의 사이론Cylon 로보트의 얼굴에 있는 빨간색 스캐닝 라이트와 비슷하게, 4개의 등호 표시(=)가 앞뒤로 움직이는 애니메이션을 만들어 보자.

프로그램 살펴보기

다음 질문에 대한 답을 찾아보자. 코드를 약간 수정하여 테스트하고, 변경 사항이 어떠한 영향을 미쳤는지 확인해 보자.

1. **29행**에 있는 print('\b' * len(barStr), end='', flush=True)를 삭제하거나 주석 처리하면 어떻게 되는가?
2. **48행**과 **49행**의 코드 순서를 바꾸면 어떻게 되는가?
3. **53행**에 있는 round(progress / total * 100, 1)을 round(progress / total * 100)으로 바꾸면 어떻게 되는가?

---

8 〔옮긴이〕 Knight Rider. 한국에서는 '전격 Z 작전'

#58

무지개

간단한 무지개 애니메이션

초보자를 위한 애니메이션을 생성한다

무지개 프로그램은 화면 끝을 왔다 갔다 하면서 컬러풀한 무지개를 보여 주는 간단한 프로그램이다. 이 프로그램은 새로운 텍스트 줄이 나타나면 기존의 텍스트가 위로 스크롤되어 마치 움직이는 것처럼 보이게 되는 점을 이용한다. 이번 프로그램은 초보자에게 좋으며, 프로젝트 15번의 '깊은 동굴'과 유사하다.

프로그램 실행

그림 58-1은 **rainbow.py**를 실행한 결과다.

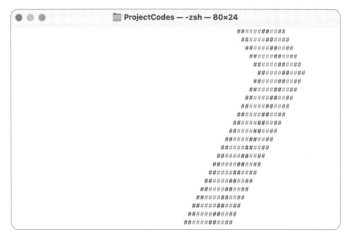

그림 58-1 화면에 컬러로 나타나는 무지개 출력 결과

동작 원리

이번 프로그램은 동일한 무지개 패턴을 연속으로 출력한다. 바뀌는 것은 왼쪽에 출력되는 공백 문자의 개수다. 공백 개수가 증가하면 무지개를 오른쪽으로 이동시키며, 감소하면 왼쪽으로 이동시킨다. indent 변수는 공백의 수를 추적한다. indentIncreasing 변수가 True로 설정되면 indent 가 60이 될 때까지 증가하며, 이에 다다르면 False로 바뀐다. 나머지 코드는 공백 개수를 줄이는 코드다. 공백 개수가 0에 다다르면 다시 True로 설정되어 무지개의 지그재그 패턴이 반복된다.

```
1 """Rainbow, by Al Sweigart al@inventwithpython.com
2 Shows a simple rainbow animation. Press Ctrl-C to stop.
3 This code is available at https://nostarch.com/big-book-small-python-programming
4 Tags: tiny, artistic, bext, beginner, scrolling"""
5
6 import time, sys
7
8 try:
9     import bext
10 except ImportError:
11     print('This program requires the bext module, which you')
12     print('can install by following the instructions at')
13     print('https://pypi.org/project/Bext/')
14     sys.exit()
15
16 print('Rainbow, by Al Sweigart al@inventwithpython.com')
17 print('Press Ctrl-C to stop.')
```

```
18 time.sleep(3)
19
20 indent = 0   # 들여쓰기할 공백 개수
21 indentIncreasing = True   # 들여쓰기가 증가하는지 아닌지 여부
22
23 try:
24     while True:   # 메인 프로그램 루프
25         print(' ' * indent, end='')
26         bext.fg('red')
27         print('##', end='')
28         bext.fg('yellow')
29         print('##', end='')
30         bext.fg('green')
31         print('##', end='')
32         bext.fg('blue')
33         print('##', end='')
34         bext.fg('cyan')
35         print('##', end='')
36         bext.fg('purple')
37         print('##')
38
39         if indentIncreasing:
40             # 공백 개수를 증가시킨다:
41             indent = indent + 1
42             if indent == 60:   # (!) 이 값을 10 또는 30으로 바꿔 보자.
43                 # 방향 전환:
44                 indentIncreasing = False
45         else:
46             # 공백 개수를 감소시킨다:
47             indent = indent - 1
48             if indent == 0:
49                 # 방향 전환:
50                 indentIncreasing = True
51
52         time.sleep(0.02)   # 잠깐 멈춤 추가
53 except KeyboardInterrupt:
54     sys.exit()   # Ctrl-C를 누르면 프로그램을 종료한다.
```

프로그램 살펴보기

다음 질문에 대한 답을 찾아보자. 코드를 약간 수정하여 테스트하고, 변경 사항이 어떠한 영향을 미쳤는지 확인해 보자.

1. **44행** 에 있는 False를 True로 바꾸면 어떻게 되는가?

2. 코드에 있는 모든 bext.fg() 호출에 인자를 'random'으로 바꾸면 어떻게 되는가?

#59

가위 바위 보

두 명의 플레이어가 하는 고전 게임

기본 게임 규칙을 프로그램으로 구현한다

두 명의 플레이어가 하는 가위 바위 보 게임인 이번 프로그램은 플레이어가 컴퓨터와 대결한다. 플레이어는 가위, 바위, 보 중에 하나를 선택할 수 있으며, 바위는 가위를 이기고 가위는 보를 이기고 보는 바위를 이긴다. 이번 프로그램은 긴장감을 주기 위해 잠깐의 일시 중지를 추가한다.

이번 게임의 또 다른 버전인 프로젝트 60번의 '가위 바위 보(항상 이기는 버전)'도 참고하자.

프로그램 실행

rockpaperscissors.py를 실행하면 다음과 같다.

```
Rock, Paper, Scissors, by Al Sweigart al@inventwithpython.com
- Rock beats scissors.
- Paper beats rocks.
- Scissors beats paper.

0 Wins, 0 Losses, 0 Ties
Enter your move: (R)ock (P)aper (S)cissors or (Q)uit
> r
ROCK versus...
1...
2...
3...
SCISSORS
You win!
1 Wins, 0 Losses, 0 Ties
Enter your move: (R)ock (P)aper (S)cissors or (Q)uit
--중략--
```

동작 원리

가위 바위 보 게임 로직은 매우 간단하며, 우리는 이것을 if-elif 문으로 구현한다. 약간의 긴장
감을 더하기 위해 45~51행 의 코드는 상대방의 움직임을 보여 주기 전에 카운트다운을 하며, 카
운트 사이마다 잠깐씩 멈춘다. 이것은 플레이어에게 게임 결과에 따른 즐거움이 누적되게 해준다.
이렇듯 잠깐 멈추는 게 없다면, 플레이어가 가위 바위 보를 입력하자마자 결과가 나올 것이다. 플
레이어의 사용자 경험을 개선하는 데 많은 코드가 필요하진 않다.

```
 1 """Rock, Paper, Scissors, by Al Sweigart al@inventwithpython.com
 2 The classic hand game of luck.
 3 This code is available at https://nostarch.com/big-book-small-python-programming
 4 Tags: short, game"""
 5
 6 import random, time, sys
 7
 8 print('''Rock, Paper, Scissors, by Al Sweigart al@inventwithpython.com
 9 - Rock beats scissors.
10 - Paper beats rocks.
11 - Scissors beats paper.
12 ''')
13
14 # 이들 변수는 승리, 패배, 무승부의 횟수를 추적한다.
```

```
15 wins = 0
16 losses = 0
17 ties = 0
18
19 while True:  # 메인 게임 루프
20     while True:  # 플레이어가 R, P, S, 또는 Q를 입력할 때까지 계속 요청한다.
21         print('{} Wins, {} Losses, {} Ties'.format(wins, losses, ties))
22         print('Enter your move: (R)ock (P)aper (S)cissors or (Q)uit')
23         playerMove = input('> ').upper()
24         if playerMove == 'Q':
25             print('Thanks for playing!')
26             sys.exit()
27
28         if playerMove == 'R' or playerMove == 'P' or playerMove == 'S':
29             break
30         else:
31             print('Type one of R, P, S, or Q.')
32
33     # 플레이어가 선택한 것을 표시한다:
34     if playerMove == 'R':
35         print('ROCK versus...')
36         playerMove = 'ROCK'
37     elif playerMove == 'P':
38         print('PAPER versus...')
39         playerMove = 'PAPER'
40     elif playerMove == 'S':
41         print('SCISSORS versus...')
42         playerMove = 'SCISSORS'
43
44     # 극적인 일시 중지와 함께 3까지 카운트를 센다:
45     time.sleep(0.5)
46     print('1...')
47     time.sleep(0.25)
48     print('2...')
49     time.sleep(0.25)
50     print('3...')
51     time.sleep(0.25)
52
53     # 컴퓨터가 선택한 것을 표시한다:
54     randomNumber = random.randint(1, 3)
55     if randomNumber == 1:
56         computerMove = 'ROCK'
57     elif randomNumber == 2:
58         computerMove = 'PAPER'
59     elif randomNumber == 3:
60         computerMove = 'SCISSORS'
61     print(computerMove)
62     time.sleep(0.5)
63
64     # 승/패/무를 표시하고 기록한다:
65     if playerMove == computerMove:
66         print('It\'s a tie!')
```

```
67          ties = ties + 1
68      elif playerMove == 'ROCK' and computerMove == 'SCISSORS':
69          print('You win!')
70          wins = wins + 1
71      elif playerMove == 'PAPER' and computerMove == 'ROCK':
72          print('You win!')
73          wins = wins + 1
74      elif playerMove == 'SCISSORS' and computerMove == 'PAPER':
75          print('You win!')
76          wins = wins + 1
77      elif playerMove == 'ROCK' and computerMove == 'PAPER':
78          print('You lose!')
79          losses = losses + 1
80      elif playerMove == 'PAPER' and computerMove == 'SCISSORS':
81          print('You lose!')
82          losses = losses + 1
83      elif playerMove == 'SCISSORS' and computerMove == 'ROCK':
84          print('You lose!')
85          losses = losses + 1
```

소스 코드를 입력하고 여러 번 실행한 후, 실험을 위해 몇 가지를 변경해 보자. 그리고 다음 내용에 대해 스스로 방법을 찾아보자.

- '도마뱀Lizard'과 '스팍Spock'을 이 게임에 추가하자. 도마뱀은 스팍을 독살하며 보(보자기)도 먹지만, 바위에 찍히며 가위에 의해 참수된다. 스팍은 가위를 부수며 바위를 증발시켜 버리지만, 도마뱀에 의해 중독되고 보에 의해 반박당한다.

- 플레이어가 이길 때마다 1점을 얻고 패배할 때마다 1점을 잃게 한다. 이겼을 경우에 이전에 획득할 점수의 두 배를 얻을 수 있는 '더블 또는 낫싱double or nothing'을 선택할 수 있게 한다. 플레이어는 위험을 감수하고 2, 4, 8, 16점을 획득하여 후속 라운드에서 더 많은 점수를 얻을 수 있다.

프로그램 살펴보기

다음 질문에 대한 답을 찾아보자. 코드를 약간 수정하여 테스트하고, 변경 사항이 어떠한 영향을 미쳤는지 확인해 보자.

1. **54행**에 있는 random.randint(1, 3)을 random.randint(1, 300)으로 바꾸면 어떤 에러가 발생하는가?

2. **65행**에 있는 playerMove == computerMove를 True로 바꾸면 어떻게 되는가?

#60

가위 바위 보(항상 이기는 버전)

플레이어가 질 수 없는 버전의 게임

프로그램 내에 임의성의 환상을 만든다

이번 버전의 가위 바위 보는 플레이어가 항상 이긴다는 점을 제외하면 프로젝트 59번의 '가위 바위 보'와 동일하다. 컴퓨터가 가위 바위 보를 선택하는 코드는 항상 지는 선택을 하도록 설정된다. 이 게임을 친구에게 해 보라고 시키면 계속 이겨서 즐거워하는 친구를 보게 될 것이다. 그리고 이 게임이 자신에게 유리하도록 조작되었다는 사실을 깨닫기까지 얼마나 시간이 걸리는지 확인해 보자.

프로그램 실행

rockpaperscissorsalwayswin.py를 실행하면 다음과 같다.

```
Rock, Paper, Scissors, by Al Sweigart al@inventwithpython.com
- Rock beats scissors.
- Paper beats rocks.
- Scissors beats paper.

0 Wins, 0 Losses, 0 Ties
Enter your move: (R)ock (P)aper (S)cissors or (Q)uit
> p
PAPER versus...
1...
2...
3...
ROCK
You win!
1 Wins, 0 Losses, 0 Ties
Enter your move: (R)ock (P)aper (S)cissors or (Q)uit
> s
SCISSORS versus...
1...
2...
3...
PAPER
You win!
2 Wins, 0 Losses, 0 Ties
--중략--
SCISSORS versus...
1...
2...
3...
PAPER
You win!
413 Wins, 0 Losses, 0 Ties
Enter your move: (R)ock (P)aper (S)cissors or (Q)uit
--중략--
```

동작 원리

이번 버전의 프로그램이 프로젝트 59번보다 짧다는 걸 알 수 있을 것이다. 이는 당연한 것이다. 컴퓨터의 선택을 무작위로 생성하고 게임의 결과를 계산할 필요가 없기에 원래 버전의 코드에서 상당한 양의 코드가 제거되기 때문이다. 패배와 무승부 횟수를 추적하던 변수도 항상 0이 될 것이기 때문에 필요 없다.

```
1  """Rock,Paper, Scissors (Always Win version)
2  By Al Sweigart al@inventwithpython.com
3  The classic hand game of luck, except you always win.
4  This code is available at https://nostarch.com/big-book-small-python-programming
5  Tags: tiny, game, humor"""
6
7  import time, sys
8
9  print('''Rock, Paper, Scissors, by Al Sweigart al@inventwithpython.com
10 - Rock beats scissors.
11 - Paper beats rocks.
12 - Scissors beats paper.
13 ''')
14
15 # 이 변수는 승리 횟수를 추적한다.
16 wins = 0
17
18 while True:   # 메인 게임 루프
19     while True:   # 플레이어가 R, P, S, 또는 Q를 입력할 때까지 계속 요청한다.
20         print('{} Wins, 0 Losses, 0 Ties'.format(wins))
21         print('Enter your move: (R)ock (P)aper (S)cissors or (Q)uit')
22         playerMove = input('> ').upper()
23         if playerMove == 'Q':
24             print('Thanks for playing!')
25             sys.exit()
26
27         if playerMove == 'R' or playerMove == 'P' or playerMove == 'S':
28             break
29         else:
30             print('Type one of R, P, S, or Q.')
31
32     # 플레이어가 선택한 것을 표시한다:
33     if playerMove == 'R':
34         print('ROCK versus...')
35     elif playerMove == 'P':
36         print('PAPER versus...')
37     elif playerMove == 'S':
38         print('SCISSORS versus...')
39
40     # 극적인 일시 중지와 함께 3까지 카운트를 센다:
41     time.sleep(0.5)
42     print('1...')
43     time.sleep(0.25)
44     print('2...')
45     time.sleep(0.25)
46     print('3...')
47     time.sleep(0.25)
48
49     # 컴퓨터가 선택한 것을 표시한다:
50     if playerMove == 'R':
51         print('SCISSORS')
52     elif playerMove == 'P':
53         print('ROCK')
```

```
54      elif playerMove == 'S':
55          print('PAPER')
56
57      time.sleep(0.5)
58
59      print('You win!')
60      wins = wins + 1
```

소스 코드를 입력하고 여러 번 실행한 후, 실험을 위해 몇 가지를 변경해 보자. 그리고 다음 내용에 대해 스스로 방법을 찾아보자.

- '도마뱀Lizard'과 '스팍Spock'을 이 게임에 추가하자. 도마뱀은 스팍을 독살하며 보(보자기)도 먹지만, 바위에 찍히며 가위에 의해 참수된다. 스팍은 가위를 부수며 바위를 증발시켜 버리지만, 도마뱀에 의해 중독되고 보에 의해 반박당한다.
- 플레이어가 이길 때마다 1점을 얻고, 패배할 때마다 1점을 잃게 한다. 이겼을 경우에 이전에 획득할 점수의 두 배를 얻을 수 있는 '더블 또는 낫싱double or nothing'을 선택할 수 있게 한다. 플레이어는 위험을 감수하고 2, 4, 8, 16점을 획득하여 후속 라운드에서 더 많은 점수를 얻을 수 있다.

프로그램 살펴보기

다음 질문에 대한 답을 찾아보자. 코드를 약간 수정하여 테스트하고, 변경 사항이 어떠한 영향을 미쳤는지 확인해 보자.

1. **33~57행**의 코드를 삭제하거나 주석 처리하면 어떻게 되는가?
2. **22행**에 있는 input('> ').upper()를 input('> ')로 바꾸면 어떻게 되는가?

#61

ROT13 암호

텍스트를 암호화하고 복호화하기 위한 가장 간단한 암호다

텍스트를 가지고 수학적 계산을 하기 위해 문자를 숫자로, 숫자를 문자로 변환한다

가장 단순한 암호화 알고리즘 중 하나인 ROT13 암호는 '13칸 회전rotate 13 spaces'의 약자다. 이 암호는 일반 텍스트 문자로부터 13칸 떨어져 있는 문자가 암호화된 문자가 되는 방식으로, A부터 Z까지의 문자를 0부터 25로 나타낸다. A는 N이 되고, B는 O가 되는 식이다. 암호화 과정은 복호화 과정과 동일하기 때문에 프로그래밍은 간단하지만, 그만큼 암호가 깨지기 쉽다는 의미가 되기도 한다. 이 때문에 ROT13은 스포일러나 퀴즈 정답처럼 민감하지 않은 정보를 감추기 위해 주로 사용되므로, 그런 정보들이 무의식적으로 읽히지 않도록 한다. ROT13 암호에 대한 자세한 정보는 위키백과(https://ko.wikipedia.org/wiki/ROT13)를 참고하자. 암호 및 코드 해독에 대해 더 배우고 싶다면, 저자가 쓴 《암호 해킹으로 배우는 파이썬의 기초Cracking Codes with Python》(https://nostarch.com/crackingcodes/)를 추천한다.

프로그램 실행

rot13cipher.py를 실행하면 다음과 같다.

```
ROT13 Cipher, by Al Sweigart al@inventwithpython.com

Enter a message to encrypt/decrypt (or QUIT):
> Meet me by the rose bushes tonight.
The translated message is:
Zrrg zr ol gur ebfr ohfurf gbavtug.

(Copied to clipboard.)
Enter a message to encrypt/decrypt (or QUIT):
--중략--
```

동작 원리

ROT13은 프로젝트 6번의 '카이사르 암호'의 코드와 매우 비슷하지만, 이번 프로그램은 암호화 키로 항상 13을 사용하기 때문에 코드가 훨씬 간단하다. 동일한 코드가 암호화와 복호화 모두를 수행(27 ~ 39행)하기 때문에, 프로젝트 6번처럼 어떤 모드로 사용하고 싶은지를 사용자에게 물어볼 필요가 없다.

한 가지 차이점은 이번 프로그램은 메시지를 자동으로 대문자로 변환하는 대신에 원본 메시지의 대/소문자를 유지한다는 것이다. 예를 들어 'Hello'는 'Uryyb'로 암호화하며, 'HELLO'는 'URYYB'로 암호화한다.

```
 1 """ROT13 Cipher, by Al Sweigart al@inventwithpython.com
 2 The simplest shift cipher for encrypting and decrypting text.
 3 More info at https://en.wikipedia.org/wiki/ROT13
 4 This code is available at https://nostarch.com/big-book-small-python-programming
 5 Tags: tiny, cryptography"""
 6
 7 try:
 8     import pyperclip  # pyperclip은 텍스트를 클립보드로 복사한다.
 9 except ImportError:
10     pass   # 만약에 pyperclip이 설치되어 있지 않다면, 아무런 동작도 하지 않는다. 별일 아니다.
11
12 # 상수 설정하기:
13 UPPER_LETTERS = 'ABCDEFGHIJKLMNOPQRSTUVWXYZ'
14 LOWER_LETTERS = 'abcdefghijklmnopqrstuvwxyz'
15
16 print('ROT13 Cipher, by Al Sweigart al@inventwithpython.com')
17 print()
```

```
18
19  while True:   # 메인 프로그램 루프
20      print('Enter a message to encrypt/decrypt (or QUIT):')
21      message = input('> ')
22
23      if message.upper() == 'QUIT':
24          break   # 메인 프로그램 루프에서 벗어난다.
25
26      # 메시지의 문자를 13자 이동한다.
27      translated = ''
28      for character in message:
29          if character.isupper():
30              # 대문자로 된 문자를 붙인다.
31              transCharIndex = (UPPER_LETTERS.find(character) + 13) % 26
32              translated += UPPER_LETTERS[transCharIndex]
33          elif character.islower():
34              # 소문자로 된 문자를 붙인다.
35              transCharIndex = (LOWER_LETTERS.find(character) + 13) % 26
36              translated += LOWER_LETTERS[transCharIndex]
37          else:
38              # 번역되지 않은 문자를 붙인다.
39              translated += character
40
41      # 암호화된 내용 표시하기:
42      print('The translated message is:')
43      print(translated)
44      print()
45
46      try:
47          # 암호화된 내용을 클립보드에 복사하기:
48          pyperclip.copy(translated)
49          print('(Copied to clipboard.)')
50      except:
51          pass
```

프로그램 살펴보기

다음 질문에 대한 답을 찾아보자. 코드를 약간 수정하여 테스트하고, 변경 사항이 어떠한 영향을 미쳤는지 확인해 보자.

1. **29행**에 있는 character.isupper()를 character.islower()로 바꾸면 어떻게 되는가?

2. **43행**에 있는 print(translated)를 print(message)로 바꾸면 어떻게 되는가?

#62

회전하는 큐브

회전하는 큐브 애니메이션

3차원 회전 및 라인 드로잉 알고리즘을 배운다

이번 프로젝트는 삼각 함수를 사용하여 회전하는 3차원 큐브 애니메이션을 구현한다. 여러분만의 애니메이션 프로그램을 만든다면 코드에 있는 3차원 포인트 회전 수식과 line() 함수를 조정하면 된다.

큐브를 그리는 데 사용되는 블록 텍스트 문자가 가는 직선으로 보이지 않겠지만, 물체 표현의 가장자리만 렌더링하기 때문에 이런 종류의 드로잉을 **와이어프레임 모델**wireframe model 이라고 부른다. 그림 62-1은 큐브와 삼각형으로 이뤄진 거친 아이코스피어icosphere에 대한 와이어프레임 모델을 보여 준다.

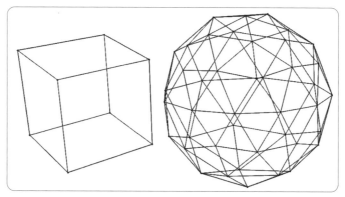

그림 62-1 큐브(왼쪽)와 아이코스피어(오른쪽)에 대한 와이어프레임 모델

프로그램 실행

그림 62-2는 rotatingcube.py를 실행한 결과다.

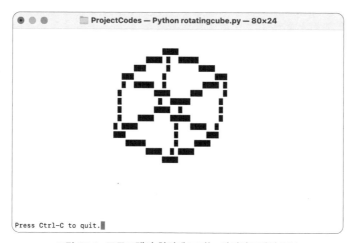

그림 62-2 프로그램이 화면에 그리는 와이어프레임 큐브

동작 원리

이번 프로그램의 알고리즘은 두 가지 주요 파트인 line() 함수와 rotatePoint() 함수로 구성된다. 큐브는 각 모서리마다 하나씩 총 8개의 꼭지점이 있다. 프로그램에서는 이들 꼭지점을 (x, y, z) 튜플로 CUBE_CORNERS 리스트에 저장한다. 또한, 이들 꼭지점은 큐브의 모서리 라인에 대한 연결을 정의한다. 모든 점들이 같은 방향을 동일한 양을 회전한다면, 큐브가 회전하는 것처럼 보이게 된다.

```
 1  """Rotating Cube, by Al Sweigart al@inventwithpython.com
 2  A rotating cube animation. Press Ctrl-C to stop.
 3  This code is available at https://nostarch.com/big-book-small-python-programming
 4  Tags: large, artistic, math"""
 5
 6  # 이번 프로그램은 반드시 터미널 또는 명령 프롬프트 창에서 실행되어어야 한다.
 7
 8  import math, time, sys, os
 9
10  # 상수 설정하기:
11  PAUSE_AMOUNT = 0.1   # 일시 중지 시간은 10분의 1초다.
12  WIDTH, HEIGHT = 80, 24
13  SCALEX = (WIDTH - 4) // 8
14  SCALEY = (HEIGHT - 4) // 8
15  # 텍스트 셀의 길이는 폭의 두 배이므로, scaley를 설정한다.
16  SCALEY *= 2
17  TRANSLATEX = (WIDTH - 4) // 2
18  TRANSLATEY = (HEIGHT - 4) // 2
19
20  # (!) 이 값을 '#'이나 '*' 또는 다른 문자로 바꿔 보자:
21  LINE_CHAR = chr(9608)   # Character 9608은 꽉 찬 블록이다.
22
23  # (!) 단일 축에 따라 큐브를 회전하려면,
24  # 다음의 값들 중 2개를 0으로 설정하자:
25  X_ROTATE_SPEED = 0.03
26  Y_ROTATE_SPEED = 0.08
27  Z_ROTATE_SPEED = 0.13
28
29  # 이번 프로그램은 리스트에 XYZ 좌표를 저장한다.
30  # 인덱스 0에 X 좌표, 1에 Y 좌표, 2에 Z 좌표
31  # 이들 상수는 리스트의 좌표에 접근할 때 코드를 읽기 쉽게 해준다.
32  X = 0
33  Y = 1
34  Z = 2
35
36
37  def line(x1, y1, x2, y2):
38      """주어진 점들 중, 라인에 있는 점들의 리스트를 반환한다.
39
40      브레슨햄 라인 알고리즘을 사용한다.
41      자세한 내용은 https://en.wikipedia.org/wiki/Bresenham%27s_line_algorithm을 참고하자."""
42      points = []   # 라인의 위치를 담는다.
43      # 'Steep'은 라인이 45도보다 크거나,
44      # -45도보다 작다는 의미다:
45
46      # 이 함수가 올바르게 처리하지 않는
47      # 시작점과 끝점이 인접해 있는 특별한 경우에 대해 확인하여
48      # 하드 코딩된 리스트를 반환한다:
49      if (x1 == x2 and y1 == y2 + 1) or (y1 == y2 and x1 == x2 + 1):
50          return [(x1, y1), (x2, y2)]
51
52      isSteep = abs(y2 - y1) > abs(x2 - x1)
```

```
53        if isSteep:
54            # 이 알고리즘은 가파르지 않은 라인만 처리하므로,
55            # 기울기를 비경사(non-steep)로 변경하고 나중에 다시 돌려놓는다.
56            x1, y1 = y1, x1   # x1과 y1을 바꾼다.
57            x2, y2 = y2, x2   # x2와 y2를 바꾼다.
58        isReversed = x1 > x2   # 라인이 오른쪽에서 왼쪽으로 가는 경우 True
59
60        if isReversed:   # 오른쪽에서 왼쪽으로 가는 라인의 점을 가져온다.
61            x1, x2 = x2, x1   # x1과 x2를 바꾼다.
62            y1, y2 = y2, y1   # y1과 y2를 바꾼다.
63
64            deltax = x2 - x1
65            deltay = abs(y2 - y1)
66            extray = int(deltax / 2)
67            currenty = y2
68            if y1 < y2:
69                ydirection = 1
70            else:
71                ydirection = -1
72            # 이 라인의 모든 x에 대한 y를 계산한다:
73            for currentx in range(x2, x1 - 1, -1):
74                if isSteep:
75                    points.append((currenty, currentx))
76                else:
77                    points.append((currentx, currenty))
78                extray -= deltay
79                if extray <= 0:   # extray <= 0인 경우에는 y만 변경한다.
80                    currenty -= ydirection
81                    extray += deltax
82        else:   # 왼쪽에서 오른쪽으로 가는 라인의 점을 가져온다.
83            deltax = x2 - x1
84            deltay = abs(y2 - y1)
85            extray = int(deltax / 2)
86            currenty = y1
87            if y1 < y2:
88                ydirection = 1
89            else:
90                ydirection = -1
91            # 이 라인의 모든 x에 대한 y를 계산한다:
92            for currentx in range(x1, x2 + 1):
93                if isSteep:
94                    points.append((currenty, currentx))
95                else:
96                    points.append((currentx, currenty))
97                extray -= deltay
98                if extray < 0:   # extray < 0인 경우에는 y만 변경한다.
99                    currenty += ydirection
100                    extray += deltax
101    return points
102
103
104 def rotatePoint(x, y, z, ax, ay, az):
```

```python
105        """회전된 x, y, z 인수의 (x, y, z) 튜플을 반환한다.
106
107        회전은 ax, ay, az(라디언)에 의해
108        0, 0, 0 원점을 중심으로 회전한다.
109            각 축의 방향:
110              -y
111              |
112              +-- +x
113             /
114            +z
115        """
116
117        # x 축을 중심으로 회전한다:
118        rotatedX = x
119        rotatedY = (y * math.cos(ax)) - (z * math.sin(ax))
120        rotatedZ = (y * math.sin(ax)) + (z * math.cos(ax))
121        x, y, z = rotatedX, rotatedY, rotatedZ
122
123        # y 축을 중심으로 회전한다:
124        rotatedX = (z * math.sin(ay)) + (x * math.cos(ay))
125        rotatedY = y
126        rotatedZ = (z * math.cos(ay)) - (x * math.sin(ay))
127        x, y, z = rotatedX, rotatedY, rotatedZ
128
129        # z 축을 중심으로 회전한다:
130        rotatedX = (x * math.cos(az)) - (y * math.sin(az))
131        rotatedY = (x * math.sin(az)) + (y * math.cos(az))
132        rotatedZ = z
133
134        return (rotatedX, rotatedY, rotatedZ)
135
136
137 def adjustPoint(point):
138        """화면에 표시하기 위해 3차원 XYZ 포인트를 2차원 포인트로 조정한다.
139        2차원 포인트의 크기를 SCALEX와 SCALEY 만큼 조정한 다음,
140        TRANSLATEX와 TRANSLATEY 만큼 포인트를 이동한다."""
141        return (int(point[X] * SCALEX + TRANSLATEX),
142                int(point[Y] * SCALEY + TRANSLATEY))
143
144
145 """CUBE_CORNERS는 정육면체 모서리의 XYZ 좌표를 저장한다.
146 CUBE_CORNERS의 각 모서리에 대한 인덱스는 다음 다이어그램에 표시된 것과 같다:
147        0---1
148       /|  /|
149      2---3 |
150      | 4-|-5
151      |/  |/
152      6---7"""
153 CUBE_CORNERS = [[-1, -1, -1], # 포인트 0
154                 [ 1, -1, -1], # 포인트 1
155                 [-1, -1,  1], # 포인트 2
156                 [ 1, -1,  1], # 포인트 3
```

316 PROJECT #62 회전하는 큐브

```
157                   [-1,  1, -1], # 포인트 4
158                   [ 1,  1, -1], # 포인트 5
159                   [-1,  1,  1], # 포인트 6
160                   [ 1,  1,  1]] # 포인트 7
161 # rx, ry, rz만큼 회전한 다음,
162 # CUBE_CORNERS의 XYZ 좌표를 rotatedCorners에 저장한다:
163 rotatedCorners = [None, None, None, None, None, None, None, None]
164 # 각 축의 회전량:
165 xRotation = 0.0
166 yRotation = 0.0
167 zRotation = 0.0
168
169 try:
170     while True:   # 메인 프로그램 루프
171         # 각 양만큼 각 축에 따라 회전한다:
172         xRotation += X_ROTATE_SPEED
173         yRotation += Y_ROTATE_SPEED
174         zRotation += Z_ROTATE_SPEED
175         for i in range(len(CUBE_CORNERS)):
176             x = CUBE_CORNERS[i][X]
177             y = CUBE_CORNERS[i][Y]
178             z = CUBE_CORNERS[i][Z]
179             rotatedCorners[i] = rotatePoint(x, y, z, xRotation,
180                 yRotation, zRotation)
181
182         # 큐브 라인의 점들을 얻는다:
183         cubePoints = []
184         for fromCornerIndex, toCornerIndex in ((0, 1), (1, 3), (3, 2), (2, 0),
            (0, 4), (1, 5), (2, 6), (3, 7), (4, 5), (5, 7), (7, 6), (6, 4)):
185             fromX, fromY = adjustPoint(rotatedCorners[fromCornerIndex])
186             toX, toY = adjustPoint(rotatedCorners[toCornerIndex])
187             pointsOnLine = line(fromX, fromY, toX, toY)
188             cubePoints.extend(pointsOnLine)
189
190         # 중복된 점 제거하기:
191         cubePoints = tuple(frozenset(cubePoints))
192
193         # 화면에 큐브 표시하기:
194         for y in range(HEIGHT):
195             for x in range(WIDTH):
196                 if (x, y) in cubePoints:
197                     # 전체 블록 표시하기:
198                     print(LINE_CHAR, end='', flush=False)
199                 else:
200                     # 빈 공간 표시하기:
201                     print(' ', end='', flush=False)
202             print(flush=False)
203         print('Press Ctrl-C to quit.', end='', flush=True)
204
205         time.sleep(PAUSE_AMOUNT)   # 잠깐 멈춤
206
207         # 화면 정리하기:
```

```
208          if sys.platform == 'win32':
209              os.system('cls')   # 윈도우는 cls 명령어를 사용한다.
210          else:
211              os.system('clear')   # macOS와 리눅스는 clear 명령어를 사용한다.
212
213 except KeyboardInterrupt:
214     print('Rotating Cube, by Al Sweigart al@inventwithpython.com')
215     sys.exit()   # Ctrl-C를 누르면 프로그램을 종료한다.
```

소스 코드를 입력하고 여러 번 실행한 후, 실험을 위해 몇 가지를 변경해 보자. (!) 마크가 있는 주석은 여러분이 할 수 있는 간단한 변경에 대해 제안한 것이다. 다음 내용에 대해 스스로 방법을 찾아보자.

- CUBE_CORNERS와 184행에 있는 튜플을 수정하여 피라미드 또는 평면 육각형 등의 다양한 와이어프레임 모델을 생성하자.
- 큐브가 자신의 중심을 기준으로 회전하지 않고 화면의 중심을 기준으로 회전하도록 CUBE_CORNERS의 좌표를 1.5만큼 증가시키자.

프로그램 살펴보기

다음 질문에 대한 답을 찾아보자. 코드를 약간 수정하여 테스트하고, 변경 사항이 어떠한 영향을 미쳤는지 확인해 보자.

1. 208~211행의 코드를 삭제하거나 주석 처리하면 어떻게 되는가?
2. 184행에 있는 튜플을 <((0, 1), (1, 3), (3, 2), (2, 0), (0,4), (4, 5), (5, 1))>로 변경하면 어떻게 되는가?

#63

우르의 로열 게임

5,000년 된 메소포타미아의 게임

아스키 아트와 문자열 템플릿을 사용하여 보드게임을 그린다

우르의 로열 게임Royal Game of Ur은 5,000년 전 메소포타미아에서 하던 게임이다. 1922년부터 1934년까지의 발굴 과정 중에 현재 이라크 남부 우르에 있는 왕립 묘지에서 발견되었다. 이것은 그림 63-1과 같은 게임 보드와 바빌로니아 점토판으로 구성되며, 인도의 보드게임인 파치시Parcheesi와 비슷하다. 이 게임에서 이기기 위해서는 기술과 운이 필요하다.

그림 63-1 우르의 왕립 묘지에서 발견된 5개의 게임 보드 중 하나

두 명의 플레이어는 각자의 집Home에 있는 7개의 토큰을 가지고 시작하며, 7개의 토큰 모두를 결승점Goal으로 이동한 플레이어가 승자가 된다. 플레이어는 차례대로 4개의 주사위를 굴린다. 이들 주사위는 사면체tetrahedron라고 불리는 4개의 점이 있는 피라미드 모양이다. 각 주사위에는 꼭지점 2개에 마킹이 되어 있어서, 주사위를 굴렸을 때 마킹이 보이거나, 보이지 않는 상태가 된다. 이번 게임에서는 주사위 대신 동전을 사용하며, 동전 앞면이 마킹된 꼭지점 역할을 한다. 플레이어는 마킹된 수(동전 앞면 수)만큼 토큰[9]을 이동한다. 이렇게 하면 하나의 토큰을 0 ~ 4 중 하나의 숫자만큼 이동할 수 있다는 뜻이다. 물론 2칸이 나올 가능성이 가장 높지만 말이다.

토큰은 그림 63-2에 표시된 경로에 따라 이동한다. 보드의 한 칸에는 단 하나의 토큰만 존재할 수 있다. 만약에 플레이어의 토큰이 중간의 공유하는 경로에 있는 상대방 토큰 자리에 도착하면, 상대방의 토큰은 자신의 집Home으로 되돌아간다. 토큰이 중앙에 있는 꽃 모양의 타일에 도착하면, 그 토큰은 상대에게 잡히지 않고 안전하게 그대로 있다. 중앙의 꽃 타일을 포함하여 다른 4곳의 꽃 모양 타일에 토큰이 도착하면, 플레이어는 주사위를 한 번 더 굴린다. 이번 프로그램에서는 토큰을 ×와 ○로 표시할 것이다.

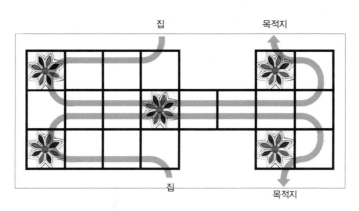

그림 63-2 각 플레이어의 토큰이 집(Home)에서 목적지(Goal)까지 가는 경로

https://www.youtube.com/watch?v=WZskjLq040I은 유튜버 톰 스콧Tom Scott과 대영 박물관 큐레이터 어빙 핀클Irving Finkel이 우르의 로열 게임에 대해 토론하는 영상이다.

---

9 [옮긴이] 보드게임의 말 역할을 하는 바빌로니아 점토판

프로그램 실행

royalgameofur.py를 실행하면 다음과 같다.

```
The Royal Game of Ur, by Al Sweigart
--중략--
                    XXXXXXX                 .......
                    Home                    Goal
                      v                      ^
+-----+-----+-----+--v--+        +--^--+-----+
|*****|     |     |     |        |*****|     |
|*   *<    <     <     |        |*   *<    <     |
|****h|   g|   f|   e|        |****t|   s|
+--v--+-----+-----+-----+        +-----+--^--+
|     |     |     |*****|     |     |     |     |
|   >     >     >*   *>     >     >     >     |
|   i|   j|   k|****l|   m|   n|   o|   p|
+--^--+-----+-----+-----+-----+-----+--v--+
|*****|     |     |     |        |*****|     |
|*   *<    <     <     |        |*   *<    <     |
|****d|   c|   b|   a|        |****r|   q|
+-----+-----+-----+--^--+        +--v--+-----+
                      ^                      v
                    Home                    Goal
                    OOOOOOO                 .......
It is O's turn. Press Enter to flip...
Flips: H-H-T-T  Select move 2 spaces: home quit
> home
O landed on a flower space and gets to go again.
Press Enter to continue...
--중략--
```

동작 원리

프로젝트 43번의 '만칼라'에서와 같이 아스키 아트 게임 보드상의 공간을 **a**에서 **t**까지의 문자로 표시한다. 동전을 굴린 후, 플레이어는 이동시킬 토큰이 있는 공간을 선택하거나, 집에 있는 토큰을 보드로 옮기기 위해 home을 선택할 수 있다. 이번 프로그램은 보드를 딕셔너리로 나타내며, 딕셔너리의 키는 'a'부터 't'이다. 값으로는 토큰의 경우 'X'와 'O'이며, 빈 공간은 ' '다.

또한 이 딕셔너리는 키로 'x_home', 'o_home', 'x_goal', 'o_goal'을 가지며, 각 키에 대한 값은 집과 목적지에 토큰이 얼마나 있는지를 나타내는 7개의 문자로 된 문자열이다. 이 문자열의 'X' 또는 'O'는 집 또는 목적지에 있는 토큰을 나타내며, '.'은 빈 슬롯을 나타낸다. displayBoard() 함수는 이 문자열을 화면에 표시한다.

```python
"""The Royal Game of Ur, by Al Sweigart al@inventwithpython.com
A 5,000 year old board game from Mesopotamia. Two players knock each
other back as they race for the goal.
More info https://en.wikipedia.org/wiki/Royal_Game_of_Ur
This code is available at https://nostarch.com/big-book-small-python-programming
Tags: large, board game, game, two-player
"""

import random, sys

X_PLAYER = 'X'
O_PLAYER = 'O'
EMPTY = ' '

# 공간 레이블에 대한 상수 설정하기:
X_HOME = 'x_home'
O_HOME = 'o_home'
X_GOAL = 'x_goal'
O_GOAL = 'o_goal'

# 왼쪽에서 오른쪽으로, 위에서 아래 순서로의 공간:
ALL_SPACES = 'hgfetsijklmnopdcbarq'
X_TRACK = 'HefghijklmnopstG'  # (H는 집(Home)의 약자, G는 목적지(Goal)의 약자)
O_TRACK = 'HabcdijklmnopqrG'

FLOWER_SPACES = ('h', 't', 'l', 'd', 'r')

BOARD_TEMPLATE = """
                  {}              {}
                 Home            Goal
                  v               ^
+-----+-----+-----+--v--+        +--^--+-----+
|*****|     |     |     |        |*****|     |
|* {} *< {} < {} < {} | |        |* {} *< {} |
|****h|    g|    f|    e|        |****t|    s|
+--v--+-----+-----+-----+-----+-----+-----+--^--+
|     |     |     |*****|     |     |     |     |
| {} > {} > {} >* {} *> {} > {} > {} > {} |
|    i|    j|    k|****l|    m|    n|    o|    p|
+--^--+-----+-----+-----+-----+-----+-----+--v--+
|*****|     |     |     |        |*****|     |
|* {} *< {} < {} < {} | |        |* {} *< {} |
|****d|    c|    b|    a|        |****r|    q|
+-----+-----+-----+--^--+        +--v--+-----+
                  ^               v
                 Home            Goal
                  {}              {}
"""


def main():
    print('''The Royal Game of Ur, by Al Sweigart
```

```
53
54  This is a 5,000 year old game. Two players must move their tokens
55  from their home to their goal. On your turn you flip four coins and can
56  move one token a number of spaces equal to the heads you got.
57
58  Ur is a racing game; the first player to move all seven of their tokens
59  to their goal wins. To do this, tokens must travel from their home to
60  their goal:
61
62              X Home      X Goal
63                 v           ^
64  +---+---+---+-v-+     +-^-+---+
65  |v<<<<<<<<<<<<< |     | ^<|<< |
66  |v  |   |   |   |     |   | ^ |
67  +v--+---+---+---+---+---+---+-^-+
68  |>>>>>>>>>>>>>>>>>>>>>>>>>^ |
69  |>>>>>>>>>>>>>>>>>>>>>>>>>v |
70  +^--+---+---+---+---+---+---+-v-+
71  |^  |   |   |   |     |   | v |
72  |^<<<<<<<<<<<<< |     | v<<<< |
73  +---+---+---+-^-+     +-v-+---+
74                 ^           v
75              O Home      O Goal
76
77  If you land on an opponent's token in the middle track, it gets sent
78  back home. The **flower** spaces let you take another turn. Tokens in
79  the middle flower space are safe and cannot be landed on.''')
80      input('Press Enter to begin...')
81
82      gameBoard = getNewBoard()
83      turn = O_PLAYER
84      while True:   # 메인 게임 루프
85          # 이번 턴을 위한 몇 가지 변수들을 설정한다:
86          if turn == X_PLAYER:
87              opponent = O_PLAYER
88              home = X_HOME
89              track = X_TRACK
90              goal = X_GOAL
91              opponentHome = O_HOME
92          elif turn == O_PLAYER:
93              opponent = X_PLAYER
94              home = O_HOME
95              track = O_TRACK
96              goal = O_GOAL
97              opponentHome = X_HOME
98
99          displayBoard(gameBoard)
100
101         input('It is ' + turn + '\'s turn. Press Enter to flip...')
102
103         flipTally = 0
104         print('Flips: ', end='')
```

```
105    for i in range(4):   # 4개의 동전 던지기
106        result = random.randint(0, 1)
107        if result == 0:
108            print('T', end='')   # 뒷면
109        else:
110            print('H', end='')   # 앞면
111        if i != 3:
112            print('-', end='')   # 구분자 출력하기
113        flipTally += result
114    print('  ', end='')
115
116    if flipTally == 0:
117        input('You lose a turn. Press Enter to continue...')
118        turn = opponent   # 다른 플레이어에게 턴을 돌린다.
119        continue
120
121    # 플레이어에게 이동 요청하기:
122    validMoves = getValidMoves(gameBoard, turn, flipTally)
123
124    if validMoves == []:
125        print('There are no possible moves, so you lose a turn.')
126        input('Press Enter to continue...')
127        turn = opponent   # 다른 플레이어에게 턴을 돌린다.
128        continue
129
130    while True:
131        print('Select move', flipTally, 'spaces: ', end='')
132        print(' '.join(validMoves) + ' quit')
133        move = input('> ').lower()
134
135        if move == 'quit':
136            print('Thanks for playing!')
137            sys.exit()
138        if move in validMoves:
139            break   # 유효한 이동이 선택되면 루프를 종료한다.
140
141        print('That is not a valid move.')
142
143    # 선택된 움직임을 보드에서 수행한다:
144    if move == 'home':
145        # 집에서부터 이동하는 경우라면, 집에서 토큰을 하나 뺀다:
146        gameBoard[home] -= 1
147        nextTrackSpaceIndex = flipTally
148    else:
149        gameBoard[move] = EMPTY   # 기존에 있던 공간을 공백으로 설정한다.
150        nextTrackSpaceIndex = track.index(move) + flipTally
151
152    movingOntoGoal = nextTrackSpaceIndex == len(track) - 1
153    if movingOntoGoal:
154        gameBoard[goal] += 1
155        # 플레이어가 이겼는지 확인하기:
156        if gameBoard[goal] == 7:
```

```python
157                    displayBoard(gameBoard)
158                    print(turn, 'has won the game!')
159                    print('Thanks for playing!')
160                    sys.exit()
161            else:
162                nextBoardSpace = track[nextTrackSpaceIndex]
163                # 상대방이 그 타일에 있는지 확인하기:
164                if gameBoard[nextBoardSpace] == opponent:
165                    gameBoard[opponentHome] += 1
166
167                # 도착할 공간을 플레이어의 토큰으로 설정하기:
168                gameBoard[nextBoardSpace] = turn
169
170            # 플레이어가 꽃 모양의 공간에 도착하여 한 번 더 이동할 수 있는지 확인한다:
171            if nextBoardSpace in FLOWER_SPACES:
172                print(turn, 'landed on a flower space and goes again.')
173                input('Press Enter to continue...')
174            else:
175                turn = opponent   # 다른 플레이어에게 턴을 돌린다.
176
177 def getNewBoard():
178     """
179     보드의 상태를 나타내는 딕셔너리를 반환한다.
180     키는 공백 레이블의 문자열이고,
181     값은 X_PLAYER, O_PLAYER, 또는 EMPTY이다.
182     또한, 두 플레이어의 홈과 도착점에 얼마나 많은 토큰이 있는지에 대한 카운터도 있다.
183     """
184     board = {X_HOME: 7, X_GOAL: 0, O_HOME: 7, O_GOAL: 0}
185     # 게임을 시작하기 위해 각 공간을 비운다:
186     for spaceLabel in ALL_SPACES:
187         board[spaceLabel] = EMPTY
188     return board
189
190
191 def displayBoard(board):
192     """화면에 보드를 표시한다."""
193     # 줄바꿈을 많이 출력하여 화면을 깨끗이 정리해,
194     # 이전의 보드가 더 이상 보이지 않게 한다.
195     print('\n' * 60)
196
197     xHomeTokens = ('X' * board[X_HOME]).ljust(7, '.')
198     xGoalTokens = ('X' * board[X_GOAL]).ljust(7, '.')
199     oHomeTokens = ('O' * board[O_HOME]).ljust(7, '.')
200     oGoalTokens = ('O' * board[O_GOAL]).ljust(7, '.')
201
202     # BOARD_TEMPLATE를 채워야 하는 문자열을
203     # 왼쪽에서 오른쪽, 위에서 아래 순서대로 추가한다.
204     spaces = []
205     spaces.append(xHomeTokens)
206     spaces.append(xGoalTokens)
207     for spaceLabel in ALL_SPACES:
208         spaces.append(board[spaceLabel])
```

```
209      spaces.append(oHomeTokens)
210      spaces.append(oGoalTokens)
211
212      print(BOARD_TEMPLATE.format(*spaces))
213
214
215  def getValidMoves(board, player, flipTally):
216      validMoves = []  # 토큰이 이동할 수 있는 공간을 담는다.
217      if player == X_PLAYER:
218          opponent = O_PLAYER
219          track = X_TRACK
220          home = X_HOME
221      elif player == O_PLAYER:
222          opponent = X_PLAYER
223          track = O_TRACK
224          home = O_HOME
225
226      # 플레이어가 집에서 토큰을 이동할 수 있는지 확인하기:
227      if board[home] > 0 and board[track[flipTally]] == EMPTY:
228          validMoves.append('home')
229
230      # 플레이어가 이동할 수 있는 토큰이 있는 공간을 확인하기:
231      for trackSpaceIndex, space in enumerate(track):
232          if space == 'H' or space == 'G' or board[space] != player:
233              continue
234          nextTrackSpaceIndex = trackSpaceIndex + flipTally
235          if nextTrackSpaceIndex >= len(track):
236              # 목적지까지의 이동 거리 이상이 나와야 한다.
237              # 그렇지 않으면 목적지로 이동할 수 없다.
238              continue
239          else:
240              nextBoardSpaceKey = track[nextTrackSpaceIndex]
241              if nextBoardSpaceKey == 'G':
242                  # 이 토큰을 보드 밖으로 빼낼 수 있다.
243                  validMoves.append(space)
244                  continue
245          if board[nextBoardSpaceKey] in (EMPTY, opponent):
246              # 다음으로 이동한 공간이 보호된 중앙 공간이라면,
247              # 그곳이 비어 있는 경우에만 해당 공간으로 이동할 수 있다:
248              if nextBoardSpaceKey == 'l' and board['l'] == opponent:
249                  continue  # 이번의 이동을 건너뛰면 그 공간은 보호된다.
250              validMoves.append(space)
251
252      return validMoves
253
254
255  if __name__ == '__main__':
256      main()
```

프로그램 살펴보기

다음 질문에 대한 답을 찾아보자. 코드를 약간 수정하여 테스트하고, 변경 사항이 어떠한 영향을 미쳤는지 확인해 보자.

1. `152행`에 있는 nextTrackSpaceIndex == len(track) − 1을 nextTrackSpaceIndex == 1로 바꾸면 어떻게 되는가?

2. `106행`에 있는 result = random.randint(0, 1)을 result = 1로 바꾸면 어떻게 되는가?

3. `184행`에 있는 board = {X_HOME: 7, X_GOAL: 0, O_HOME: 7, O_GOAL: 0}을 board = {}로 바꾸면 어떤 에러가 발생하는가?

#64

7 세그먼트 디스플레이 모듈

계산기 또는 전자레인지에 사용되는 것과 같은 디스플레이

다른 프로그램에서 사용할 수 있는 모듈을 만든다

7 세그먼트 디스플레이는 소형 계산기, 전자레인지, 그리고 기타 소형 전자 장치에서 숫자를 표시하기 위해 사용되는 LCD 구성 요소의 한 유형이다. LCD에 있는 7개의 선 모양 세그먼트의 여러 조합을 통해, 다음과 같이 0부터 9까지의 숫자를 표현할 수 있다.

이 프로그램의 장점은 다른 프로그램에서 이것을 모듈로 임포트할 수 있다는 것이다. 프로젝트 14번의 '카운트다운'과 프로젝트 19번의 '디지털 시계'는 이번 프로그램인 **sevseg.py** 파일을 임포트했기 때문에 getSevSegStr() 함수를 사용할 수 있었다. 7 세그먼트 디스플레이 및 기타 다른 변형에 대한 정보는 위키백과(https://ko.wikipedia.org/wiki/7세그먼트_표시_장치)를 참고하자.

프로그램 실행

이 프로그램은 모듈이지만, **sevseg.py**를 직접 실행하면 숫자에 대한 샘플 데모를 출력한다. 실행 결과는 다음과 같다.

```
This module is meant to be imported rather than run.
For example, this code:
    import sevseg
    myNumber = sevseg.getSevSegStr(42, 3)
    print(myNumber)
...will print 42, zero-padded to three digits:
 __       __
|  |  | |__|  __|
|__|  | |  | |__
```

동작 원리

getSevSegStr() 함수는 먼저 3개의 문자열 리스트를 생성한다. 이들 문자열은 숫자의 상단, 중간, 하단을 나타낸다. 27~75행 은 각 숫자의 행을 이들 문자열로 연결한 각 숫자(소수점과 음수 기호)를 위한 긴 if-elif 구문이다. 이들 세 문자열은 84행 에서 개행 문자와 함께 결합되어 print() 함수에 전달하기 적합한 하나의 멀티라인 문자열로 반환된다.

```
 1 """Sevseg, by Al Sweigart al@inventwithpython.com
 2 A seven-segment number display module, used by the Countdown and Digital
 3 Clock programs.
 4 More info at https://en.wikipedia.org/wiki/Seven-segment_display
 5 This code is available at https://nostarch.com/big-book-small-python-programming
 6 Tags: short, module"""
 7
 8 """A부터 G까지 레이블이 지정되어 있는 7 세그먼트 디스플레이:
 9  __A__
10 |     |      7 세그먼트 디스플레이의 각 숫자:
11 F     B      __   __        __   __   __   __   __   __
12 |__G__|     |  |   |   __|  __| |__| |__  |__    | |__| |__|
13 |     |     |  | |__|  __|    |  __|  |__|   | |__|   __|
14 E     C
15 |__D__|"""
16
17
18 def getSevSegStr(number, minWidth=0):
19     """숫자에 대한 7 세그먼트 디스플레이 문자열을 반환한다.
20     반환된 문자열이 minWidth보다 작으면 0으로 채워진다."""
21
22     # int 또는 float인 경우, 숫자를 문자열로 변환한다:
```

```python
        number = str(number).zfill(minWidth)


    rows = ['', '', '']
    for i, numeral in enumerate(number):
        if numeral == '.':  # 소수점을 렌더링한다.
            rows[0] += ' '
            rows[1] += ' '
            rows[2] += '.'
            continue  # 숫자 사이에 공백을 넣어 간격을 준다.
        elif numeral == '-':  # 음수 기호를 렌더링한다:
            rows[0] += '    '
            rows[1] += ' __ '
            rows[2] += '    '
        elif numeral == '0':  # 0을 렌더링한다.
            rows[0] += ' __ '
            rows[1] += '|  |'
            rows[2] += '|__|'
        elif numeral == '1':  # 1을 렌더링한다.
            rows[0] += '    '
            rows[1] += '   |'
            rows[2] += '   |'
        elif numeral == '2':  # 2를 렌더링한다.
            rows[0] += ' __ '
            rows[1] += ' __|'
            rows[2] += '|__ '
        elif numeral == '3':  # 3을 렌더링한다.
            rows[0] += ' __ '
            rows[1] += ' __|'
            rows[2] += ' __|'
        elif numeral == '4':  # 4를 렌더링한다.
            rows[0] += '    '
            rows[1] += '|__|'
            rows[2] += '   |'
        elif numeral == '5':  # 5를 렌더링한다.
            rows[0] += ' __ '
            rows[1] += '|__ '
            rows[2] += ' __|'
        elif numeral == '6':  # 6을 렌더링한다.
            rows[0] += ' __ '
            rows[1] += '|__ '
            rows[2] += '|__|'
        elif numeral == '7':  # 7을 렌더링한다.
            rows[0] += ' __ '
            rows[1] += '   |'
            rows[2] += '   |'
        elif numeral == '8':  # 8을 렌더링한다.
            rows[0] += ' __ '
            rows[1] += '|__|'
            rows[2] += '|__|'
        elif numeral == '9':  # 9를 렌더링한다.
            rows[0] += ' __ '
            rows[1] += '|__|'
```

```
75              rows[2] += ' __|'
76
77          # 이것이 마지막 숫자가 아니고 다음에 소수점도 없다면,
78          # 숫자 사이의 간격을 위해 공백을 추가한다:
79          if i != len(number) - 1 and number[i + 1] != '.':
80              rows[0] += ' '
81              rows[1] += ' '
82              rows[2] += ' '
83
84      return '\n'.join(rows)
85
86
87 # 이 프로그램이 임포트된 게 아니라면, 0에서 99 사이의 숫자를 표시한다.
88 if __name__ == '__main__':
89     print('This module is meant to be imported rather than run.')
90     print('For example, this code:')
91     print('    import sevseg')
92     print('    myNumber = sevseg.getSevSegStr(42, 3)')
93     print('    print(myNumber)')
94     print()
95     print('...will print 42, zero-padded to three digits:')
96     print(' __        __ ')
97     print('|    | |__|  __|')
98     print('|__|    | |__ ')
```

소스 코드를 입력하고 여러 번 실행한 후, 실험을 위해 몇 가지를 변경해 보자. (!) 마크가 있는 주석은 여러분이 할 수 있는 간단한 변경에 대해 제안한 것이다. 다음 내용에 대해 스스로 방법을 찾아보자.

- 5개의 행과 chr(9608)에 의해 반환되는 블록 문자를 사용하여 숫자에 대한 새로운 폰트를 생성하자.

- 7 세그먼트 디스플레이에 대한 위키백과 내용을 살펴보고 문자를 표시하는 방법을 찾아 **sevseg.py**에 기능을 추가하자.

- 위키백과(https://en.wikipedia.org/wiki/Sixteen-segment_display)에서 16 세그먼트 디스플레이에 대해 배우고 **sixteenseg.py** 모듈을 만들어서 이 스타일로 숫자를 만들어 보자.

프로그램 살펴보기

다음 질문에 대한 답을 찾아보자. 코드를 약간 수정하여 테스트하고, 변경 사항이 어떠한 영향을 미쳤는지 확인해 보자.

1. **80, 81, 82행** 에 있는 한 칸 공백 문자열을 빈 문자열로 바꾸면 어떻게 되는가?
2. **18행** 에 있는 디폴트 인자인 minWidth=0을 minWidth=8로 바꾸면 어떻게 되는가?

#65

빛나는 카펫

영화 〈샤이닝(The Shining)〉의 카펫을 프로그래밍으로 생성

반복되는 텍스트 패턴을 만들기 위해 루프를 사용한다

스탠리 큐브릭Stanley Kubrick 감독의 1980년도 작품인 심리 공포 영화 **샤이닝**The Shining은 유령이 나오는 오버룩 호텔을 배경으로 한다. 이 호텔 카펫의 육각형 디자인은 이 유명한 영화의 상징이 되었다. 카펫은 교대로 맞물리는 육각형을 특징으로 하며, 그 매혹적인 효과는 이러한 소름끼치는 영화에 매우 적합하다. 프로젝트 35번의 '헥사 그리드'와 비슷한 이번 프로젝트의 짧은 프로그램은 화면에 반복적인 패턴을 출력한다.

이번 프로그램은 문자열에 백슬래시(\)가 이스케이프 문자로 해석되지 않도록 여는 따옴표 앞에 소문자 r을 붙인 원시 문자열을 사용한다.

프로그램 실행

shiningcarpet.py를 실행하면 다음과 같다.

동작 원리

이와 같은(즉, 프로젝트 35번과 유사한) 프로그램을 만드는 것은 코딩부터 시작하는 게 아니라 텍스트 에디터에 격자 모양을 그리는 것으로 시작한다. 패턴을 작성했다면 타일링할 가장 작은 단위로 자른다.

이 텍스트를 복사하여 소스 코드에 붙여넣은 후, 프로그램에서의 나머지 부분을 작성할 수 있다. 소프트웨어는 자리에 앉아서 처음부터 끝까지 코딩한다고 만들어지는 게 아니다. 모든 소프트웨어 개발자는 수정 작업, 테스트, 그리고 디버깅 과정을 여러 번 반복한다. 최종적으로 단 9줄의 코드가 될 수 있겠지만, 몇 줄 안되는 작은 프로그램이라 해서 노력이 부족했다는 것을 의미하지는 않는다.

```
 1  """Shining Carpet, by Al Sweigart al@inventwithpython.com
 2  Displays a tessellation of the carpet pattern from The Shining.
 3  This code is available at https://nostarch.com/big-book-small-python-programming
 4  Tags: tiny, beginner, artistic"""
 5
 6  # 상수 설정하기:
 7  X_REPEAT = 6   # 수평으로 반복할 횟수
 8  Y_REPEAT = 4   # 수직으로 반복할 횟수
 9
10  for i in range(Y_REPEAT):
11      print(r'_ \ \ \_/ __' * X_REPEAT)
12      print(r' \ \ \___/ _' * X_REPEAT)
13      print(r'\ \ \_____/ ' * X_REPEAT)
14      print(r'/ / / ___ \_' * X_REPEAT)
15      print(r'_/ / / _ \__' * X_REPEAT)
16      print(r'__/ / / \___' * X_REPEAT)
```

프로그램 살펴보기

다음의 패턴들을 만들어 보자:

```
__|___|___|___|___|___|___|___|___|___|___|___|___|___|
_|___|___|___|___|___|___|___|___|___|___|___|___|___|_
|___|___|___|___|___|___|___|___|___|___|___|___|___|__
_|___|___|___|___|___|___|___|___|___|___|___|___|___|_
__|___|___|___|___|___|___|___|___|___|___|___|___|___|
_|___|___|___|___|___|___|___|___|___|___|___|___|___|_

(( )(( )(( )(( )(( )(( )(( )(( )(( )(( )(( )(( )(( )
 ))( ))( ))( ))( ))( ))( ))( ))( ))( ))( ))( ))( ))(
(( )(( )(( )(( )(( )(( )(( )(( )(( )(( )(( )(( )(( )
 ))( ))( ))( ))( ))( ))( ))( ))( ))( ))( ))( ))( ))(
(( )(( )(( )(( )(( )(( )(( )(( )(( )(( )(( )(( )(( )
 ))( ))( ))( ))( ))( ))( ))( ))( ))( ))( ))( ))( ))(

/ __ \ \_/ / __ \ \_/ / __ \ \_/ / __ \ \_/ / __ \ \_/
\ \___/ / \ \___/ / \ \___/ / \ \___/ / \ \___/ /
\___/ / \ \___/ / \ \___/ / \ \___/ / \ \___/ / \ __
\___/ / \ \___/ / \ \___/ / \ \___/ / \ \___/ / \ __
\ \___/ / \ \___/ / \ \___/ / \ \___/ / \ \___/ /
\ \_/ / \ \_/ / \ \_/ / \ \_/ / \ \_/ / \ \_/ / \_/_
```

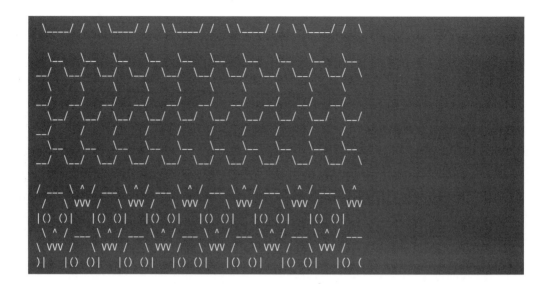

#66

간단한 치환 암호

카이사르 암호보다 더 발전된 암호 체계

텍스트에 대해 중급 수학을 적용한다

이번 프로그램은 하나의 문자를 다른 문자로 대체한다. 문자 **A**에 대해서는 26개, **B**는 25개, **C**는 24개 식으로 대체할 수 있으므로, 치환 가능한 전체 수는 26×25×24×23×...×1, 즉 403,291,461,126,605,635,584,000,000이다! 이것은 슈퍼 컴퓨터가 무차별 대입brute-force 공격을 한다고 해도 경우의 수가 너무 많으므로, 프로젝트 7번의 '카이사르 해커'에서 사용했던 암호 해독 방법을 여기서 사용할 수는 없다. 안타깝게도 교활한 공격자는 암호를 해독하기 위해 알려진 취약점을 이용할 것이다. 암호화 및 복호화에 대해 더 자세히 알고 싶다면, 저자의 책《**암호 해킹으로 배우는 파이썬의 기초**Cracking Codes with Python》(https://nostarch.com/crackingcodes/)을 참고하자.

프로그램 실행

simplesubcipher.py를 실행하면 다음과 같다.

```
Simple Substitution Cipher, by Al Sweigart
A simple substitution cipher has a one-to-one translation for each
symbol in the plaintext and each symbol in the ciphertext.
Do you want to (e)ncrypt or (d)ecrypt?
> e
Please specify the key to use.
Or enter RANDOM to have one generated for you.
> random
The key is WNOMTRCEHDXBFVSLKAGZIPYJQU. KEEP THIS SECRET!
Enter the message to encrypt.
> Meet me by the rose bushes tonight.
The encrypted message is:
Fttz ft nq zet asgt nigetg zsvhcez.
Full encrypted text copied to clipboard.

Simple Substitution Cipher, by Al Sweigart
A simple substitution cipher has a one-to-one translation for each
symbol in the plaintext and each symbol in the ciphertext.
Do you want to (e)ncrypt or (d)ecrypt?
> d
Please specify the key to use.
> WNOMTRCEHDXBFVSLKAGZIPYJQU
Enter the message to decrypt.
> Fttz ft nq zet asgt nigetg zsvhcez.
The decrypted message is:
Meet me by the rose bushes tonight.
Full decrypted text copied to clipboard.
```

동작 원리

각 키의 26개 문자의 위치는 동일한 위치의 알파벳 문자에 해당한다.

```
A B C D E F G H I J K L M N O P Q R S T U V W X Y Z
↓ ↓ ↓ ↓ ↓ ↓ ↓ ↓ ↓ ↓ ↓ ↓ ↓ ↓ ↓ ↓ ↓ ↓ ↓ ↓ ↓ ↓ ↓ ↓ ↓ ↓
W N O M T R C E H D X B F V S L K A G Z I P Y J Q U
```

그림 66-1 WNOM으로 시작하는 키로 알파벳 문자를 암호화하는 방법.
복호화하려면 아래에 있는 문자를 위에 있는 해당 문자로 바꾼다.

이 키를 사용하면, 문자 **A**는 **W**로 암호화되며(**W**는 A로 복호화됨), 문자 **B**는 **N**으로 암호화되는 식이다. LETTERS와 key 변수는 charsA와 charsB에 할당된다(또는 복호화하려면 그 반대로 한다). charsA의 메시지 문자는 charsB의 해당 문자로 대체되어 최종적으로 변환된 메시지가 생성된다.

```
1 """Simple Substitution Cipher, by Al Sweigart al@inventwithpython.com
2 A simple substitution cipher has a one-to-one translation for each
3 symbol in the plaintext and each symbol in the ciphertext.
4 More info at: https://en.wikipedia.org/wiki/Substitution_cipher
5 This code is available at https://nostarch.com/big-book-small-python-programming
6 Tags: short, cryptography, math"""
7
8 import random
9
10 try:
11     import pyperclip  # pyperclip은 텍스트를 클립보드로 복사한다.
12 except ImportError:
13     pass  # 만약에 pyperclip이 설치되어 있지 않다면, 아무런 동작도 하지 않는다. 별일 아니다.
14
15 # 암호화/복호화할 수 있는 가능한 모든 기호:
16 LETTERS = 'ABCDEFGHIJKLMNOPQRSTUVWXYZ'
17
18 def main():
19     print('''Simple Substitution Cipher, by Al Sweigart
20 A simple substitution cipher has a one-to-one translation for each
21 symbol in the plaintext and each symbol in the ciphertext.''')
22
23     # 사용자가 암호화 또는 복호화 여부를 지정하도록 한다:
24     while True:   # 사용자가 e 또는 d를 입력할 때까지 계속 요구한다.
25         print('Do you want to (e)ncrypt or (d)ecrypt?')
26         response = input('> ').lower()
27         if response.startswith('e'):
28             myMode = 'encrypt'
29             break
30         elif response.startswith('d'):
31             myMode = 'decrypt'
32             break
33         print('Please enter the letter e or d.')
34
35     # 사용자가 사용할 키를 지정하도록 한다:
36     while True:   # 사용자가 유효한 키를 입력할 때까지 계속 요구한다.
37         print('Please specify the key to use.')
38         if myMode == 'encrypt':
39             print('Or enter RANDOM to have one generated for you.')
40         response = input('> ').upper()
41         if response == 'RANDOM':
42             myKey = generateRandomKey()
43             print('The key is {}. KEEP THIS SECRET!'.format(myKey))
44             break
45         else:
46             if checkKey(response):
```

```
47              myKey = response
48              break
49
50      # 사용자가 암호화/복호화할 메시지를 지정하도록 한다:
51      print('Enter the message to {}.'.format(myMode))
52      myMessage = input('> ')
53
54      # 암호화/복호화를 수행한다:
55      if myMode == 'encrypt':
56          translated = encryptMessage(myMessage, myKey)
57      elif myMode == 'decrypt':
58          translated = decryptMessage(myMessage, myKey)
59
60      # 결과를 표시한다:
61      print('The %sed message is:' % (myMode))
62      print(translated)
63
64      try:
65          pyperclip.copy(translated)
66          print('Full %sed text copied to clipboard.' % (myMode))
67      except:
68          pass   # pyperclip이 설치되어 있지 않다면, 아무 작업도 하지 않는다.
69
70
71  def checkKey(key):
72      """키가 유효하면 True를 반환하고, 그렇지 않으면 False를 반환한다."""
73      keyList = list(key)
74      lettersList = list(LETTERS)
75      keyList.sort()
76      lettersList.sort()
77      if keyList != lettersList:
78          print('There is an error in the key or symbol set.')
79          return False
80      return True
81
82
83  def encryptMessage(message, key):
84      """키를 이용하여 메시지를 암호화한다."""
85      return translateMessage(message, key, 'encrypt')
86
87
88  def decryptMessage(message, key):
89      """키를 이용하여 메시지를 복호화한다."""
90      return translateMessage(message, key, 'decrypt')
91
92
93  def translateMessage(message, key, mode):
94      """키를 이용하여 메시지를 암호화/복호화한다."""
95      translated = ''
96      charsA = LETTERS
97      charsB = key
98      if mode == 'decrypt':
```

```
 99          # 복호화의 경우 암호화와 동일한 코드를 사용할 수 있다.
100          # 사용했던 키와 LETTERS 문자열의 위치만 바꾸면 된다.
101          charsA, charsB = charsB, charsA
102
103      # 메시지의 각 기호에 대해 루프를 돈다:
104      for symbol in message:
105          if symbol.upper() in charsA:
106              # 그 기호를 암호화/복호화한다:
107              symIndex = charsA.find(symbol.upper())
108              if symbol.isupper():
109                  translated += charsB[symIndex].upper()
110              else:
111                  translated += charsB[symIndex].lower()
112          else:
113              # 그 기호가 LETTERS에 있지 않다면, 변경없이 그냥 추가한다.
114              translated += symbol
115
116      return translated
117
118
119 def generateRandomKey():
120     """임의의 암호화 키를 생성하여 반환한다."""
121     key = list(LETTERS)   # LETTERS 문자열에서 리스트를 가져온다.
122     random.shuffle(key)   # 리스트를 무작위로 섞는다.
123     return ''.join(key)   # 리스트에서 문자열을 가져온다.
124
125
126 # 프로그램이 임포트된 게 아니라 실행한 것이라면, 프로그램이 실행된다:
127 if __name__ == '__main__':
128     main()
```

프로그램 살펴보기

다음 질문에 대한 답을 찾아보자. 코드를 약간 수정하여 테스트하고, 변경 사항이 어떠한 영향을 미쳤는지 확인해 보자.

1. **122행**에 있는 random.shuffle(key)를 삭제하거나 주석 처리하고, 키로 RANDOM을 입력하면 어떻게 되는가?

2. **16행**에 있는 LETTERS 문자열을 확장하여 'ABCDEFGHIJKLMNOPQRSTUVWXYZ1234567890'으로 하면 어떻게 되는가?

#67

사인 메시지

스크롤되는 웨이브 패턴으로 메시지를 표시

애니메이션에 삼각 함수를 사용한다

이번 프로그램은 위로 스크롤함에 따라 사용자가 선택한 메시지가 파도 치는 것처럼 표시된다. 이 효과를 위해 삼각 사인파sine wave 함수를 구현한 math.sin() 함수를 사용한다. 여러분이 삼각 사인파를 수학적으로 이해하지 못한다고 하더라도, 이번 프로그램은 다소 짧아서 쉽게 복사하여 사용할 수 있다.

프로그램 실행

sinemessage.py를 실행하면 다음과 같다.

```
Running in debug mode. Use the Stop, Continue, and Step toolbar buttons to debug the script
Sine Message, by Al Sweigart al@inventwithpython.com
(Press Ctrl-C to quit.)

What message do you want to display? (Max 39 chars.)
> I <3 Programming!
                        I <3 Programming!
                          I <3 Programming!
                            I <3 Programming!
                              I <3 Programming!
                                I <3 Programming!
                                 I <3 Programming!
                                  I <3 Programming!
                                  I <3 Programming!
                                 I <3 Programming!
                               I <3 Programming!
                             I <3 Programming!
                          I <3 Programming!
                        I <3 Programming!
                      I <3 Programming!
                   I <3 Programming!
                I <3 Programming!
             I <3 Programming!
          I <3 Programming!
      I <3 Programming!
   I <3 Programming!
I <3 Programming!
I <3 Programming!
 I <3 Programming!
    I <3 Programming!
        I <3 Programming!
--중략--
```

동작 원리

파이썬의 math 모듈에 있는 math.sin() 함수는 인자(여기서는 x라고 하자)를 받으며, **x의 사인값**이라 불리는 다른 숫자를 반환한다. 여러 수학적인 애플리케이션은 사인 함수를 사용한다. 우리의 프로그램에서는 깔끔한 파도 효과를 만드는 것만이 목적이다. 우리는 math.sin()에 step이라는 이름의 변수를 전달한다. 이 변수는 0에서 시작하여 메인 프로그램 루프가 반복될 때마다 0.25씩 증가한다.

우리는 math.sin() 함수의 반환 값을 이용하여 사용자의 메시지 양쪽에 출력해야 하는 패딩 공백 수를 알아낼 것이다. math.sin()은 -1.0에서 1.0 사이의 부동 소수점 수를 반환하지만, 우리가 원하는 패딩의 최소량은 음수가 아닌 0이므로, **31행**의 코드에서 math.sin()의 반환 값에 1을 더하여 유효 범위를 0.0에서 2.0으로 만든다. 우리에게 필요한 공백은 0~2개 이상이므로, **31행**의 코드에서는 이 숫자에 multiplier라는 이름의 변수를 곱하여 패딩의 양을 늘린다. 이 곱셈의 결과는 사용자의 메시지를 출력하기 전에 왼쪽에 추가할 패딩의 공백 수다.

```python
1 """"Sine Message, by Al Sweigart al@inventwithpython.com
2 Create a sine-wavy message.
3 This code is available at https://nostarch.com/big-book-small-python-programming
4 Tags: tiny, artistic"""
5
6 import math, shutil, sys, time
7
8 # 터미널 윈도우의 크기를 구한다:
9 WIDTH, HEIGHT = shutil.get_terminal_size()
10 # 자동으로 줄바꿈을 추가하지 않으면 윈도우에서 마지막 열을 출력할 수 없으므로,
11 # 폭을 하나 줄인다:
12 WIDTH -= 1
13
14 print('Sine Message, by Al Sweigart al@inventwithpython.com')
15 print('(Press Ctrl-C to quit.)')
16 print()
17 print('What message do you want to display? (Max', WIDTH // 2, 'chars.)')
18 while True:
19     message = input('> ')
20     if 1 <= len(message) <= (WIDTH // 2):
21         break
22     print('Message must be 1 to', WIDTH // 2, 'characters long.')
23
24
25 step = 0.0  # 'step'은 우리가 사인파와 얼마나 멀리 떨어져 있을지를 결정한다.
26 # 사인(sine)은 -1.0에서 1.0으로 이동하므로, 승수(multiplier)로 그 값을 바꿔야 한다:
27 multiplier = (WIDTH - len(message)) / 2
28 try:
29     while True:  # 메인 프로그램 루프
30         sinOfStep = math.sin(step)
31         padding = ' ' * int((sinOfStep + 1) * multiplier)
32         print(padding + message)
33         time.sleep(0.1)
34         step += 0.25  # (!) 이 값을 0.1 또는 0.5로 바꿔 보자.
35 except KeyboardInterrupt:
36     sys.exit()  # Ctrl-C를 누르면 프로그램을 종료한다.
```

소스 코드를 입력하고 여러 번 실행한 후, 실험을 위해 몇 가지를 변경해 보자. (!) 마크가 있는 주석은 여러분이 할 수 있는 간단한 변경에 대해 제안한 것이다.

프로그램 살펴보기

다음 질문에 대한 답을 찾아보자. 코드를 약간 수정하여 테스트하고, 변경 사항이 어떠한 영향을 미쳤는지 확인해 보자.

1. 30행에 있는 math.sin(step)을 math.cos(step)으로 바꾸면 어떻게 되는가?

2. 30행에 있는 math.sin(step)을 math.sin(0)으로 바꾸면 어떻게 되는가?

#68

슬라이딩 타일 퍼즐

고전적인 4×4 타일 퍼즐

게임 보드의 상태를 반영하는 데이터 구조를 사용한다

이 고전 퍼즐은 15개의 숫자 타일과 하나의 빈 공간이 있는 4×4 보드의 퍼즐이다. 목표는 숫자가 올바른 순서가 될 때까지 타일을 상하좌우로 미는 것이다. 타일은 밀리기만 할 뿐, 타일을 바로 선택하여 들어서 재배열할 순 없다. 이 퍼즐 장난감의 일부 버전에는 순서를 다 맞췄을 때 완성된 그림이 나오도록 타일에 부분 이미지가 있는 것도 있다.

슬라이딩 타일 퍼즐에 대한 자세한 내용은 위키백과(https://ko.wikipedia.org/wiki/슬라이딩_퍼즐)를 참고하자.

프로그램 실행

slidingtilepuzzle.py를 실행하면 다음과 같다.

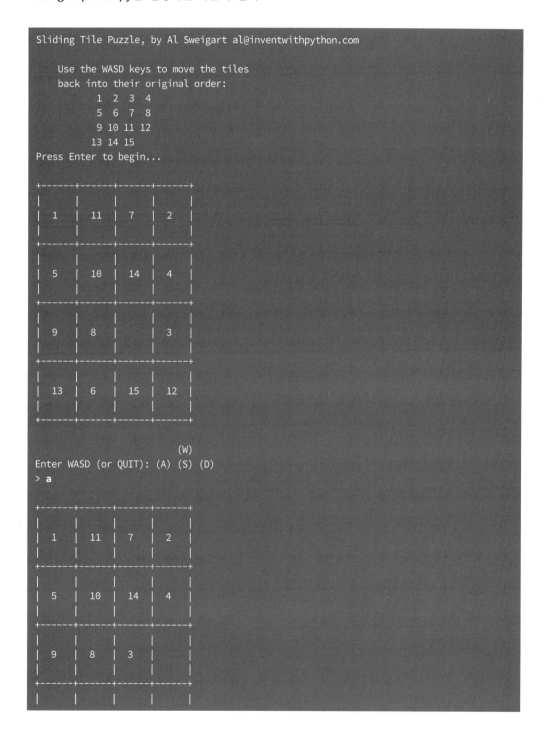

```
Sliding Tile Puzzle, by Al Sweigart al@inventwithpython.com

    Use the WASD keys to move the tiles
    back into their original order:
        1  2  3  4
        5  6  7  8
        9 10 11 12
       13 14 15
Press Enter to begin...

+------+------+------+------+
|      |      |      |      |
|  1   |  11  |  7   |  2   |
|      |      |      |      |
+------+------+------+------+
|      |      |      |      |
|  5   |  10  |  14  |  4   |
|      |      |      |      |
+------+------+------+------+
|      |      |      |      |
|  9   |  8   |      |  3   |
|      |      |      |      |
+------+------+------+------+
|      |      |      |      |
|  13  |  6   |  15  |  12  |
|      |      |      |      |
+------+------+------+------+

                        (W)
Enter WASD (or QUIT): (A) (S) (D)
> a

+------+------+------+------+
|      |      |      |      |
|  1   |  11  |  7   |  2   |
|      |      |      |      |
+------+------+------+------+
|      |      |      |      |
|  5   |  10  |  14  |  4   |
|      |      |      |      |
+------+------+------+------+
|      |      |      |      |
|  9   |  8   |  3   |      |
|      |      |      |      |
+------+------+------+------+
|      |      |      |      |
```

```
|  13   |   6   |  15   |  12   |
|       |       |       |       |
+-------+-------+-------+-------+

                        (W)
Enter WASD (or QUIT): ( ) (S) (D)
> s

+-------+-------+-------+-------+
|       |       |       |       |
|   1   |  11   |   7   |   2   |
|       |       |       |       |
+-------+-------+-------+-------+
|       |       |       |       |
|   5   |  10   |  14   |       |
|       |       |       |       |
+-------+-------+-------+-------+
|       |       |       |       |
|   9   |   8   |   3   |   4   |
|       |       |       |       |
+-------+-------+-------+-------+
|       |       |       |       |
|  13   |   6   |  15   |  12   |
|       |       |       |       |
+-------+-------+-------+-------+

                        (W)
Enter WASD (or QUIT): ( ) (S) (D)
--중략--
```

동작 원리

슬라이딩 타일 게임 보드를 나타내는 데이터 구조는 리스트의 리스트다. 내부의 리스트는 각각 4×4 보드의 한 열column을 나타내며, 숫자 타일에 대한 문자열(또는 공백 타일을 나타내는 문자열 BLANK)을 담는다. getNewBoard() 함수는 모든 타일이 순서대로 시작 위치에 있고, 우측 하단 구석에 빈칸이 있는 리스트의 리스트를 반환한다.

파이썬은 a, b = b, a와 같은 구문으로 두 변수의 값을 바꿀 수 있다. 이번 프로그램의 코드 101~108행 에서 이 기술을 사용하여 빈칸과 인접한 타일을 바꿔서 숫자 타일이 빈칸으로 들어간 것처럼 시뮬레이션한다. getNewPuzzle() 함수는 이러한 교환 작업을 무작위로 200회 수행하여 새로운 퍼즐을 생성한다.

```
1  """Sliding Tile Puzzle, by Al Sweigart al@inventwithpython.com
2  Slide the numbered tiles into the correct order.
3  This code is available at https://nostarch.com/big-book-small-python-programming
4  Tags: large, game, puzzle"""
5
6  import random, sys
7
8  BLANK = '  '  # 주의: 이 문자열은 공백이 하나가 아닌 둘이다.
9
10
11 def main():
12     print('''Sliding Tile Puzzle, by Al Sweigart al@inventwithpython.com
13
14     Use the WASD keys to move the tiles
15     back into their original order:
16          1  2  3  4
17          5  6  7  8
18          9 10 11 12
19         13 14 15     ''')
20     input('Press Enter to begin...')
21
22     gameBoard = getNewPuzzle()
23
24     while True:
25         displayBoard(gameBoard)
26         playerMove = askForPlayerMove(gameBoard)
27         makeMove(gameBoard, playerMove)
28
29         if gameBoard == getNewBoard():
30             print('You won!')
31             sys.exit()
32
33
34 def getNewBoard():
35     """새 타일 퍼즐을 나타내는 리스트의 리스트를 반환한다."""
36     return [['1 ', '5 ', '9 ', '13'], ['2 ', '6 ', '10', '14'],
37             ['3 ', '7 ', '11', '15'], ['4 ', '8 ', '12', BLANK]]
38
39
40 def displayBoard(board):
41     """주어진 보드를 화면에 표시한다."""
42     labels = [board[0][0], board[1][0], board[2][0], board[3][0],
43              board[0][1], board[1][1], board[2][1], board[3][1],
44              board[0][2], board[1][2], board[2][2], board[3][2],
45              board[0][3], board[1][3], board[2][3], board[3][3]]
46     boardToDraw = """
47 +------+------+------+------+
48 |      |      |      |      |
49 |  {}  |  {}  |  {}  |  {}  |
50 |      |      |      |      |
51 +------+------+------+------+
```

```
52  |      |      |      |      |
53  |  {}  |  {}  |  {}  |  {}  |
54  |      |      |      |      |
55  +------+------+------+------+
56  |      |      |      |      |
57  |  {}  |  {}  |  {}  |  {}  |
58  |      |      |      |      |
59  +------+------+------+------+
60  |      |      |      |      |
61  |  {}  |  {}  |  {}  |  {}  |
62  |      |      |      |      |
63  +------+------+------+------+
64  """.format(*labels)
65      print(boardToDraw)
66
67
68  def findBlankSpace(board):
69      """빈 공간에 대한 위치의 (x, y) 튜플을 반환한다."""
70      for x in range(4):
71          for y in range(4):
72              if board[x][y] == '  ':
73                  return (x, y)
74
75
76  def askForPlayerMove(board):
77      """플레이어가 슬라이드할 타일을 선택하게 한다."""
78      blankx, blanky = findBlankSpace(board)
79
80      w = 'W' if blanky != 3 else ' '
81      a = 'A' if blankx != 3 else ' '
82      s = 'S' if blanky != 0 else ' '
83      d = 'D' if blankx != 0 else ' '
84
85      while True:
86          print('                        ({})'.format(w))
87          print('Enter WASD (or QUIT): ({}) ({}) ({})'.format(a, s, d))
88
89          response = input('> ').upper()
90          if response == 'QUIT':
91              sys.exit()
92          if response in (w + a + s + d).replace(' ', ''):
93              return response
94
95
96  def makeMove(board, move):
97      """주어진 보드에서 주어진 이동을 수행한다."""
98      # 주의: 이 함수는 이동이 유효하다고 가정한다.
99      bx, by = findBlankSpace(board)
100
101     if move == 'W':
102         board[bx][by], board[bx][by+1] = board[bx][by+1], board[bx][by]
```

```
103        elif move == 'A':
104            board[bx][by], board[bx+1][by] = board[bx+1][by], board[bx][by]
105        elif move == 'S':
106            board[bx][by], board[bx][by-1] = board[bx][by-1], board[bx][by]
107        elif move == 'D':
108            board[bx][by], board[bx-1][by] = board[bx-1][by], board[bx][by]
109
110
111 def makeRandomMove(board):
112     """임의의 방향으로 슬라이드를 실행한다."""
113     blankx, blanky = findBlankSpace(board)
114     validMoves = []
115     if blanky != 3:
116         validMoves.append('W')
117     if blankx != 3:
118         validMoves.append('A')
119     if blanky != 0:
120         validMoves.append('S')
121     if blankx != 0:
122         validMoves.append('D')
123
124     makeMove(board, random.choice(validMoves))
125
126
127 def getNewPuzzle(moves=200):
128     """완성된 상태에서 무작위로 슬라이드하여 새로운 퍼즐을 얻는다."""
129     board = getNewBoard()
130
131     for i in range(moves):
132         makeRandomMove(board)
133     return board
134
135
136 # 이 프로그램이 다른 프로그램에 임포트(import)된 게 아니라면 게임이 실행된다:
137 if __name__ == '__main__':
138     main()
```

소스 코드를 입력하고 여러 번 실행한 후, 실험을 위해 몇 가지를 변경해 보자. 그리고 다음 내용에 대해 스스로 방법을 찾아보자.

- 5×5로 변형된 더 어려운 슬라이딩 타일 퍼즐을 만들자.

- 타일의 현재 배열을 저장한 다음, 최대 40회의 무작위 이동을 하여 퍼즐이 맞춰지면 게임을 멈추는 '자동 맞춤' 모드를 생성하자. 만약에 40회의 움직임 동안 퍼즐을 맞추지 못했다면 저장된 퍼즐을 로드하여 다시 40회의 무작위 이동을 시도한다.

프로그램 살펴보기

다음 질문에 대한 답을 찾아보자. 코드를 약간 수정하여 테스트하고, 변경 사항이 어떠한 영향을 미쳤는지 확인해 보자.

1. **22행**에 있는 getNewPuzzle()을 getNewPuzzle(1)로 변경하면 어떻게 되는가?

2. **22행**에 있는 getNewPuzzle()을 getNewPuzzle(0)으로 변경하면 어떻게 되는가?

3. **31행**에 있는 sys.exit()를 삭제하거나 주석 처리하면 어떻게 되는가?

#69

달팽이 경주

빠르게 진행되는 달팽이 경주!

아스키 아트 달팽이에 대한 간격을 계산한다

여러분은 빠르게 진행되는 이 경주의 흥분을 감당할 수 없을 것이다. 하지만 달팽이의 부족한 속도를 아스키 아트의 귀여움으로 만회해 볼 것이다. 각 달팽이는 껍질은 @ 문자, 두 눈은 v로 표현되며, 느리지만 결승선을 향해 똑바로 움직인다. 고유의 이름을 가진 최대 8마리의 달팽이가 서로 경쟁하며 점액질 흔적을 남긴다. 이번 프로그램은 초보자에게 도움이 될 것이다.

프로그램 실행

snailrace.py를 실행하면 다음과 같다.

```
Snail Race, by Al Sweigart al@inventwithpython.com

    @v <-- snail

How many snails will race? Max: 8
> 3
Enter snail #1's name:
> Alice
Enter snail #2's name:
> Bob
Enter snail #3's name:
> Carol
START                           FINISH
|                               |

        Alice
......@v
        Bob
.....@v
        Carol
.......@v
--중략--
```

동작 원리

이번 프로그램은 2개의 데이터 구조를 사용한다. snailNames라는 변수는 각 달팽이의 이름에 대한 문자열 리스트고, snailProgress라는 변수는 달팽이의 이름을 키로 하고 달팽이가 얼마나 움직였는지를 나타내는 정수를 값으로 하는 딕셔너리다. **79~82행**은 이들 변수의 데이터를 읽어 화면의 적절한 위치에 달팽이를 그린다.

```
 1 """Snail Race, by Al Sweigart al@inventwithpython.com
 2 Fast-paced snail racing action!
 3 This code is available at https://nostarch.com/big-book-small-python-programming
 4 Tags: short, artistic, beginner, game, multiplayer"""
 5
 6 import random, time, sys
 7
 8 # 상수 설정하기:
 9 MAX_NUM_SNAILS = 8
10 MAX_NAME_LENGTH = 20
11 FINISH_LINE = 40   # (!) 이 숫자를 변경해 보자.
```

```
12
13  print('''Snail Race, by Al Sweigart al@inventwithpython.com
14
15      @v <-- snail
16
17  ''')
18
19  # 몇 마리의 달팽이가 경주를 하는지 묻는다:
20  while True:    # 플레이어가 숫자를 입력할 때까지 계속 요청한다.
21      print('How many snails will race? Max:', MAX_NUM_SNAILS)
22      response = input('> ')
23      if response.isdecimal():
24          numSnailsRacing = int(response)
25          if 1 < numSnailsRacing <= MAX_NUM_SNAILS:
26              break
27      print('Enter a number between 2 and', MAX_NUM_SNAILS)
28
29  # 각 달팽이의 이름을 입력한다:
30  snailNames = []    # 달팽이 이름 문자열의 리스트
31  for i in range(1, numSnailsRacing + 1):
32      while True:    # 플레이어가 유효한 이름을 입력할 때까지 계속 요청한다.
33          print('Enter snail #' + str(i) + "'s name:")
34          name = input('> ')
35          if len(name) == 0:
36              print('Please enter a name.')
37          elif name in snailNames:
38              print('Choose a name that has not already been used.')
39          else:
40              break    # 입력된 이름이 유효하다.
41      snailNames.append(name)
42
43  # 출발선에 각 달팽이를 표시한다.
44  print('\n' * 40)
45  print('START' + (' ' * (FINISH_LINE - len('START')) + 'FINISH'))
46  print('|' + (' ' * (FINISH_LINE - len('|')) + '|'))
47  snailProgress = {}
48  for snailName in snailNames:
49      print(snailName[:MAX_NAME_LENGTH])
50      print('@v')
51      snailProgress[snailName] = 0
52
53  time.sleep(1.5)    # 경주 시작 직전에 일시 중지한다.
54
55  while True:    # 메인 프로그램 루프
56      # 전진할 달팽이를 무작위로 고른다:
57      for i in range(random.randint(1, numSnailsRacing // 2)):
58          randomSnailName = random.choice(snailNames)
59          snailProgress[randomSnailName] += 1
60
61          # 달팽이가 결승선에 도착했는지 확인한다:
62          if snailProgress[randomSnailName] == FINISH_LINE:
63              print(randomSnailName, 'has won!')
```

```
64          sys.exit()
65
66   # (!) 실험: 만약에 달팽이 이름들 중에 여러분의 이름이 있다면,
67   # 그 달팽이의 진행 상황을 증가시키는 치트를 여기에 추가하자.
68
69   time.sleep(0.5)   # (!) 실험: 이 값을 바꿔 보자.
70
71   # (!) 실험: 이 코드를 주석 처리하면 어떻게 되는가?
72   print('\n' * 40)
73
74   # 출발선과 결승선 표시하기:
75   print('START' + (' ' * (FINISH_LINE - len('START')) + 'FINISH'))
76   print('|' + (' ' * (FINISH_LINE - 1) + '|'))
77
78   # 이름 태그가 있는 달팽이를 표시한다:
79   for snailName in snailNames:
80       spaces = snailProgress[snailName]
81       print((' ' * spaces) + snailName[:MAX_NAME_LENGTH])
82       print(('.' * snailProgress[snailName]) + '@v')
```

소스 코드를 입력하고 여러 번 실행한 후, 실험을 위해 몇 가지를 변경해 보자. (!) 마크가 있는 주석은 여러분이 할 수 있는 간단한 변경에 대해 제안한 것이다. 다음 내용에 대해 스스로 방법을 찾아보자.

- 달팽이가 한 칸이 아닌 네 칸 앞으로 이동하는 무작위 '스피드 부스트'를 추가하자.
- 경주 중에 무작위로 잠드는 '수면 모드'를 추가하자. 이 모드를 사용하면 몇 턴 동안 멈춰 있으며, 달팽이 옆에 zzz가 나타난다.
- 달팽이가 동시에 결승선에 도달할 경우를 대비하여 공동 우승을 지원하자.

프로그램 살펴보기

다음 질문에 대한 답을 찾아보자. 코드를 약간 수정하여 테스트하고, 변경 사항이 어떠한 영향을 미쳤는지 확인해 보자.

1. 81행에 있는 snailName[:MAX_NAME_LENGTH]를 snailName[0]으로 바꾸면 어떻게 되는가?
2. 50행에 있는 print('@v')를 print('v@')로 바꾸면 어떻게 되는가?

#70

소로반, 일본 주판

컴퓨터 이전의 계산 도구에 대한 컴퓨터 시뮬레이션

아스키 아트 계산 도구를 만들기 위해 문자열 템플릿을 사용한다

계산판_{counting frame}이라고도 불리는 주판은 전자 계산기가 발명되기 훨씬 전에 많은 문화권에서 사용된 계산 도구다. 그림 70-1은 소로반이라고 부르는 일본식 주판이다. 각각의 줄은 숫자 체계에서의 자리를 나타내며, 줄에 있는 구슬은 그 자리의 숫자를 나타낸다. 예를 들어, 맨 오른쪽 줄에 구슬 2개가 올라와 있고 왼쪽 옆에 있는 줄에 구슬 3개가 올라와 있다면, 그것은 숫자 32를 나타내는 것이다. 이번 프로그램은 소로반을 시뮬레이션한다. 컴퓨터를 사용하여 컴퓨터가 나오기 훨씬 전의 계산 도구를 시뮬레이션한다는 게 아이러니하다.

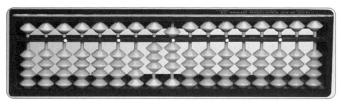

그림 70-1 소로반

357

소로반의 각 열은 서로 다른 자릿수를 나타낸다. 가장 오른쪽 열은 1의 자리, 그 왼쪽 열은 10의 자리, 그 왼쪽 열은 100의 자리와 같은 식이다. 키보드 상단에 있는 Q, W, E, R, T, Y, U, I, O, P 키는 각 자리의 숫자를 증가시키지만, A, S, D, F, G, H, J, K, L, ; 키는 숫자를 감소시킨다. 가상의 소로반 구슬은 현재 숫자를 반영하기 위해 이동할 것이다. 또한, 숫자를 직접 입력할 수도 있다.

중간의 수평 구분선 아래에 있는 4개의 구슬은 '아래알'이며, 하나를 올리면 해당 자리의 수가 1로 계산된다. 수평 구분선 위에 있는 구슬은 '윗알'이며, 아래로 내리면 해당 자리의 수가 5로 계산된다. 따라서 10자리의 윗알을 하나 내리고 아래알을 3개 올리면 숫자 80을 나타낸다. 주판과 사용 방법에 대한 자세한 내용은 위키백과(https://ko.wikipedia.org/wiki/주판)를 참고하자.

프로그램 실행

soroban.py를 실행하면 다음과 같다.

```
Soroban - The Japanese Abacus
By Al Sweigart al@inventwithpython.com



+=========================+
I O O O O O O O O O O O I
I | | | | | | | | | | | I
I | | | | | | | | | | | I
+=========================+
I | | | | | | | | | | | I
I | | | | | | | | | | | I
I O O O O O O O O O O O I
I O O O O O O O O O O O I
I O O O O O O O O O O O I
I O O O O O O O O O O O I
+==O==O==O==O==O==O==O==O==O==O==O==+
  +q w e r t y u i o p
  -a s d f g h j k l ;
(Enter a number, "quit", or a stream of up/down letters.)
> pppiiiii


+=========================+
I O O O O O O O | O O I
I | | | | | | | | | | | I
I | | | | | | | | O | | I
+=========================+
```

```
I | | | | | | | | O I
I | | | | | | | | O I
I 0 0 0 0 0 0 0 0 0 0 I
I 0 0 0 0 0 0 0 0 0 | I
I 0 0 0 0 0 0 0 0 0 | I
I 0 0 0 0 0 0 0 0 0 O I
+==0==0==0==0==0==0==0==5==0==3==+
 +q  w  e  r  t  y  u  i  o  p
 -a  s  d  f  g  h  j  k  l  ;
(Enter a number, "quit", or a stream of up/down letters.)
--중략--
```

동작 원리

displayAbacus() 함수는 주판의 구슬을 렌더링해야 하는 위치를 파악하기 위해 사용되는 number 인수를 받는다. 이 소로반 프로그램은 127~139행 에 있는 문자열에 중괄호({})에 표시된 위치(구슬인 'O'과 줄인 '|'이 있을 수 있는 위치)가 정확히 80곳이다. 또한 하단에 있는 10개의 중괄호는 number 인수의 자릿수를 나타낸다.

우리는 이들 중괄호를 왼쪽에서 오른쪽으로, 그리고 위에서 아래로 채울 문자열 리스트를 만들어야 한다. displayAbacus()는 구슬인 'O'을 표시하는 True 값과 줄인 '|'를 표시하는 False 값으로 hasBead 리스트를 만들 것이다. 이 리스트의 처음 10개의 값은 윗알이 있는 줄에 대한 것이다. 우리는 해당 열의 숫자가 0, 1, 2, 3, 4인 경우에는 위로 올려 둘 것이다. 왜냐하면 해당 열의 숫자가 0에서 4가 아닐 때 윗알을 내리기 때문이다. 나머지 행에 대해 hasBead에 불리언Boolean 값을 추가한다.

118~123행 의 코드는 실제 'O'와 '|' 문자열을 포함하는 abacusChar 리스트를 생성하기 위해 hasBead를 사용한다. 126행 에서 numberList와 결합하여, 소로반의 아스키 아트 문자열의 중괄호 ({})에 표시될 chars 리스트를 만든다.

```
1 """Soroban Japanese Abacus, by Al Sweigart al@inventwithpython.com
2 A simulation of a Japanese abacus calculator tool.
3 More info at: https://en.wikipedia.org/wiki/Soroban
4 This code is available at https://nostarch.com/big-book-small-python-programming
5 Tags: large, artistic, math, simulation"""
6
7 NUMBER_OF_DIGITS = 10
8
9
10 def main():
11     print('Soroban - The Japanese Abacus')
```

```
12      print('By Al Sweigart al@inventwithpython.com')
13      print()
14
15      abacusNumber = 0   # 이것은 주판에 표시된 숫자다.
16
17      while True:   # 메인 프로그램 루프
18          displayAbacus(abacusNumber)
19          displayControls()
20
21          commands = input('> ')
22          if commands == 'quit':
23              # 프로그램 종료하기:
24              break
25          elif commands.isdecimal():
26              # 주판 숫자 설정하기:
27              abacusNumber = int(commands)
28          else:
29              # 증감 명령어 처리하기:
30              for letter in commands:
31                  if letter == 'q':
32                      abacusNumber += 1000000000
33                  elif letter == 'a':
34                      abacusNumber -= 1000000000
35                  elif letter == 'w':
36                      abacusNumber += 100000000
37                  elif letter == 's':
38                      abacusNumber -= 100000000
39                  elif letter == 'e':
40                      abacusNumber += 10000000
41                  elif letter == 'd':
42                      abacusNumber -= 10000000
43                  elif letter == 'r':
44                      abacusNumber += 1000000
45                  elif letter == 'f':
46                      abacusNumber -= 1000000
47                  elif letter == 't':
48                      abacusNumber += 100000
49                  elif letter == 'g':
50                      abacusNumber -= 100000
51                  elif letter == 'y':
52                      abacusNumber += 10000
53                  elif letter == 'h':
54                      abacusNumber -= 10000
55                  elif letter == 'u':
56                      abacusNumber += 1000
57                  elif letter == 'j':
58                      abacusNumber -= 1000
59                  elif letter == 'i':
60                      abacusNumber += 100
61                  elif letter == 'k':
62                      abacusNumber -= 100
63                  elif letter == 'o':
```

```
 64                    abacusNumber += 10
 65                elif letter == 'l':
 66                    abacusNumber -= 10
 67                elif letter == 'p':
 68                    abacusNumber += 1
 69                elif letter == ';':
 70                    abacusNumber -= 1
 71
 72            # 주판은 음수를 표시할 수 없다:
 73            if abacusNumber < 0:
 74                abacusNumber = 0   # 모든 음수는 0으로 바꾼다.
 75            # 주판은 9999999999보다 더 큰 숫자를 보여 줄 수 없다:
 76            if abacusNumber > 9999999999:
 77                abacusNumber = 9999999999
 78
 79
 80 def displayAbacus(number):
 81     numberList = list(str(number).zfill(NUMBER_OF_DIGITS))
 82
 83     hasBead = []   # 각 구슬 위치에 대한 True/False를 담는다.
 84
 85     # 윗알은 0, 1, 2, 3, 4에 대해 구슬을 위로 올린다.
 86     for i in range(NUMBER_OF_DIGITS):
 87         hasBead.append(numberList[i] in '01234')
 88
 89     # 윗알은 5, 6, 7, 8, 9에 대해 구슬을 아래로 내린다.
 90     for i in range(NUMBER_OF_DIGITS):
 91         hasBead.append(numberList[i] in '56789')
 92
 93     # 가장 위에 있는 첫 번째 아래알 줄은 0이 아니면 구슬을 갖는다.
 94     for i in range(NUMBER_OF_DIGITS):
 95         hasBead.append(numberList[i] in '12346789')
 96
 97     # 두 번째 아래알 줄은 2, 3, 4, 7, 8, 9일 때 구슬을 갖는다.
 98     for i in range(NUMBER_OF_DIGITS):
 99         hasBead.append(numberList[i] in '234789')
100
101     # 세 번째 아래알 줄은 0, 3, 4, 5, 8, 9일 때 구슬을 갖는다.
102     for i in range(NUMBER_OF_DIGITS):
103         hasBead.append(numberList[i] in '034589')
104
105     # 네 번째 아래알 줄은 0, 1, 4, 5, 6, 9일 때 구슬을 갖는다.
106     for i in range(NUMBER_OF_DIGITS):
107         hasBead.append(numberList[i] in '014569')
108
109     # 다섯 번째 아래알 줄은 0, 1, 2, 5, 6, 7일 때 구슬을 갖는다.
110     for i in range(NUMBER_OF_DIGITS):
111         hasBead.append(numberList[i] in '012567')
112
113     # 여섯 번째 아래알 줄은 0, 1, 2, 3, 5, 6, 7, 8일 때 구슬을 갖는다.
114     for i in range(NUMBER_OF_DIGITS):
115         hasBead.append(numberList[i] in '01235678')
```

```
116
117     # True/False 값을 0|| 문자로 변환하기
118     abacusChar = []
119     for i, beadPresent in enumerate(hasBead):
120         if beadPresent:
121             abacusChar.append('O')
122         else:
123             abacusChar.append('|')
124
125     # O 그리고 | 문자로 주판을 그린다.
126     chars = abacusChar + numberList
127     print("""
128 +================================+
129 I {} {} {} {} {} {} {} {} {} {} I
130 I  |  |  |  |  |  |  |  |  |  |  I
131 I {} {} {} {} {} {} {} {} {} {} I
132 +================================+
133 I {} {} {} {} {} {} {} {} {} {} I
134 I {} {} {} {} {} {} {} {} {} {} I
135 I {} {} {} {} {} {} {} {} {} {} I
136 I {} {} {} {} {} {} {} {} {} {} I
137 I {} {} {} {} {} {} {} {} {} {} I
138 I {} {} {} {} {} {} {} {} {} {} I
139 +=={}=={}=={}=={}=={}=={}=={}==+""".format(*chars))
140
141
142 def displayControls():
143     print(' +q  w  e  r  t  y  u  i  o  p')
144     print(' -a  s  d  f  g  h  j  k  l  ;')
145     print('(Enter a number, "quit", or a stream of up/down letters.)')
146
147
148 if __name__ == '__main__':
149     main()
```

프로그램 살펴보기

다음 질문에 대한 답을 찾아보자. 코드를 약간 수정하여 테스트하고, 변경 사항이 어떠한 영향을 미쳤는지 확인해 보자.

1. **15행**에 있는 abacusNumber = 0을 abacusNumber = 9999로 바꾸면 어떻게 되는가?

2. **121행**에 있는 abacusChar.append('O')을 abacusChar.append('@')로 바꾸면 어떻게 되는가?

#71

사운드 흉내

점점 길어지는 사운드 패턴을 기억하자

파이썬 프로그램에서 사운드 파일을 재생한다

전자 장난감 사이먼Simon처럼, 이번 메모리 게임은 키보드의 A, S, D, F 키에 해당하는 네 가지 다른 소리를 재생하기 위해 서드-파티 playsound 모듈을 사용한다. 이 게임이 제시하는 패턴을 성공적으로 반복하면, 다음 패턴은 점점 더 길어진다. 여러분은 단기 기억으로 얼마나 많은 소리를 기억할 수 있는가?

코드를 보면, playsound.playsound() 함수는 재생할 사운드의 파일명을 전달한다. 다음 URL에서 사운드 파일을 다운로드할 수 있다.[10]

- https://inventwithpython.com/soundA.wav
- https://inventwithpython.com/soundS.wav

- https://inventwithpython.com/soundD.wav

- https://inventwithpython.com/soundF.wav

프로그램을 실행하기 전에 **soundmimic.py** 파일과 같은 폴더에 이들 파일을 배치하자. playsound 모듈에 대한 자세한 내용은 https://pypi.org/project/playsound/를 참고하자. macOS 사용자는 **playsound**를 동작시키기 위해 https://pypi.org/project/pyobjc/에서 **pyobjc** 모듈을 설치해야 한다.

프로그램 실행

soundmimic.py를 실행하면 다음과 같다.

```
Sound Mimic, by Al Sweigart al@inventwithpython.com
Try to memorize a pattern of A S D F letters (each with its own sound)
as it gets longer and longer.
Press Enter to begin...
<화면 정리>
Pattern: S
<screen clears>
Enter the pattern:
> s
Correct!
<화면 정리>
Pattern: S F
<화면 정리>
Enter the pattern:
> sf
Correct!
<화면 정리>
Pattern: S F F
<화면 정리>
Enter the pattern:
> sff
Correct!
<화면 정리>
Pattern: S F F D
--중략--
```

동작 원리

이 프로그램은 사운드 파일을 재생할 수 있는 playsound 모듈을 임포트한다. 이 모듈에는 재생할 **wav** 또는 **mp3** 파일의 파일명을 전달할 수 있는 playsound() 함수가 있다. 게임이 진행되면서 프로그램은 무작위로 선택한 문자(A, S, D 또는 F)를 pattern 리스트에 추가하고, 이 리스트에 있는 사운드를 재생한다. pattern 리스트가 길어질수록 플레이어가 기억해야 하는 사운드 파일의 패턴도 증가한다.

```
1 """Sound Mimic, by Al Sweigart al@inventwithpython.com
2 A pattern-matching game with sounds. Try to memorize an increasingly
3 longer and longer pattern of letters. Inspired by the electronic game,
4 Simon.
5 This code is available at https://nostarch.com/big-book-small-python-programming
6 Tags: short, beginner, game"""
7
8 import random, sys, time
9
10 # 다음 URL에서 사운드 파일을 다운로드하거나 여러분이 가진 파일을 사용하자:
11 # https://inventwithpython.com/soundA.wav
12 # https://inventwithpython.com/soundS.wav
13 # https://inventwithpython.com/soundD.wav
14 # https://inventwithpython.com/soundF.wav
15
16 try:
17     import playsound
18 except ImportError:
19     print('The playsound module needs to be installed to run this')
20     print('program. On Windows, open a Command Prompt and run:')
21     print('pip install playsound')
22     print('On macOS and Linux, open a Terminal and run:')
23     print('pip3 install playsound')
24     sys.exit()
25
26
27 print('''Sound Mimic, by Al Sweigart al@inventwithpython.com
28 Try to memorize a pattern of A S D F letters (each with its own sound)
29 as it gets longer and longer.''')
30
31 input('Press Enter to begin...')
32
33 pattern = ''
34 while True:
35     print('\n' * 60)   # 여러 줄바꿈을 출력하여 화면을 깨끗하게 한다.
36
37     # 무작위 문자를 패턴에 추가한다:
38     pattern = pattern + random.choice('ASDF')
39
40     # 패턴을 표시하고 사운드를 재생한다:
```

```
41     print('Pattern: ', end='')
42     for letter in pattern:
43         print(letter, end=' ', flush=True)
44         playsound.playsound('sound' + letter + '.wav')
45
46     time.sleep(1)    # 마지막에 잠깐 동안 일시 중지가 되도록 한다.
47     print('\n' * 60)    # 여러 줄바꿈을 출력하여 화면을 깨끗하게 한다.
48
49     # 플레이어가 패턴을 입력하게 하자:
50     print('Enter the pattern:')
51     response = input('> ').upper()
52
53     if response != pattern:
54         print('Incorrect!')
55         print('The pattern was', pattern)
56     else:
57         print('Correct!')
58
59     for letter in pattern:
60         playsound.playsound('sound' + letter + '.wav')
61
62     if response != pattern:
63         print('You scored', len(pattern) - 1, 'points.')
64         print('Thanks for playing!')
65         break
66
67     time.sleep(1)
```

프로그램 살펴보기

다음 질문에 대한 답을 찾아보자. 코드를 약간 수정하여 테스트하고, 변경 사항이 어떠한 영향을
미쳤는지 확인해 보자.

1. **47행**에 있는 print('\n' * 60)을 삭제하거나 주석 처리하면 어떻게 되는가?

2. **62행**에 있는 response != pattern을 False로 바꾸면 어떻게 되는가?

#72

스펀지 표기법

영어 메시지를 스펀지 표기법으로 바꾸자

문자열 내 각 문자의 대/소문자를 변경한다

어쩌면 여러분은 '모킹 스펀지밥Mocking SpongeBob' 밈을 본 적이 있을 것이다. 이것은 빈정거림을 나타내기 위해 대/소문자가 번갈아 나타나는 캡션(예를 들어, uSiNg SpOnGeBoB MeMeS dOeS NoT mAkE YoU wItTy)이 있는 '네모바지 스펀지밥SpongeBob SquarePants'이라는 작품에 나오는 형식이다. 조금 더 무작위로 보이도록 하기 위해, 텍스트 내에 대/소문자가 항상 일정하게 번갈아 나오지는 않는다.

이번의 짧은 프로그램은 메시지를 '스펀지 표기법spongecase'으로 변환하기 위해 upper()와 lower() 문자열 메서드를 사용한다. 또한, 이번 프로그램에는 다른 프로그램에서도 import spongecase 구문을 사용하여 이것을 모듈로 임포트하고 spongecase.englishToSpongecase() 함수를 호출할 수 있도록 설정되어 있다.

프로그램 실행

spongecase.py를 실행하면 다음과 같다.

```
sPoNgEtExT, bY aL sWeIGaRt Al@iNvEnTwItHpYtHoN.cOm

eNtEr YoUr MeSsAgE:
> Using SpongeBob memes does not make you witty.

usInG sPoNgEbOb MeMeS dOeS nOt MaKe YoU wItTy.
(cOpIed SpOnGeCasE to ClIpbOaRd.)
```

동작 원리

이 프로그램의 코드는 message 문자열의 각 문자에 대해 35행의 for 루프를 사용한다. useUpper 변수는 문자를 대문자(True) 또는 소문자(False)로 만들어야 하는지 여부를 가리키는 불리언Boolean 값을 갖는다. 46~47행의 코드는 90퍼센트의 확률로 useUpper의 값을 **토글**toggle 즉 반대 값으로 설정한다. 이 말은 거의 항상 대/소문자가 전환된다는 의미다.

```
1  """sPoNgEcAsE, by Al Sweigart al@inventwithpython.com
2  Translates English messages into sPOnGEcAsE.
3  This code is available at https://nostarch.com/big-book-small-python-programming
4  Tags: tiny, beginner, word"""
5
6  import random
7
8  try:
9      import pyperclip  # pyperclip은 텍스트를 클립보드로 복사한다.
10 except ImportError:
11     pass   # 만약에 pyperclip이 설치되어 있지 않다면, 아무런 동작도 하지 않는다. 별일 아니다.
12
13
14 def main():
15     """스펀지 표기법 프로그램을 실행한다."""
16     print('''sPoNgEtExT, bY aL sWeIGaRt Al@iNvEnTwItHpYtHoN.cOm
17
18 eNtEr YoUr MeSsAgE:''')
19     spongecase = englishToSpongecase(input('> '))
20     print()
21     print(spongecase)
22
23     try:
24         pyperclip.copy(spongecase)
25         print('(cOpIed SpOnGeCasE to ClIpbOaRd.)')
26     except:
```

```
27          pass   # pyperclip이 설치되어 있지 않다면, 아무 작업도 하지 않는다.
28
29
30 def englishToSpongecase(message):
31     """주어진 문자열에 대한 스펀지 표기법 형태를 반환한다."""
32     spongecase = ''
33     useUpper = False
34
35     for character in message:
36         if not character.isalpha():
37             spongecase += character
38             continue
39
40         if useUpper:
41             spongecase += character.upper()
42         else:
43             spongecase += character.lower()
44
45         # 90퍼센트의 확률로 대/소문자를 바꾼다.
46         if random.randint(1, 100) <= 90:
47             useUpper = not useUpper   # 대/소문자를 바꾼다.
48     return spongecase
49
50
51 # 이 프로그램이 다른 프로그램에 임포트(import)된 게 아니라면 게임이 실행된다.
52 if __name__ == '__main__':
53     main()
```

프로그램 살펴보기

다음 질문에 대한 답을 찾아보자. 코드를 약간 수정하여 테스트하고, 변경 사항이 어떠한 영향을
미쳤는지 확인해 보자.

1. **46행**에 있는 random.randint(1, 100)을 random.randint(80, 100)으로 바꾸면 어떻게 되
   는가?

2. **47행**에 있는 useUpper = not useUpper를 삭제하거나 주석 처리하면 어떻게 되는가?

#73

스도쿠 퍼즐

고전적인 9×9 추론 퍼즐

데이터 구조로 퍼즐을 모델링한다

스도쿠는 신문과 모바일 앱에서 인기있는 퍼즐 게임이다. 스도쿠 보드는 9×9 그리드로 1부터 9까지의 숫자가 각 행과 열, 그리고 3×3 하위 그리드에 한 번씩만 배치해야 한다. 이 게임은 몇 개의 칸에 숫자들이 미리 채워진 상태로 시작된다. 잘 구성된 스도쿠 퍼즐은 단 하나의 유효한 정답만이 존재한다.

프로그램 실행

sudoku.py를 실행하면 다음과 같다.

```
Sudoku Puzzle, by Al Sweigart al@inventwithpython.com
--중략--
   A B C   D E F   G H I
1  . 8 . | . . 5 | . . .
2  . . . | . . 3 | 4 5 7
3  . . . | . 7 . | 8 . 9
   ------+-------+------
4  . 6 . | 4 . . | 9 . 3
5  . . 7 | . 1 . | 5 . .
6  4 . 8 | . . 7 | . 2 .
   ------+-------+------
7  9 . 1 | . 2 . | . . .
8  8 4 2 | 3 . . | . . .
9  . . . | 1 . . | . 8 .

Enter a move, or RESET, NEW, UNDO, ORIGINAL, or QUIT:
(For example, a move looks like "B4 9".)
--중략--
```

동작 원리

SudokuGrid 클래스의 객체는 스도쿠 그리드를 나타내는 데이터 구조다. 클래스의 메서드를 호출하여 그리드를 수정하거나 정보를 얻을 수 있다. 예를 들어 makeMove() 메서드는 그리드에 숫자를 배치하고, resetGrid() 메서드는 그리드를 원래 상태로 복원하며, isSolved()는 정답의 숫자들이 모두 그리드에 배치되었을 때 True를 반환한다.

141행 부터 시작하는 프로그램의 주요 부분은 SudokuGrid 객체와 해당 메서드를 사용하지만, 이 클래스를 복사하여 여러분이 만든 새로운 스도쿠 프로그램에 붙여넣어 재사용할 수도 있다.

```
1  """Sudoku Puzzle, by Al Sweigart al@inventwithpython.com
2  The classic 9x9 number placement puzzle.
3  More info at https://en.wikipedia.org/wiki/Sudoku
4  This code is available at https://nostarch.com/big-book-small-python-programming
5  Tags: large, game, object-oriented, puzzle"""
6
7  import copy, random, sys
8
9  # 이 게임은 퍼즐이 포함된 sudokupuzzle.txt 파일이 필요하다.
10 # 이 파일은 https://inventwithpython.com/sudokupuzzles.txt에서 다운로드받을 수 있다.
```

```
11  # 다음은 이 파일의 내용 중 일부다.
12  # ..3.2.6..9..3.5..1..18.64....81.29..7.......8..67.82....26.95..8..2.3..9..5.1.3..
13  # 2...8.3...6..7..84.3.5..2.9...1.54.8.........4.27.6...3.1..7.4.72..4..6...4.1...3
14  # .....9.7...42.18....7.5.261..9.4....5.....4...5.7..992.1.8....34.59...5.7.....
15  # .3..5..4...8.1.5..46....12.7.5.2.8....6.3...4.1.9.3.25.....98..1.2.6...8..6..2.
16
17  # 상수 설정하기:
18  EMPTY_SPACE = '.'
19  GRID_LENGTH = 9
20  BOX_LENGTH = 3
21  FULL_GRID_SIZE = GRID_LENGTH * GRID_LENGTH
22
23
24  class SudokuGrid:
25      def __init__(self, originalSetup):
26          # originalSetup은 숫자와 마침표(공백을 위함)가 포함된
27          # 퍼즐 설정을 위한 81개의 문자열이다.
28          # https://inventwithpython.com/sudokupuzzles.txt 참고
29          self.originalSetup = originalSetup
30
31          # 스도쿠 그리드의 상태는
32          # (x, y) 키와 해당 칸에 대한 숫자 값(문자열)이 있는
33          # 딕셔너리로 나타낸다.
34          self.grid = {}
35          self.resetGrid()   # 그리드 상태를 원래 설정으로 설정한다.
36          self.moves = []    # 실행 취소 기능을 위해 이동에 대해 추적한다.
37
38      def resetGrid(self):
39          """self.grid로 추적한 그리드의 상태를
40          self.originalSetup 상태로 재설정한다."""
41          for x in range(1, GRID_LENGTH + 1):
42              for y in range(1, GRID_LENGTH + 1):
43                  self.grid[(x, y)] = EMPTY_SPACE
44
45          assert len(self.originalSetup) == FULL_GRID_SIZE
46          i = 0   # i는 0에서 80까지 간다.
47          y = 0   # y 0에서 8까지 간다.
48          while i < FULL_GRID_SIZE:
49              for x in range(GRID_LENGTH):
50                  self.grid[(x, y)] = self.originalSetup[i]
51                  i += 1
52              y += 1
53
54      def makeMove(self, column, row, number):
55          """그리드의 열(A에서 I까지의 문자)과 행(1에서 9까지의 정수)에
56          숫자를 배치한다."""
57          x = 'ABCDEFGHI'.find(column)   # 이것을 정수로 변환한다.
58          y = int(row) - 1
59
60          # 숫자가 채워진 곳인지 확인한다:
61          if self.originalSetup[y * GRID_LENGTH + x] != EMPTY_SPACE:
62              return False
```

```
63
64          self.grid[(x, y)] = number   # 이 숫자를 그리드에 배치한다.
65
66          # 딕셔너리 객체의 별도 복사본을 저장해야 한다:
67          self.moves.append(copy.copy(self.grid))
68          return True
69
70      def undo(self):
71          """현재 그리드 상태를
72          self.moves 리스트에 있는 이전 상태로 설정한다."""
73          if self.moves == []:
74              return  # self.moves에 상태가 없으므로 아무것도 하지 않는다.
75
76          self.moves.pop()   # 현재 상태를 제거한다.
77
78          if self.moves == []:
79              self.resetGrid()
80          else:
81              # 그리드를 마지막 이동으로 설정한다.
82              self.grid = copy.copy(self.moves[-1])
83
84      def display(self):
85          """화면에 그리드의 현재 상태를 표시한다."""
86          print('   A B C   D E F   G H I')  # 열에 대한 레이블을 표시한다.
87          for y in range(GRID_LENGTH):
88              for x in range(GRID_LENGTH):
89                  if x == 0:
90                      # 행에 대한 레이블을 표시한다:
91                      print(str(y + 1) + '  ', end='')
92
93                  print(self.grid[(x, y)] + ' ', end='')
94                  if x == 2 or x == 5:
95                      # 수직선을 표시한다:
96                      print('| ', end='')
97              print()   # 줄바꿈을 출력한다.
98
99              if y == 2 or y == 5:
100                 # 수평선을 표시한다:
101                 print('   ------+-------+------')
102
103     def _isCompleteSetOfNumbers(self, numbers):
104         """숫자들이 1부터 9까지의 숫자를 포함한다면 True를 반환한다."""
105         return sorted(numbers) == list('123456789')
106
107     def isSolved(self):
108         """현재 그리드가 완성된 상태라면 True를 반환한다."""
109         # 각 행을 확인한다:
110         for row in range(GRID_LENGTH):
111             rowNumbers = []
112             for x in range(GRID_LENGTH):
113                 number = self.grid[(x, row)]
114                 rowNumbers.append(number)
```

```
115             if not self._isCompleteSetOfNumbers(rowNumbers):
116                 return False
117
118         # 각 열을 확인한다:
119         for column in range(GRID_LENGTH):
120             columnNumbers = []
121             for y in range(GRID_LENGTH):
122                 number = self.grid[(column, y)]
123                 columnNumbers.append(number)
124             if not self._isCompleteSetOfNumbers(columnNumbers):
125                 return False
126
127         # 각 하위 그리드를 확인한다:
128         for boxx in (0, 3, 6):
129             for boxy in (0, 3, 6):
130                 boxNumbers = []
131                 for x in range(BOX_LENGTH):
132                     for y in range(BOX_LENGTH):
133                         number = self.grid[(boxx + x, boxy + y)]
134                         boxNumbers.append(number)
135                 if not self._isCompleteSetOfNumbers(boxNumbers):
136                     return False
137
138         return True
139
140
141 print('''Sudoku Puzzle, by Al Sweigart al@inventwithpython.com
142
143 Sudoku is a number placement logic puzzle game. A Sudoku grid is a 9x9
144 grid of numbers. Try to place numbers in the grid such that every row,
145 column, and 3x3 box has the numbers 1 through 9 once and only once.
146
147 For example, here is a starting Sudoku grid and its solved form:
148
149     5 3 . | . 7 . | . . .      5 3 4 | 6 7 8 | 9 1 2
150     6 . . | 1 9 5 | . . .      6 7 2 | 1 9 5 | 3 4 8
151     . 9 8 | . . . | . 6 .      1 9 8 | 3 4 2 | 5 6 7
152     ------+-------+------      ------+-------+------
153     8 . . | . 6 . | . . 3      8 5 9 | 7 6 1 | 4 2 3
154     4 . . | 8 . 3 | . . 1 -->  4 2 6 | 8 5 3 | 7 9 1
155     7 . . | . 2 . | . . 6      7 1 3 | 9 2 4 | 8 5 6
156     ------+-------+------      ------+-------+------
157     . 6 . | . . . | 2 8 .      9 6 1 | 5 3 7 | 2 8 4
158     . . . | 4 1 9 | . . 5      2 8 7 | 4 1 9 | 6 3 5
159     . . . | . 8 . | . 7 9      3 4 5 | 2 8 6 | 1 7 9
160 ''')
161 input('Pres
    s Enter to begin...')
162
163
164 # sudokupuzzles.txt 파일을 로드한다:
165 with open('sudokupuzzles.txt') as puzzleFile:
```

```
166        puzzles = puzzleFile.readlines()
167
168    # 각 퍼즐 끝의 줄바꿈을 제거한다:
169    for i, puzzle in enumerate(puzzles):
170        puzzles[i] = puzzle.strip()
171
172    grid = SudokuGrid(random.choice(puzzles))
173
174    while True:    # 메인 게임 루프
175        grid.display()
176
177        # 퍼즐을 다 풀었는지 확인한다.
178        if grid.isSolved():
179            print('Congratulations! You solved the puzzle!')
180            print('Thanks for playing!')
181            sys.exit()
182
183        # 플레이어의 동작을 얻는다:
184        while True:    # 플레이어가 유효한 동작을 입력할 때까지 계속 요구한다.
185            print()    # 줄바꿈을 출력한다.
186            print('Enter a move, or RESET, NEW, UNDO, ORIGINAL, or QUIT:')
187            print('(For example, a move looks like "B4 9".)')
188
189            action = input('> ').upper().strip()
190
191            if len(action) > 0 and action[0] in ('R', 'N', 'U', 'O', 'Q'):
192                # 플레이어가 유효한 동작을 입력했다.
193                break
194
195            if len(action.split()) == 2:
196                space, number = action.split()
197                if len(space) != 2:
198                    continue
199
200                column, row = space
201                if column not in list('ABCDEFGHI'):
202                    print('There is no column', column)
203                    continue
204                if not row.isdecimal() or not (1 <= int(row) <= 9):
205                    print('There is no row', row)
206                    continue
207                if not (1 <= int(number) <= 9):
208                    print('Select a number from 1 to 9, not ', number)
209                    continue
210                break    # 플레이어가 유효한 동작을 입력했다.
211
212        print()    # 줄바꿈을 출력한다.
213
214        if action.startswith('R'):
215            # 그리드를 리셋한다:
216            grid.resetGrid()
217            continue
```

```
218
219     if action.startswith('N'):
220         # 새로운 퍼즐을 가져온다:
221         grid = SudokuGrid(random.choice(puzzles))
222         continue
223
224     if action.startswith('U'):
225         # 마지막 동작을 취소한다:
226         grid.undo()
227         continue
228
229     if action.startswith('O'):
230         # 원래 숫자를 본다:
231         originalGrid = SudokuGrid(grid.originalSetup)
232         print('The original grid looked like this:')
233         originalGrid.display()
234         input('Press Enter to continue...')
235
236     if action.startswith('Q'):
237         # 게임을 종료한다.
238         print('Thanks for playing!')
239         sys.exit()
240
241     # 플레이어가 선택한 동작을 처리한다.
242     if grid.makeMove(column, row, number) == False:
243         print('You cannot overwrite the original grid\'s numbers.')
244         print('Enter ORIGINAL to view the original grid.')
245         input('Press Enter to continue...')
```

프로그램 살펴보기

다음 질문에 대한 답을 찾아보자. 코드를 약간 수정하여 테스트하고, 변경 사항이 어떠한 영향을 미쳤는지 확인해 보자.

1. **sudokupuzzles.txt** 파일을 삭제하거나 이름을 바꾸고 프로그램을 실행하면 어떤 에러가 발생하는가?

2. 91행에 있는 str(y + 1)을 str(y)로 바꾸면 어떻게 되는가?

3. 99행에 있는 if y == 2 or y == 5:를 if y == 1 or y == 6:으로 바꾸면 어떻게 되는가?

#74

텍스트 음성 변환

여러분의 컴퓨터가 여러분에게 말하도록 만들자!

여러분의 운영 체제의 텍스트 음성 변환 엔진을 사용한다

이번 프로그램은 서드-파티 모듈인 **pyttsx3**를 사용하는 방법을 보여 준다. 여러분이 입력한 메시지를 운영 체제의 텍스트 음성 변환text-to-speech, TTS 기능에 의해 음성으로 전달된다. 컴퓨터가 만든 음성은 컴퓨터 과학 분야 중 매우 복잡한 것이지만, pyttsx3 모듈은 이에 대한 쉬운 인터페이스를 제공하여 이번의 작은 프로그램이 초보자에게도 적합할 수 있도록 만든다. 이 모듈을 사용하는 방법을 배운다면, 여러분의 프로그램에도 생성한 음성을 추가할 수 있게 될 것이다.

pyttsx3 모듈에 대한 자세한 내용은 https://pypi.org/project/pyttsx3/을 참고하자.

프로그램 실행

texttospeechtalker.py를 실행하면 다음과 같다.

```
Text To Speech Talker, by Al Sweigart al@inventwithpython.com
Text-to-speech using the pyttsx3 module, which in turn uses
the NSSpeechSynthesizer (on macOS), SAPI5 (on Windows), or
eSpeak (on Linux) speech engines.

Enter the text to speak, or QUIT to quit.
> Hello. My name is Guido van Robot.
<컴퓨터가 텍스트를 읽어 준다>
> quit
Thanks for playing!
```

동작 원리

이번 프로그램은 짧다. 왜냐하면 pyttsx3 모듈이 텍스트 음성 변환에 대한 모든 것을 처리해 주기 때문이다. 이 모듈을 사용하려면 이 책의 서문에 안내한 내용을 따라 설치하도록 하자. 이렇게 했다면 파이썬 스크립트는 import pyttsx3로 가져올 수 있으며, pyttsx3.init() 함수를 호출할 수 있다. 이 함수는 텍스트 음성 변환 엔진을 가리키는 Engine 객체를 반환한다. 이 객체는 runAndWait() 메서드를 실행할 때 컴퓨터가 말할 텍스트 문자열을 전달할 수 있는 say() 메서드를 가지고 있다.

```
 1 """Text To Speech Talker, by Al Sweigart al@inventwithpython.com
 2 An example program using the text-to-speech features of the pyttsx3
 3 module.
 4 View this code at https://nostarch.com/big-book-small-python-projects
 5 Tags: tiny, beginner"""
 6
 7 import sys
 8
 9 try:
10     import pyttsx3
11 except ImportError:
12     print('The pyttsx3 module needs to be installed to run this')
13     print('program. On Windows, open a Command Prompt and run:')
14     print('pip install pyttsx3')
15     print('On macOS and Linux, open a Terminal and run:')
16     print('pip3 install pyttsx3')
17     sys.exit()
18
19 tts = pyttsx3.init()  # TTS 엔진을 초기화한다.
```

```
20
21 print('Text To Speech Talker, by Al Sweigart al@inventwithpython.com')
22 print('Text-to-speech using the pyttsx3 module, which in turn uses')
23 print('the NSSpeechSynthesizer (on macOS), SAPI5 (on Windows), or')
24 print('eSpeak (on Linux) speech engines.')
25 print()
26 print('Enter the text to speak, or QUIT to quit.')
27 while True:
28     text = input('> ')
29
30     if text.upper() == 'QUIT':
31         print('Thanks for playing!')
32         sys.exit()
33
34     tts.say(text)    # TTS 엔진이 말할 텍스트를 추가한다.
35     tts.runAndWait()   # TTS 엔진이 말하도록 한다.
```

프로그램 살펴보기

이것은 기본 프로그램이기 때문에 커스터마이징하는 옵션이 많지 않다. 그 대신, 여러분이 만든
다른 프로그램이 텍스트 음성 변환을 통해 어떤 이점을 얻을 수 있는지 생각해 보자.

#75

3-카드 몬테

사기꾼이 관광객을 상대로 하는 눈속임이 빠른 카드 교체 게임

무작위 움직임을 바탕으로 데이터 구조를 조작한다

3-카드 몬테Three-card monte는 잘 속아넘어 갈 만한 관광객 등을 대상으로 하는 일반적인 사기다. 카드 세 장 중에 하나는 '레드 레이디'인 하트 퀸이며, 모든 카드는 뒤집혀 있다. 딜러는 카드를 재빨리 재배치한 다음, 하트 퀸을 찾으라고 한다. 하지만 딜러는 모든 종류의 트릭을 사용하여 그 카드를 숨기거나 속임수를 사용하여 상대가 절대로 이기지 못하도록 할 수 있다. 또한, 딜러와 짜고 게임에서 이기는 것(누구도 이길 수 있다고 생각하게 함)처럼 하거나 의도적으로 말도 안 되게 지는 것(다른 사람들에게 자신이 더 잘 수 있다고 생각하게 함)처럼 하는 한패가 있는 것도 일반적이다.

이번 프로그램은 세 장의 카드를 보여 주고, 바꾸는 과정을 빠르게 설명한다. 마지막에 화면을 깨끗이 지우면, 플레이어는 한 장의 카드를 골라야 한다. '레드 레이디'를 찾을 수 있겠는가? 진정한 3-카드 몬테를 경험하기 위해, 플레이어가 올바른 카드를 선택한다고 해도 항상 패배하게 만드는 치트 기능을 활성화할 수도 있다.

프로그램 실행

threecardmonte.py를 실행하면 다음과 같다.

```
Three-Card Monte, by Al Sweigart al@inventwithpython.com

Find the red lady (the Queen of Hearts)! Keep an eye on how
the cards move.

Here are the cards:
 ___   ___   ___
|4  | |Q  | |J  |
| ♦ | | ♥ | | ♦ |
|__4| |__Q| |__J|

Press Enter when you are ready to begin...
swapping middle and left...
swapping right and left...
swapping middle and left...
swapping left and right...
--중략--
<화면을 깨끗이 지운다>
Which card has the Queen of Hearts? (LEFT MIDDLE RIGHT)
> left
 ___   ___   ___
|J  | |4  | |Q  |
| ♦ | | ♦ | | ♥ |
|__J| |__4| |__Q|

You lost!
Thanks for playing, sucker!
```

동작 원리

이번 프로그램에서는 (랭크, 모양) 튜플을 사용하여 카드를 나타낸다. 랭크rank는 '2', '10', 'Q', 'K'와 같은 카드 숫자를 나타내는 문자열이고, 모양suit은 하트, 클로버, 스페이드, 다이아몬드 이모지 중 하나의 문자열이다. 키보드로는 이모지 문자를 입력할 수 없기 때문에 프로그램 16~19행의 코드에서 해당 모양을 만들기 위한 chr() 함수 호출을 한다. ('9', '♦') 튜플은 다이아몬드 9를 나타낸다.

이러한 튜플을 직접 출력하는 대신, 28~43행의 displayCards() 함수는 출력할 내용을 파악하여 프로젝트 4번의 '블랙잭'에서와 같이 화면에 아스키 아트로서 표현한다. 이 함수의 인자인 cards는 여러 카드를 한 행에 표시할 수 있도록 만드는 카드 튜플들의 리스트다.

```
1   """Three-Card Monte, by Al Sweigart al@inventwithpython.com
2   Find the Queen of Hearts after cards have been swapped around.
3   (In the real-life version, the scammer palms the Queen of Hearts so you
4   always lose.)
5   More info at https://en.wikipedia.org/wiki/Three-card_Monte
6   This code is available at https://nostarch.com/big-book-small-python-programming
7   Tags: large, card game, game"""
8
9   import random, time
10
11  # 상수 설정하기:
12  NUM_SWAPS = 16     # (!) 이 값을 30 또는 100으로 바꿔 보자.
13  DELAY     = 0.8    # (!) 이 값을 2.0 또는 0.0으로 바꿔 보자.
14
15  # 카드 모양 문자:
16  HEARTS   = chr(9829)   # 문자 9829는 '♥'
17  DIAMONDS = chr(9830)   # 문자 9830은 '♦'
18  SPADES   = chr(9824)   # 문자 9824는 '♠'
19  CLUBS    = chr(9827)   # 문자 9827은 '♣'
20  # chr() 코드 목록은 https://inventwithpython.com/chr을 참고하자.
21
22  # 세 장의 카드 목록의 인덱스:
23  LEFT   = 0
24  MIDDLE = 1
25  RIGHT  = 2
26
27
28  def displayCards(cards):
29      """(rank, suit) 튜플의 리스트인 "cards"에 있는
30      카드들을 표시한다."""
31      rows = ['', '', '', '', '']    # 표시할 텍스트를 저장한다.
32
33      for i, card in enumerate(cards):
34          rank, suit = card   # 카드는 튜플 데이터 구조다.
35          rows[0] += '  ___  '    # 카드의 윗줄을 출력한다.
36          rows[1] += '|{} | '.format(rank.ljust(2))
37          rows[2] += '| {} | '.format(suit)
38          rows[3] += '|_{}| '.format(rank.rjust(2, '_'))
39
40
41      # 화면에 각 행을 출력한다:
42      for i in range(5):
43          print(rows[i])
44
45
46  def getRandomCard():
47      """하트 퀸이 아닌 임의의 카드를 반환한다."""
48      while True:  # 하트 퀸이 아닌 카드를 가질 때까지 카드를 만든다.
49          rank = random.choice(list('23456789JQKA') + ['10'])
50          suit = random.choice([HEARTS, DIAMONDS, SPADES, CLUBS])
51
52          # 하트 퀸이 아니라면 하트를 반환한다:
```

```
53          if rank != 'Q' and suit != HEARTS:
54              return (rank, suit)
55
56
57  print('Three-Card Monte, by Al Sweigart al@inventwithpython.com')
58  print()
59  print('Find the red lady (the Queen of Hearts)! Keep an eye on how')
60  print('the cards move.')
61  print()
62
63  # 원래의 배치를 표시한다:
64  cards = [('Q', HEARTS), getRandomCard(), getRandomCard()]
65  random.shuffle(cards)   # 하트 퀸을 임의의 위치에 둔다.
66  print('Here are the cards:')
67  displayCards(cards)
68  input('Press Enter when you are ready to begin...')
69
70  # 교체하는 과정에 대해 출력한다:
71  for i in range(NUM_SWAPS):
72      swap = random.choice(['l-m', 'm-r', 'l-r', 'm-l', 'r-m', 'r-l'])
73
74      if swap == 'l-m':
75          print('swapping left and middle...')
76          cards[LEFT], cards[MIDDLE] = cards[MIDDLE], cards[LEFT]
77      elif swap == 'm-r':
78          print('swapping middle and right...')
79          cards[MIDDLE], cards[RIGHT] = cards[RIGHT], cards[MIDDLE]
80      elif swap == 'l-r':
81          print('swapping left and right...')
82          cards[LEFT], cards[RIGHT] = cards[RIGHT], cards[LEFT]
83      elif swap == 'm-l':
84          print('swapping middle and left...')
85          cards[MIDDLE], cards[LEFT] = cards[LEFT], cards[MIDDLE]
86      elif swap == 'r-m':
87          print('swapping right and middle...')
88          cards[RIGHT], cards[MIDDLE] = cards[MIDDLE], cards[RIGHT]
89      elif swap == 'r-l':
90          print('swapping right and left...')
91          cards[RIGHT], cards[LEFT] = cards[LEFT], cards[RIGHT]
92
93      time.sleep(DELAY)
94
95  # 교체에 대한 내용을 숨기기 위해 여러 줄을 출력한다.
96  print('\n' * 60)
97
98  # 레드 레이디를 찾도록 사용자에게 요청한다:
99  while True:  # LEFT, MIDDLE, 또는 RIGHT가 입력될 때까지 계속 요청한다:
100     print('Which card has the Queen of Hearts? (LEFT MIDDLE RIGHT)')
101     guess = input('> ').upper()
102
103     # 플레이어가 입력한 위치에 대한 카드 인덱스를 가져온다:
104     if guess in ['LEFT', 'MIDDLE', 'RIGHT']:
```

```
105        if guess == 'LEFT':
106            guessIndex = 0
107        elif guess == 'MIDDLE':
108            guessIndex = 1
109        elif guess == 'RIGHT':
110            guessIndex = 2
111        break
112
113 # (!) 플레이어가 항상 지도록 하려면 다음 코드의 주석을 해제한다:
114 #if cards[guessIndex] == ('Q', HEARTS):
115 #    # 플레이어가 이겼으니 퀸을 이동시키자.
116 #    possibleNewIndexes = [0, 1, 2]
117 #    possibleNewIndexes.remove(guessIndex)    # 퀸의 인덱스를 제거한다.
118 #    newInd = random.choice(possibleNewIndexes)    # 새로운 인덱스를 고른다.
119 #    # 퀸을 새로운 인덱스에 둔다:
120 #    cards[guessIndex], cards[newInd] = cards[newInd], cards[guessIndex]
121
122 displayCards(cards)    # 모든 카드를 표시한다.
123
124 # 플레이어가 이겼는지 확인한다.
125 if cards[guessIndex] == ('Q', HEARTS):
126    print('You won!')
127    print('Thanks for playing!')
128 else:
129    print('You lost!')
130    print('Thanks for playing, sucker!')
```

소스 코드를 입력하고 여러 번 실행한 후, 실험을 위해 몇 가지를 변경해 보자. (!) 마크가 있는 주석은 여러분이 할 수 있는 간단한 변경에 대해 제안한 것이다. 다음 내용에 대해 스스로 방법을 찾아보자.

- 프로젝트 57번 '프로그레스 바'의 백스페이스 출력 기술을 이용하여 각 교체 메시지를 간략하게 표시한 다음, \b 문자를 출력하여 다음 메시지가 출력되기 전에 이전 메시지를 지우자.
- 난이도를 높이기 위해 4-카드 몬테four-card monte 게임을 만들어 보자.

프로그램 살펴보기

다음 질문에 대한 답을 찾아보자. 코드를 약간 수정하여 테스트하고, 변경 사항이 어떠한 영향을 미쳤는지 확인해 보자.

1. 64행에 있는 [('Q', HEARTS), getRandomCard(), getRandomCard()]를 [('Q', HEARTS), ('Q', HEARTS), ('Q', HEARTS)]로 바꾸면 어떻게 되는가?

2. 49행에 있는 list('23456789JQKA')를 list('ABCDEFGHIJK')로 바꾸면 어떻게 되는가?

3. 93행에 있는 time.sleep(DELAY)를 삭제하거나 주석 처리하면 어떻게 되는가?

#76

틱-택-토

×와 ○로 하는 고전적인 2인용 보드게임

데이터 구조와 헬퍼 함수를 생성한다

틱-택-토는 3×3 그리드에서 하는 고전적인 연필과 종이 게임이다. 플레이어는 차례로 × 또는 ○ 표시를 하여 연속으로 3개를 만들어야 한다. 이 게임은 대부분 무승부로 끝나지만, 주의하지 않으면 상대방이 이길 수도 있다.

프로그램 실행

tictactoe.py를 실행하면 다음과 같다.

```
Welcome to Tic-Tac-Toe!

    | |   1 2 3
  -+-+-
    | |   4 5 6
  -+-+-
    | |   7 8 9
What is X's move? (1-9)
> 1

    X| |   1 2 3
  -+-+-
    | |   4 5 6
  -+-+-
    | |   7 8 9
What is O's move? (1-9)
--중략--
    X|O|X   1 2 3
  -+-+-
    X|O|O   4 5 6
  -+-+-
    O|X|X   7 8 9
The game is a tie!
Thanks for playing!
```

동작 원리

이번 프로그램에서 틱-택-토 보드를 나타내기 위해, 보드의 빈칸에 대해 '1'부터 '9'까지의 키가 있는 딕셔너리를 사용한다. 각 칸은 핸드폰의 키패드와 같은 순서로 번호가 매겨진다. 딕셔너리에서의 값은 플레이어의 표시에 대해 'X' 또는 'O'이며 빈칸은 ' ' 문자열이다.

```python
1 """Tic-Tac-Toe, by Al Sweigart al@inventwithpython.com
2 The classic board game.
3 This code is available at https://nostarch.com/big-book-small-python-programming
4 Tags: short, board game, game, two-player"""
5
6 ALL_SPACES = ['1', '2', '3', '4', '5', '6', '7', '8', '9']
7 X, O, BLANK = 'X', 'O', ' '   # 문자열 값에 대한 상수
8
9
10 def main():
```

```
11      print('Welcome to Tic-Tac-Toe!')
12      gameBoard = getBlankBoard()  # 틱-택-토 보드 딕셔너리를 생성한다.
13      currentPlayer, nextPlayer = X, O  # X가 먼저 나오고, 그 다음에 O가 나온다.
14
15      while True:  # 메인 게임 루프
16          # 화면에 보드 표시하기:
17          print(getBoardStr(gameBoard))
18
19          # 사용자가 1-9 숫자를 입력할 때까지 계속 요청한다:
20          move = None
21          while not isValidSpace(gameBoard, move):
22              print('What is {}\'s move? (1-9)'.format(currentPlayer))
23              move = input('> ')
24          updateBoard(gameBoard, move, currentPlayer)  # 턴을 진행한다.
25
26          # 게임이 끝났는지 확인한다:
27          if isWinner(gameBoard, currentPlayer):  # 승자를 확인한다.
28              print(getBoardStr(gameBoard))
29              print(currentPlayer + ' has won the game!')
30              break
31          elif isBoardFull(gameBoard):  # 무승부인지 확인한다.
32              print(getBoardStr(gameBoard))
33              print('The game is a tie!')
34              break
35          # 다음 플레이어 턴으로 바꾼다:
36          currentPlayer, nextPlayer = nextPlayer, currentPlayer
37      print('Thanks for playing!')
38
39
40  def getBlankBoard():
41      """비어 있는 새로운 틱-택-토 보드를 생성한다."""
42      # 빈칸에 대한 번호: 1|2|3
43      #                 -+-+-
44      #                 4|5|6
45      #                 -+-+-
46      #                 7|8|9
47      # 키는 1부터 9이고, 값은 X, O, 또는 BLANK:
48      board = {}
49      for space in ALL_SPACES:
50          board[space] = BLANK  # 모든 칸을 빈칸으로 시작한다.
51      return board
52
53
54  def getBoardStr(board):
55      """보드에 대한 텍스트를 반환한다."""
56      return '''
57      {}|{}|{}  1 2 3
58      -+-+-
59      {}|{}|{}  4 5 6
60      -+-+-
61      {}|{}|{}  7 8 9'''.format(board['1'], board['2'], board['3'],
62                                board['4'], board['5'], board['6'],
63                                board['7'], board['8'], board['9'])
```

```
64
65  def isValidSpace(board, space):
66      """보드의 공백이 유효한 공백 번호고 비어 있다면
67      True를 반환한다."""
68      return space in ALL_SPACES and board[space] == BLANK
69
70
71  def isWinner(board, player):
72      """플레이어가 TTT 보드의 승자라면 True를 반환한다."""
73      # 가독성을 위해 여기에 사용된 짧은 변수 이름:
74      b, p = board, player
75      # 행 3개, 열 3개, 대각선 2개에 걸쳐 표시가 있는지 확인한다.
76      return ((b['1'] == b['2'] == b['3'] == p) or  # 상단 행
77              (b['4'] == b['5'] == b['6'] == p) or  # 중단 행
78              (b['7'] == b['8'] == b['9'] == p) or  # 하단 행
79              (b['1'] == b['4'] == b['7'] == p) or  # 왼쪽 열
80              (b['2'] == b['5'] == b['8'] == p) or  # 중앙 열
81              (b['3'] == b['6'] == b['9'] == p) or  # 오른쪽 열
82              (b['3'] == b['5'] == b['7'] == p) or  # 대각선
83              (b['1'] == b['5'] == b['9'] == p))    # 대각선
84
85  def isBoardFull(board):
86      """보드의 모든 공간이 채워지면 True를 반환한다."""
87      for space in ALL_SPACES:
88          if board[space] == BLANK:
89              return False  # 만약에 빈칸이 있다면 False를 반환한다.
90      return True  # 빈칸이 없다면 True를 반환한다.
91
92
93  def updateBoard(board, space, mark):
94      """보드에 표시할 공간을 설정한다."""
95      board[space] = mark
96
97
98  if __name__ == '__main__':
99      main()  # 이 모듈이 임포트되지 않고 실행된다면 main()이 호출된다.
```

프로그램 살펴보기

다음 질문에 대한 답을 찾아보자. 코드를 약간 수정하여 테스트하고, 변경 사항이 어떠한 영향을 미쳤는지 확인해 보자.

1. **7행**에 있는 X, O, BLANK = 'X', 'O', ' '를 X, O, BLANK = 'X', 'X', ' '로 바꾸면 어떻게 되는가?

2. **95행**에 있는 board[space] = mark를 board[space] = X로 바꾸면 어떻게 되는가?

3. **50행**에 있는 board[space] = BLANK를 board[space] = X로 바꾸면 어떻게 되는가?

#77

하노이 타워

고전적인 디스크 쌓기 퍼즐

퍼즐 상태를 시뮬레이션하기 위해 스택 데이터 구조를 사용한다

하노이 타워는 다양한 크기의 디스크를 쌓을 수 있는 3개의 기둥이 있는 스택 이동 퍼즐이다. 이 게임의 목표는 한쪽 타워에 있는 디스크를 다른 쪽 기둥으로 이동하는 것이다. 하지만 한 번에 단 하나의 디스크만 이동할 수 있으며, 작은 크기의 디스크 위에 그보다 큰 디스크를 올려 놓을 수 없다. 특정 패턴을 파악하면 이 퍼즐을 푸는 데 도움이 될 것이다. 그 패턴을 발견할 수 있겠는가?(힌트 더 쉬운 버전으로 먼저 풀어 보려면 TOTAL_DISKS 변수에 3 또는 4를 설정한다)

프로그램 실행

towerofhanoi.py를 실행하면 다음과 같다.

```
The Tower of Hanoi, by Al Sweigart al@inventwithpython.com

Move the tower of disks, one disk at a time, to another tower. Larger
disks cannot rest on top of a smaller disk.

More info at https://en.wikipedia.org/wiki/Tower_of_Hanoi

        ||              ||              ||
      @_1@              ||              ||
     @@_2@@             ||              ||
    @@@_3@@@            ||              ||
   @@@@_4@@@@           ||              ||
  @@@@@_5@@@@@          ||              ||
        A               B               C

Enter the letters of "from" and "to" towers, or QUIT.
(e.g. AB to moves a disk from tower A to tower B.)
> ab
        ||              ||              ||
        ||              ||              ||
     @@_2@@             ||              ||
    @@@_3@@@            ||              ||
   @@@@_4@@@@           ||              ||
  @@@@@_5@@@@@         @_1@             ||
        A               B               C

Enter the letters of "from" and "to" towers, or QUIT.
(e.g. AB to moves a disk from tower A to tower B.)
--중략--
```

동작 원리

타워를 나타내는 데이터 구조는 정수 리스트다. 각 정수는 디스크의 크기다. 이 리스트의 첫 번째 정수는 맨 아래 디스크를 나타내며, 마지막 정수는 맨 위의 디스크를 나타낸다. 예를 들어, [5, 4, 2]는 다음의 타워를 나타낸다.

```
        ||
        ||
     @@_2@@
   @@@@_4@@@@
  @@@@@_5@@@@@
```

파이썬의 append()와 pop() 리스트 메서드는 리스트의 끝에 값을 추가하거나 제거할 수 있다. someList[0]과 someList[1]은 리스트의 첫 번째와 두 번째 값에 접근할 수 있는 것처럼, 파이썬은 음수 인덱스를 사용하여 리스트의 끝에 있는 값을 접근할 수 있게 해준다. 예를 들어, someList[-1]과 someList[-2]는 리스트의 마지막 값과 마지막에서 두 번째 값을 접근한다. 이것은 현재 상태의 타워에 맨 위에 있는 디스크를 찾는 데 유용하다.

```python
1  """The Tower of Hanoi, by Al Sweigart al@inventwithpython.com
2  A stack-moving puzzle game.
3  This code is available at https://nostarch.com/big-book-small-python-programming
4  Tags: short, game, puzzle"""
5
6  import copy
7  import sys
8
9  TOTAL_DISKS = 5   # 더 많은 디스크는 퍼즐의 난이도가 높아진다는 의미다.
10
11  # 모든 디스크가 타워 A에 있는 것으로 시작한다:
12  COMPLETE_TOWER = list(range(TOTAL_DISKS, 0, -1))
13
14
15  def main():
16      print("""The Tower of Hanoi, by Al Sweigart al@inventwithpython.com
17
18  Move the tower of disks, one disk at a time, to another tower. Larger
19  disks cannot rest on top of a smaller disk.
20
21  More info at https://en.wikipedia.org/wiki/Tower_of_Hanoi
22  """
23      )
24
25      # 타워 설정하기. 리스트의 끝은 타워의 맨 위다.
26      towers = {'A': copy.copy(COMPLETE_TOWER), 'B': [], 'C': []}
27
28      while True:   # 한 턴을 실행한다.
29          # 타워와 디스크를 표시한다:
30          displayTowers(towers)
31
32          # 사용자에게 움직임 요청하기:
33          fromTower, toTower = askForPlayerMove(towers)
34
35          # fromTower에서 toTower로 맨 위의 디스크를 옮긴다:
36          disk = towers[fromTower].pop()
37          towers[toTower].append(disk)
38
39          # 사용자가 퍼즐을 풀었는지 확인한다:
40          if COMPLETE_TOWER in (towers['B'], towers['C']):
41              displayTowers(towers)   # 마지막으로 타워를 표시한다.
42              print('You have solved the puzzle! Well done!')
43              sys.exit()
```

```
44
45
46 def askForPlayerMove(towers):
47     """플레이어에게 이동을 요청하고 (fromTower, toTower)를 반환한다."""
48
49     while True:  # 유효한 움직임을 입력할 때까지 플레이어에게 계속 요청한다.
50         print('Enter the letters of "from" and "to" towers, or QUIT.')
51         print('(e.g. AB to moves a disk from tower A to tower B.)')
52         response = input('> ').upper().strip()
53
54         if response == 'QUIT':
55             print('Thanks for playing!')
56             sys.exit()
57
58         # 사용자가 유효한 타워 문자를 입력했는지 확인한다:
59         if response not in ('AB', 'AC', 'BA', 'BC', 'CA', 'CB'):
60             print('Enter one of AB, AC, BA, BC, CA, or CB.')
61             continue  # 플레이어에게 다시 이동을 요청한다.
62
63         # 신택틱 슈거(Syntactic sugar) - 더 짧은 변수명 사용:
64         fromTower, toTower = response[0], response[1]
65
66         if len(towers[fromTower]) == 0:
67             # 'from' 타워는 빈 타워일 순 없다:
68             print('You selected a tower with no disks.')
69             continue  # 플레이어에게 다시 이동을 요청한다.
70         elif len(towers[toTower]) == 0:
71             # 어떤 디스크도 비어 있는 'to' 타워로 이동할 수 없다:
72             return fromTower, toTower
73         elif towers[toTower][-1] < towers[fromTower][-1]:
74             print('Can\'t put larger disks on top of smaller ones.')
75             continue  # 플레이어에게 다시 이동을 요청한다.
76         else:
77             # 유효한 이동이므로 선택한 타워를 반환한다:
78             return fromTower, toTower
79
80
81 def displayTowers(towers):
82     """현재 상태를 표시한다."""
83
84     # 3개의 타워를 표시한다:
85     for level in range(TOTAL_DISKS, -1, -1):
86         for tower in (towers['A'], towers['B'], towers['C']):
87             if level >= len(tower):
88                 displayDisk(0)  # 디스크가 없는 기둥 표시한다.
89             else:
90                 displayDisk(tower[level])  # 디스크를 표시한다.
91         print()
92
93     # 타워 레이블 A, B, C를 표시한다.
94     emptySpace = ' ' * (TOTAL_DISKS)
95     print('{0} A{0}{0} B{0}{0} C\n'.format(emptySpace))
```

```
 96
 97
 98  def displayDisk(width):
 99      """주어진 너비의 디스크를 표시한다. 너비가 0이면 디스크가 없다는 의미다."""
100      emptySpace = ' ' * (TOTAL_DISKS - width)
101
102      if width == 0:
103          # 디스크 없는 기둥을 표시한다.
104          print(emptySpace + '||' + emptySpace, end='')
105      else:
106          # 디스크를 표시한다:
107          disk = '@' * width
108          numLabel = str(width).rjust(2, '_')
109          print(emptySpace + disk + numLabel + disk + emptySpace, end='')
110
111
112  # 이 프로그램이 다른 프로그램에 임포트(import)된 게 아니라면 게임이 실행된다:
113  if __name__ == '__main__':
114      main()
```

프로그램 살펴보기

다음 질문에 대한 답을 찾아보자. 코드를 약간 수정하여 테스트하고, 변경 사항이 어떠한 영향을 미쳤는지 확인해 보자.

1. **73, 74, 75행**의 코드를 삭제하거나 주석 처리하면 어떻게 되는가?

2. **100행**에 있는 emptySpace = ' ' * (TOTAL_DISKS - width)를 emptySpace = ' '로 바꾸면 어떻게 되는가?

3. **102행**에 있는 width == 0을 width != 0으로 바꾸면 어떻게 되는가?

#78

함정이 있는 질문

오해의 소지가 있는 답변이 포함된 간단한 질문 퀴즈

키워드를 인식하기 위해 사용자의 텍스트를 파싱한다

파란색 연못에 노란색 돌을 던지면 어떻게 될까? 영국에는 7월 4일이 있는가? 어떻게 의사가 30일 동안 잠을 자지 않고 버틸 수 있는가?[11] 이러한 함정이 있는 질문에 대해 어떤 답을 생각하든지 아마 그것은 틀린 답이 될 것이다. 이번 프로그램에 포함된 54개 질문은 단순하고, 명확하며, 오해의 소지가 있도록 특별히 제작되었다. 그러므로 진정한 답을 찾으려면 약간의 영리함이 필요하다.

이 책의 코드를 복사하면 정답을 보게 되므로 재미가 없어질 수 있다. 소스 코드를 보기 전에, https://inventwithpython.com/trickquestions.py를 다운로드하고 이 게임을 실행해 보자.

---

11 [옮긴이] 미국에서 '4th of July'는 독립선언 기념일이며, '30일 동안~'의 원문은 'go 30 days without sleep'이다.

프로그램 실행

trickquestions.py를 실행하면 다음과 같다.

```
Trick Questions, by Al Sweigart al@inventwithpython.com

Can you figure out the answers to these trick questions?
(Enter QUIT to quit at any time.)

Press Enter to begin...
--중략--
Question: 1
Score: 0 / 54
QUESTION: A 39 year old person was born on the 22nd of February. What year is their birthday?
   ANSWER: 1981
Incorrect! The answer is: Their birthday is on February 22nd of every year.
Press Enter for the next question...
--중략--
Question: 2
Score: 0 / 54
QUESTION: If there are ten apples and you take away two, how many do you have?
   ANSWER: Eight
Incorrect! The answer is: Two.
Press Enter for the next question...
--중략--
```

동작 원리

QUESTIONS 변수는 딕셔너리의 리스트를 담는다. 각 딕셔너리는 하나의 질문을 나타내며, 'question', 'answer', 'accept' 키를 갖는다. 'question'과 'answer'의 값은 플레이어에게 질문을 던지고 답을 보여 줄 때 프로그램이 표시하는 문자열이다. 'accept' 키에 대한 값은 문자열 리스트다. 만약에 플레이어가 이러한 문자열을 포함하는 답을 입력하면 정답으로 인정된다. 이런 점은 플레이어가 텍스트로 자유롭게 답을 입력할 수 있게 한다. 이 프로그램은 플레이어가 정답을 입력했을 때 정확하게 감지해 낸다.

```
1 """Trick Questions, by Al Sweigart al@inventwithpython.com
2 A quiz of several trick questions.
3 This code is available at https://nostarch.com/big-book-small-python-programming
4 Tags: large, humor"""
5
6 import random, sys
7
8 # QUESTIONS는 딕셔너리의 리스트이며,
```

```python
 9   # 각 딕셔너리는 함정이 있는 질문과 그에 대한 답변을 나타낸다.
10   # 딕셔너리는 키로 'question'(질문에 대한 텍스트),
11   # 'answer'(답에 대한 텍스트),
12   # 'accept'(플레이어의 답에 포함된 정답 문자열 목록)가 있다.
13   # (!) 여기에 추가할 여러분만의 함정이 담긴 질문을 생각해 보자:
14   QUESTIONS = [
15   {'question': "How many times can you take 2 apples from a pile of 10 apples?",
16    'answer': "Once. Then you have a pile of 8 apples.",
17    'accept': ['once', 'one', '1']},
18   {'question': 'What begins with "e" and ends with "e" but only has one letter in it?',
19    'answer': "An envelope.",
20    'accept': ['envelope']},
21   {'question': "Is it possible to draw a square with three sides?",
22    'answer': "Yes. All squares have three sides. They also have a fourth side.",
23    'accept': ['yes']},
24   {'question': "How many times can a piece of paper be folded in half by hand without
        unfolding?",
25    'answer': "Once. Then you are folding it in quarters.",
26    'accept': ['one', '1', 'once']},
27   {'question': "What does a towel get as it dries?",
28    'answer': "Wet.",
29    'accept': ['wet']},
30   {'question': "What does a towel get as it dries?",
31    'answer': "Drier.",
32    'accept': ['drier', 'dry']},
33   {'question': "Imagine you are in a haunted house full of evil ghosts. What do you
        have to do to stay safe?",
34    'answer': "Nothing. You're only imagining it.",
35    'accept': ['nothing', 'stop']},
36   {'question': "A taxi driver is going the wrong way down a one-way street. She passes
        ten cops but doesn't get a ticket. Why not?",
37    'answer': "She was walking.",
38    'accept': ['walk']},
39   {'question': "What does a yellow stone thrown into a blue pond become?",
40    'answer': "Wet.",
41    'accept': ['wet']},
42   {'question': "How many miles does must a cyclist bike to get to training?",
43    'answer': "None. They're training as soon as they get on the bike.",
44    'accept': ['none', 'zero', '0']},
45   {'question': "What building do people want to leave as soon as they enter?",
46    'answer': "An airport.",
47    'accept': ['airport', 'bus', 'port', 'train', 'station', 'stop']},
48   {'question': "If you're in the middle of a square house facing the west side with
        the south side to your left and the north side to your right, which side of the
        house are you next to?",
49    'answer': "None. You're in the middle.",
50    'accept': ['none', 'middle', 'not', 'any']},
51   {'question': "How much dirt is in a hole 3 meters wide, 3 meters long, and 3 meters
        deep?",
52    'answer': "There is no dirt in a hole.",
53    'accept': ['no', 'none', 'zero']},
```

```
54  {'question': "A girl mails a letter from America to Japan. How many miles did the
       stamp move?",
55   'answer': "Zero. The stamp was in the same place on the envelope the whole time.",
56   'accept': ['zero', '0', 'none', 'no']},
57  {'question': "What was the highest mountain on Earth the day before Mount Everest
       was discovered?",
58   'answer': "Mount Everest was still the highest mountain of Earth the day before it
       was discovered.",
59   'accept': ['everest']},
60  {'question': "How many fingers do most people have on their two hands?",
61   'answer': "Eight. They also have two thumbs.",
62   'accept': ['eight', '8']},
63  {'question': "The 4th of July is a holiday in America. Do they have a 4th of July in
       England?",
64   'answer': "Yes. All countries have a 4th of July on their calendar.",
65   'accept': ['yes']},
66  {'question': "Which letter of the alphabet makes honey?",
67   'answer': "None. A bee is an insect, not a letter.",
68   'accept': ['no', 'none', 'not']},
69  {'question': "How can a doctor go 30 days without sleep?",
70   'answer': "By sleeping at night.",
71   'accept': ['night', 'evening']},
72  {'question': "How many months have 28 days?",
73   'answer': "12. All months have 28 days. Some have more days as well.",
74   'accept': ['12', 'twelve', 'all']},
75  {'question': "How many two cent stamps are in a dozen?",
76   'answer': "A dozen.",
77   'accept': ['12', 'twelve', 'dozen']},
78  {'question': "Why is it illegal for a person living in North Dakota to be buried in
       South Dakota?",
79   'answer': "Because it is illegal to bury someone alive.",
80   'accept': ['alive', 'living', 'live']},
81  {'question': "How many heads does a two-headed coin have?",
82   'answer': "Zero. Coins are just circular pieces of metal. They don't have heads.",
83   'accept': ['zero', 'none', 'no', '0']},
84  {'question': "What kind of vehicle has four wheels and flies?",
85   'answer': "A garbage truck.",
86   'accept': ['garbage', 'dump', 'trash']},
87  {'question': "What kind of vehicle has four wheels and flies?",
88   'answer': "An airplane.",
89   'accept': ['airplane', 'plane']},
90  {'question': "What five-letter word becomes shorter by adding two letters?",
91   'answer': "Short.",
92   'accept': ['short']},
93  {'question': "Gwen's mother has five daughters. Four are named Haha, Hehe, Hihi, and
       Hoho. What's the fifth daughter's name?",
94   'answer': "Gwen.",
95   'accept': ['gwen']},
96  {'question': "How long is a fence if there are three fence posts each one meter
       apart?",
97   'answer': "Two meters long.",
98   'accept': ['2', 'two']},
```

```
 99   {'question': "How many legs does a dog have if you count its tail as a leg?",
100    'answer': "Four. Calling a tail a leg doesn't make it one.",
101    'accept': ['four', '4']},
102   {'question': "How much more are 1976 pennies worth compared to 1975 pennies?",
103    'answer': "One cent.",
104    'accept': ['1', 'one']},
105   {'question': "What two things can you never eat for breakfast?",
106    'answer': "Lunch and dinner.",
107    'accept': ['lunch', 'dinner', 'supper']},
108   {'question': "How many birthdays does the average person have?",
109    'answer': "One. You're only born once.",
110    'accept': ['one', '1', 'once' 'born']},
111   {'question': "Where was the United States Declaration of Independence signed?",
112    'answer': "It was signed at the bottom.",
113    'accept': ['bottom']},
114   {'question': "A person puts two walnuts in their pocket but only has one thing in
          their pocket five minutes later. What is it?",
115    'answer': "A hole.",
116    'accept': ['hole']},
117   {'question': "What did the sculptor make that no one could see?",
118    'answer': "Noise.",
119    'accept': ['noise']},
120   {'question': "If you drop a raw egg on a concrete floor, will it crack?",
121    'answer': "No. Concrete is very hard to crack.",
122    'accept': ['no']},
123   {'question': "If it takes ten people ten hours to build a fence, how many hours does
          it take five people to build it?",
124    'answer': "Zero. It's already built.",
125    'accept': ['zero', 'no', '0', 'already', 'built']},
126   {'question': "Which is heavier, 100 pounds of rocks or 100 pounds of feathers?",
127    'answer': "Neither. They weigh the same.",
128    'accept': ['neither', 'none', 'no', 'same', 'even', 'balance']},
129   {'question': "What do you have to do to survive being bitten by a poisonous snake?",
130    'answer': "Nothing. Only venomous snakes are deadly.",
131    'accept': ['nothing', 'anything']},
132   {'question': "What three consecutive days don't include Sunday, Wednesday, or
          Friday?",
133    'answer': "Yesterday, today, and tomorrow.",
134    'accept': ['yesterday', 'today', 'tomorrow']},
135   {'question': "If there are ten apples and you take away two, how many do you have?",
136    'answer': "Two.",
137    'accept': ['2', 'two']},
138   {'question': "A 39 year old person was born on the 22nd of February. What year is
          their birthday?",
139    'answer': "Their birthday is on February 22nd of every year.",
140    'accept': ['every', 'each']},
141   {'question': "How far can you walk in the woods?",
142    'answer': "Halfway. Then you are walking out of the woods.",
143    'accept': ['half', '1/2']},
144   {'question': "Can a man marry his widow's sister?",
145    'answer': "No, because he's dead.",
146    'accept': ['no']},
```

```
147  {'question': "What do you get if you divide one hundred by half?",
148   'answer': "One hundred divided by half is two hundred. One hundred divided by two
         is fifty.",
149   'accept': ['two', '200']},
150  {'question': "What do you call someone who always knows where their spouse is?",
151   'answer': "A widow or widower.",
152   'accept': ['widow', 'widower']},
153  {'question': "How can someone take a photo but not be a photographer?",
154   'answer': "They can be a thief.",
155   'accept': ['thief', 'steal', 'take', 'literal']},
156  {'question': "An electric train leaves the windy city of Chicago at 4pm on a Monday
         heading south at 100 kilometers per hour. Which way does the smoke blow from the
         smokestack?",
157   'answer': "Electric trains don't have smokestacks.",
158   'accept': ["don't", "doesn't", 'not', 'no', 'none']},
159  {'question': 'What is the only word that rhymes with "orange"?',
160   'answer': "Orange.",
161   'accept': ['orange']},
162  {'question': "Who is the U.S. President if the U.S. Vice President dies?",
163   'answer': "The current U.S. President.",
164   'accept': ['president', 'current', 'already']},
165  {'question': "A doctor gives you three pills with instructions to take one every
         half-hour. How long will the pills last?",
166   'answer': "One hour.",
167   'accept': ['1', 'one']},
168  {'question': "Where is there an ocean with no water?",
169   'answer': "On a map.",
170   'accept': ['map']},
171  {'question': "What is the size of a rhino but weighs nothing?",
172   'answer': "A rhino's shadow.",
173   'accept': ['shadow']},
174  {'question': "The clerk at a butcher shop is exactly 177 centimeters tall.
      What do they weigh?",
175   'answer': "The clerk weighs meat.",
176   'accept': ['meat']}]

178  CORRECT_TEXT = ['Correct!', 'That is right.', "You're right.",
179                  'You got it.', 'Righto!']
180  INCORRECT_TEXT = ['Incorrect!', "Nope, that isn't it.", 'Nope.',
181                    'Not quite.', 'You missed it.']

183  print('''Trick Questions, by Al Sweigart al@inventwithpython.com

185  Can you figure out the answers to these trick questions?
186  (Enter QUIT to quit at any time.)
187  ''')

189  input('Press Enter to begin...')

191  random.shuffle(QUESTIONS)
192  score = 0
193
```

```
194 for questionNumber, qa in enumerate(QUESTIONS):   # 메인 프로그램 루프
195     print('\n' * 40)   # 화면을 깨끗이 지운다.
196     print('Question:', questionNumber + 1)
197     print('Score:', score, '/', len(QUESTIONS))
198     print('QUESTION:', qa['question'])
199     response = input('  ANSWER: ').lower()
200
201     if response == 'quit':
202         print('Thanks for playing!')
203         sys.exit()
204
205     correct = False
206     for acceptanceWord in qa['accept']:
207         if acceptanceWord in response:
208             correct = True
209
210     if correct:
211         text = random.choice(CORRECT_TEXT)
212         print(text, qa['answer'])
213         score += 1
214     else:
215         text = random.choice(INCORRECT_TEXT)
216         print(text, 'The answer is:', qa['answer'])
217     response = input('Press Enter for the next question...').lower()
218
219     if response == 'quit':
220         print('Thanks for playing!')
221         sys.exit()
222
223 print("That's all the questions. Thanks for playing!")
```

소스 코드를 입력하고 여러 번 실행한 후, 실험을 위해 몇 가지를 변경해 보자. (!) 마크가 있는
주석은 여러분이 할 수 있는 간단한 변경에 대해 제안한 것이다.

프로그램 살펴보기

이것은 기본base 프로그램이므로 커스터마이징할 수 있는 옵션들이 많지 않다. 그 대신, 질문-답
변 프로그램 형식을 적용할 수 있는 다른 주제(용도)를 생각해 보자.

#79

2048

캐주얼 타일 맞추기 게임

중력을 시뮬레이션하여 타일들이 임의의 방향으로 떨어지게 만든다

웹 개발자인 가브리엘레 치룰리Gabriele Cirulli는 게임 2048을 어느 주말에 개발하였다. Veewo Studios의 1024 게임에 영감을 얻고 개발팀 Sirvo 의 게임인 Threes!에서도 영감을 받았다. 2048은 4 × 4 보드에 있는 동일 한 숫자를 합치는 식으로 화면에서 숫자 타일을 제거하는 게임이다. 2개의 2가 합쳐지면 4가 되고, 2개의 4가 합쳐지면 8이 되는 식이다. 이 게임은 숫자를 병합할 때마다 보드에 새로운 숫자 2가 추가된다. 이 게임의 목표는 전체 보드가 가득 차기 전에 2048에 도달하 는 것이다.

프로그램 실행

twentyfortyeight.py를 실행하면 다음과 같다.

```
Twenty Forty-Eight, by Al Sweigart al@inventwithpython.com
--중략--
+-----+-----+-----+-----+
|     |     |     |     |
| 16  | 4   |     | 2   |
|     |     |     |     |
+-----+-----+-----+-----+
|     |     |     |     |
| 2   |     |     |     |
|     |     |     |     |
+-----+-----+-----+-----+
|     |     |     |     |
|     |     |     |     |
|     |     |     |     |
+-----+-----+-----+-----+
|     |     |     |     |
|     |     |     |     |
|     |     |     |     |
+-----+-----+-----+-----+

Score: 24
Enter move: (WASD or Q to quit)
--중략--
```

동작 원리

이번 프로그램은 BLANK(단일 공백 문자열), '2', '4', '8' 등 4개의 문자열 리스트로 표현되는 '열 column' 데이터 구조를 사용하여 슬라이딩 동작을 구현한다. 이 리스트의 첫 번째 값은 열의 맨 아래를 나타내며, 마지막 값은 열의 맨 위를 나타낸다. 플레이어가 타일을 위, 아래, 왼쪽, 오른쪽 어디로 슬라이드하더라도 열에 결합된 숫자는 항상 해당 방향 끝으로 슬라이드한다. 타일을 해당 방향으로 당기는 중력이라 생각하자. 예를 들어, 그림 79-1은 타일이 오른쪽으로 슬라이드하는 보드를 보여 준다. 우리는 열을 나타내는 4개의 리스트를 만들 것이다.

- ['2', '4', '8', ' ']

- [' ', ' ', ' ', '4']

- [' ', ' ', ' ', '2']

- [' ', ' ', ' ', ' ']

combineTilesInColumn() 함수는 하나의 열 리스트를 받으며, 이동 방향 끝으로 일치하는 숫자를 결합한 다른 열 리스트를 반환한다. combineTilesInColumn()을 호출하는 코드는 적절한 방향으로 열 리스트를 만들고, 반환된 리스트로 게임 보드를 업데이트한다.

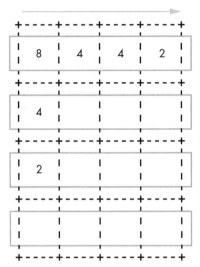

그림 79-1 게임 보드가 오른쪽으로 미끄러질 때의 열(사각형으로 강조된 부분)

```
1 """Twenty Forty-Eight, by Al Sweigart al@inventwithpython.com
2 A sliding tile game to combine exponentially-increasing numbers.
3 Inspired by Gabriele Cirulli's 2048, which is a clone of Veewo Studios'
4 1024, which in turn is a clone of the Threes! game.
5 More info at https://en.wikipedia.org/wiki/2048_(video_game)
6 This code is available at https://nostarch.com/big-book-small-python-programming
7 Tags: large, game, puzzle"""
8
9 import random, sys
10
11 # 상수 설정하기:
12 BLANK = ''   # 보드의 빈칸을 나타내는 값
13
14
15 def main():
16     print('''Twenty Forty-Eight, by Al Sweigart al@inventwithpython.com
17
18 Slide all the tiles on the board in one of four directions. Tiles with
19 like numbers will combine into larger-numbered tiles. A new 2 tile is
20 added to the board on each move. You win if you can create a 2048 tile.
21 You lose if the board fills up the tiles before then.''')
22     input('Press Enter to begin...')
23
24     gameBoard = getNewBoard()
25
```

```
26      while True:   # 메인 게임 루프
27          drawBoard(gameBoard)
28          print('Score:', getScore(gameBoard))
29          playerMove = askForPlayerMove()
30          gameBoard = makeMove(gameBoard, playerMove)
31          addTwoToBoard(gameBoard)
32
33          if isFull(gameBoard):
34              drawBoard(gameBoard)
35              print('Game Over - Thanks for playing!')
36              sys.exit()
37
38
39  def getNewBoard():
40      """보드를 나타내는 새로운 데이터 구조를 반환한다.
41
42      (x, y) 튜플의 키와 해당 공간의 타일 값이 있는 딕셔너리다.
43      타일은 2의 제곱수 또는 공백이다.
44      좌표는 다음과 같다:
45        X0 1 2 3
46       Y+-+-+-+-+
47       0| | | | |
48        +-+-+-+-+
49       1| | | | |
50        +-+-+-+-+
51       2| | | | |
52        +-+-+-+-+
53       3| | | | |
54        +-+-+-+-+"""
55
56      newBoard = {}   # 반환할 보드 데이터 구조를 담는다.
57      # 가능한 모든 공간에 대해 루프를 돌면서 모든 타일을 공백으로 설정한다:
58      for x in range(4):
59          for y in range(4):
60              newBoard[(x, y)] = BLANK
61
62      # 2개의 2로 시작하기 위해 2개의 임의 칸을 고른다:
63      startingTwosPlaced = 0   # 선택된 시작 칸의 수
64      while startingTwosPlaced < 2:   # 중복된 칸에 대해 다시 반복한다.
65          randomSpace = (random.randint(0, 3), random.randint(0, 3))
66          # 임의로 선택한 칸이 이미 사용되고 있는 건 아닌지 확인한다:
67          if newBoard[randomSpace] == BLANK:
68              newBoard[randomSpace] = 2
69              startingTwosPlaced = startingTwosPlaced + 1
70
71      return newBoard
72
73
74  def drawBoard(board):
75      """화면에 보드 데이터 구조를 그린다."""
76
77      # 왼쪽에서 오른쪽으로, 위에서 아래로 각 칸에 대해 살펴보고,
```

```python
 78         # 각 칸의 레이블에 대한 리스트를 생성한다.
 79         labels = []   # 해당 타일에 대한 숫자/빈칸의 문자열 리스트
 80         for y in range(4):
 81             for x in range(4):
 82                 tile = board[(x, y)]   # 이 칸의 타일을 가져온다.
 83                 # 레이블이 5칸 길이인지 확인한다:
 84                 labelForThisTile = str(tile).center(5)
 85                 labels.append(labelForThisTile)
 86
 87         # {}는 그 타일에 대한 레이블로 교체한다:
 88         print("""
 89 +-----+-----+-----+-----+
 90 |     |     |     |     |
 91 |{}|{}|{}|{}|
 92 |     |     |     |     |
 93 +-----+-----+-----+-----+
 94 |     |     |     |     |
 95 |{}|{}|{}|{}|
 96 |     |     |     |     |
 97 +-----+-----+-----+-----+
 98 |     |     |     |     |
 99 |{}|{}|{}|{}|
100 |     |     |     |     |
101 +-----+-----+-----+-----+
102 |     |     |     |     |
103 |{}|{}|{}|{}|
104 |     |     |     |     |
105 +-----+-----+-----+-----+
106 """.format(*labels))
107
108
109 def getScore(board):
110     """보드 데이터 구조에 있는 모든 타일의 합계를 반환한다."""
111     score = 0
112     # 모든 공간에 대해 루프를 돌고 스코어에 타일을 더한다:
113     for x in range(4):
114         for y in range(4):
115             # 스코어에 빈 타일이 아닌 것만 더한다:
116             if board[(x, y)] != BLANK:
117                 score = score + board[(x, y)]
118     return score
119
120
121 def combineTilesInColumn(column):
122     """열은 4개의 타일 리스트다.
123     인덱스 0은 열의 '하단'이고, 타일은 서로 동일한 경우에 합쳐진다.
124     예를 들어 CombineTilesInColumn([2, BLANK, 2, 공백])의 경우,
125     [4, 공백, 공백, 공백]을 반환한다."""
126
127     # column의 값들 중에 공백이 아닌 숫자만 combinedTiles에 복사한다:
128     combinedTiles = []   # column의 값들 중 공백이 아닌 타일들의 목록
129     for i in range(4):
```

```
130         if column[i] != BLANK:
131             combinedTiles.append(column[i])
132
133     # 4개의 타일이 될 때까지 공백을 계속 추가하기:
134     while len(combinedTiles) < 4:
135         combinedTiles.append(BLANK)
136
137     # 현재의 숫자와 다음의 숫자가 서로 같다면 서로 합하여 두 배가 되게 한다.
138     for i in range(3):  # 인덱스 3은 최상단의 공간이기 때문에 건너뛴다.
139         if combinedTiles[i] == combinedTiles[i + 1]:
140             combinedTiles[i] *= 2  # 이 타일의 숫자를 두 배로 한다.
141             # 위 타일을 한 칸 아래로 이동한다:
142             for aboveIndex in range(i + 1, 3):
143                 combinedTiles[aboveIndex] = combinedTiles[aboveIndex + 1]
144             combinedTiles[3] = BLANK  # 최상위 공간은 항상 BLANK다.
145     return combinedTiles
146
147
148 def makeMove(board, move):
149     """보드에서 이동을 수행한다.
150
151     이동 인수는 'W', 'A', 'S' 또는 'D'이고,
152     이 함수는 최종 보드 데이터 구조를 반환한다."""
153
154     # 게임 보드는 이동하는 방향에 따라
155     # 4개의 열로 나뉜다.
156     if move == 'W':
157         allColumnsSpaces = [[(0, 0), (0, 1), (0, 2), (0, 3)],
158                             [(1, 0), (1, 1), (1, 2), (1, 3)],
159                             [(2, 0), (2, 1), (2, 2), (2, 3)],
160                             [(3, 0), (3, 1), (3, 2), (3, 3)]]
161     elif move == 'A':
162         allColumnsSpaces = [[(0, 0), (1, 0), (2, 0), (3, 0)],
163                             [(0, 1), (1, 1), (2, 1), (3, 1)],
164                             [(0, 2), (1, 2), (2, 2), (3, 2)],
165                             [(0, 3), (1, 3), (2, 3), (3, 3)]]
166     elif move == 'S':
167         allColumnsSpaces = [[(0, 3), (0, 2), (0, 1), (0, 0)],
168                             [(1, 3), (1, 2), (1, 1), (1, 0)],
169                             [(2, 3), (2, 2), (2, 1), (2, 0)],
170                             [(3, 3), (3, 2), (3, 1), (3, 0)]]
171     elif move == 'D':
172         allColumnsSpaces = [[(3, 0), (2, 0), (1, 0), (0, 0)],
173                             [(3, 1), (2, 1), (1, 1), (0, 1)],
174                             [(3, 2), (2, 2), (1, 2), (0, 2)],
175                             [(3, 3), (2, 3), (1, 3), (0, 3)]]
176
177     # 이동한 후의 보드 데이터 구조:
178     boardAfterMove = {}
179     for columnSpaces in allColumnsSpaces:  # 4개의 모든 열에 대해 루프를 돈다.
180         # 이 열의 타일들을 얻는다:
181         # (첫 번째 타일은 그 열의 밑(bottom)이다)
```

```
182        firstTileSpace = columnSpaces[0]
183        secondTileSpace = columnSpaces[1]
184        thirdTileSpace = columnSpaces[2]
185        fourthTileSpace = columnSpaces[3]
186
187        firstTile = board[firstTileSpace]
188        secondTile = board[secondTileSpace]
189        thirdTile = board[thirdTileSpace]
190        fourthTile = board[fourthTileSpace]
191
192        # 열에 있는 타일들을 합친다:
193        column = [firstTile, secondTile, thirdTile, fourthTile]
194        combinedTilesColumn = combineTilesInColumn(column)
195
196        # 조합된 타일들로 새로운 보드 데이터 구조를 만든다:
197        boardAfterMove[firstTileSpace] = combinedTilesColumn[0]
198        boardAfterMove[secondTileSpace] = combinedTilesColumn[1]
199        boardAfterMove[thirdTileSpace] = combinedTilesColumn[2]
200        boardAfterMove[fourthTileSpace] = combinedTilesColumn[3]
201
202    return boardAfterMove
203
204
205 def askForPlayerMove():
206    """플레이어에게 다음 이동 방향(또는 종료)을 묻는다.
207
208    유효한 동작인 'W', 'A', 'S' 또는 'D' 중 하나를 입력했는지 확인한다."""
209    print('Enter move: (WASD or Q to quit)')
210    while True:   # 유효한 움직임이 입력될 때까지 루프를 계속 돈다.
211        move = input('> ').upper()
212        if move == 'Q':
213            # 프로그램 종료:
214            print('Thanks for playing!')
215            sys.exit()
216
217        # 유효한 움직임을 반환하거나, 루프로 돌아가면서 사용자 입력을 다시 요청한다:
218        if move in ('W', 'A', 'S', 'D'):
219            return move
220        else:
221            print('Enter one of "W", "A", "S", "D", or "Q".')
222
223
224 def addTwoToBoard(board):
225    """보드에 새로운 타일 2개를 무작위로 추가한다."""
226    while True:
227        randomSpace = (random.randint(0, 3), random.randint(0, 3))
228        if board[randomSpace] == BLANK:
229            board[randomSpace] = 2
230            return   # 비어 있지 않은 타일 하나를 찾은 후 반환한다.
231
232
233 def isFull(board):
```

```
234          """보드 데이터 구조에 공백이 없으면 True를 반환한다."""
235          # 보드의 모든 칸에 대해 루프를 돈다:
236          for x in range(4):
237              for y in range(4):
238                  # 빈칸이면 False를 반환한다:
239                  if board[(x, y)] == BLANK:
240                      return False
241          return True    # 빈칸이 없으므로 True를 반환한다.
242
243
244  # 이 프로그램이 다른 프로그램에 임포트된 게 아니라면 게임이 실행된다:
245  if __name__ == '__main__':
246      try:
247          main()
248      except KeyboardInterrupt:
249          sys.exit()    # Ctrl-C를 누르면 프로그램을 종료한다.
```

프로그램 살펴보기

다음 질문에 대한 답을 찾아보자. 코드를 약간 수정하여 테스트하고, 변경 사항이 어떠한 영향을 미쳤는지 확인해 보자.

1. **118행**에 있는 return score를 return 9999로 바꾸면 어떻게 되는가?

2. **229행**에 있는 board[randomSpace] = 2를 board[randomSpace] = 256으로 바꾸면 어떻게 되는가?

#80

비즈네르 암호

컴퓨터가 발명될 때까지 수백 년 동안 깨지지 않을 정도로
매우 발전된 암호화 체계

텍스트에 대해 고급 수학을 수행한다

19세기 암호학자 블레즈 드 비즈네르Blaise de Vigenère가 만든 것이라고 잘못 알려진(사실은 더 일찍이 다른 사람들이 개별적으로 개발한 것임) 비즈네르 암호Vigenère cipher는 수백 년 동안 해독이 불가능했다. 이는 다중부분 키를 사용한다는 점을 제외하면 본질적으로 카이사르 암호와 같다. 소위 **비즈네르 키**Vigenère key라 불리는 것은 단어 또는 임의의 문자열이다. 각 문자는 메시지의 각 문자를 이동하는 숫자를 나타낸다. A는 메시지의 문자를 0만큼 이동하고, B는 1, C는 2라는 식으로 나타낸다.

예를 들어, 비즈네르 키가 'CAT'이면, C는 2만큼 이동, A는 0, T는 19만큼 이동을 나타낸다. 즉, 첫 번째 문자는 2만큼, 두 번째 문자는 0, 세 번째 문자는 19만큼 이동한다. 네 번째 문자는 다시 2만큼 이동하는 식이다.

이처럼 여러 개의 카이사르 암호 키를 사용하는 것이 비즈네르 암호의 장점이다. 무차별

대입brute-force을 하기엔 가능한 조합의 수가 너무 많다. 동시에 비즈네르 암호는 단순 치환 암호를 해독할 수 있는 빈도 분석 약점도 보이지 않는다. 비즈네르 암호는 수세기 동안 암호화 기술의 최고 수준을 자랑해왔다.

비즈네르 암호 프로그램과 카이사르 암호 프로그램 간에는 많은 유사점이 있다. 비즈네르 암호에 대한 자세한 내용은 위키백과(https://ko.wikipedia.org/wiki/비즈네르_암호)를 참고하자. 암호 및 코드 해독에 대해 자세히 알고 싶다면 저자의 책《**암호 해킹으로 배우는 파이썬의 기초**Cracking Codes with Python》(https://nostarch.com/crackingcodes/)을 추천한다.

프로그램 실행

vigenere.py를 실행하면 다음과 같다.

```
Vigenère Cipher, by Al Sweigart al@inventwithpython.com
The Viegenère cipher is a polyalphabetic substitution cipher that was
powerful enough to remain unbroken for centuries.
Do you want to (e)ncrypt or (d)ecrypt?
> e
Please specify the key to use.
It can be a word or any combination of letters:
> PIZZA
Enter the message to encrypt.
> Meet me by the rose bushes tonight.
Encrypted message:
Bmds mt jx sht znre qcrgeh bnmivps.
Full encrypted text copied to clipboard.
```

동작 원리

암호화 그리고 복호화 과정은 상당히 유사하기 때문에 translateMessage() 함수는 양쪽 모두를 처리한다. encryptMessage(), 그리고 decryptMessage() 함수는 그저 translateMessage()에 대한 **래퍼 함수**wrapper functions다. 다시 말해서 인자를 조절하여 다른 함수로 전달하고, 그 함수의 반환 값을 반환하는 함수다. 이번 프로그램은 이러한 래퍼 함수를 사용하여 프로젝트 66번 '간단한 치환 암호'의 encryptMessage()나 decryptMessage()와 유사한 방식으로 호출할 수 있다. 이들 프로그램의 코드를 복사하여 여러분의 프로그램에 직접 붙여넣을 필요 없이, 이들 프로젝트를 임포트하면 암호화 코드를 사용할 수 있다.

```
 1  """Vigenère Cipher, by Al Sweigart al@inventwithpython.com
 2  The Vigenère cipher is a polyalphabetic substitution cipher that was
 3  powerful enough to remain unbroken for centuries.
 4  More info at: https://en.wikipedia.org/wiki/Vigen%C3%A8re_cipher
 5  This code is available at https://nostarch.com/big-book-small-python-programming
 6  Tags: short, cryptography, math"""
 7
 8  try:
 9      import pyperclip  # pyperclip은 텍스트를 클립보드로 복사한다.
10  except ImportError:
11      pass   # 만약에 pyperclip이 설치되어 있지 않다면, 아무런 동작도 하지 않는다. 별일 아니다.
12
13  # 암호화/복호화가 가능한 모든 기호:
14  LETTERS = 'ABCDEFGHIJKLMNOPQRSTUVWXYZ'
15
16
17  def main():
18      print('''Vigenère Cipher, by Al Sweigart al@inventwithpython.com
19  The Viegenère cipher is a polyalphabetic substitution cipher that was
20  powerful enough to remain unbroken for centuries.''')
21
22      # 사용자가 암호화 또는 복호화 여부를 지정하도록 한다:
23      while True:   # 사용자가 e 또는 d를 입력할 때까지 계속 요구한다.
24          print('Do you want to (e)ncrypt or (d)ecrypt?')
25          response = input('> ').lower()
26          if response.startswith('e'):
27              myMode = 'encrypt'
28              break
29          elif response.startswith('d'):
30              myMode = 'decrypt'
31              break
32          print('Please enter the letter e or d.')
33
34      # 사용자가 사용할 키를 지정하도록 한다:
35      while True:   # 사용자가 유효한 키를 입력할 때까지 계속 요구한다.
36          print('Please specify the key to use.')
37          print('It can be a word or any combination of letters:')
38          response = input('> ').upper()
39          if response.isalpha():
40              myKey = response
41              break
42
43      # 사용자가 암호화/복호화할 메시지를 지정하도록 한다:
44      print('Enter the message to {}.'.format(myMode))
45      myMessage = input('> ')
46
47      # 암호화/복호화를 수행한다:
48      if myMode == 'encrypt':
49          translated = encryptMessage(myMessage, myKey)
50      elif myMode == 'decrypt':
51          translated = decryptMessage(myMessage, myKey)
52
```

```
53    print('%sed message:' % (myMode.title()))
54    print(translated)
55
56    try:
57        pyperclip.copy(translated)
58        print('Full %sed text copied to clipboard.' % (myMode))
59    except:
60        pass  # pyperclip이 설치되어 있지 않다면, 아무 작업도 하지 않는다.
61
62
63 def encryptMessage(message, key):
64    """키를 사용하여 메시지를 암호화한다."""
65    return translateMessage(message, key, 'encrypt')
66
67
68 def decryptMessage(message, key):
69    """키를 사용하여 메시지를 복호화한다."""
70    return translateMessage(message, key, 'decrypt')
71
72
73 def translateMessage(message, key, mode):
74    """키를 사용하여 메시지를 암호화 또는 복호화한다."""
75    translated = []   # 암호화/복호화된 메시지 문자열을 저장한다.
76
77    keyIndex = 0
78    key = key.upper()
79
80    for symbol in message:  # 메시지의 각 문자에 대해 루프를 돈다.
81        num = LETTERS.find(symbol.upper())
82        if num != -1:  # -1은 symbol.upper()가 LETTERS에 없다는 의미다.
83            if mode == 'encrypt':
84                # 암호화하는 경우라면 더한다:
85                num += LETTERS.find(key[keyIndex])
86            elif mode == 'decrypt':
87                # 복호화하는 경우라면 뺀다:
88                num -= LETTERS.find(key[keyIndex])
89
90            num %= len(LETTERS)   # 잠재적인-어라운드(wrap-around)를 처리한다.
91
92            # 암호화된/복호화된 기호를 translated에 추가한다.
93            if symbol.isupper():
94                translated.append(LETTERS[num])
95            elif symbol.islower():
96                translated.append(LETTERS[num].lower())
97
98            keyIndex += 1  # 키의 다음 문자로 이동한다.
99            if keyIndex == len(key):
100                keyIndex = 0
101        else:
102            # 암호화/복호화 없이 해당 기호를 그냥 추가한다:
103            translated.append(symbol)
104
```

```
105        return ''.join(translated)
106
107
108  # 이 프로그램이 다른 프로그램에 임포트된 게 아니라면 게임이 실행된다:
109  if __name__ == '__main__':
110        main()
```

프로그램 살펴보기

다음 질문에 대한 답을 찾아보자. 코드를 약간 수정하여 테스트하고, 변경 사항이 어떠한 영향을 미쳤는지 확인해 보자.

1. 키를 'A'로 암호화하면 어떻게 되나?

2. **40행**에 있는 myKey = response를 삭제하거나 주석 처리하면 어떤 에러가 발생하는가?

#81

물통 퍼즐

3개의 물통을 채우고 비워서 정확히 4리터의 물을 얻자

문자열 템플릿을 사용하여 아스키 아트를 생성한다

이번의 솔리테어 퍼즐 게임에서는 하나의 물통에 정확히 4리터의 물을 모으기 위해 3개의 물통(3리터, 5리터, 8리터 물통)을 사용해야 한다. 물통은 비우거나, 완전히 채우거나, 다른 물통에 부을 수만 있다. 예를 들어, 5리터 물통에 물을 채운 다음 3리터 물통에 물을 부으면, 3리터 물통이 가득 차고 5리터 물통에는 2리터가 남게 된다.

약간의 노력을 하면 이 퍼즐을 풀 수 있을 것이다. 어떻게 하면 최소한의 움직임으로 퍼즐을 풀 수 있을까?

프로그램 실행

waterbucket.py를 실행하면 다음과 같다.

```
Water Bucket Puzzle, by Al Sweigart al@inventwithpython.com

Try to get 4L of water into one of these
buckets:

8|      |
7|      |
6|      |
5|      | 5|      |
4|      | 4|      |
3|      | 3|      | 3|      |
2|      | 2|      | 2|      |
1|      | 1|      | 1|      |
 +------+  +------+  +------+
    8L        5L        3L

You can:
  (F)ill the bucket
  (E)mpty the bucket
  (P)our one bucket into another
  (Q)uit
> f
Select a bucket 8, 5, 3, or QUIT:
> 5

Try to get 4L of water into one of these
buckets:

8|      |
7|      |
6|      |
5|      | 5|WWWWWW|
4|      | 4|WWWWWW|
3|      | 3|WWWWWW| 3|      |
2|      | 2|WWWWWW| 2|      |
1|      | 1|WWWWWW| 1|      |
 +------+  +------+  +------+
    8L        5L        3L
--중략--
```

동작 원리

waterInBucket 변수는 물통의 상태를 나타내는 딕셔너리를 저장한다. 이 딕셔너리의 키는 물통을 가리키는 '8', '5', '3'이고, 값은 해당 물통의 물 용량을 나타내는 정수다.

48~59행의 코드는 이 딕셔너리를 사용하여 화면에 물통과 물을 렌더링한다. waterDisplay 리스트는 물을 나타내는 'WWWWWW' 또는 공기를 나타내는 ' '가 포함되며 format() 문자열 메서드에 전달된다. waterDisplay 리스트의 처음 8개 문자열은 8리터 물통을 채우며, 다음의 5개 문자열로 5리터 물통을 채우고, 마지막 3개의 문자열로 3리터 물통을 채운다.

```
 1 """Water Bucket Puzzle, by Al Sweigart al@inventwithpython.com
 2 A water pouring puzzle.
 3 More info: https://en.wikipedia.org/wiki/Water_pouring_puzzle
 4 This code is available at https://nostarch.com/big-book-small-python-programming
 5 Tags: large, game, math, puzzle"""
 6
 7 import sys
 8
 9
10 print('Water Bucket Puzzle, by Al Sweigart al@inventwithpython.com')
11
12 GOAL = 4   # 문제를 풀기 위해 물통에 있어야 할 정확한 물의 양
13 steps = 0   # 문제를 풀기 위해 플레이어가 몇 번을 수행했는지 추적한다.
14
15 # 각 물통에 있는 물의 양:
16 waterInBucket = {'8': 0, '5': 0, '3': 0}
17
18 while True:   # 메인 게임 루프
19     # 버킷의 현재 상태를 표시한다:
20     print()
21     print('Try to get ' + str(GOAL) + 'L of water into one of these')
22     print('buckets:')
23
24     waterDisplay = []   # 물 또는 빈 공간에 대한 문자열을 담는다.
25
26     # 8리터 물통을 위한 문자열을 얻는다:
27     for i in range(1, 9):
28         if waterInBucket['8'] < i:
29             waterDisplay.append('      ')   # 빈 공간을 추가한다.
30         else:
31             waterDisplay.append('WWWWWW')   # 물을 추가한다.
32
33     # 5리터 물통을 위한 문자열을 얻는다:
34     for i in range(1, 6):
35         if waterInBucket['5'] < i:
36             waterDisplay.append('      ')   # 빈 공간을 추가한다.
37         else:
38             waterDisplay.append('WWWWWW')   # 물을 추가한다.
```

```
39
40     # 3리터 물통을 위한 문자열을 얻는다:
41     for i in range(1, 4):
42         if waterInBucket['3'] < i:
43             waterDisplay.append('       ')   # 빈 공간을 추가한다.
44         else:
45             waterDisplay.append('WWWWWWW')   # 물을 추가한다.
46
47     # 각 물통의 물의 양과 함께 물통을 표시한다:
48     print('''
49 8|{7}|
50 7|{6}|
51 6|{5}|
52 5|{4}|    5|{12}|
53 4|{3}|    4|{11}|
54 3|{2}|    3|{10}|    3|{15}|
55 2|{1}|    2|{9}|    2|{14}|
56 1|{0}|    1|{8}|    1|{13}|
57 +------+    +------+    +------+
58     8L          5L          3L
59 '''.format(*waterDisplay))
60
61     # 물통에 목표한 물의 양이 있는지 확인한다:
62     for waterAmount in waterInBucket.values():
63         if waterAmount == GOAL:
64             print('Good job! You solved it in', steps, 'steps!')
65             sys.exit()
66
67     # 플레이어가 물통으로 수행할 작업을 선택하게 한다:
68     print('You can:')
69     print('  (F)ill the bucket')
70     print('  (E)mpty the bucket')
71     print('  (P)our one bucket into another')
72     print('  (Q)uit')
73
74     while True:   # 플레이어가 유효한 동작을 입력할 때까지 계속 요청한다.
75         move = input('> ').upper()
76         if move == 'QUIT' or move == 'Q':
77             print('Thanks for playing!')
78             sys.exit()
79
80         if move in ('F', 'E', 'P'):
81             break   # 플레이어가 유효한 동작을 선택했다.
82         print('Enter F, E, P, or Q')
83
84     # 플레이어가 물통을 선택하게 한다:
85     while True:   # 유효한 물통을 입력할 때까지 계속 요청한다.
86         print('Select a bucket 8, 5, 3, or QUIT:')
87         srcBucket = input('> ').upper()
88
89         if srcBucket == 'QUIT':
90             print('Thanks for playing!')
```

```
 91             sys.exit()
 92
 93         if srcBucket in ('8', '5', '3'):
 94             break   # 플레이어가 유효한 물통을 선택했다.
 95
 96     # 선택한 동작을 수행한다:
 97     if move == 'F':
 98         # 물의 양을 최대로 설정한다.
 99         srcBucketSize = int(srcBucket)
100         waterInBucket[srcBucket] = srcBucketSize
101         steps += 1
102
103     elif move == 'E':
104         waterInBucket[srcBucket] = 0    # 물의 양을 없앤다.
105         steps += 1
106
107     elif move == 'P':
108         # 플레이어가 물을 부을 물통을 선택하게 한다:
109         while True:   # 유효한 물통을 입력할 때까지 계속 요청한다.
110             print('Select a bucket to pour into: 8, 5, or 3')
111             dstBucket = input('> ').upper()
112             if dstBucket in ('8', '5', '3'):
113                 break   # 플레이어가 유효한 물통을 선택했다.
114
115         # 붓는 양을 계산한다:
116         dstBucketSize = int(dstBucket)
117         emptySpaceInDstBucket = dstBucketSize - waterInBucket[dstBucket]
118         waterInSrcBucket = waterInBucket[srcBucket]
119         amountToPour = min(emptySpaceInDstBucket, waterInSrcBucket)
120
121         # 이 물통에서 물을 따른다:
122         waterInBucket[srcBucket] -= amountToPour
123
124         # 다른 물통에 물을 붓는다:
125         waterInBucket[dstBucket] += amountToPour
126         steps += 1
127
128     elif move == 'C':
129         pass   # 플레이어가 최소를 선택하면 아무런 작업을 하지 않는다.
```

소스 코드를 입력하고 여러 번 실행한 후, 실험을 위해 몇 가지를 변경해 보자. (!) 마크가 있는 주석은 여러분이 할 수 있는 간단한 변경에 대해 제안한 것이다. 다음 내용에 대해 스스로 방법을 찾아보자.

- 3개의 물통에 대해 원하는 크기와 목표 수량을 지정할 수 있도록 게임 설정을 추가해 보자.
- 각 물통에 있는 물의 양을 조사하여 다음에 취해야 할 동작에 대한 '힌트'를 추가하자. 만약에 다음에 해야 할 동작을 프로그램이 판단할 수 없다면 '다음에 무엇을 해야 하는지 모르겠습니다. 다시 할까요?'I don't know what you should do next. Maybe start over?'라고 표시하자.

프로그램 살펴보기

다음 질문에 대한 답을 찾아보자. 코드를 약간 수정하여 테스트하고, 변경 사항이 어떠한 영향을 미쳤는지 확인해 보자.

1. **104행**에 있는 waterInBucket[srcBucket] = 0을 waterInBucket[srcBucket] = 1로 바꾸면 어떻게 되나?

2. **16행**에 있는 {'8': 0, '5': 0, '3': 0}을 {'8': 0, '5': 4, '3': 0}로 바꾸면 어떻게 되나?

3. **16행**에 있는 {'8': 0, '5': 0, '3': 0}을 {'8': 9, '5': 0, '3': 0}으로 바꾸면 어떻게 되나?

A

태그 색인

이 책의 프로젝트는 프로그램의 유형을 설명하는 태그들로 표시되어 있다. 첫 번째 태그는 크기를 나타낸다. 아주 작음(tiny, `1~63행`), 짧음(short, `64~127행`), 큼(large, `128~255행`), 매우 큼(extra-large, `256행` 이상)이다. 사이즈 태그는 다음과 같다.

- **아주 작음(tiny):** #3 비트맵 메시지, #7 카이사르 해커, #12 콜라츠 추측, #14 카운트다운, #15 깊은 동굴, #16 다이아몬드, #19 디지털 시계, #20 디지털 스트림, #24 인수 파인더, #25 패스트 드로우, #31 숫자 맞추기, #32 속이기, #35 헥사 그리드, #40 리트 스피크, #42 매직 포춘 볼, #46 백만 번 주사위 굴림에 대한 통계 시뮬레이터, #49 곱셈표, #50 Ninety-Nine Bottles, #52 진법 카운터, #56 소수, #57 프로그레스 바, #58 무지개, #60 가위 바위 보 (항상 이기는 버전), #61 ROT13 암호, #65 빛나는 카펫, #67 사인 메시지, #72 스펀지 표기법, #74 텍스트 음성 변환
- **짧음(short):** #1 베이글, #2 생일 역설, #5 돌아다니는 DVD 로고, #6 카이사르 암호, #8 캘린더 메이커, #10 쵸우한, #13 콘웨이의 라이프 게임, #18 주사위 굴리기, #21 DNA 시각화, #26 피보나치, #29 산불 시뮬레이션, #51 niNety nniinE BoOttels, #53 원소 주기율표, #54 피그 라틴, #55 파워볼 복권, #59 가위 바위 보, #64 7 세그먼트 디스플레이 모듈, #66 간단한 치환 암호, #69 달팽이 경주, #71 사운드 흉내, #76 틱-택-토, #77 하노이 타워, #80 비즈네르 암호
- **큼(large):** #4 블랙잭, #9 상자 속 당근, #11 낚시성 기사 제목 생성기, #17 주사위 계산, #22 오리, #23 에칭 그림판, #28 플로더, #30 FOUR-IN-A-ROW, #33 해킹 미니 게임, #34 행맨과 기요틴, #36 모래시계, #37 굶주린 로봇, #39 랭턴의 개미, #41 럭키 스타, #43 만칼라, #44 메이즈 러너 2D, #47 몬드리안 아트 생성기, #48 몬티 홀 문제, #62 회전하는 큐브, #63 우르의 로열 게임, #68 슬라이딩 타일 퍼즐, #70 소로반, 일본 주판, #73 스도쿠 퍼즐, #75 3-카드 몬테, #78 함정이 있는 질문, #79 2048, #81 물통 퍼즐
- **매우 큼(extra-large):** #27 수족관, #38 J'ACCUSE!, #45 메이즈 러너 3D

나머지 태그는 프로그램의 기능을 가리킨다.

- **예술적:** #3 비트맵 메시지, #5 돌아다니는 DVD 로고, #13 콘웨이의 라이프 게임, #14 카운트다운, #15 깊은 동굴, #16 다이아몬드, #17 주사위 계산, #19 디지털 시계, #20 디지털 스트림, #21 DNA 시각화, #22 오리, #23 에칭 그림판, #27 수족관, #33 해킹 미니 게임, #35 헥사 그리드, #36 모래시계, #39 랭턴의 개미, #45 메이즈 러너 3D, #47 몬드리안 아트 생성기, #58 무지개, #62 회전하는 큐브, #65 빛나는 카펫, #67 사인 메시지, #69 달팽이 경주, #70 소로반, 일본 주판
- **초보자:** #3 비트맵 메시지, #6 카이사르 암호, #7 카이사르 해커, #9 상자 속 당근, #10 쵸우한, #11 낚시성 기사 제목 생성기, #12 콜라츠 추측, #15 깊은 동굴, #16 다이아몬드, #20 디지털 스트림, #24 인수 파인더, #25 패스트 드로우, #31 숫자 맞추기, #32 속이기, #35

헥사 그리드, #40 리트 스피크, #42 매직 포춘 볼, #46 백만 번 주사위 굴림에 대한 통계 시뮬레이터, #49 곱셈표, #50 Ninety-Nine Bottles, #58 무지개, #65 빛나는 카펫, #69 달팽이 경주, #71 사운드 흉내, #72 스펀지 표기법, #74 텍스트 음성 변환

- **bext**: #5 돌아다니는 DVD 로고, #27 수족관, #28 플로더, #29 산불 시뮬레이션, #36 모래시계, #39 랭턴의 개미, #47 몬드리안 아트 생성기, #58 무지개

- **보드 게임**: #30 FOUR-IN-A-ROW, #43 만칼라, #63 우르의 로열 게임, #76 틱-택-토

- **카드 게임**: #4 블랙잭, #75 3-카드 몬테

- **암호화**: #6 카이사르 암호, #7 카이사르 해커, #61 ROT13 암호, #66 간단한 치환 암호, #80 비즈네르 암호

- **게임**: #1 베이글, #4 블랙잭, #9 상자 속 당근, #10 쵸우한, #17 주사위 계산, #25 패스트 드로우, #28 플로더, #30 FOUR-IN-A-ROW, #31 숫자 맞추기, #33 해킹 미니 게임, #34 행맨과 기요틴, #37 굶주린 로봇, #38 J'ACCUSE!, #41 럭키 스타, #43 만칼라, #44 메이즈 러너 2D, #45 메이즈 러너 3D, #48 몬티 홀 문제, #59 가위 바위 보, #60 가위 바위 보 (항상 이기는 버전), #63 우르의 로열 게임, #68 슬라이딩 타일 퍼즐, #69 달팽이 경주, #71 사운드 흉내, #73 스도쿠 퍼즐, #75 3-카드 몬테, #76 틱-택-토, #77 하노이 타워, #79 2048, #81 물통 퍼즐

- **유머**: #11 낚시성 기사 제목 생성기, #32 속이기, #38 J'ACCUSE!, #42 매직 포춘 볼, #55 파워볼 복권, #60 가위 바위 보 (항상 이기는 버전), #78 함정이 있는 질문

- **수학**: #2 생일 역설, #6 카이사르 암호, #7 카이사르 해커, #12 콜라츠 추측, #17 주사위 계산, #24 인수 파인더, #26 피보나치, #46 백만 번 주사위 굴림에 대한 통계 시뮬레이터, #48 몬티 홀 문제, #49 곱셈표, #52 진법 카운터, #56 소수, #62 회전하는 큐브, #66 간단한 치환 암호, #70 소로반, 일본 주판, #80 비즈네르 암호, #81 물통 퍼즐

- **미로**: #44 메이즈 러너 2D, #45 메이즈 러너 3D

- **모듈**: #57 프로그레스 바, #64 7 세그먼트 디스플레이 모듈

- **멀티플레이어**: #41 럭키 스타, #69 달팽이 경주

- **객체지향**: #22 오리, #73 스도쿠 퍼즐

- **퍼즐**: #1 베이글, #33 해킹 미니 게임, #34 행맨과 기요틴, #38 J'ACCUSE!, #68 슬라이딩 타일 퍼즐, #73 스도쿠 퍼즐, #77 하노이 타워, #79 2048, #81 물통 퍼즐

- **과학**: #21 DNA 시각화, #53 원소 주기율표

- **과학**: #21 DNA 시각화, #53 원소 주기율표

- **스크롤**: #15 깊은 동굴, #20 디지털 스트림, #21 DNA 시각화, #22 오리, #50 Ninety-Nine Bottles, #51 niNety nniinE BoOttels, #56 소수, #58 무지개

- **시뮬레이션**: #2 생일 역설, #13 콘웨이의 라이프 게임, #18 주사위 굴리기, #29 산불 시뮬레이션, #36 모래시계, #39 랭턴의 개미, #46 백만 번 주사위 굴림에 대한 통계 시뮬레이터, #48 몬티 홀 문제, #55 파워볼 복권, #70 소로반, 일본 주판

- **2인용**: #9 상자 속 당근, #30 FOUR-IN-A-ROW, #43 만칼라, #63 우르의 로열 게임, #76 틱-택-토

- **단어**: #11 낚시성 기사 제목 생성기, #34 행맨과 기요틴, #40 리트 스피크, #51 niNety nniinE BoOttels, #54 피그 라틴, #72 스펀지 표기법

문자 맵

print() 함수는 키보드로 입력할 수 있는 모든 문자를 화면에 쉽게 표시해 준다. 하지만 키보드의 문자 외에도 표시하고 싶은 다른 문자들이 많을 것이다(하트, 다이아몬드, 클로버, 스페이드 카드 모양, 선, 음영 처리된 상자, 화살표, 음악 음표 등). 유니코드 코드 포인트라고 불리는 숫자 코드를 chr() 함수에 전달하면 이러한 문자의 문자열 값을 얻을 수 있다. 텍스트는 컴퓨터에 일련의 숫자로 저장되며, 각 문자는 서로 다른 숫자로 표시된다. 이번 부록에는 이러한 코드 포인트의 목록이 포함되어 있다.

chr()와 ord() 함수 사용하기

파이썬의 내장 함수인 chr()는 정수 인수를 받아서 그 숫자의 문자에 대한 문자열을 반환하다. ord() 함수는 반대로 단일 문자의 문자열 인수를 받아서 그 문자의 숫자를 반환한다. 이 숫자는 유니코드 표준 문자에 대한 코드 포인트다.

예를 들어, 대화형 셸에서 다음을 입력해 보자.

```
>>> chr(65)
'A'
>>> ord('A')
65
>>> chr(66)
'B'
>>> chr(9829)
'♥'
```

모든 숫자가 출력 가능한 문자의 유효한 코드 포인트는 아니다. 프로그램의 텍스트 결과를 출력하는 터미널 창은 표시할 수 있는 문자가 제한될 수 있다. 터미널 창은 출력할 수 없는 모든 문자에 대해 유니코드 대체 문자인 ◆를 출력한다.

윈도우의 터미널 창은 표시할 수 있는 문자 범위가 훨씬 더 제한적이다. 윈도우 글리프 리스트 4Windows Glyph List 4라는 것으로, 이번 부록 또는 위키백과(https://en.wikipedia.org/wiki/ Windows_Glyph_ List_4)에 나와 있다.

문자에 대한 코드 포인트는 우리에게 익숙한 10진수가 아니라 16진수인 경우가 많다. 16진수는 10진수의 0에서 9까지의 숫자 외에도 A부터 F까지의 문자로 계속된다. 16진수 숫자는 그 값이 16진수임을 나타내기 위해 접두사로 종종 0x를 쓴다.

hex() 함수를 사용하여 10진수 정숫값을 16진수 문자열로 변환할 수 있다. int() 함수에 16진수 숫자의 문자열과 두 번째 인자로 16을 전달하면 16진수 문자열을 10진수 정수로 변환할 수 있다. 예를 들어, 대화형 셸에서 다음과 같이 입력해 보자:

```
>>> hex(9)
'0x9'
>>> hex(10)
'0xa'
>>> hex(15)
'0xf'
>>> hex(16)
'0x10'
>>> hex(17)
'0x11'
>>> int('0x11', 16)
17
```

```
>>> int('11', 16)
17
```

chr() 함수를 호출할 때, 인자로 16진수 문자열이 아닌 10진수 정수를 전달해야 한다.

코드 포인트 표

다음은 윈도우 터미널 프로그램인 명령 프롬프트Command Prompt에서 지원하는 문자인 윈도우 글리프 리스트 4Windows Glyph List 4라고 알려진 세트의 모든 유니코드 코드 포인트다. macOS와 리눅스는 여기에 나열된 것보다 더 많은 문자를 표시할 수 있지만, 파이썬 프로그램의 호환성을 유지하려면 이 표의 문자를 사용할 것을 권장한다.

32	<space>	56	8	80	P	104	h
33	!	57	9	81	Q	105	i
34	"	58	:	82	R	106	j
35	#	59	;	83	S	107	k
36	$	60	<	84	T	108	l
37	%	61	=	85	U	109	m
38	&	62	>	86	V	110	n
39	'	63	?	87	W	111	o
40	(	64	@	88	X	112	p
41	)	65	A	89	Y	113	q
42	*	66	B	90	Z	114	r
43	+	67	C	91	[	115	s
44	,	68	D	92	\	116	t
45	-	69	E	93	]	117	u
46	.	70	F	94	^	118	v
47	/	71	G	95	_	119	w
48	0	72	H	96	`	120	x
49	1	73	I	97	a	121	y
50	2	74	J	98	b	122	z
51	3	75	K	99	c	123	{
52	4	76	L	100	d	124		
53	5	77	M	101	e	125	}
54	6	78	N	102	f	126	~
55	7	79	O	103	g	161	¡

162	¢	200	È	241	ñ	290	Ģ
163	£	201	É	242	ò	291	ġ
164	¤	202	Ê	243	ó	298	Ī
165	¥	203	Ë	244	ô	299	ī
166	¦	204	Ì	245	õ	302	Į
167	§	205	Í	246	ö	303	į
168	¨	206	Î	247	÷	304	İ
169	©	207	Ï	248	ø	305	ı
170	ª	209	Ñ	249	ù	310	Ķ
171	«	210	Ò	250	ú	311	ķ
172	¬	211	Ó	251	û	313	Ĺ
173	-	212	Ô	252	ü	314	ĺ
174	®	213	Õ	253	ý	315	Ļ
175	¯	214	Ö	255	ÿ	316	ļ
176	°	215	×	256	Ā	317	Ľ
177	±	216	Ø	257	ā	318	ľ
178	²	217	Ù	258	Ă	321	Ł
179	³	218	Ú	259	ă	322	ł
180	´	219	Û	260	Ą	323	Ń
181	µ	220	Ü	261	ą	324	ń
182	¶	221	Ý	262	Ć	325	Ņ
183	·	223	ß	263	ć	326	ņ
184	¸	224	à	268	Č	327	Ň
185	¹	225	á	269	č	328	ň
186	º	226	â	270	Ď	332	Ō
187	»	227	ã	271	ď	333	ō
188	¼	228	ä	272	Đ	336	Ő
189	½	229	å	273	đ	337	ő
190	¾	230	æ	274	Ē	338	Œ
191	¿	231	ç	275	ē	339	œ
192	À	232	è	278	Ė	340	Ŕ
193	Á	233	é	279	ė	341	ŕ
194	Â	234	ê	280	Ę	342	Ŗ
195	Ã	235	ë	281	ę	343	ŗ
196	Ä	236	ì	282	Ě	344	Ř
197	Å	237	í	283	ě	345	ř
198	Æ	238	î	286	Ğ	346	Ś
199	Ç	239	ï	287	ğ	347	ś

350	Ş	910	Ύ	949	ε	1038	Ў
351	ş	911	Ώ	950	ζ	1039	Џ
352	Š	912	ΐ	951	η	1040	А
353	š	913	Α	952	θ	1041	Б
354	Ţ	914	Β	953	ι	1042	В
355	ţ	915	Γ	954	κ	1043	Г
356	Ť	916	Δ	955	λ	1044	Д
357	ť	917	Ε	956	μ	1045	Е
362	Ū	918	Ζ	957	ν	1046	Ж
363	ū	919	Η	958	ξ	1047	З
366	Ů	920	Θ	959	ο	1048	И
367	ů	921	Ι	960	π	1049	Й
368	Ű	922	Κ	961	ρ	1050	К
369	ű	923	Λ	962	ς	1051	Л
370	Ų	924	Μ	963	σ	1052	М
371	ų	925	Ν	964	τ	1053	Н
376	Ÿ	926	Ξ	965	υ	1054	О
377	Ź	927	Ο	966	φ	1055	П
378	ź	928	Π	967	χ	1056	Р
379	Ż	929	Ρ	968	ψ	1057	С
380	ż	931	Σ	969	ω	1058	Т
381	Ž	932	Τ	970	ϊ	1059	У
382	ž	933	Υ	971	ϋ	1060	Ф
402	ƒ	934	Φ	972	ό	1061	Х
710	ˆ	935	Χ	973	ύ	1062	Ц
711	ˇ	936	Ψ	974	ώ	1063	Ч
728	˘	937	Ω	1025	Ё	1064	Ш
729	˙	938	Ϊ	1026	Ђ	1065	Щ
731	˛	939	Ϋ	1027	Ѓ	1066	Ъ
732	˜	940	ά	1028	Є	1067	Ы
733	˝	941	έ	1029	Ѕ	1068	Ь
900	΄	942	ή	1030	І	1069	Э
901	΅	943	ί	1031	Ї	1070	Ю
902	Ά	944	ΰ	1032	Ј	1071	Я
904	Έ	945	α	1033	Љ	1072	а
905	Ή	946	β	1034	Њ	1073	б
906	Ί	947	γ	1035	Ћ	1074	в
908	Ό	948	δ	1036	Ќ	1075	г

1076	д	1115	ħ	9472	—	9579	╪
1077	е	1116	ќ	9474	│	9580	╪
1078	ж	1118	ў	9484	┌	9600	▀
1079	з	1119	џ	9488	┐	9604	▄
1080	и	1168	Ґ	9492	└	9608	█
1081	й	1169	ґ	9496	┘	9612	▌
1082	к	8211	–	9500	├	9616	▐
1083	л	8212	—	9508	┤	9617	░
1084	м	8213	——	9516	┬	9618	▒
1085	н	8216	'	9524	┴	9619	▓
1086	о	8217	'	9532	┼	9632	■
1087	п	8218	‚	9552	═	9633	□
1088	р	8220	"	9553	║	9642	▪
1089	с	8221	"	9554	╒	9643	▫
1090	т	8222	„	9555	╓	9644	▬
1091	у	8224	†	9556	╔	9650	▲
1092	ф	8225	‡	9557	╕	9658	►
1093	х	8226	•	9558	╖	9660	▼
1094	ц	8230	…	9559	╗	9668	◄
1095	ч	8240	‰	9560	╘	9674	◊
1096	ш	8249	‹	9561	╙	9675	○
1097	щ	8250	›	9562	╚	9679	●
1098	ъ	8319	ⁿ	9563	╛	9688	◘
1099	ы	8359	Pts	9564	╜	9689	◙
1100	ь	8364	€	9565	╝	9702	◦
1101	э	8470	№	9566	╞	9786	☺
1102	ю	8482	™	9567	╟	9787	☻
1103	я	8729	∙	9568	╠	9788	☼
1105	ё	8730	√	9569	╡	9792	♀
1106	ђ	8734	∞	9570	╢	9794	♂
1107	ѓ	8745	∩	9571	╣	9824	♠
1108	є	8776	≈	9572	╤	9827	♣
1109	ѕ	8801	≡	9573	╥	9829	♥
1110	і	8804	≤	9574	╦	9830	♦
1111	ї	8805	≥	9575	╧	9834	♪
1112	ј	8976	⌐	9576	╨	9835	♫
1113	љ	8992	⌠	9577	╩		
1114	њ	8993	⌡	9578	╪		

찾아보기